MA SŒUR LA LUNE

Sue Harrison vit avec son mari et ses deux enfants dans le Michigan aux États-Unis. Sa grande fresque romanesque est le fruit de dix années de recherches sur l'anthropologie préhistorique, la culture, l'archéologie et les langues des Américains d'origine et a connu un grand succès aux États-Unis. Elle comprend *Ma mère la terre, mon père le ciel, Ma sœur la lune* et *Mon frère, le vent*.

Paru dans Le Livre de Poche :

MA MÈRE LA TERRE, MON PÈRE LE CIEL.

SUE HARRISON

Ma sœur la lune

ROMAN TRADUIT DE L'AMÉRICAIN PAR MARIE-LISE HIEAUX-HEITZMANN

LATTÈS

Titre original :

MY SISTER THE MOON
publié par Doubleday,
a division of Bantam Doubleday Dell
Publishing Group. Inc.

À mes parents
Patricia Ann Sawyer McHaney
et Charles Robert McHaney, Jr.

À mon grand-père
Charles Robert McHaney, Sr.

Aux parents de Neil
Shirley Louise Batho Harrison
et Clifford Joseph Harrison

En témoignage d'amour, de gratitude et de respect

Généalogie des Premiers Hommes

Nota bene

Pour une meilleure compréhension du texte, le lecteur est invité à se reporter au « Glossaire des mots indigènes », à la fin de l'ouvrage.

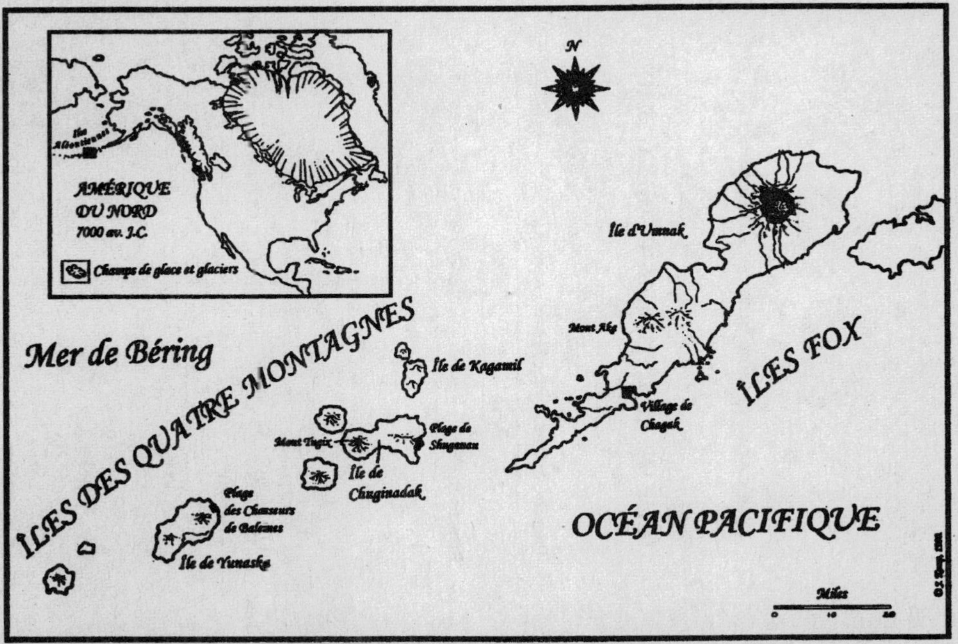
AMÉRIQUE
DU NORD
7000 av. J.C.
Champs de glace et glaciers
Îles Aléoutiennes
N
Mer de Béring
ÎLES DES QUATRE MONTAGNES
Île de Kagamil
Île d'Umnak
Mont Aka
Village de
Chagak
ÎLES FOX
Plage de
Shuganan
Mont Tugix
Île de
Chuginadak
Plage
des Chasseurs
de Baleines
Île de Yunaska
OCÉAN PACIFIQUE
Miles
0
10
20

AVERTISSEMENT DE L'AUTEUR

L'argument principal de *Ma sœur la lune* est emprunté à une légende loutre aleut — une histoire d'inceste. Parmi les autres légendes utilisées dans cet ouvrage, on trouve les mythes de la lune des Pueblos et des Osages ; l'histoire aleut du mariage du corbeau ; les récits oraux inuit d'une mère cachant le fils d'un ennemi ; les légendes des hommes Glace Bleue ; les histoires des jumeaux Ojibway ; les légendes orientales du tigre (dont on trouve la contrepartie dans la tradition aleut de la chasse à la baleine) ; les histoires aleut de Shuganan et des Hommes du Dehors ; et les légendes du corbeau-tricheur, dont il existe un parallèle dans presque toutes les cultures des Indiens d'Amérique et qui sont si anciennes que leurs racines remontent aux histoires orientales du singe-tricheur.

À l'époque où se situe *Ma sœur la lune,* la vannerie dans le Nord lointain en était à ses balbutiements ; j'émets donc l'hypothèse qu'on utilisait la technique de la torsade cousue pour la fabrication des paniers, et le tissage simple pour l'essentiel de la confection des nattes. Ces techniques furent progressivement regroupées ou abandonnées (selon les cultures) par le tissage plus complexe de l'enchevêtrement, encore utilisé aujourd'hui par les rares artisans qui fabriquent toujours les ravissants paniers et nattes aleut en ivraie.

Dans un souci de restituer la tradition orale des conteurs indiens, j'ai commencé *Ma sœur la lune* en reprenant l'histoire du chapitre 36 de *Ma mère la terre, mon père le ciel.* Dans la tradition des conteurs, ce récit de la naissance de Kiin est repris avec de légères variantes et l'accent est mis sur des points différents afin de servir de base à l'édification de *Ma sœur la lune.*

Dans maintes cultures indiennes, on considère que les noms possèdent des pouvoirs particuliers. Au long d'une vie, un guerrier ou un chasseur peut en avoir plusieurs : un « vrai » nom, donné par un parent honoré ou une personne dont les pouvoirs spirituels inspirent le respect ; un surnom, usité à la place du « vrai » nom afin de protéger le possesseur du vrai nom de l'assaut des malédictions et envoûtements de la part de ceux qui entendent nuire ; un « petit nom » utilisé par la famille ou les amis proches ; des noms choisis par la personne elle-même afin de commémorer un événement de sa vie ; un nom d'esprit, souvent gardé secret, obtenu au cours d'une quête ou d'un jeûne spirituel. Dans *Ma sœur la lune,* tout comme dans *Ma mère la terre, mon père le ciel,* on donne aux personnages dont les pensées sont ouvertes au lecteur des noms présentés en langage indien. Ces noms représentent la nature ou la destinée spirituelles de celui qui les porte. Très souvent, on attribue aussi à un personnage un nom d'esprit, comme dans le cas de Kiin (Tugidaq).

À l'époque où se situe *Ma sœur la lune,* les tailleurs de pierre des îles Aléoutiennes orientales fabriquaient uniquement des lames monofaces, bien que dans d'autres régions d'Amérique du Nord les tailleurs de pierre aient mis au point la technique supérieure et ô combien magnifique du biface Plano.

Prologue

ÉTÉ 7055 AVANT J.-C.

Île de Chuginadak, îles Aléoutiennes

PROLOGUE

Chagak était assise à l'entrée de l'ulaq, sur la motte épaisse qui constituait le toit. Elle était occupée à gratter les derniers lambeaux de chair d'une peau de phoque. Samig et Amgigh tétaient sous son suk en peaux d'oiseaux, nichés au chaud; chaque enfant était maintenu par une bandoulière fixée à son épaule.

Baie Rouge, la fille de Kayugh, jouait avec des pierres de couleur sur l'herbe en haut des dunes. De temps à autre, la petite fille appelait Chagak mais le crissement des vagues sur les graviers sombres du rivage dominait sa voix ténue.

Chagak aurait voulu que le bruit de la mer recouvre aussi les sanglots de Coquille Bleue, mais elle entendait toujours la femme pleurer.

Elle songea au nouveau bébé de Coquille Bleue, une petite fille, et interrompit un instant son ouvrage pour envelopper Samig et Amgigh de ses bras. Deux beaux garçons, robustes, se dit-elle. Et même si Amgigh était le fils de Kayugh et non le sien, elle avait le sentiment qu'Amgigh lui appartenait autant que Samig. C'était son propre lait qui lui avait donné la vie. Mais pourquoi les esprits l'avaient-ils bénie elle et pas Coquille Bleue? Pourquoi une femme était-elle choisie pour recevoir des fils alors qu'on ne donnait à une autre que des filles ?

« Un fils ! » avait hurlé Oiseau Gris à Coquille Bleue au moment où étaient apparues les premières douleurs. Chagak avait été écœurée. Un homme pouvait-il comprendre la souffrance qu'une femme endurait quand elle mettait un enfant au monde ? Si Oiseau Gris avait eu aussi mal que Coquille Bleue pendant l'accouchement, serait-il aussi impatient de tuer l'enfant ?

— J'ai eu ma part de malheur, dit Chagak en s'adressant avec défi à la montagne sacrée Aka.

Mais soudain des voix s'élevèrent avec des accents de colère. Kayugh et Oiseau Gris sortirent de l'ulaq de Longues Dents.

Kayugh balaya la plage du regard puis, à longues enjambées, rejoignit sa fille. Il la saisit dans ses bras et la tint contre sa poitrine. Baie Rouge s'accrocha à lui, son petit visage se détachant tout pâle contre son parka. Puis Kayugh se tourna vers Oiseau Gris.

Pendant un moment, les deux hommes s'observèrent sans un mot. Kayugh mesurait deux mains de plus que Oiseau Gris et le vent bruissant dans les plumes de son parka le faisait paraître encore plus grand.

La mâchoire crispée, il dit :

— As-tu oublié que nous sommes les Premiers Hommes ? As-tu oublié que nous avons entrepris de reconstituer un village ? Et tu voudrais construire cet endroit sans femme ?

Les premiers mots étaient prononcés d'une voix basse et douce mais, au fur et à mesure qu'il parlait, la rage montait.

Chagak ne regardait pas Oiseau Gris, cependant elle ne quittait pas le visage de Kayugh des yeux, prête à s'emparer de Baie Rouge si Oiseau Gris attaquait.

— Qui portera tes petits-enfants ? hurla Kayugh. Ça ? dit-il en désignant un rocher, ou ça ? ajouta-t-il en désignant un buisson de bruyère qui poussait près des ulas.

Kayugh saisit Baie Rouge par la taille et la tendit à Oiseau Gris.

« Ne pleure pas, supplia silencieusement Chagak en regardant l'enfant. Je t'en prie, ne pleure pas. »

Baie Rouge se tint très droite, les yeux brillants, entre Oiseau Gris et son père.

— Elle m'apporte la joie, déclara Kayugh, puis il ajouta d'une voix si basse que Chagak eut des difficultés à l'entendre : Sa mère fut une bonne épouse. Son esprit est avec cette enfant. Et je tuerai tout homme qui essaierait de faire du mal à ma fille.

Avec douceur, il posa l'enfant par terre. Baie Rouge regarda son père, puis Chagak lui tendit les bras et elle courut s'y réfugier.

Oiseau Gris parla enfin :

— Si la fille de Coquille Bleue vit, je devrai attendre trois ou peut-être quatre ans avant d'avoir un fils. Les mers sont rudes ; les chasses sont dures. Je serai peut-être mort d'ici là.

Chagak observa Kayugh. Les paroles d'Oiseau Gris allaient-elles ébranler sa détermination ? Mais Kayugh ne répondit pas et Oiseau Gris poursuivit d'une voix tranchante comme de la glace :

— Chaque homme dirige sa famille à sa guise.

Kayugh fit un pas en avant et Chagak commença à reculer en serrant Baie Rouge contre elle.

— Chagak !

Elle sursauta et se redressa lentement, scrutant le visage de Kayugh.

— Donne-moi mon fils.

Elle ne voulait pas obéir. Amgigh était trop petit pour être pris en otage entre les deux hommes. Comme elle hésitait, Kayugh réitéra son ordre avec force. Chagak extirpa l'enfant de son suk et l'enveloppa rapidement dans la peau de phoque qu'elle était en train de gratter.

Elle amena l'enfant à Kayugh. Baie Rouge la suivit, une main agrippée au dos du suk de Chagak.

La jeune femme tendit le bébé à son père. Celui-ci présenta l'enfant à Oiseau Gris en écartant la couverture afin que ce dernier puisse voir ses jambes et ses bras bien formés.

— Je réclame la fille de Coquille Bleue comme épouse pour mon fils, déclara Kayugh.

Puis il se retourna, présenta le bébé à Tugix, la montagne de l'île, et répéta :

— Je réclame la fille de Coquille Bleue comme épouse pour mon fils.

Oiseau Gris pivota sur lui-même et se dirigea à grands pas vers l'abri aménagé pour la délivrance de son épouse.

Chagak crut que Kayugh allait courir après lui, mais il resta où il était tandis qu'Amgigh pleurait sous le vent glacial. Oiseau Gris revint presque aussitôt, tenant le bébé de Coquille Bleue, enveloppé dans une grossière couverture d'herbe. Il découvrit la petite fille de sorte que Kayugh puisse voir son corps menu. Sous le froid et le vent, la peau du nourrisson se moucheta de bleu.

— Enveloppe-la, dit Kayugh. Elle sera la femme d'Amgigh.

Oiseau Gris recouvrit le bébé et le rabattit trop rapidement contre son épaule. La petite tête ballotta contre sa poitrine.

— Si tu la tues, tu auras tué mes petits-fils, avertit Kayugh en fixant des yeux Oiseau Gris jusqu'à ce que l'homme disparaisse sous la tente.

Alors, il plaça Amgigh dans les bras de Chagak, hissa Baie Rouge sur ses épaules et se dirigea vers la plage.

L'été touchait à sa fin quand Coquille Bleue vint trouver Kayugh. Chagak, désormais l'épouse de Kayugh, observait depuis un coin de l'ulaq tandis que la femme soulevait son suk et montrait à Kayugh la fille qui tétait à son sein. Mais Chagak remarqua aussi les traces de coups sur le visage de Coquille Bleue et l'entaille qui lui zébrait le ventre.

— Elle est vivante, déclara Coquille Bleue d'une voix basse. Mais Oiseau Gris m'a dit de cesser de la nourrir.

Kayugh soupira :

— Longues Dents prétend que j'ai eu tort de forcer Oiseau Gris en promettant Amgigh.

Coquille Bleue haussa les épaules.

— Je ferai de mon mieux pour la maintenir en vie, promit-elle en rajustant son suk pour en envelopper l'enfant. Oiseau Gris m'interdit de lui donner un nom.

Chagak réprima un cri. Privée de nom, l'enfant n'aurait aucune protection. Elle n'aurait même pas d'âme. Elle ne serait rien.

Et puis la promesse d'Oiseau Gris de donner sa fille comme épouse pour Amgigh ?

Coquille Bleue s'apprêtait à partir quand elle tourna à nouveau les yeux vers Kayugh.

— Oiseau Gris dit qu'il a donné sa promesse et qu'il ne tuera donc pas le bébé, mais il dit que toi, tu n'es pas obligé de tenir ta promesse. Il dit que tu devrais trouver une autre épouse pour Amgigh.

Quand elle se fut éloignée, Kayugh fit les cent pas dans l'ulaq.

— Tu ne peux le changer, époux, remarqua Chagak. Oiseau Gris sera toujours Oiseau Gris.

— Longues Dents avait raison. J'aurais dû laisser cette enfant mourir. Maintenant, je ne puis respecter ma promesse car je ne puis donner à mon fils une épouse sans âme. Qui peut dire les esprits qui viendront habiter le vide qu'elle porte en elle ?

Chagak se tut longuement. Lorsque Kayugh s'assit enfin, elle alla dans la réserve de nourriture d'où elle lui rapporta un morceau de poisson séché.

— Il existe une chance qu'Oiseau Gris se décide à lui donner un nom, dit-elle à Kayugh. Peut-être s'apercevra-t-il qu'un enfant sans nom constitue une malédiction pour son ulaq; ou peut-être la nommera-t-il s'il pense qu'il peut en tirer un bon prix comme épouse.

Kayugh esquissa un demi-sourire où Chagak sut lire la frustration.

— Oiseau Gris la laissera donc vivre. Et il sait que, chaque fois que je verrai sa fille, je me rappellerai qu'il tient sa promesse tandis que je suis incapable de tenir la mienne.

PRINTEMPS 7039 AVANT J.-C.

Île de Chuginadak, îles Aléoutiennes

1

La lumière des lampes à huile de phoque se refléta dans les yeux brillants du marchand. La fille de Coquille Bleue frémit.

— Bonne façon de profiter de la nuit, dit le père en avançant la main pour soupeser le sein gauche de sa fille. Un estomac de phoque plein d'huile.

La fille de Coquille Bleue retint son souffle mais s'obligea à regarder l'homme, s'obligea à croiser son regard. Parfois, cela marchait. Parfois, les marchands voyaient le vide dans ses yeux, ils voyaient ce que son père ne voulait pas leur dire : qu'elle n'avait pas d'âme. Et une femme sans âme — qui peut dire de quoi elle est capable? Peut-être arracher des morceaux de l'esprit d'un homme au moment où il se perd dans la joie de ses cuisses.

Mais les yeux de l'homme étaient ternes. Ils ne disaient que son envie de la toucher. Et la fille avait peur qu'il ne voie que la peau de ses bras et de ses jambes, luisante d'huile, et ses longs cheveux noirs. Rien de plus.

— Elle est belle, insista Oiseau Gris. Regarde, bons yeux sombres, bon visage rond. Pommettes saillantes sous la peau. Petites mains, petits pieds.

Il ne dit rien de sa bouche, de la façon dont les mots en sortaient brisés, hachés.

Le marchand passa sa langue sur ses lèvres.

— Un estomac de phoque ?

Il est jeune, songea la fille de Coquille Bleue. Son père aimait traiter avec des hommes plus jeunes. Ils pensaient davantage à leurs reins qu'à leur ventre.

— Quel est son nom ? s'enquit le marchand.

La fille de Coquille Bleue se mordit les lèvres, mais son père éluda la question.

— Un estomac de phoque, dit-il. En général, j'en demande deux.

Le marchand plissa les yeux.

— Elle n'a pas de nom ? demanda-t-il en riant. Une poignée d'huile pour la fille.

Le sourire d'Oiseau Gris s'effaça.

Le marchand rit de nouveau.

— Quelqu'un m'a parlé de ta fille, reprit-il. Elle ne vaut rien. Elle n'a pas d'âme. Comment savoir si elle ne va pas me voler la mienne ?

Oiseau Gris se tourna vers la fille. Elle plongea mais pas assez vite pour éviter qu'une main s'abatte violemment sur le côté de son visage.

— Tu ne vaux rien, lança-t-il.

Oiseau Gris sourit au marchand et lui désigna une pile de peaux de phoque.

— Assieds-toi, dit-il avec douceur.

Mais la fille de Coquille Bleue remarqua ses lèvres serrées et sut qu'il se mordrait bientôt l'intérieur des joues jusqu'à s'en arracher la peau tendre. Elle l'avait déjà vu cracher des caillots de sang après une mauvaise séance de troc.

La fille recula contre l'épais mur de terre de l'ulaq et se faufila jusqu'à l'endroit où elle dormait. Elle attendit que les deux hommes soient absorbés dans leur marchandage pour se glisser derrière la cloison d'herbe tissée qui séparait sa chambre de la pièce principale de l'ulaq. Elle percevait encore la voix de son père, maintenant faible et suppliante, tandis qu'il proposait les paniers fabriqués par sa mère et les peaux des lemmings pris au piège par son frère Qakan.

Elle savait qu'elle trouverait Qakan assis dans un coin, en train de manger, la graisse dégoulinant de son menton sur son gros ventre, ses petits yeux clignant trop souvent, ses doigts fourrant la nourriture dans sa bouche. Les seuls moments où Qakan semblait s'intéresser à autre chose qu'à la nourriture étaient lorsque leur père traitait avec des marchands.

Elle entendait son père glousser, presque comme une femme ; cela signifiait qu'il jouait désormais sur la compassion du marchand : pauvre homme qui tâchait de nourrir sa famille. Voilà ce qu'on gagnait à se montrer généreux, à avoir le cœur tendre.

— C'est ma fille ; c'est sa faute.

Oiseau Gris entreprit de conter, comme toujours, l'histoire ressassée tant et plus.

— Que pouvais-je faire ? J'ai une bonne épouse. Elle ne voulait pas abandonner sa fille. Elle m'a supplié. Je pouvais être tué à la chasse ou ne pas survivre assez longtemps pour avoir un fils. Alors j'ai laissé vivre cette fille.

Et il poursuivit. Oui, il avait refusé de nommer sa fille ; oui, il lui avait refusé un nom et une âme. Mais qui pouvait le lui reprocher ? N'avait-elle pas forcé son chemin pour passer avant les fils qui auraient pu naître, cette fille avide, née les pieds devant, se frayant ainsi un chemin dans le monde ?

Chaque fois qu'Oiseau Gris racontait cette histoire, la fille de Coquille Bleue sentait croître le vide en elle. Il aurait mieux valu que sa mère la donnât au vent. Peut-être son père l'aurait-il nommée. Elle aurait trouvé la route jusqu'aux Lumières Dansantes et peut-être y serait-elle aujourd'hui, avec les autres esprits.

Oui, cela aurait été préférable à une vie entière dans l'ulaq de son père. Aucun chasseur ne la voudrait ; aucun homme ne paierait la dot pour une femme sans âme. Les hommes voulaient des fils. Sans âme pour se mêler à la graine d'un homme, comment pouvait-elle apporter un enfant ?

En outre, songea-t-elle, j'ai quinze étés, peut-être seize, pourtant je n'ai pas encore connu le sang. Je suis une femme et je ne suis pas une femme ; je suis privée d'âme, privée du sang des femmes.

Et elle se souvint d'une des rares fois où sa mère avait tenu tête à Oiseau Gris. Exaspérée, Coquille Bleue s'était écriée :

— Comment puis-je savoir pourquoi cette fille n'a pas de flux de sang ! C'est toi qui refuses de lui donner un nom. Comment un père peut-il espérer qu'une fille sans nom saigne ? Qu'est-ce qui saignera ? Cette fille n'a pas d'âme.

— C'est la faute de Kayugh, avait rétorqué Oiseau Gris en geignant à la manière de Qakan.

— Il a promis son fils. Il te donnera une dot...

Les paroles de Coquille Bleue avaient été interrompues par le claquement sec d'une forte gifle.

— Il n'a pas d'honneur, avait craché Oiseau Gris. Il ne tient pas ses promesses.

Puis, Oiseau Gris s'était mis à hurler, traitant Coquille Bleue de tous les noms horribles qu'il réservait d'ordinaire à sa fille.

Honteuse, la fille de Coquille Bleue s'était recroquevillée dans l'endroit où elle dormait. Et même la couverture d'herbe qu'elle avait tirée sur sa tête ne la protégeait pas des paroles furieuses de ses parents.

Pourtant, plus tard dans la nuit, une fois la dispute apaisée, elle se rappela ce qu'avait dit sa mère. Kayugh offrirait une dot. Kayugh avait promis un fils...

Un fils ! Quel fils ! Amgigh ou Samig ? Tout en comprenant qu'elle n'avait aucun droit de poser la question, elle avait envoyé une supplique à leur montagne Tugix : Fais que ce soit Samig. Au fond d'elle-même, en cet endroit vide réservé à son âme, elle avait senti comme une petite étincelle. Au matin, cette petite étincelle s'était muée en flamme si forte qu'elle n'en supportait pas l'éclat : épouse de Samig. Épouse de Samig. Épouse de Samig.

Soudain, le rideau de sa chambre s'écarta brusquement. La fille de Coquille Bleue recula contre le mur. Au cours des trois dernières années, son père avait réussi à l'échanger à cinq ou six reprises. Chaque fois, elle avait lutté, et le lendemain son père ajoutait ses coups à ceux des marchands. À présent, c'était Qakan qui l'observait en rotant et en se frottant la panse.

— Tu as de la chance, aujourd'hui, lança-t-il sans la moindre compassion dans le regard. Tu vas dormir seule. Notre père est un piètre négociant...

Le rideau retomba et la fille de Coquille Bleue poussa un soupir de soulagement. Une nuit seule, une nuit pour dormir... Elle s'attacherait à ne pas penser à l'été qui s'annonçait avec la visite des commerçants. Ce soir, elle était seule.

Amgigh palpa le nodule d'andésite. Il comptait le fendre en deux d'un coup de son plus gros percuteur. Il obtiendrait de chaque moitié sept ou huit bons éclats dont cinq feraient sans doute de bonnes têtes de harpon.

Il soupesa l'andésite entre ses doigts. Combien de lions de mer lui vaudrait cette roche? Il se posait cette question chaque fois qu'il trouvait un nodule de pierre, chaque fois qu'il fabriquait une lame. Cinq lions de mer pour chaque lame? Non, deux tout au plus. Deux lions de mer pour chacune des cinq lames. Peut-être dix lions de mer dans cette roche. Si les vents et les esprits sont favorables. Si les chasseurs sont adroits.

Peut-être un de ces lions de mer serait-il le premier d'Amgigh. Samig avait pris son premier voici trois ans.

Chaque fois qu'Amgigh rentrait bredouille, il lisait la déception dans les yeux de son père. Mais ce dernier se rendait-il compte que, lorsque Longues Dents ou Samig, Premier Flocon ou même Oiseau Gris prenaient un lion de mer, c'était la pointe façonnée par Amgigh qui tuait l'animal ? Le soin qu'il apportait à son travail. La précision de son poinçon en os de loutre, la force de son percuteur.

Alors, qui dans tout le village a pris le plus de lions de mer ?

La fille de Coquille Bleue était debout sur la plage et regardait la mer. Le vent relevait les longues mèches de cheveux noirs du col de son suk pour les rabattre sur son visage.

Elle regardait la mer. Sans raison. Le marchand était parti ; aucun chasseur n'était sorti en ikyak, aucune femme ne pêchait.

Mais il était bon de voir les vagues se propulser comme si elles voulaient atteindre le ciel. Qu'est-ce que Samig lui avait dit ? Les esprits de la mer essaient toujours de capturer un esprit du ciel.

Samig n'était qu'un jeune chasseur, seize étés, peut-être dix-sept, mais c'était un sage. Il posait des questions et réfléchissait à beaucoup de choses, et la fille de Coquille Bleue était toujours heureuse quand il entrait dans l'ulaq de son père. Elle se surprenait à le guetter quand elle allait pêcher des oursins ou quand elle allait sur les collines ramasser des baies de camarine.

Elle se mit à chanter, une mélopée sur la mer, sur les animaux qui vivent dans la mer. Les paroles suivaient le rythme des vagues.

Fredonnant toujours, la fille de Coquille Bleue s'accroupit au bord de l'eau et remplit son panier d'eau et de graviers. Doublé de boyau de phoque, ce panier était un de ceux que sa mère avait fabriqués avec de l'ivraie ; l'herbe était nouée et cousue si serrée qu'il fallait à l'eau plusieurs jours pour s'échapper. La fille se releva, fit tourbillonner le mélange et le jeta. Elle avait emporté les paniers jusqu'au tas d'ordures et les avait débarrassés des immondices de la nuit avant de venir les rincer dans la mer. Elle avait eu l'intention de se dépêcher. Son père serait en colère si elle s'attardait sur la plage. Mais, cette fois encore, la mer avait attiré son regard et s'était emparée d'elle avec la force d'un aigle saisissant un lagopède.

Deux jours plus tôt, son père l'avait battue à cause de sa lenteur. Les traces lui raidissaient encore le dos et elle marchait comme une vieille femme. Son cœur aussi avait des bleus, douloureux du silence du jour ; sa mère évitait son regard, son frère Qakan se moquait d'elle avec un sourire narquois sur ses lèvres trop grasses.

Du moins portait-elle son suk. D'ordinaire, lorsqu'elle était dans l'ulaq, elle n'avait sur elle que son tablier d'herbe et était nue au-dessus de la taille. Le vêtement avait amorti les coups et empêché que le bâton n'entaille sa peau.

Mais qui était-elle pour espérer mieux ? Elle était moins que les rochers, moins même que les coquilles qui jonchaient la plage.

Cessant de chanter, elle relevait deux paniers qu'elle tenait contre le vent pour les sécher quand ses yeux se posèrent sur quelque chose de blanc enfoui dans les roseaux des sables. Elle le déterra.

C'était une dent de baleine.

Une dent de baleine, songea la fille de Coquille Bleue. Ici ? Aussi près des ulas ?

Elle était grosse comme quatre de ses doigts et longue comme sa main. Sûrement un cadeau de quelque esprit. Mais pas pour elle, bien sûr. Peut-être était-elle censée la donner à son père pour qu'il la sculpte ou l'échange contre de la viande ou des peaux.

Elle avait vu d'autres figurines — les personnages et les animaux que Shuganan, le vieux grand-père, avait faits. Et si Shuganan avait rejoint le monde des esprits, ses sculptures possédaient encore un immense pouvoir.

Aux yeux de la fille de Coquille Bleue, peu importait combien de jours Oiseau Gris passait à sculpter, et combien de fois il obligeait sa famille au silence pendant qu'il travaillait, ses statuettes ne rivaliseraient jamais avec celles de Shuganan.

Souvent, quand la fille de Coquille Bleue oubliait de surveiller ses pensées, une part d'elle-même, quelque chose dans sa tête, se gaussait des petits animaux ou des personnages difformes que faisait son père. Une fois, alors qu'elle n'était même pas assez grande pour toucher le toit pentu de l'ulaq, qui descendait pourtant très bas, elle avait dit à sa mère que les sculptures d'Oiseau Gris étaient affreuses. Coquille Bleue, dont les yeux noirs trahissaient l'horreur, avait plaqué une main sur la bouche de sa fille, l'avait tirée en haut du tronc d'arbre entaillé qui servait à monter en haut de l'ulaq, puis elle l'avait conduite en courant jusqu'à la rivière. Là, elle avait lavé à grande eau les mots dans la bouche de sa fille en lui faisant avaler de pleines gorgées.

Plus tard, de retour dans l'ulaq, la douleur dans sa gorge avait atteint son cœur, et la fille de Coquille Bleue avait compris l'immense différence entre elle et tous les autres gens, même sa mère. Le mal de ce savoir-là était pire que le mal de gorge, pire que toutes les raclées que son père lui avait données. Depuis lors, les mots n'étaient pas venus facilement; ils semblaient s'enrouler autour de sa langue, se déchiqueter sur ses dents et sortir en miettes. Alors, chaque fois que la fille de Coquille Bleue observait le travail d'Oiseau Gris, elle se rappelait qu'elle était la seule à trouver ces sculptures hideuses, que les choses de l'esprit n'étaient rien pour elle. Elle voyait à travers des yeux vides. Même, par la suite, alors qu'elle avait grandi et que les questions tourbillonnaient et cognaient dans sa tête, elle refusait de se demander pourquoi elle avait toujours perçu la beauté du travail de Shuganan.

La fille de Coquille Bleue referma sa main sur la dent de baleine et grimpa au sommet du toit de l'ulaq de son père. Jetant les paniers par le trou, elle descendit par les encoches pratiquées sur le rondin mais, avant qu'elle ne puisse se retourner, avant qu'elle ne puisse montrer à son père ce que les esprits lui avaient envoyé, à lui, elle sentit la brûlure de la canne s'abattant sur ses épaules.

D'instinct, elle s'accroupit, ramassée sur elle-même. Elle lâcha la dent de baleine sur le sol recouvert d'herbe et se protégea la tête de ses deux bras. La peur la poussait à ramasser la dent pour la donner à son père. Elle en obtiendrait trois, peut-être même quatre jours de répit, quatre jours sans punition. Mais elle n'en eut pas le temps et son père abattit à nouveau sa canne, d'abord sur les côtes de sa fille, puis sur les os fragiles de ses mains.

La fille remisa la douleur dans le creux à la base de ses côtes, en cet endroit où demeure l'esprit des gens qui en ont un. La douleur logeait là, ronde et rougeoyante comme la chaleur du soleil. La fille de Coquille Bleue baissa les paupières et se ferma à la colère de son père ; et quand elle vit la blancheur de la dent de baleine, elle eut le courage de ne pas hurler.

Les coups cessèrent.

— Tu es trop lente ! cria Oiseau Gris. Je déteste attendre !

La fille de Coquille Bleue ôta ses mains de sa tête et se releva. D'un regard par-dessus son épaule, elle vit la sueur sur le visage étroit de son père, les jointures de sa main tendues sous la peau comme il agrippait son bâton. Elle imagina cette main sur la dent de baleine, les lèvres ourlées tandis qu'il réfléchissait au petit animal que deviendrait la dent. Alors, la fille de Coquille Bleue n'éprouva plus de douleur, rien qu'une colère, comme une lourde pierre dans sa poitrine.

Elle n'avait jamais rien possédé. Son suk avait appartenu à sa mère jusqu'à ce que les peaux d'oiseaux s'effritent comme des feuilles mortes. Même les petits cadeaux de Samig, coquillages ou pierres de couleur, lui étaient arrachés des mains par son père ou son frère.

Elle avait trouvé la dent de baleine. C'était à elle.

Elle se tourna lentement pour affronter son père et, ce faisant, posa un pied sur la dent. Elle écouta les violents reproches et s'obligea à demeurer immobile quand il leva son bâton. Elle garda les yeux grands ouverts et parvint à ne pas tressaillir.

Non, elle ne lui donnerait pas la dent. Qu'est-ce que les esprits pourraient bien lui faire qu'ils ne lui avaient déjà fait ? Elle n'était rien. Comment les esprits pouvaient-ils faire du mal à rien ?

Elle resta là, debout, jusqu'à ce que son père, ayant suffisamment hurlé, lui assène un dernier coup sur la tête avant de ranger son bâton dans la niche pratiquée dans le mur de terre de l'ulaq. Après quoi il gagna sa chambre sans un regard pour sa fille. Celle-ci ramassa la dent de baleine et la glissa sous son suk, à l'intérieur de la ceinture de son tablier d'herbe tissée. La dent demeura là, lisse et chaude contre sa peau.

2

C'était la nuit. La fille de Coquille Bleue était fatiguée. Tout le monde dormait et, comme elle aimait travailler seule dans la pièce commune, elle décida d'œuvrer encore un peu au panier qu'elle était en train de tisser.

Ses côtes lui faisaient mal chaque fois qu'elle respirait profondément et, la journée durant, elle avait eu l'impression de manquer d'air. Elle plongea la main dans le panier à eau et ferma les yeux tandis qu'elle humectait une touffe d'herbe du bout des doigts.

Quand elle tissait, la fumée des lampes à huile s'attardait autour d'elle et lui piquait les yeux qui devenaient secs et la démangeaient.

Elle sentit la présence de son père avant de le voir, une lourdeur soudaine de l'air, son odeur d'huile et de poisson. Elle ouvrit les yeux et le vit debout devant elle, sa canne en travers du corps comme s'il se préparait à l'attaque. Il posa les yeux sur son ouvrage.

— Il me faut ce panier, dit-il. Ne dors pas avant de l'avoir achevé.

La fille de Coquille Bleue affronta son regard tout en essayant de cacher sa peur. C'était un panier à réserves. Bon pour le poisson séché, les baies et les racines. Son père n'en avait nul besoin.

Elle avait envie de lui rétorquer que ce n'était qu'un panier de femme, que ceux de sa mère étaient beaucoup plus beaux que les siens. Elle ouvrit la bouche mais les mots se bloquèrent dans sa gorge et aucun son ne sortit. Au prix d'un extraordinaire effort, elle réussit à dire :

— A-a-a-a-a...

C'était le bruit du vide qui logeait en elle. Les autres avaient des esprits ; les autres avaient des mots.

— Travaille toute la nuit s'il le faut, ordonna Oiseau Gris.

La fille de Coquille Bleue inspira profondément, essayant de chasser l'idée du vide en elle. Elle ouvrit la bouche et commença, lentement :

— N-n-non.

Elle vit la surprise dans les yeux de son père. Quand lui avait-elle jamais opposé un refus ? Son père la fixa un instant du regard mais n'ajouta rien. Il ricana et donna un coup de pied dans l'herbe du sol avant de retourner se coucher.

La fille de Coquille Bleue attendit. Une fois qu'elle l'eut entendu enfiler sa robe de nuit, elle forma à nouveau le mot dans sa bouche, un mot fort et rond contre sa langue :

— Non, murmura-t-elle. Non.

Elle sentit le pouvoir du monde comme ce mot s'installait en elle.

Elle se leva et, au moment où elle se pencha pour ramasser le panier à demi tressé, quelque chose se mit à couler le long de sa cuisse.

Malgré l'obscurité, elle sut. Du sang.

Elle avait son premier sang. Elle était une femme. Une femme ! Même sans esprit, même sans âme, elle avait reçu le présent du sang. Comment était-ce possible ?

Peut-être était-ce ce mot, dit à son père. Mais qu'est-ce qui lui avait donné le courage de lui tenir tête ? Elle lissa ses mains sur son suk, sur le petit renflement de ses seins. Elle sentit la dent de baleine bouger contre son flanc. Oui, bien sûr, c'était la dent.

Samig s'inclina sur l'hameçon en os qu'il façonnait. Sa mère nourrissait sa petite sœur, Mésange, tout en passant de l'huile de phoque dans les cheveux de son mari.

Samig lança un regard à son frère Amgigh qui le menaça en silence. Samig tourna la tête comme s'il n'avait rien remarqué. Je suis un chasseur, se rappela-t-il tandis qu'il sentait monter la colère, si coutumière. Ce printemps, il avait déjà pris trois phoques. Il n'avait nul besoin de répondre à la folie de son frère.

Samig l'avait toujours emporté sur Amgigh, qu'il s'agisse d'un jeu requérant de la vivacité d'esprit ou de la force physique. Si Amgigh était plus grand que Samig, il était très mince et se fatiguait vite. Pourtant, il possédait une véhémence, une détermination que Samig admirait. Même lorsque Samig battait haut la main Amgigh à la course, Amgigh ne s'arrêtait jamais avant d'avoir franchi la ligne d'arrivée. Leur père louait une telle détermination. Importante chez un garçon, encore plus chez un homme.

Et bien que Samig soit plus adroit à la lance, c'étaient les mains d'Amgigh qui en taillaient les têtes ; c'est pour cela, disait leur père, que la famille d'Amgigh n'aurait jamais faim.

Malgré tout, il y avait chez Amgigh quelque chose que Samig n'aimait pas, l'esprit de contrariété qui le poussait à dérober le jouet préféré de sa sœur et à le maintenir hors de portée jusqu'à ce qu'elle pleure ; la partie de lui qui riait quand Oiseau Gris dénigrait son adorable fille devant d'autres hommes.

Plongeant le regard dans les yeux de son frère, Samig sut que c'était cet esprit de contrariété qui parlait en ce moment. Toujours défiant, Amgigh dit :

— La fille de Coquille Bleue — on raconte qu'elle est enfin devenue femme. Sa mère est en train de lui construire un abri dans les collines.

Leur mère leur lança un regard soupçonneux.

— Comment le sais-tu ?

— Je l'ai vue. Me crois-tu aveugle sous prétexte que je n'ai pas de dents de lion accrochées à mon cou ?

Samig rougit, baissa les yeux sur le collier que sa mère avait enfilé pour lui. Elle en avait promis un à Amgigh dès qu'il rapporterait son premier lion de mer. Que pouvait-elle faire de plus que promettre ? Il fallait qu'Amgigh ait une chasse fructueuse.

— Amgigh, intervint leur père, si tu as quelque chose de bien à dire à ta mère, dis-le. Sinon, tais-toi.

Amgigh grimaça un sourire en montrant les dents. Mésange tendit la main et tira les cheveux de sa mère. Chagak lui donna une tape d'un air absent. L'enfant se mit à pleurer.

— Je vais graisser mon ikyak, annonça Samig, brûlant soudain de s'éloigner de ses parents, de son frère et des piailleries de sa sœur. Premier Flocon a peut-être envie de parler à quelqu'un. Il est seul dans le nouvel ulaq avec notre laideron de sœur.

Son père sourit gaiement.

— Si Baie Rouge t'entend, crois-tu qu'elle partagera de la nourriture ou te gardera de la viande des phoques de Premier Flocon ?

Samig enfila son parka et sortit de l'ulaq. Venu du nord, un vent glacé et cinglant balayait la grande plage. La nuit régnait mais il ne faisait pas encore complètement sombre, la lune était pleine.

Ainsi, Coquille Bleue construisait une hutte de saignement pour sa fille, songea Samig. Cela signifiait-il qu'Oiseau Gris avait enfin attribué un nom à la fille et lui avait permis d'avoir une âme ?

Samig descendit jusqu'à la plage. Il s'arrêtait de temps à autre pour ramasser de petites pierres et les jeter dans l'eau. Il donnerait un cadeau à la fille, elle comprendrait qu'il était heureux pour elle. Elle méritait un peu de bonheur.

« Tu es un chasseur, dit une voix en lui. Peut-être pourrais-tu offrir plus qu'un cadeau. Peut-être qu'à la fin de l'été tu pourrais payer une dot. »

Sa mère voulait qu'il prenne une épouse chez les Chasseurs de Baleines, mais elle ne refuserait sans doute pas la fille de Coquille Bleue. Qui travaillait plus dur, qui souriait davantage, même si son dos était zébré des cicatrices dues aux coups portés par son père ? Il allait commencer à mettre de côté des peaux de phoque. Il était prêt à être un époux. Ses rêves ne lui disaient-ils pas qu'il était un homme ?

3

La fille de Coquille Bleue était allongée sur l'herbe qui adoucissait le sol de l'abri. La hutte n'avait pas de murs, rien qu'un toit pointu de bois flotté et des tapis d'herbe qui descendaient jusqu'à terre et étaient fixés par des pinces d'os et du fil de varech.

Sa mère avait passé la nuit et une partie de la matinée à construire l'abri. Elle avait tissé le toit bien serré afin d'empêcher le passage du vent et avait donné à sa fille une lampe à huile pour sa chaleur et sa lumière.

La fille n'avait pas eu le droit d'aider, seulement d'observer, d'attendre dans le noir pendant que sa mère rassemblait des herbes et du bois flotté et qu'elle rapportait des tapis de l'ulaq. Sa mère avait peu parlé pendant son travail mais, à deux reprises, elle s'était retournée pour sourire à sa fille, qui n'en revenait pas. Elle avait rarement vu sa mère sourire, ne se rappelait pas l'avoir jamais vue rire. Ainsi, sa mère était heureuse que sa fille sans nom soit devenue femme.

La fille se demandait, pour son père. Elle avait entendu Oiseau Gris hurler quand Coquille Bleue, réveillée, avait chassé sa fille de l'ulaq. Oiseau Gris, et aussi Qakan, s'étaient lamentés sur ces règles. Y avait-il du sang de femme sur leurs armes ? Avait-elle dormi dans leur lit ce jour-là ?

Mais peut-être son père obtiendrait-il pour elle une dot, désormais. Peut-être trouverait-elle sa place comme épouse d'un des fils de Kayugh. Peut-être Samig.

Une fois la hutte achevée, Coquille Bleue annonça à sa fille qu'elle reviendrait avec de la nourriture et de l'eau. Elle apporterait aussi des lanières de peau qui lui serviraient à tresser des ceintures de chasse pour les hommes.

Les premiers jours où l'on devenait femme étaient un temps de pouvoir. La fille de Coquille Bleue avait entendu des histoires de filles dans leur premier sang qui avaient jeté des baleines sur les plages des Premiers Hommes, mais elle n'avait aucun espoir de réussir pareil exploit. Comment une femme sans nom posséderait-elle tant de pouvoir ? Mais si les hommes envoyaient de la peau de phoque à tisser en ceintures de chasse, elle ferait des ceintures, belles et solides, qui leur porteraient chance.

Elle sortit la dent de baleine de sous son suk et la caressa tout en observant les entailles et les cicatrices de sa surface. Le haut de la dent, qui s'était cassée à la racine, était presque lisse. La dent avait dû rester sous la pluie et le soleil pendant un temps, et avant cela sous la mer. Peut-être était-elle aussi puissante qu'une amulette.

La fille de Coquille Bleue n'avait jamais eu droit à une amulette. Un jour, encore enfant, elle avait confectionné une petite bourse avec un lambeau de peau de lion de mer et l'avait remplie de petits galets et de coquillages trouvés sur la plage. Elle l'avait suspendue à son cou à l'aide d'une lanière de cuir brut, mais quand son père l'avait remarquée, il avait arraché la bourse d'un coup sec si violent que la lanière avait laissé une trace à la base de sa nuque.

— Pas d'amulette, avait-il dit. Une fille sans âme n'est rien pour les esprits. Ils ne la protègent pas. Ils ne la voient même pas.

Mais, maintenant, elle avait la dent. Peut-être même était-ce la dent qui l'avait choisie. Sinon, pourquoi l'aurait-elle trouvée, elle, et pas son père, ou Kayugh ou Nez Crochu, ou même Samig ? Peut-être la dent voulait-elle lui offrir du pouvoir, autant qu'une amulette était capable d'en donner.

Elle n'avait porté la dent de baleine qu'une journée et, déjà, elle en avait fait une femme. La fille de Coquille Bleue tourna la tête pour voir au-dehors à travers l'ouverture de sa hutte.

Elle écouta le vent, le regarda pousser les nuages dans la courbe grise du ciel. Pendant ces jours, neuf jours seule dans sa hutte de saignement, elle pourrait oublier son père. Elle pourrait oublier qu'elle ne possédait pas d'esprit. Elle pourrait oublier les mots, les mots qui coulaient facilement de la bouche des autres mais qui, chez elle, ne venaient qu'au prix d'un grand effort : chaque son était une tâche nouvelle et ardue, détaché de sa bouche un par un comme une femme arrache des patelles d'un rocher.

Oui, elle pourrait oublier. Mais jamais elle n'oublierait la raison de sa présence ici. Elle était une femme. Même sans nom, même sans âme, même sans le don des mots. Même ainsi, elle était femme. Elle fredonna pour elle-même, un petit air, un chant sans paroles, pour la dent de baleine.

4

Le deuxième jour de son sang, la fille de Coquille Bleue confectionna des ceintures de chasse pour Samig et Amgigh.

Elle coupa la peau de phoque en étroites bandelettes qu'elle tressa avec lenteur et soin. Elle enfila les coquillages qu'elle avait percés pour en faire des perles, songeant toujours aux peaux de phoque et aux lions de mer. Elle posa une peau de phoque sur ses couvertures afin que les ceintures ne touchent pas l'herbe, et sa mère natta bien serré les cheveux de sa fille dans son dos. Si le moindre brin d'herbe ou le moindre cheveu se trouvait mêlé à la ceinture, les animaux de mer le sauraient et ne s'approcheraient pas du chasseur, ou pis, ils mordraient le fond de son ikyak et feraient un si grand trou que le chasseur se noierait.

Le troisième jour, elle fit des ceintures pour Longues Dents et Premier Flocon, et le quatrième jour pour son père. Le cinquième jour, Qakan envoya sa peau de phoque. Pour les autres hommes, la fille de Coquille Bleue n'avait eu qu'à fermer les yeux pour concevoir une ceinture achevée et magnifiquement décorée. Mais pour Qakan, elle ne vit rien.

C'est parce qu'il me déteste, pensa-t-elle, et elle ne put s'empêcher de se rappeler les fois où il lui avait volé de la nourriture ou avait menti à son père, l'accusant d'avoir cassé les pierres de cuisson ou touché à une arme de chasse.

Malgré ses quatorze étés, Qakan n'avait jamais pris le moindre phoque. Il ne pagayait même pas correctement et son père la blâmait pour la piètre habileté de Qakan. Elle était la malédiction de la famille, répétait-il souvent. C'était à cause d'elle que sa mère n'avait pas eu d'enfant depuis la naissance de Qakan. C'était elle qui empêchait Qakan de tuer des phoques.

C'était une des particularités de son père de rejeter sur les autres la responsabilité de ses faiblesses. Mais, après tout, moi aussi je suis comme ça, songea la fille de Coquille Bleue, quand je m'en prends à Qakan de ne pas vouloir tisser sa ceinture. Elle réchauffa ses mains à la flamme de sa lampe et réfléchit un moment, puis elle sortit la dent de baleine de son suk. Elle laissa courir ses doigts sur la courbe lisse des arêtes, caressa un sillon érodé à la base de la dent. Oui, elle ferait une ceinture à Qakan et rassemblerait toutes ses bonnes pensées de phoques et de lions de mer pour lui donner du pouvoir.

Le huitième jour de la réclusion de la fille de Coquille Bleue, Samig s'assit au sommet du toit de l'ulaq de son père et regarda la mer. Il guettait les rides sur la surface de l'eau qui parleraient de harengs, guettait l'obscurité frissonnante qui précède une tempête ; mais, parfois, il se tournait et se tenait debout de tout son long pour apercevoir la petite pointe du toit de la hutte de la fille de Coquille Bleue. Demain elle sortirait, demain on célébrerait pour elle la cérémonie de la femme. Peut-être, avait dit la mère de Samig, qu'Oiseau Gris permettrait à sa fille, désormais femme, d'avoir un nom.

Enfant, déjà, elle était robuste, encaissant coups et rebuffades sans une larme, sans une supplique.

Chagak affirmait que, même si la fille de Coquille Bleue n'avait pas d'âme, les ceintures qu'elle fabriquerait auraient du pouvoir.

Au printemps, trois chasses avaient porté honneur à Samig. Qui pouvait dire, avec la ceinture en plus ? Il prendrait peut-être deux ou trois phoques en une seule chasse comme cela arrivait parfois à son père.

Il se tourna de nouveau vers la mer et regarda la houle se lever. Il inspira profondément : rien. Nulle odeur de phoque ou de baleine, pas même une faible odeur de morue.

Le jour rêvé pour huiler mon chigadax, songea-t-il en redescendant du toit par l'encoche supérieure du rondin. Son père se tenait assis dans un coin de la pièce centrale. Installée sur ses genoux, Mésange suçait deux de ses petits doigts tandis que son autre main était enveloppée dans ses cheveux doux et emmêlés.

— Quelque chose ? s'enquit Kayugh.

— Rien, répondit Samig.

Sa mère était assise, dos tourné, à tisser une couverture d'herbe suspendue à des pinces fichées dans un mur. Au-dessus du tissage, il y avait une étagère remplie de petits animaux en ivoire sculptés des années auparavant par son grand-père Shuganan.

Chagak regarda Kayugh par-dessus son épaule. Celui-ci s'éclaircit la gorge.

Samig s'accroupit près de son père. Il tendit la main pour caresser les cheveux de sa sœur.

— La dernière fois que ton grand-père Nombreuses Baleines est venu nous rendre visite, commença Kayugh, il m'a demandé de te permettre de vivre avec lui cet été dans le village des Chasseurs de Baleines.

Il marqua une pause et glissa un regard à son épouse, puis à Samig.

Le cœur de Samig s'accéléra et les veines de son cou battirent à tout rompre.

— Et tu me laisseras partir ? demanda-t-il.

— Voici longtemps que j'ai promis à Nombreuses Baleines, cela faisait partie de la dot pour ta mère.

— Tu as promis qu'un de tes fils irait vivre avec lui pour apprendre à chasser la baleine ?

Kayugh regarda sa femme, puis Samig à nouveau.

— Oui.

— Et tu m'as choisi de préférence à Amgigh ?

Chagak s'apprêtait à parler mais Kayugh l'interrompit :

— Je n'en choisis jamais un de préférence à l'autre, mais Amgigh sera bientôt un mari. Il doit demeurer dans ce village avec son épouse.

La joie qui avait envahi Samig se figea soudain en une boule dure dans son ventre.

— La fille de Coquille Bleue ? demanda-t-il dans un souffle.

— Oiseau Gris a décidé de lui donner un nom ; ton père pourra donc tenir la promesse qu'il a faite quand Amgigh était un bébé, expliqua Chagak.

— Amgigh le sait ?

— Nous le lui dirons quand lui et Longues Dents rentreront de la chasse.

— Il n'a même pas encore attrapé un lion de mer, rétorqua Samig pour s'apercevoir qu'il avait parlé d'une voix haut perchée et criarde, comme celle d'un petit garçon.

— Il y parviendra, affirma Kayugh. Peut-être aujourd'hui.

— Oui, murmura Samig en remarquant la sévérité dans les yeux de son père.

— Ton père aidera Amgigh à payer la dot, commença Chagak. Nous avons décidé qu'ils vivront ici, dans cet ulaq.

Samig hocha la tête et tenta de dissimuler sa surprise. Chez les Premiers Hommes, il était de coutume pour un homme de vivre avec la famille de son épouse, du moins jusqu'à la naissance du premier enfant. Mais, se rappela Samig, telle n'était pas la coutume chez les Chasseurs de Baleines, et sa mère appartenait à moitié à cette peuplade.

— Elle sera notre fille, elle portera nos petits-enfants, dit Chagak en relevant la tête si bien que Samig vit le dessin étroit de sa mâchoire. Il faut la tenir éloignée d'Oiseau Gris. Il la bat.

Samig passa une main sur son front. Oui, qui ne le savait ? Mais une fille appartient à son père et il a le droit de la battre, de la tuer s'il en a envie.

— Je crois qu'elle sera davantage en sécurité maintenant que Oiseau Gris a la certitude d'en tirer quelque chose, des peaux de phoque ou de l'huile, commenta Kayugh. J'avertirai Oiseau Gris qu'Amgigh ne prendra pas une épouse aux os brisés.

— Amgigh sera un bon époux, dit Samig d'une voix qui sonnait à nouveau comme celle d'un homme.

Ce serait mieux pour la fille qu'elle soit dans cette demeure, et même si Samig la voulait pour lui, il aimait mieux la voir avec son frère que donnée à un quelconque chasseur venu sur leur plage échanger des peaux et de la viande.

Samig se mit debout.

— Je sors guetter Amgigh.

Son père hocha la tête mais Samig leva les sourcils vers Chagak en signe d'interrogation. Il s'accroupit sur la motte d'herbe du toit.

Chasser la baleine, le plus grand de tous les animaux marins. Quel chasseur ne sentirait son esprit envahi de fierté à cette pensée ? Oui, il recevait la meilleure part. Après tout, n'importe quel homme pouvait prendre une femme, devenir un époux. Fort peu étaient capables d'apprendre à chasser la baleine.

Samig observa la mer fixement à la recherche de l'ikyak d'Amgigh. Il songea aux baleines, énormes, sombres, songea à leur souffle projeté si haut ; il refusa de penser à la fille de Coquille Bleue, refusa de sentir la douleur dans son cœur.

5

Le neuvième jour, la fille de Coquille Bleue avait achevé toutes les ceintures et tissé un panier à cueillette. Ce soir, elle retournerait dans l'habitation de son père. Une fois, Chagak lui avait raconté la cérémonie de femme que ses parents avaient organisée après la fin de son premier sang. En ces temps, une fille devait vivre seule pendant quarante jours après son premier sang. Puis venaient les fêtes et les présents.

Mais quand Baie Rouge, la fille de Kayugh, en était venue à son premier sang, les hommes décidèrent que ce nouveau village sur l'île de Tugix était trop petit pour qu'une femme reste assise quarante jours à ne rien faire d'autre que des ceintures et des paniers. Ils empruntèrent donc une coutume aux Chasseurs de Morses — rien que neuf jours seule, rien que neuf jours à tisser des ceintures et des paniers. Comme le disait Longues Dents : « Les propres parents de Kayugh n'étaient-ils pas autrefois des Chasseurs de Morses ? »

La fille de Coquille Bleue avait entendu les protestations de Chagak : Pourquoi risquer la colère des esprits ? Pourquoi risquer que la chasse soit maudite ?

Mais Kayugh avait répliqué : « Qui ne sait que le chiffre quatre est sacré pour les hommes ; que le chiffre cinq est sacré pour les femmes ? Neuf est un bon chiffre, un chiffre solide. De plus, qui peut douter que les Chasseurs de Morses comprennent les voies des esprits ? »

Il semblait que Kayugh eût raison. Baie Rouge, maintenant épouse de Premier Flocon, avait déjà eu un fils plein de vigueur. Et la chasse était faste depuis bon nombre d'années.

La fille de Coquille Bleue se remémora la fête que Kayugh avait donnée une fois révolus les neuf jours de Baie Rouge. Elle se rappelait les multiples présents que Baie Rouge avait reçus.

La fille de Coquille Bleue savait cependant qu'aucune célébration ne marquerait la fin de sa propre réclusion ; mais c'était assez qu'elle eût échappé tout ce temps aux coups de son père, assez d'avoir pu travailler sans la peur du bâton sur son dos. Soupirant, elle poussa le rideau qui masquait l'ouverture de la porte.

Sa mère viendrait bientôt la chercher pour la ramener dans la demeure de son père. Elle se demanda en tremblant si sa longue absence avait irrité Oiseau Gris ou s'il la traiterait avec plus de respect maintenant qu'elle était femme.

Peut-être serait-il en train de sculpter ses petits animaux tordus et ferait-il semblant de ne pas la voir. Songeuse, elle caressa la dent de baleine qui pendait à son côté. Même s'il la battait, peut-être la dent lui conférerait-elle la force d'endurer la douleur.

Naturellement, si son père remarquait la dent, il la réclamerait pour sienne et la recouvrirait de ses sculptures d'hommes, de phoques et de petits ronds censés représenter des ulas.

Sa main se referma sur son trésor. Elle ne pourrait pas la garder sur elle, sinon il la verrait, mais comment conserver son pouvoir si elle ne la portait pas ?

La fille de Coquille Bleue fixa du regard le trou de fumée au sommet du toit, priant que les pouvoirs particuliers qu'elle possédait durant son premier sang soient assez forts pour rendre la dent invisible comme le vent. Elle croisa les bras sur ses genoux et ferma les yeux. Non, se dit-elle, c'est déjà bien que j'aie reçu le droit d'être une femme. Combien de fois Qakan l'avait-il raillée en prétendant qu'elle serait toujours une enfant, qu'elle resterait toujours dans l'ulaq de son père à travailler et à se faire battre ?

Oui, elle vivrait peut-être toujours dans l'ulaq de

son père, mais si elle gardait la dent, peut-être jouirait-elle de quelque protection. La fille de Coquille Bleue posa la dent contre sa joue et, à l'instant où elle toucha sa peau, chaleur contre chaleur, elle n'y vit plus une dent, mais une coquille de buccin taillée. Son père se ficherait d'un vulgaire coquillage. Il penserait qu'elle l'utilisait pour porter l'huile à graisser la pierre de cuisson ou à assouplir les peaux.

Elle avait observé son père sculpter, savait d'après ses conversations avec Qakan combien il était difficile de travailler l'ivoire.

— Une dent de baleine possède un centre creux, avait expliqué son père à Qakan, un passage étroit qui diminue jusqu'à se réduire à un point tout au fond de la dent. La sculpture doit suivre le creux et en tenir compte. Mais une dent de baleine n'est pas aussi difficile à tailler qu'une défense de morse.

Son père avait fouillé dans le panier où il conservait l'ivoire, le bois et les os pour ses figurines. Il avait tendu une défense de morse à Qakan.

— Tu vois, avait-il dit en lui désignant l'intérieur de la défense, là c'est différent. Cela n'obéit pas au couteau.

Qakan avait bâillé d'ennui, mais la fille de Coquille Bleue n'avait rien perdu des paroles de son père. Une défense de morse est formée, en son centre, d'ivoire dur et cassant qui s'effrite de façon désordonnée sous la pression d'une lame, et quand l'ivoire s'effrite son père est furieux, parfois au point de la taillader avec son couteau à sculpter.

Et, pensa la fille de Coquille Bleue, s'il est malaisé pour mon père de ciseler une dent de baleine, cela sera encore plus difficile pour moi.

On aurait dit que la dent s'emparait de ses pensées, qu'elle avait une voix en propre et l'appelait ; la jeune fille entrevit la dent, marquée par le couteau de son père, transformée en quelque chose qui ne devrait pas être.

Alors, elle s'empara du couteau de femme à lame

courte qui gisait près de la pile de ceintures de chasseur, pressa le couteau contre la dent et sentit la lame mordre la surface lisse. Une étroite bande d'ivoire forma une boucle et tomba. Le cœur de la fille fit un bond dans sa poitrine. Elle lâcha le couteau et la dent.

Qu'est-ce qui l'avait poussée à faire une chose pareille ? Qu'est-ce qui l'avait amenée à croire qu'elle était capable de sculpter quelque chose d'aussi sacré qu'une dent de baleine ? Elle était une femme. Rien qu'une femme, et pis, une femme sans âme.

Les mains de la fille de Coquille Bleue descendirent le long de son visage. Peut-être qu'avec ce seul petit éclat elle avait détruit le pouvoir de la dent. Elle songea aux superbes sculptures de Shuganan. Chacune rayonnait d'un esprit intérieur ; chacune était belle à voir et, quand elle les regardait, elle éprouvait de la joie.

Puis elle songea aux sculptures de son père, plates et difformes. Hideuses. Non, se dit-elle. C'est moi. Je ne vois pas ce qu'il y a là. Mais elle se souvint des histoires que Chagak racontait sur Shuganan, son esprit plein de douceur, et elle pensa, peut-être la différence entre les sculptures d'Oiseau Gris et celles de Shuganan est-elle le reflet de l'âme des deux hommes. Du moins son père avait-il une âme. Qu'était-elle, elle, comparée à son père ? Pourquoi pensait-elle que son couteau serait assez fort ? Ses mains possédaient-elles l'habileté de transformer une dent en coquillage ?

Une fois encore, elle tint la dent contre son visage. Elle était encore chaude, donc elle ne l'avait peut-être pas détruite ; peut-être n'avait-elle pas poussé l'esprit hors de la dent.

Une fois encore, elle visualisa une coquille, si clairement qu'on l'aurait crue déjà sculptée. Et sa main ramassa le couteau, comme si la dent elle-même la dirigeait. Elle sculpta avec soin et prudence, transmettant l'image inscrite dans sa tête à ses doigts, ses doigts qui agrippaient le couteau.

Accroupi à l'abri des ikyan alignés sur la plage, Samig graissait son chigadax. Ce matin-là, Amgigh avait rapporté son premier lion de mer. Leur mère était assise sur le sable et travaillait la peau soutenue par des pieux. Elle grattait la chair de l'intérieur, tandis que le vent emportait les débris les plus petits.

Mais, tout à la joie de ce premier exploit, Kayugh avait demandé à Samig et à Chagak de quitter l'habitation afin qu'il puisse parler à Amgigh. Samig savait que son père évoquerait la fille de Coquille Bleue. Oui, mais que ressentirait Amgigh, si empli de fierté après avoir tué son premier lion de mer, en apprenant que son frère partirait chasser la baleine tandis que lui resterait au village pour épouser la fille de Coquille Bleue ?

Samig prit de l'huile jaune dans le panier serré entre ses genoux et en frotta une couture. Amgigh n'avait jamais craint de montrer sa colère. Qui pouvait dire ce qu'il ferait cette fois ? Refuser la fille, se rendre dans un autre village pour y chasser, et y vivre ? Qui le lui reprocherait ?

Samig dirigea son regard vers l'ulaq et vit Amgigh s'avancer vers lui.

— Ainsi, s'écria Amgigh d'une voix dure et haut perchée, tu as été choisi pour être le chasseur et moi pour être l'époux.

— Ce n'était pas mon choix, rétorqua Samig en levant les yeux sur son frère.

Il chercha à croiser son regard afin qu'il sache qu'il disait la vérité. Amgigh éclata d'un rire froid teinté d'amertume.

— Tu choisirais donc la fille de Coquille Bleue ?

Samig baissa les paupières. Que pouvait-il répondre à son frère ? Quel homme préférerait une femme à l'occasion d'apprendre à chasser la baleine ? Mais alors pourquoi, se demandait-il, la douleur dans les yeux de son frère trouvait-elle un écho dans sa propre poitrine ?

— C'est à notre père de choisir.

— Tu es le meilleur chasseur.

— Qui peut dire que je suis le meilleur ? répliqua Samig. Au cours de ma dernière chasse, je n'ai pris aucun lion de mer. Ce matin, tu en as pris un. Il y a trois jours, c'est moi qui ai tué un phoque. Et la chasse précédente, toi et moi n'avons rien pris. Oiseau Gris a pris un phoque. Oiseau Gris est-il meilleur que nous ?

Amgigh sourit d'un vrai sourire qui, plissant ses yeux, s'épanouit en un grand rire. Il s'accroupit au côté de Samig, se tut un moment, puis posa sa main sur le bras de son frère.

— Il me reste un morceau d'obsidienne, assez grand pour deux bons couteaux.

Samig hocha la tête. Leur père avait emmené Amgigh avec lui jusqu'au mont Okmok. Ils avaient rapporté de l'obsidienne pour faire du troc avec les Chasseurs de Morses et aussi pour le travail d'Amgigh.

— Les couteaux seront frères, comme nous, déclara Amgigh. Tu en emporteras un chez les Chasseurs de Baleines et j'en garderai un pour moi. Ils nous rappelleront notre lien. Et puis, quand tu reviendras, tu partageras les secrets des Chasseurs de Baleines avec moi.

Les yeux d'Amgigh trahissaient une blessure mais aussi l'espoir, si bien que la poitrine de Samig s'allégea.

— Je te dirai tout ce que je sais. Nous chasserons ensemble. Les hommes des autres tribus conteront les récits de nos chasses.

Amgigh acquiesça d'un signe. Un sourire s'esquissa sur son visage mais il baissa les yeux et dessina quelque chose sur le gravier de la plage.

— Jusqu'à ce que tu aies une épouse, murmura-t-il, je partagerai la fille de Coquille Bleue avec toi.

Samig s'inclina davantage sur son chigadax, craignant ce que son frère pourrait lire dans ses yeux.

— Fille ?

La fille sursauta et enfouit sous une couverture la dent en partie sculptée. Elle se pencha pour relever l'abattant. Elle crut d'abord que sa mère était venue, mais s'aperçut vite que cette voix appartenait à Chagak.

— Un cadeau de l'ulaq de Kayugh, dit Chagak en déposant le paquet devant la porte.

Elle tendit la main pour effleurer la main de la fille, puis se détourna en hâte et s'éloigna.

La fille de Coquille Bleue tira le paquet à l'intérieur de la hutte et noua l'abattant pour laisser entrer la lumière du jour. Le paquet était enveloppé de couvertures d'herbe. Elle réprima un cri de surprise quand elle découvrit ce qu'il y avait à l'intérieur. Un suk. Le plus beau qu'elle eût jamais vu. Les peaux étaient de la fourrure de phoque, tannées si souple qu'elle sut que Chagak avait travaillé longtemps pour les étirer et les gratter.

Elle déroula le vêtement et l'étendit sur ses genoux. Le dos du suk était constitué de la fourrure la plus foncée et était réuni en bandes dans le bas avec une collerette de plumes de queue de cormoran suspendues à l'aide de perles de coquillage. Les poignets étaient faits de touffes de plumes d'eider et, à l'extérieur du col, Chagak avait cousu une bande de fourrure de phoque plus pâle qui faisait comme des rides sur l'eau, bénédiction demandée à la mer.

La fille de Coquille Bleue serra le suk contre elle, réconfortée par la douce fraîcheur de la fourrure. Elle ôta son vieux vêtement. Sa mère l'avait porté une année entière avant qu'Oiseau Gris n'autorise sa fille à s'en vêtir, si bien que les peaux de cormoran étaient très fragiles. Elle avait l'impression de passer autant de temps à le réparer qu'à le porter et, au cours de l'hiver précédent, il n'avait pas été assez chaud, même doublé de touffes d'herbe.

La fille de Coquille Bleue se plaça au centre de

l'abri, seul endroit où elle pouvait se tenir debout. Elle enfila son nouveau suk, sentant le moelleux des peaux intérieures sur ses seins. Il lui allait à la perfection. Les manches s'achevaient juste au bout de ses doigts et le bas lui arrivait sous les genoux. Elle se contempla et aurait voulu se précipiter vers le bord du courant pour voir son reflet dans l'eau.

Elle s'accroupit, cachant ses genoux sous le suk. Dans cette position, il était assez long pour toucher le sol, il garderait donc ses pieds au chaud.

Ainsi c'est vrai, se dit-elle. Je vais devenir l'épouse de l'un des fils de Chagak. Sinon, pour quelle raison m'aurait-elle confectionné un suk ? Amgigh ne la voulait pas ; parfois, il se joignait même aux moqueries de Qakan. Ce serait sans doute Samig. Mais elle repoussa bien vite ses pensées d'espoir. Peut-être ne serait-elle jamais une épouse. En tout cas, pour le reste de la journée, elle avait ce magnifique suk. Elle s'interdirait de réfléchir au-delà.

6

Quand le soleil se coucha pour la nuit, la fille de Coquille Bleue avait achevé son ouvrage. Elle avait travaillé avec application, grattant et taillant jusqu'à ce que la surface de la dent prît la forme d'une coquille de buccin. Tenant son œuvre près de la lampe à huile, elle l'observa d'un œil critique. Ce n'était pas parfait — une arête dure, quelque chose auquel son couteau ne pouvait donner forme, courait sur un côté, et il y avait un éclat sur un des bords — mais cela avait bien l'aspect d'un coquillage.

De toute façon, elle aurait soin de cacher la coquille sous le bord de son tablier. De plus, la dent garderait peut-être son pouvoir de tromper, d'abuser son père, se protégeant du même coup de son couteau à lui.

Elle souleva son suk et fixa sa sculpture à la ceinture de son tablier. Elle lissait ses mains sur la fourrure de son suk lorsque sa mère arriva à l'abri.

— Tu dois sortir, appela-t-elle.

La fille remarqua immédiatement la surprise sur le visage de sa mère lorsqu'elle apparut revêtue de son nouveau suk.

— Il vient de Cha-Cha-Chagak, expliqua la fille de Coquille Bleue.

La tension qui avait noué la fille de Coquille Bleue quand elle était dans le minuscule abri disparut soudain, et la jeune fille étendit les bras pour attraper le vent du bout des doigts. Elle se mit à rire et se retourna afin d'apercevoir Tugix, la grande montagne qui protégeait leur village.

— Tiens-toi tranquille, ordonna sa mère. Tu es une femme, maintenant, plus une enfant.

— Je ne-ne-n'ai jamais é-é-été une en-enfant, repartit la fille de Coquille Bleue.

Sa mère détourna les yeux et la fille baissa les paupières, regrettant un instant ses paroles. Mais alors elle sentit la colère monter dans sa poitrine, au souvenir des nombreuses fois où sa mère s'était tue devant les mauvais traitements que Oiseau Gris avait infligés à sa fille.

Coquille Bleue repoussa les mèches de cheveux qui l'aveuglaient et dit :

— J'ai quelque chose pour toi.

Suivie de sa fille, elle se dirigea vers un monticule non loin de la plage et s'accroupit dans le vent. Elle fouilla dans son suk et en sortit un paquet enveloppé de peau de phoque et noué de lanières de cuir.

— C'est pour toi, ajouta-t-elle en défaisant les nœuds.

Elle déplia la peau de phoque et dévoila un petit panier. Il était tissé avec l'ivraie qui poussait près de la plage et le couvercle qui s'adaptait était attaché par une tresse de nerfs.

Elle souleva le couvercle. Le panier contenait un dé en peau de phoque, des aiguilles d'os d'oiseau et un poinçon d'ivoire.

— Tu en auras besoin, dit sa mère.

— Oui.

— Ce n'est pas un présent aussi grandiose que celui que Chagak t'a fait, remarqua Coquille Bleue.

Elle posa les yeux sur la plage, puis à nouveau sur sa fille.

— T-t-t-tu m'as t-t-tressé le... p-p-panier ? demanda la fille, les mots venant lentement.

Coquille Bleue hocha la tête.

— Il est... il est...

La fille de Coquille Bleue voulait dire qu'elle le trouvait beau, remercier sa mère, mais les mots restaient bloqués et elle ne put rien ajouter. Elle attendit dans l'espoir que sa mère verrait la gratitude dans ses yeux, mais celle-ci ne la regardait pas. La fille de Coquille Bleue essaya de se rappeler si sa mère l'avait jamais regardée, avait jamais permis que leurs yeux se rencontrent. Non, non, mais c'était peut-être pour éviter de voir le vide dans le cœur de sa fille sans âme.

Pendant un moment, Coquille Bleue se tut, puis elle se leva, dos à la mer, le vent soulevant ses cheveux sur sa nuque.

— Deux cérémonies te seront consacrées cette nuit, dit-elle. La cérémonie de nouvelle femme et la cérémonie d'attribution du nom. Ton père a choisi un nom pour toi.

La fille entendit les mots, émit un petit bruit étouffé, un rire mêlé de larmes. Un nom. Un nom ! Cette fois, elle chercha avec audace les yeux de sa mère, attendit, sans ciller, que sa mère la regarde.

— Je suis heureuse que tu sois devenue une femme, ajouta sa mère.

Les mots étaient tranquilles, presque perdus dans le cri des guillemots et des mouettes.

Le vent tourbillonna soudain autour d'elles,

enroulant les cheveux sur leur tête. Toutes deux repoussèrent les mèches de leur visage ; un bref instant, leurs mains s'effleurèrent, mais bien vite elles reculèrent pour remettre leurs cheveux en place.

La fille se tenait près de l'ulaq de son père. Elle apercevait la plage. Quelqu'un avait allumé un feu de bruyère et d'os de phoques, et le vent portait l'odeur de la graisse brûlée et de la camarine. Tous les habitants du village étaient rassemblés : son père, le plus petit des hommes, sa mère, menue et qui, à en croire Nez Crochu, avait été belle ; Longues Dents et ses deux épouses, Nez Crochu et Petit Canard, et le fils de Petit Canard. Et naturellement Kayugh, un chasseur dont la famille n'avait jamais faim. Chagak, portant leur fille Mésange, se tenait à son côté ; leur fille aînée, Baie Rouge, et Premier Flocon, l'époux de Baie Rouge, suivaient dans le cercle, enfin Samig et Amgigh.

Comme la fille de Coquille Bleue avait détesté cette plage ! L'étendue plate de schiste et de gravier gris foncé avec quelques rares roches lisses qui ne permettaient pas de se cacher de son père ou de Qakan.

Mais ce soir, c'était un lieu de joie.

Sa mère lui avait dit de guetter le signal de Kayugh — sa main levée, pointant en direction du soleil. Elle attendait avec angoisse et impatience. Son inquiétude gagnait tout son corps.

Elle passa la main dans ses cheveux. Elle les avait coiffés avec un bâton à encoches et les avait frottés d'huile de phoque. Ils tombaient, longs et lisses, jusqu'à sa taille.

— Tu es belle, avait murmuré sa mère.

Les mots avaient tellement surpris la fille de Coquille Bleue qu'elle n'avait pas répondu, se contentant de regarder sa mère rejoindre les autres sur la plage. Elle se demandait si les autres remarqueraient sa métamorphose de fille laide en belle jeune femme.

Kayugh leva le bras et la fille de Coquille Bleue releva la tête. Elle se dirigea lentement vers la plage. Tandis qu'elle approchait du cercle des gens, elle vit un espace pour elle entre son père et Kayugh.

Elle sentit les muscles de ses épaules se tendre comme chaque fois qu'elle était près de son père. Puis soudain ce fut comme si quelqu'un lui parlait et lui disait « Tu es une femme » ; c'est à cet instant qu'elle leva les yeux et s'aperçut que Samig la regardait. Il n'était pas aussi grand que son père mais ses épaules étaient larges et fortes. Il avait de hautes pommettes et ses yeux étaient noirs comme des plumes de cormoran. Il sourit, et la fille de Coquille Bleue écarquilla les yeux. La cérémonie était une chose solennelle. Personne, lui avait expliqué sa mère, n'était supposé sourire, mais elle irradiait de bonheur et dut détourner le regard pour ne pas sourire à son tour.

— As-tu des présents ? entendit-elle Kayugh demander.

Elle comprit alors que la cérémonie avait commencé.

Coquille Bleue s'avança et déposa sur le sable au centre du cercle les ceintures que sa fille avait confectionnées.

Tandis que sa mère étalait chaque ceinture sur toute sa longueur, les femmes émirent de petits cris approbateurs. La fille de Coquille Bleue eut beau se dire que c'était sans doute la coutume lors de chaque cérémonie de nouvelle femme, l'admiration qu'elles témoignèrent à la vue de son ouvrage l'emplit de joie.

Sa mère recula pour retrouver sa place dans le cercle. Alors, Kayugh reprit la parole :

— Nous sommes venus pour procéder à la cérémonie de nouvelle femme, déclara-t-il, mais ton père a demandé que nous procédions pour toi à la cérémonie au cours de laquelle tu recevras un nom.

La fille de Coquille Bleue se tourna vers son père. Il se tenait raide et regardait droit devant lui comme si elle n'était pas là.

Kayugh posa ses mains sur sa tête.

— Ton père dit...

Il s'interrompit et s'éclaircit la gorge. Il ferma les yeux et, pendant un instant, la fille de Coquille Bleue crut le voir serrer les dents. Mais il leva bientôt les yeux vers le ciel et reprit :

— Ton père dit que ton nom est Kiin.

La fille de Coquille Bleue sentit le rouge et la chaleur lui monter au front. Son père avait choisi de la nommer *Kiin*. Kiin, un nom qui était une question — Qui ? Ainsi, elle serait encore non reconnue, une fille, une femme, mais une étrangère.

Il y eut la moiteur d'une autre main sur sa tête, la main de son père.

— Tu es Kiin, dit Kayugh en se penchant pour le répéter à son oreille.

Entendant de nouveau son nom, la fille de Coquille Bleue fut soudain envahie par la colère. Elle aurait voulu que son père soit un homme tel que Kayugh, capable, malgré la haine qu'il portait à sa fille, de lui choisir un nom qui soit un vrai nom.

Pourtant, la joie de l'instant s'empara d'elle. Elle allait bientôt prendre sa place en tant que femme des Premiers Hommes et, plus important, on lui avait attribué un nom. Peu importe si celui-ci était insultant, il lui permettait de revendiquer une âme.

Il n'y avait pas de chaman au village, c'est donc Kayugh qui officiait en tant que chef des chasseurs. Il entonnait maintenant un chant, fait de mots qu'elle ne comprenait pas. Elle se tenait droite, tête inclinée sous le poids des mains des deux hommes.

Puis elle sentit que Kayugh glissait quelque chose par-dessus sa tête. Elle baissa les yeux et vit une petite bourse suspendue à une lanière. C'était une amulette. Elle savait qu'il contenait la pierre sacrée des Premiers Hommes, l'obsidienne.

Elle comprit à nouveau que, désormais, elle possédait un esprit. J'ai une âme. Elle sentit quelque chose bouger dans sa poitrine, qui bruissait comme le vent. Cela l'emplissait et se faufilait jusqu'au fond d'elle-même. Kayugh acheva le chant, et Oiseau Gris ôta ses mains de la tête de la jeune fille.

Kiin leva les yeux en direction des gens formant le cercle et se vit comme l'un d'eux. La joie la souleva de terre et, quand sa mère s'avança jusqu'au centre de la ronde, Kiin faillit oublier de l'y rejoindre.

Kayugh lui effleura le bras et Kiin se rappela soudain sa place dans la cérémonie. Elle se rendit au côté de sa mère et attendit qu'elle ait ramassé une des ceintures. C'était pour Kayugh. Kiin la lui porta, la posa sur ses bras tendus. Après quoi, elle prit le cadeau qu'il lui offrait, deux peaux de phoque.

La ceinture suivante était pour Longues Dents, un homme qui aimait rire et plaisanter. Sur la peau, Kiin avait tracé des motifs d'hommes dans des ikyan chassant le phoque. Kiin savait que ces dessins ajouteraient du pouvoir à ses chasses, et elle aperçut l'éclair de joie dans les yeux de Longues Dents quand il prit la ceinture de ses mains, lui donnant en échange une peau de phoque veau marin.

Ensuite vint le tour de son père. Il prit sa ceinture et lui donna deux lampes de pierre. Premier Flocon lui offrit des pierres de cuisson et un estomac de phoque d'huile. Puis ce fut le tour de Samig. Remarquerait-il que de toutes, sa ceinture était la plus belle ?

Tandis que Kiin posait la ceinture sur les bras tendus de Samig, elle leva les yeux, osant croiser son regard.

— Elle est magnifique, Kiin, dit Samig dont la voix embellit le nom de la jeune fille.

Puis il tira de son parka une longue rangée de perles de coquillage. Il tendit les mains pour passer le collier au cou de Kiin. La parure, blanche et scintillante dans la lumière tamisée du feu, se détachait sur son suk. Elle la contempla, émerveillée.

Peut-être pouvait-elle oser espérer, commencer de voir en Samig celui qui serait son époux. C'est alors qu'il déclara :

— Je te fais ce présent en mon nom et en celui de mon frère Amgigh.

De surprise, elle regarda Amgigh qui était là avec un petit sourire contraint et un regard dur. Kiin lui donna sa ceinture et attendit de voir s'il allait lui parler, mais il ne souffla mot.

La dernière ceinture alla à Qakan. Elle comportait peu de motifs décoratifs mais le tissage en était compliqué, les bandes de peau de phoque allant et venant comme autant de vagues. Elle avait découpé des silhouettes de phoques dans un morceau plus foncé et les avait cousues entre les vagues. Son frère ricana lorsqu'elle lui offrit la ceinture et elle leva sur lui des yeux étonnés. La ceinture n'était pas aussi spectaculaire que celle des hommes plus âgés, mais elle était belle et lui conférerait un grand pouvoir sur les phoques. Il lui tendit son cadeau, deux sacs d'herbe tressée pour y mettre des baies, sacs que Kiin avait elle-même confectionnés, ce qui l'enragea. De quel droit Qakan méprisait-il son présent quand le sien était si piètre ?

Elle plongea les yeux dans ceux de son frère.

— Je-je te s-s-souhaite du pouvoir dans ta... chasse.

C'était vrai, car chaque chasse était utile à tout le village. Puis la colère enfla. Comme souvent, les mots issus de la colère s'échappèrent en un flot aisé :

— Je-je te remercie pour les sacs à baies. Il t'a sûrement fallu des heures pour les tresser.

Elle avait parlé d'un ton tranquille. Elle savait que nul hormis Qakan ne l'entendait, mais elle savait aussi que l'accuser d'avoir fait un travail de femme l'humilierait.

Le visage de Qakan s'assombrit et Kiin lutta pour ne pas détourner les yeux. J'ai une âme, se dit-elle. Il ne peut me faire aucun mal. Puis elle sentit une voix en elle, son esprit qui bougeait et lui disait : « Son ignorance n'excuse pas la tienne. » Kiin rougit et recula vers le centre du cercle.

Tandis qu'elle s'agenouillait pour placer les sacs à baies avec les autres cadeaux, elle leva les yeux sur les visages de ceux qui l'entouraient. Ils voient la valeur du cadeau de Qakan. Qu'ils jugent par eux-mêmes.

Alors, lentement, Kiin se releva. Sa mère était retournée à sa place près de Nez Crochu. Kiin était seule. Tous se taisaient et Kiin sentit le poids de leur regard. Elle releva la tête et attendit les paroles qui viendraient ensuite.

Kayugh parla enfin :

— Tu es femme, dit-il.

— Tu es femme, dit Longues Dents.

— Tu es femme, répéta son père.

Premier Flocon, Samig, Amgigh et enfin Qakan prononcèrent ces mots.

« Tu es femme », dit l'esprit de Kiin.

7

— Tu as reçu de magnifiques présents, dit Baie Rouge à Kiin.

Craignant que les mots ne se bloquent au fond de sa gorge, Kiin se contenta d'acquiescer d'un sourire.

Baie Rouge, la sœur de Samig, était la plus jeune des épouses. Elle portait un nourrisson à une bandoulière sous son suk et, comme Baie Rouge se penchait pour aider Kiin à rassembler ses cadeaux, le bébé se mit à pleurer.

Kiin éclata de rire.

— V-v-va, le-le-le nourrir.

Baie Rouge scruta la plage.

— Samig arrive. Il va t'aider. Ce petit réclame son lit.

Elle s'éloigna en hâte et Kiin leva les yeux. Les hommes étaient accroupis autour du feu, mangeant la nourriture que les femmes leur apportaient. Samig se dirigeait vers elle, un morceau de phoque séché à la main.

— As-tu faim ? demanda-t-il.

Il déchira la viande en deux et en donna un bout à Kiin. Puis, avant qu'elle n'ait eu le temps de le remercier, il ajouta :

— Tu as un nouveau suk.

— Ta-ta mère, dit Kiin.

Elle prit entre ses doigts le collier de perles qui se balançait sur ses seins. La nacre scintillait de couleurs douces. Elle voulait lui dire merci, mais elle avait beau faire, les mots n'arrivaient pas à ses lèvres, comme si un esprit les avait volés.

Samig se pencha sur elle et glissa une main sous le collier.

— Ces trois-là, expliqua-t-il en caressant trois des perles, viennent de coquillages que j'ai trouvés au cours de notre longue chasse où mon père a tué le morse.

Ses doigts coururent sur le collier.

— Celle-ci vient d'un collier qui a autrefois appartenu à une grand-mère morte avant ma naissance. Cette perle-ci vient d'un os de mon premier phoque. La plupart des perles sont sculptées dans des coquillages que j'ai trouvés sur notre plage ou dans les environs. Il y a des années que je te prépare ce collier.

— M-m-merci, souffla Kiin.

Samig sourit.

— C'est mieux que des sacs à baies, dit-il.

Kiin rit.

Les yeux de Samig s'assombrirent et il scruta le visage de la jeune fille.

— Du moins as-tu été en sécurité pendant ces

quelques jours, dit-il enfin. Loin de ton père et de ton frère.

— Je-je-j'étais toute seule.

Elle vit la surprise dans les yeux de Samig.

— Ma-ma-ma mère m'a manqué, confia Kiin avant d'ajouter, les mots lui venant aisément : Tu m'as manqué.

Puis elle rougit et regretta ses paroles. Une femme ne disait pas ces choses, sauf à son mari ou à ses enfants.

Samig détourna les yeux et observa la mer longuement, sans parler. Enfin, il murmura :

— Bientôt tu appartiendras à un mari, alors ton père te laissera tranquille.

Il parlait si doucement qu'on aurait dit le mouvement des vagues. Puis il se détourna et s'éloigna.

Kiin observa le balancement de ses épaules bien droites, l'éclat de ses cheveux noirs que le vent écartait de son visage. Elle se rappela ses doigts légèrement pressés sur sa gorge, les perles roses et blanches sur sa peau brune.

Samig retourna près du feu et s'installa à côté de Longues Dents. Kiin sourit. De tous les vieux du village, Longues Dents avait sa préférence. Quand il était sur la plage à travailler à son ikyak ou à ses armes, il rejetait la tête en arrière et riait, comme s'il se racontait des blagues à lui-même. Pourquoi pas, après tout ? D'autres hommes inventaient des chants quand ils travaillaient. Pourquoi pas des plaisanteries ?

Longues Dents et sa femme, Nez Crochu, s'étaient toujours montrés gentils avec elle. En bien des occasions, Kiin serait restée dehors toute la nuit après s'être fait rosser par son père ; plutôt les vents glacés de la nuit que l'ulaq de son père. Mais Nez Crochu venait généralement la chercher pour l'emmener chez Longues Dents. Ils lui donnaient quelque chose à manger, plusieurs œufs de macareux ramassés par Nez Crochu et remisés dans de l'huile et du sable au creux de la cache de nourriture, sur le devant de l'ulaq. Oiseau Gris refusait toujours cette gâterie à Kiin, pourtant c'était toujours elle qui escaladait les falaises pour dénicher les œufs.

Kiin rentrait chez son père au petit matin. Elle faisait comme si elle n'avait pas d'ecchymoses, comme si elle n'avait pas passé la nuit ailleurs. C'était le meilleur moyen. Et si Qakan faisait une quelconque allusion, elle haussait les épaules en silence.

Kiin jeta un regard en direction des ulas. Toutes les femmes avaient déserté la plage, à l'exception de Chagak, qui continuait d'apporter de la nourriture aux hommes. Un panier à œufs était accroché à l'un de ses bras tandis qu'elle portait un estomac de lion de mer qui contenait, à n'en pas douter, du flétan séché.

Kiin se hâta de l'aider.

— Merci, dit Chagak. Mon mari m'a dit qu'ils en avaient encore pour longtemps.

— Je-je v-v-vais r-r-rester pour aider, proposa Kiin.

Elles portèrent ensemble le ventre de lion de mer. Il était énorme, épais comme la taille de Kiin et long de ses épaules à ses genoux. Les deux femmes le déposèrent près des hommes, à l'endroit où Chagak avait recouvert les graviers de longues nattes d'herbe.

Kiin entreprit de sortir le poisson de l'estomac. Les hommes avaient interrompu leur discussion. Cependant, Kiin avait perçu les mots de son père : « Elle fera une bonne épouse. Sa mère l'a bien élevée. Regarde le parka que je porte. C'est ma fille qui l'a fait. Je ne la donnerai pas facilement. »

Le cœur de Kiin se mit à battre si vite que ses mains tremblaient quand elle posa le poisson. Samig avait dû la demander.

Si elle savait qu'elle appartiendrait à Samig, si elle savait qu'elle serait bientôt sa femme, son père pourrait bien la battre tous les jours, elle n'en mourrait pas.

Mais l'espoir était trop merveilleux, aussi Kiin tenta-t-elle de dévier le cours de ses pensées. De cette manière, si son père refusait, la douleur serait peut-être moins forte.

Quand elles eurent achevé de dresser le flétan séché et les œufs, Chagak murmura :

— Je vais t'aider à porter tes présents dans l'ulaq de ton père.

Elles s'éclipsèrent. Bientôt, le bord du soleil se fraierait un chemin dans le ciel, mettant fin à cette courte nuit. Déjà, il faisait suffisamment clair pour distinguer le chemin qui menait au tas de cadeaux posés au-dessus des laisses sur la plage.

Kiin rangea ses présents dans les peaux de phoque offertes par Kayugh. Puis chaque femme en prit une qu'elle porta en direction des ulas.

Le petit village en comportait quatre : celui de Kayugh, celui de Longues Dents, celui d'Oiseau Gris et le nouvel ulaq qui appartenait à Premier Flocon.

Chagak avait raconté à Kiin des histoires d'un grand village où elle avait vécu enfant. Il y avait huit, dix ulas et Chagak lui avait expliqué qu'ils étaient beaucoup plus grands que celui de Kayugh et que, souvent, chacun abritait plusieurs familles. Kiin avait entendu les récits des hommes au sujet d'une tribu de guerriers appelés les Petits Hommes, des hommes terribles qui en tuaient d'autres pour le plaisir. Ils avaient attaqué le village de Chagak qui en était la seule survivante. Elle avait alors quitté le village, quitté le mont sacré Aka, pour retrouver son grand-père, Shuganan, qui était mort, maintenant.

Et les hommes racontaient des récits de la grande bataille sur la plage des Chasseurs de Baleines. Tous les Petits Hommes avaient été tués et Kayugh et les hommes étaient revenus sur cette plage-ci, la plage qui appartenait à la montagne sacrée Tugix. Et ils vivaient là, en sécurité, depuis ce terrible combat.

Et maintenant, nous, leurs enfants, fonderons des familles, songea Kiin. Puis, un jour, peut-être quand je serai grand-mère, notre village sera grand et nous serons de nouveau un peuple fort.

Elle sourit à Chagak, sachant pourtant que dans l'obscurité la femme ne pouvait distinguer les traits de son visage. Elles grimpèrent la pente de l'ulaq d'Oiseau Gris. Chagak ouvrit le rabat de la porte qui protégeait l'ouverture au centre du toit et Kiin descendit. Puis elle tendit les bras pour que Chagak lui passe les présents.

Kiin jeta un rapide coup d'œil autour d'elle. Sa mère n'était pas dans la salle commune mais une lampe d'huile de phoque brûlait encore, diffusant une faible lumière.

Ma mère doit être endormie, se dit Kiin.

L'ulaq d'Oiseau Gris comportait une grande pièce centrale avec de petits espaces sur les côtés que séparaient des rideaux. La chambre d'Oiseau Gris se situait au fond de l'ulaq, la place d'honneur, celle de Qakan la jouxtait. Kiin et sa mère dormaient de chaque côté, sur le devant se trouvait la cache de nourriture.

Kiin regrimpa le tronc d'arbre cranté pour refermer le rabat. Chagak repartait déjà chez elle.

— D-d-dors bien, lança Kiin d'une voix douce.

Chagak se retourna et lui fit un signe de la main. Puis elle ajouta d'une voix légère comme un rire :

— Je ne pense pas que tu dormes, je te souhaite donc seulement une bonne nuit.

Souriante, Kiin s'assit en haut de l'ulaq pour observer la plage. Les hommes étaient toujours rassemblés autour du feu. Les flammes avaient disparu et les braises étaient tout ce qu'il restait de la camarine et des os de phoque empilés à hauteur de sa taille. Kiin remonta ses genoux sous son suk et couvrit de ses mains ses pieds nus. Le vent qui venait de la mer était froid. Kiin trembla.

Elle posa les bras sur ses genoux et osa se laisser

aller à penser à Samig comme époux. Ce jour avait été le plus beau de sa vie. Enfin les esprits de Tugix se réjouissaient d'elle. Enfin elle possédait toutes les choses qu'une nouvelle femme peut désirer — un beau suk, un collier, peut-être même la promesse d'un mari.

Et si Kiin avait haï les nuits passées avec des marchands, ce serait différent avec Samig, ses bras autour d'elle, ses mains sur elle.

Samig avait toujours été un ami. Il s'était souvent battu avec Qakan pour la protéger de ses brusques colères. Et quand son père la frappait, c'était en général Samig qui la conduisait à Chagak ou à Nez Crochu pour qu'elles lavent ses coupures et enduisent ses bleus de feuilles de saule mouillées.

Mais avoir Samig pour époux — qu'il la prenne dans ses bras pendant la nuit...

D'abord, Kiin ne comprit pas que son père criait. Mais lorsque Qakan éleva la voix, Kiin l'entendit et elle vit que son père et Qakan s'éloignaient des autres hommes.

Ils sont en colère après moi, se dit Kiin. Je ne leur ai pas apporté suffisamment à manger.

Elle glissa le long de l'ulaq et se cacha dans la bruyère et les herbes hautes qui poussaient derrière la motte gazonnée. Kiin retint son souffle quand son père et son frère grimpèrent à l'intérieur de l'ulaq. Les autres hommes s'en allaient sans la voir. Quand Samig passa, elle faillit tendre la main vers lui. Mais non, Amgigh et Kayugh étaient avec lui. Tous trois rentraient chez eux. Kayugh paraissait furieux et Kiin vit que même les lèvres d'Amgigh étaient pressées l'une contre l'autre et ses poings serrés.

Prise d'une panique soudaine, elle se demanda si par quelque tour extraordinaire son père avait réussi à lui ôter son nom, si elle était à nouveau sans âme, mais la sérénité de son esprit l'apaisa et sa voix intérieure dit, calme et tranquille : « Attends. Reste où tu es ; je suis là. »

Elle chercha l'amulette qui pendait à son cou. Comme Kiin possédait maintenant un nom et une âme, elle savait qu'elle pouvait élever ses pensées jusqu'aux esprits des grand-mères qui vivaient dans les Lumières Dansantes.

Je vous en prie, supplia-t-elle, faites que je garde mon esprit. Faites que mon père ne me le prenne pas.

Elle s'adossa contre l'ulaq, la tête sur l'herbe. Le soleil du matin naissant était voilé. J'attendrai que mon père ait gagné sa couche, se dit-elle. Puis elle se hissa avec précaution en haut de l'ulaq où elle s'accroupit, tendant l'oreille pour savoir si Oiseau Gris et Qakan étaient toujours dans la pièce principale.

Elle entendit la voix de son père, aiguë de rage, et comprit avec étonnement que sa colère était dirigée contre Qakan.

— Si tu étais un chasseur, tu pourrais payer pour ta propre femme. Kayugh est un imbécile et il a offert un bon prix pour la fille. Que puis-je faire d'autre ? Dire non ? Je ne refuserai pas son offre.

— Alors donne-moi les peaux de phoque qu'il échange contre elle, rétorqua Qakan. Je les porterai aux Chasseurs de Baleines et je trouverai une femme pour moi.

— Il ne te faut pas une femme Chasseur de Baleines. Elles ont plus l'air d'hommes que de femmes. Elles pensent que l'ulaq de leur mari leur appartient. Va chez le Peuple des Morses. Trouve une bonne épouse. Une femme qui sait comment satisfaire un homme.

— Tu me donneras les peaux pour échanger ?

— J'ai besoin de ces peaux.

Kiin entendit son frère ricaner, saisit les mots au fond de sa gorge :

— Alors je prends Kiin. Je l'échangerai.

Kiin entendit son père rire d'un rire mauvais. Il avait le même rire lorsqu'il la frappait.

— Peux-tu offrir l'équivalent de sa dot ? demanda-t-il.

— Elle ne vaut rien, donc je ne donne rien, répliqua Qakan.

— Kayugh me donnera quinze peaux.

Quinze peaux ! Quinze, assez pour deux épouses, trois, même ! Son cœur s'arrêta presque et une fois encore elle sentit la douceur de l'espoir. Elle était sauve. Kayugh avait offert assez pour assurer sa sécurité. Elle serait l'épouse de Samig. Épouse. Qakan ne pouvait rien.

8

Chaque jour, Kiin essayait de rester près de l'ulaq de son père. Peut-être faudrait-il à Samig jusqu'à l'été prochain pour réunir les peaux de sa dot, se disait-elle. Tu es folle d'attendre ici, risquant la colère de ton père, risquant d'être battue juste parce que tu espères voir Kayugh et Samig venir négocier une épouse.

Pourtant, chaque fois qu'elle allait dans les falaises dénicher des œufs, ou dans les petites collines derrière le village chercher des racines de rhodiola, elle se surprenait à regarder vers le village. Le troisième jour, quand les hommes partirent chasser, elle ne pouvait détacher ses yeux de la mer. Elle remarqua aussi que son père ne lui adressait pas la parole, mais que Qakan la suivait du regard, l'air méprisant, une moue sur ses lèvres épaisses. Qakan partit chasser avec les hommes, mais Oiseau Gris demeura dans l'ulaq. Il devait sculpter, dit-il à Coquille Bleue. Les esprits l'exigeaient. Le sol avait tremblé la nuit précédente. N'avait-elle pas senti les esprits bouger au plus profond de la terre ?

Mais lorsque Oiseau Gris s'installa pour travailler, Coquille Bleue emporta son piquet de vannerie au-dehors et Kiin dut tisser des tapis à l'intérieur.

— Le tissage est une activité tranquille, murmura Coquille Bleue à l'adresse de Kiin. Cela ne troublera pas ton père. Et s'il a besoin de quelque chose à boire ou à manger, tu seras là pour le servir.

Kiin ne répondit pas. L'habitude voulait que Coquille Bleue sorte quand Oiseau Gris sculptait ; Kiin était contrainte d'affronter sa colère s'il ne parvenait pas à ses fins.

Kiin soupira et commença à séparer des brindilles d'herbe avec l'ongle de son pouce avant de les trier par taille.

Elle travailla le plus clair de l'après-midi, séparant et triant, puis tissant les herbes en des tapis rudimentaires, se servant de ses doigts et d'un os de poisson fourchu pour pousser chaque brin tressé solidement contre celui du dessus.

La tête penchée sur son ouvrage, son père était assis près de la lampe à huile dont la suie s'accrochait aux plis humides de son front. Kiin le regardait rarement, encore qu'occasionnellement il brisât le silence de ses murmures, lançant parfois des remarques désobligeantes sur la mère de Kiin, ou s'en prenant au bois qu'il sculptait. Kiin s'était tournée, croyant qu'il s'adressait à elle et vit qu'il s'affairait à une forme humaine avec une jambe tordue et plus courte que l'autre, les zones rugueuses déjà marquées de traces de doigt et de suie.

Kiin soupira et revint aux lignes droites et propres de sa natte. Pour quelque obscure raison, ses doigts cherchèrent la surface lisse de la dent de baleine qui pendait à sa taille.

Elle avait presque achevé le tapis quand son père lui parla, si soudainement qu'elle sursauta :

— Kayugh paiera un bon prix pour toi.

Kiin le regarda et leva les sourcils, feignant la surprise.

— Dot, martela son père en posant son petit couteau à sculpter.

— Je-je, commença Kiin, furieuse de voir les mots se bloquer.

Son père émit un petit rire mauvais. Mais cela rendit sa voix à Kiin.

— Je vais donc être une épouse ?

— Kayugh m'a promis quinze peaux de phoque.

Oiseau Gris se leva avec lenteur en grimaçant. Contrairement à Kayugh, il n'avait pas besoin de se courber sous les bords les plus bas du toit en pente. Il plia ses mains lisses comme des mains d'enfant.

— Tu vivras dans l'ulaq de Kayugh et tu mangeras la nourriture de Kayugh, mais n'oublie pas que tu es ma fille. C'est moi qui t'ai laissée vivre alors que la plupart des filles sont abandonnées aux esprits des vents.

Quelques jours plus tôt, si son père lui avait parlé aussi longtemps, Kiin aurait baissé les yeux et incliné la tête ; aujourd'hui, elle percevait l'incertitude chez l'homme et mesurait la vigueur de son propre esprit qui se pressait dans son cœur et battait au rythme de son sang. Elle planta son regard dans celui de son père afin que son esprit sache qu'elle devenait forte.

— Oui, dit-elle. Je demeurerai dans l'ulaq de Kayugh.

Elle prononça ces mots sans bégayer, comme si la décision était sa décision et n'avait rien à voir avec la volonté de son père.

Oiseau Gris leva le menton et bomba le torse.

— Tu nous apporteras de la nourriture. Lorsque Kayugh ou ton mari, ou le frère de ton mari prendra un phoque, tu réclameras une part pour ton père.

Kiin se leva et fit un pas vers son père. Elle se redressa de toute sa hauteur et s'aperçut qu'elle avait presque sa taille. Elle étouffait de rage mais réussit à parler en un flot régulier :

— Si tu as besoin de nourriture, je demanderai à Kayugh.

Son père sourit d'un sourire qui pinça ses lèvres et fit trembler la touffe de poils qui pendait de son menton. Il hocha la tête.

Mais Kiin ajouta :

— Je n'accepterai pas que ma mère meure de faim.

Oiseau Gris cligna les yeux et, un instant, les muscles de ses bras se tendirent. Il leva la main. Kiin ne broncha pas. Qu'il la batte. Elle montrerait ses bleus à Samig et lui dirait de baisser le prix qu'il avait offert pour elle. Peut-être alors deviendrait-elle plus vite une épouse, peut-être n'aurait-elle pas à attendre tout un été que de nouvelles peaux soient mises de côté.

À ce moment, elle entendit l'appel venant de la plage, les cris aigus et excités des femmes. Son père l'oublia et bondit hors de l'ulaq.

— Ils ont des phoques, lui lança-t-il d'en haut.

Kiin s'étonna qu'il lui en dise autant.

Elle attendit le temps nécessaire pour qu'il se rende à la plage, puis elle enfila son suk et sortit à son tour, s'arrêtant un moment pour compter les ikyan. Oui, tous les hommes étaient rentrés. Les ikyan de Samig et d'Amgigh remorquaient des phoques.

Les chasseurs avaient pris quatre ours de mer. Longues Dents et Premier Flocon en avaient tué un ensemble ; les têtes de harpon des deux hommes étaient encore fichées dans la chair de l'animal. Samig en avait un, de même que Kayugh et Amgigh. Qakan rentrait bredouille.

Chagak, Nez Crochu et Baie Rouge commencèrent le dépeçage, mais Coquille Bleue et Kiin attendirent. Leur couteau de femme à la main, elles étaient prêtes mais ne pouvaient aider sans y être invitées. Faute de quoi leur geste apparaîtrait comme la revendication d'une prise pour leur ulaq. Bientôt, Chagak se tourna vers elles et leur désigna les ours de mer de ses fils.

Kiin sourit et se laissa aller à accrocher le regard de Samig. À sa grande surprise, celui-ci baissa les yeux et grommela :

— Tu devrais t'occuper de celui d'Amgigh.

Elle se tourna alors vers ce dernier et lui sourit. Quelle importance, un ours marin ou un autre ? Ils étaient frères et, cuisinant et cousant pour les deux, l'épouse de l'un était souvent considérée comme la seconde épouse de l'autre.

Elle commença à couper, séparant la peau de la carcasse avant d'appeler les autres femmes pour l'aider à retourner l'animal afin de poursuivre sa tâche.

Levant les yeux, elle s'aperçut qu'Amgigh était resté près d'elle.

— Donne la chair et la graisse de la nageoire à ton père, dit-il avant de rejoindre les hommes qui inspectaient leur ikyak à la recherche de toute déchirure ou trou dans les coutures.

La chair et la graisse de la nageoire — le meilleur morceau — à son père ? Kiin observa Amgigh traverser la plage et son estomac se tordit comme si elle avait mangé la plus amère des tiges de livèche. Pourquoi Samig lui avait-il dit de dépecer le phoque d'Amgigh ? Pourquoi Amgigh offrait-il de la viande à son père ? Elle n'allait pas devenir l'épouse d'Amgigh. Non, sûrement pas. Samig était l'aîné. D'ailleurs, c'est Samig qui lui avait offert le collier.

Elle referma ses mains sur son cou et entendit la voix tranquille de son esprit répéter les paroles de Samig : « Je te fais ce présent en mon nom et en celui de mon frère Amgigh. »

9

Ils arrivèrent trois jours plus tard. Les bras de Kayugh étaient surchargés de peaux de phoque, Amgigh suivait avec quatre nouvelles peaux d'ours marin roulées en dedans. Adossée au tronc central, Kiin pilait de la viande de phoque séchée en poudre qu'elle mélangerait à des baies séchées.

Lorsqu'elle entendit la voix de Kayugh, elle se réfugia en hâte dans le coin sombre de l'ulaq près de la cache de nourriture et écarquilla les yeux devant le spectacle de Kayugh puis Amgigh jetant depuis le toit les fourrures aux pieds de son père, avant de descendre.

Elle attendit, espérant que Samig était venu, lui aussi, mais il n'y avait que Kayugh et Amgigh. Et quand Oiseau Gris fit signe à Kayugh de s'asseoir, laissant Amgigh debout près du rondin à encoches, elle sut. Amgigh serait son époux.

Ses poumons parurent soudain trop lourds pour sa poitrine et son cœur cessa de battre. Avec lenteur, elle s'assit sur ses talons. Avec lenteur, elle croisa ses bras sur ses genoux. Pas Samig. Pas Samig.

Alors, son esprit parla dans sa poitrine, luttant contre le poids, aidant Kiin à reprendre son souffle.

« Tu auras un mari. Un homme pour prendre soin de toi. Et tu vivras dans l'ulaq de Kayugh, avec Chagak. Avec Samig. Tu auras des vêtements chauds, tu mangeras à ta faim, et Amgigh te donnera des enfants, des fils pour chasser, des filles pour enfanter. Souviens-toi de l'été dernier, souviens-toi d'il y a quelques jours, tu pensais que jamais tu ne serais une épouse, que jamais tu n'appartiendrais à un autre homme que ton père. »

Kiin observait Amgigh danser d'un pied sur l'autre et détourner la tête tandis que son père évoquait pour Oiseau Gris la force d'Amgigh, ses yeux perçants, son habileté au harpon et au couteau.

« Quel garçon, quel homme grimpe plus aisément jusqu'aux niches des oiseaux dans les falaises ? murmura l'esprit de Kiin. Quel homme prend mieux soin de son ikyak ? Et qui déploie le plus d'efforts pour lancer le javelot ou courir ? Amgigh sera un bon époux. Un bon époux. »

Oui, se dit Kiin. Il serait un bon époux. Et il était beau garçon. Il ressemblait beaucoup à Kayugh, avec ses longs bras et ses longues jambes, plus minces que celles de Samig, mais avec des yeux étincelants et des dents blanches ; et une peau claire et lisse.

Oiseau Gris et Kayugh parlaient de la chasse, de la mer, du temps. Kiin les percevait mais n'écoutait pas ; elle avait déjà entendu ce genre de politesses ; chaque fois que des hommes se rencontraient pour discuter de choses plus importantes, cela commençait par la courtoisie. Soudain, pourtant, son père se leva et s'avança vers la pile de peaux de phoque. Elle le vit inspecter chaque peau et fut heureuse que Chagak ne soit pas là pour voir l'indifférence dédaigneuse avec laquelle il considérait son magnifique travail.

Il ne pouvait savoir, songea Kiin, que les peaux de Chagak étaient les plus belles que Kiin eût jamais vues, plus soignées encore que celles de Coquille Bleue. Pourtant, celles de Coquille Bleue se négociaient à prix élevé chez les Chasseurs de Baleines.

— J'ai demandé quinze peaux, marmonna Oiseau Gris. Je n'en compte que douze.

— Nous avons celles-ci, fit Kayugh en désignant les quatre peaux roulées qui n'étaient que partiellement grattées.

— Tu apportes du travail à ma femme ?

— Chagak va les terminer. Je voulais que tu voies qu'elles t'attendent. Nous te les remettrons dès qu'elles seront achevées.

— Tu veux donc prendre ma fille pour douze peaux ?

— Seize, repartit Kayugh d'une voix ferme.

Amgigh serrait et desserrait les poings. La voulait-il tant que le désir le rendait nerveux ? Ou était-il insulté par les paroles d'Oiseau Gris ?

— Seize, objecta Oiseau Gris, mais seulement douze maintenant. Quatre promises.

— Trois promises, et une peau supplémentaire pour en avoir attendu trois.

Oiseau Gris émit un bruit grossier avec ses lèvres.

— Promises ? dit-il.

— M'as-tu déjà vu rompre une promesse ?

Oiseau Gris ne répondit pas mais leva les yeux sur Amgigh.

— Chasse-t-il ?

— Oui.

— Sera-t-il capable de nourrir ma fille et de rapporter des phoques pour l'huile et les peaux ?

— Oui.

— Vois ma fille, dit Oiseau Gris en s'approchant de Kiin qu'il hissa sur ses pieds. Elle n'est pas trop maigre.

Il lui pinça les jambes, les bras et soupesa un de ses seins. Ses doigts étaient glacés.

— Tu la garderas dodue ?

— Oui, affirma Kayugh.

— Oui, répondit Amgigh.

Kiin rougit car elle savait qu'Amgigh n'était pas censé parler. Lorsqu'on négociait une première épouse, le père marchandait ; le garçon observait.

Oiseau Gris tira le nouveau suk de Kiin d'une pile de fourrures où elle l'avait soigneusement étendu.

— Tu vois comme elle fait du beau travail, pérora Oiseau Gris.

Kiin sentit le sang lui monter aux joues et lui brûler les yeux. Coquille Bleue n'avait sans doute pas avoué à Oiseau Gris l'origine du nouveau suk de sa fille. Kiin devrait absolument raconter cette scène à sa mère. Si Coquille Bleue disait à Oiseau Gris que Chagak avait confectionné le suk, Oiseau Gris comprendrait qu'il s'était ridiculisé au cours de la négociation, et battrait Coquille Bleue jusqu'à ce qu'elle n'en puisse plus.

Amgigh respira profondément et Kiin, qui observait dans l'ombre, saisit le regard de Kayugh. Elle hocha la tête. *Ne lui dis pas*, supplia-t-elle en silence. *Je t'en supplie, tais-toi. Pense à ce qu'il ferait à ma mère. Il serait tellement humilié qu'il pourrait refuser l'offre de Kayugh et permettre à Qakan de la troquer dans un autre village.*

Kayugh leva la main en direction d'Amgigh et fixa son fils jusqu'à ce qu'il incline la tête.

— Kiin a de nombreux talents, déclara Kayugh. C'est pourquoi je la veux pour mon fils.

Oiseau Gris bomba le torse, se pavana jusqu'au centre de l'ulaq et s'accroupit près de Kayugh.

« Il croit qu'il a gagné, dit l'esprit de Kiin. Il croit qu'il l'a emporté sur Kayugh au jeu du marchandage. »

Kayugh regarda Amgigh par-dessus le crâne d'Oiseau Gris et hocha la tête. Oiseau Gris se retourna et observa Amgigh libérer un couteau de son poignet gauche. Il posa le couteau sur sa paume et le tendit à Oiseau Gris, manche vers l'homme.

— Mon fils fabrique des couteaux, dit Kayugh.

Kiin vit le dos d'Oiseau Gris se redresser soudain. Les couteaux d'Amgigh étaient très prisés. Longues Dents disait qu'il n'en avait jamais connu de meilleurs. Ce couteau-ci possédait une lame courte, la taille idéale pour se glisser à l'intérieur d'un parka d'homme. La lame était noire, presque transparente aux bords, extraite d'une obsidienne d'Okmok. Le couteau était emmanché avec du boyau de phoque à un morceau d'ivoire parfaitement lisse, marbré de jaune et de blanc. L'extrémité du manche était assortie d'un bouchon d'ivoire de morse. Amgigh ôta le bouchon du manche et en sortit en le secouant trois gouges en os d'oiseau. Amgigh glissa les gouges dans le manche du couteau et remit en place le bouchon d'ivoire.

Oiseau Gris sourit et tendit la main. Du doigt, il testa le tranchant et le leva à la lumière d'une lampe à huile. Il ôta le bouchon et examina les gouges.

— Tu me rendras les quatre peaux dans... vingt jours ?

— Oui, répondit Kayugh.

— Prends-la, dit Oiseau Gris en s'avançant vers Kiin.

Puis il tourna le dos à sa fille et aux hommes et tira les douze peaux achevées jusqu'à sa chambre.

Kiin écarquilla les yeux. C'était fini. Si vite. Elle était là, debout, ne sachant ce qu'on attendait d'elle. Quand elle vit que Kayugh ne soufflait mot et qu'Amgigh ne bougeait pas, elle prit une vessie de phoque dans la cache aux réserves et, avec le plat de son couteau, elle y poussa la viande qu'elle avait pilée.

Elle ramassa son panier à couture et son suk puis un des plus grands paniers de sa mère qu'elle remplit de ses cadeaux d'attribution de nom. Elle se hâta vers sa chambre afin de rassembler les nattes d'herbe et les fourrures qui servaient à dormir. Quand elle revint dans la pièce principale, elle vit qu'Amgigh l'attendait. Il prit les nattes et les couvertures et regarda Kiin enfiler son suk et s'emparer du panier. Puis, toujours sans un mot, Amgigh grimpa en premier sur le rondin. Kayugh était déjà au sommet de l'ulaq, les peaux non tannées roulées sous son bras.

Le vent était fort et repoussait le panier de Kiin. Cependant, elle demeura un instant en haut de l'ulaq, observant Kayugh et Amgigh se diriger en haut du monticule de leur demeure. Kiin regarda en direction de la mer, écouta le grondement des vagues. Le ciel était gris, plus foncé au centre, plus clair là où ses extrémités rencontraient la limite lointaine de la mer. Même la plage était grise et les flaques laissées par la marée reflétaient le ciel.

Puis elle vit Samig debout seul près de la zone calcinée qui marquait le lieu de sa cérémonie. Il lui tournait le dos mais il fit volte-face. Il leva lentement un bras, une main vers elle, doigts ouverts. Et, sans réfléchir, Kiin tendit une main ouverte vers lui.

10

Samig regardait Kiin suivre Amgigh jusqu'à l'ulaq de Kayugh. La colère oppressait sa poitrine, mais il ne savait trop s'il en voulait à Amgigh de prendre Kiin pour femme, à son père d'avoir négocié, ou à Kiin de marcher si aisément dans le sillage d'Amgigh, comme si elle était son épouse depuis toujours, comme si elle voulait Amgigh aussi fort que Samig la voulait.

Tu es fou, se dit-il. Elle est en sécurité, maintenant, loin d'Oiseau Gris. Tu ne peux être son mari ; tu vas partir vivre avec les Chasseurs de Baleines. Tu seras absent tout l'été, peut-être davantage. Préférerais-tu la savoir sans protection, battue et maltraitée dans l'ulaq de son père ?

Pourtant, il demeura sur la plage. Le vent se tourna vers la nuit, froid et âpre, engourdissant ses mains, raidissant ses genoux. Il finit par rentrer, à pas lents comme un vieillard.

Kiin caressa la dent de baleine qui pendait à son côté, puis plia les mains sur ses genoux. Chagak lui avait donné un coin de la grande pièce pour y ranger son panier à couture et ses réserves de tissage. Kayugh lui avait désigné la couche qui serait la sienne, proche du devant de l'ulaq. Là, Kiin étendit ses peaux et empila les nattes d'herbe qui protégeaient les fourrures de la terre et des pierres du sol. Mais voilà qu'elle n'avait plus rien à faire.

Au cours de ses précédentes visites, elle n'avait éprouvé aucune gêne, préparant la nourriture avec Chagak ou s'occupant de la petite sœur de Samig; mais quand Kiin avait proposé d'aider Chagak pour le repas, elle lui avait fait signe de s'asseoir. Demain, Kiin cuisinerait, coudrait, mais aujourd'hui était un jour à s'asseoir, parler et ne rien faire.

Kiin ne pouvait se souvenir d'avoir disposé d'une journée à ne rien faire. Ses mains ne parvenaient pas à rester tranquilles; ses doigts s'ouvraient et se fermaient sans relâche jusqu'à ce que, gênée d'agir en enfant plus qu'en épouse, elle fourre ses mains dans les poches de son suk et commence un jeu dans son esprit, qui consistait à nommer des baies — canneberge, groseille, camarine — puis des poissons — percoïde, hareng, flétan...

Après avoir amené Kiin à l'ulaq, Amgigh et son père se rendirent dans l'une des chambres, à gauche de la pièce d'honneur, celle du fond, celle de Kayugh. Kiin percevait le murmure de leurs voix sans distinguer les paroles. Enfin, quand Kiin eut nommé tous les poissons du monde, toutes les baies de l'île, tous les habitants du village et tous les Chasseurs de Baleines qu'elle se rappelait, Kayugh reparut dans la salle commune. Il se tint un moment devant Kiin, lui sourit et déclara :

— Mon fils sera un bon mari pour toi. La nourriture que nous avons est à toi. Les fourrures que nous avons sont à toi. Désormais, tu appartiens à cette famille. Je suis ton père et tu es ma fille.

Kiin resta un instant assise, immobile. Elle regretta de n'avoir posé aucune question à sa mère au sujet du don des épouses. Nez Crochu lui avait parlé des façons des hommes et comment leur plaire, mais elle n'avait rien dit des cérémonies. Peut-être les paroles de Kayugh étaient-elles une simple politesse, mais elles pouvaient constituer un cérémonial auquel Kiin était supposée répondre.

Finalement, elle demanda d'une voix douce :

— S-s-s'agit-il d'une cérémonie ?

Elle n'osait lever les yeux sur Kayugh. Alors il prit doucement le menton de Kiin entre ses doigts et releva son visage afin qu'elle voie qu'il lui souriait.

— C'est un signe de bienvenue. Tout simplement.

— M-m-merci, dit Kiin. Je-je serai une b-b-bonne épouse pour Amgigh. Je serai une bonne f-fille pour toi et pour Ch-Chagak.

— Une sœur pour Mésange et Samig ? demanda Kayugh, qui souriait toujours.

— Oui, répondit Kiin en refusant de penser à la petite douleur qui se nichait sous sa poitrine depuis qu'elle avait vu Samig en sortant de chez son père.

— Alors tu peux aider ta nouvelle mère à préparer la nourriture. Nous prévoyons un festin, ajouta Kayugh.

Kiin se hâta de rejoindre Chagak mais celle-ci la stoppa.

— Assieds-toi. Repose-toi. Profite de ce jour.

— S'il te plaît, supplia Kiin dans un murmure.

Chagak la regarda avec étonnement avant de répondre :

— Oui, tu as raison. Il est parfois préférable d'avoir les mains occupées.

Elle tendit à Kiin un panier d'œufs qui avaient été bouillis dans leur coquille puis refroidis. Kiin plaça le panier au centre de l'ulaq où le trou du toit laissait entrer la lumière, et entreprit d'éplucher les œufs. Chagak était la seule femme au village à les préparer ainsi et c'était un des plats préférés de Kiin. Une fois écalé, chaque œuf était tranché en quatre et chaque quartier trempé dans de l'huile de phoque. Chagak disposait en général les tranches sur une natte d'herbe en un motif partant du centre vers les bords en un grand cercle, comme les pétales d'une fleur jaune et blanc.

La fleur de Kiin n'était pas aussi belle que celles de Chagak, mais Chagak claqua la langue en signe d'approbation et Kiin rosit de plaisir. Chagak avait dressé du flétan séché, du hareng frais frit dans de l'huile de phoque, et de fines tranches de viande qu'elle avait cuites sur des baguettes au-dessus d'un feu qui brûlait dehors. Il y avait un panier de tiges d'ugyuun pelées que l'on mangerait avec le poisson, ainsi que de la graisse d'oie mélangée avec des baies séchées.

Chagak se rassit et sourit à Kiin.

— Un festin, dit Chagak en repoussant ses cheveux de son front.

Ses grands yeux en amande, ses lèvres pleines et son petit nez en faisaient une très belle femme. La plus belle du village, jugea Kiin. Elle était petite, mais pas autant que Coquille Bleue. D'ailleurs, Nez Crochu affirmait qu'autrefois Coquille Bleue était belle; mais aujourd'hui ses cheveux étaient lourdement striés de gris et son nez tout tordu à la suite d'un coup porté par Oiseau Gris.

Chagak leva les yeux sur Kayugh.

— Amène tes fils.

Alors, les deux femmes prirent place derrière le rondin. Au cours de ce festin, comme souvent, les hommes mangeraient d'abord tandis que les femmes leur apporteraient de l'eau et trancheraient la viande. Kayugh appela Amgigh depuis sa chambre, puis quitta l'ulaq en disant :

— Je vais chercher Samig.

Amgigh s'accroupit près de la nourriture sans un mot, bras croisés sur les genoux. Il portait un tablier d'herbe dont le pan était entouré d'une herbe plus foncée et tissé d'un motif à damier comme l'étaient tous les tissages de Chagak. Maintenant que Kiin était sa fille, peut-être lui enseignerait-elle ce mode de tissage.

Les épaules et le dos d'Amgigh luisaient d'huile; ses cheveux peignés en arrière, droits et lisses, retombaient sur ses épaules comme une chute d'eau noire. Il ne regardait pas Kiin mais celle-ci remarqua que ses mains remuaient sans cesse. Elle entendit même ses jointures craquer une à une.

Kayugh revint enfin en compagnie de Samig. Les deux hommes descendirent, Samig se débarrassa de son parka et prit place en face d'Amgigh, tournant ainsi le dos à Kiin. Ses cheveux étaient emmêlés et sa peau n'était pas huilée, mais les yeux de Kiin étaient irrésistiblement attirés vers lui, si bien qu'elle se contraignit à ne regarder ni l'un ni l'autre.

Lorsque les hommes eurent achevé leur repas, laissant aux femmes de quoi manger, Kiin s'installa de façon à ne pas les voir. Elle se surprit pourtant à écouter la voix de Samig, admirant la sagesse de ses propos, suivant ses récits avec plus d'intérêt qu'elle n'en avait jamais éprouvé pour ceux d'Amgigh ou de Kayugh. Aussi s'adressa-t-elle à Chagak, devisant du temps et de la mer, de la couture et de la cuisine. Elle posa des questions malgré son bégaiement, s'acharnant à chasser Samig de son esprit, à être une véritable épouse pour Amgigh, en pensée autant que par le travail de ses mains.

Après qu'elles eurent mangé, après que Chagak se fut occupée de Mésange, Kiin sut que l'heure était venue. Au-dessus du toit, le ciel s'était assombri pour la nuit. D'ordinaire, Kiin dormait à cette heure. Mais chacun semblait si affairé qu'elle tira une peau de son panier à couture et, à l'aide de son poinçon, pratiqua des trous sur un des côtés. Elle confectionnerait pour Amgigh une paire de chaussettes en peau de phoque afin qu'il ait les pieds au chaud dans l'ulaq.

Soudain, Kayugh se dressa devant elle et elle posa bien vite son ouvrage. Il referma ses mains sur celles de la jeune femme et la releva. Le cœur de Kiin battait si fort qu'elle était persuadée que Kayugh le voyait cogner contre sa poitrine. Sans un mot, Kayugh l'amena devant Amgigh. Amgigh était assis, dos raide, et quand il leva les yeux sur Kiin, ils renvoyaient les flammes jaunes qui dansaient dans le cercle des mèches de la lampe à huile la plus proche. Samig était assis à côté de son frère et Kiin, qui avait incliné la tête, ne pouvait détacher son regard du visage de Samig.

La lumière dansait aussi dans ses yeux, mais elle y lut de la douleur et se détourna vivement vers Amgigh. Amgigh, son mari.

« Pas Samig, lui dit son esprit. Pas Samig. Amgigh. »

Kiin planta son regard sur le visage d'Amgigh et s'obligea à l'y laisser.

Amgigh se leva. Kayugh prit sa main, la plaça sur celle de Kiin puis, levant les deux mains ensemble, entrelaça leurs doigts, bras levés.

— Elle est ta femme, dit Kayugh à Amgigh.

Après quoi il les accompagna jusqu'à la chambre et tint le rideau tandis qu'Amgigh conduisait Kiin à l'intérieur de la pièce.

11

Kiin entendit le bruissement du rideau qui retombait derrière eux. Elle savait que presque toutes les nuits Amgigh la rejoindrait dans sa chambre, mais cette nuit, leur première nuit ensemble, ils occupaient celle d'Amgigh. De douces fourrures de phoque marquaient le chemin depuis le mur jusqu'à l'entrée et, quand Kiin marcha dessus, elle sentit sous ses pieds la bruyère et les nattes d'herbe entre le sol et les fourrures.

— Assieds-toi, murmura Amgigh.

Il s'accroupit, dos à la porte.

Kiin entendit la voix de Chagak qui parvenait de l'autre pièce et celle de Kayugh qui lui répondait. Ils rirent et Samig rit avec eux. Une part de Kiin voulait aller les retrouver. Quitter cette petite pièce et son nouveau mari, rester à la lumière des lampes à huile, coudre et écouter les conversations.

Kiin s'assit en face d'Amgigh. La lumière s'accrocha au rabat de la porte d'herbe et s'attarda, scintillante, dans les cheveux d'Amgigh.

Lentement, Amgigh tendit la main vers Kiin ; il effleura ses cheveux, puis son visage. Kiin sentit la douceur de ses doigts et son esprit lui susurra : « Il ne te battra pas. Il sera un bon époux ; sois une bonne épouse. »

Alors, Kiin leva les bras et ôta son suk. Elle n'avait pas eu le temps de se préparer comme elle l'aurait souhaité : huiler son dos et ses épaules, écraser des boutons d'épilobe séchés dans ses cheveux avant de les peigner, afin de les parfumer délicatement, ou encore effacer les cals de ses mains avec de la pierre de lave. Cependant, elle avait conscience de ses cheveux brillants, de son corps gracieux, de ses seins ronds et doux. Peut-être cela suffirait-il.

— Es-tu heureuse d'être ma femme ? murmura Amgigh en s'approchant de Kiin.

Il pressa avec douceur ses pouces depuis ses joues jusqu'à ses lèvres.

S'il lui avait demandé si elle le voulait de préférence à tous les autres chasseurs, Kiin aurait été incapable de répondre. Même à cet instant, il lui fallait repousser ses pensées de la vision de Samig assis dans la pièce d'à côté. Mais comme Amgigh lui avait demandé si elle était heureuse, elle pouvait répondre avec honnêteté. Posant les mains sur les épaules d'Amgigh, elle se pencha afin que son souffle porte ses paroles à son oreille, afin que son murmure soit dénué de tout bégaiement :

— Oui, je suis heureuse, Amgigh. Merci de me prendre pour épouse.

Alors, les mains de l'époux descendirent jusqu'à la ceinture du tablier de l'épouse, dénouèrent son pagne à elle, puis le sien. Délicatement, Kiin posa de côté la dent de baleine. Alors, Amgigh allongea Kiin sur les fourrures de sa couche.

D'autres fois, avec d'autres hommes, Kiin avait

lutté. Cela lui semblait le seul moyen de conserver son honneur, même si cela signifiait des bleus — des bleus causés par le commerçant qui l'avait achetée pour la nuit et, plus tard, quand il se plaignait, quand il montrait les marques des dents de Kiin sur sa peau, d'autres bleus parce que son père la battait. Même les rares nuits où un commerçant montrait quelque douceur, elle luttait. Elle luttait contre l'homme, contre la trahison de son propre corps, contre cette partie d'elle qui aurait peut-être capitulé, qui serait devenue comme les femmes Chasseurs de Baleines, dont l'ardeur provoquait la risée.

Mais désormais, Amgigh était son mari. Elle n'avait pas à combattre. Il avait dû connaître d'autres femmes, dans d'autres villages. Elle montrerait à Amgigh qu'elle était capable de le satisfaire autant que n'importe quelle femme.

Elle commença à déplacer ses doigts en cercle sur le ventre d'Amgigh, très lentement. Chagak rit de nouveau; cette fois encore Kayugh répondit. Kiin entendit la voix de Samig et, un instant, ses mains s'immobilisèrent. « Non, dit son esprit. Amgigh, pas Samig. »

Je suis une épouse, songea Kiin en reprenant ses caresses. Épouse d'Amgigh, se dit-elle en obligeant ses mains à bouger au rythme de ses pensées. Épouse d'Amgigh. Épouse d'Amgigh.

Amgigh continua de tenir Kiin dans ses bras même après que sa respiration ralentie lui eut dit qu'elle s'était endormie. Il l'avait prise rapidement. Peut-être, dans un petit moment, serait-il prêt de nouveau. En ce cas il la réveillerait. Mais, pour l'instant, il était agréable de sentir sa douceur contre lui.

Avoir une épouse est mieux que chasser la baleine, se dit-il. Kiin avait eu d'autres hommes, il le savait. Oiseau Gris la vendait pour prix de son hospitalité. Combien de soirs Amgigh avait-il regardé du haut du toit tandis que Samig arpentait la plage?

Combien de fois avait-il vu la colère sur le visage de Samig quand Kiin émergeait le lendemain matin et boitillait jusqu'au rivage pour laver dans l'eau de la mer le sang qui maculait son visage, ses bras et ses jambes ? Et lorsque Samig avait vu Amgigh et Kayugh se diriger vers l'ulaq d'Oiseau Gris, les bras chargés de fourrures, il avait arrêté Amgigh et avait plongé ses yeux dans les siens.

— Fais attention à elle, ce soir. Sois doux.

Et Samig avait refusé de laisser passer Amgigh tant qu'il n'avait pas promis d'un signe de tête.

Amgigh avait possédé une femme auparavant — une vieille Chasseur de Baleines qui s'était glissée dans sa couche un jour qu'il était parti en voyage de troc avec son père. Elle l'avait pris rapidement, le chevauchant comme si elle était l'homme. Le lendemain, Amgigh s'était senti bête et lourdaud.

Mais avec Kiin... Elle avait promené ses mains vigoureuses sur son ventre, puis caressé ses épaules, son dos, ses fesses et ses cuisses, le titillant jusqu'à ce que ses reins cognent et lui disent qu'il ne pouvait plus attendre. Mais il s'était rappelé la prière de Samig. Il avait été doux.

Amgigh souriait dans le noir.

Samig épouserait une femme Chasseur de Baleines, tapageuse, vulgaire et dominatrice. Oui, Samig apprendrait à chasser la baleine. Mais il avait promis d'enseigner à Amgigh. Alors, Amgigh saurait à son tour. Amgigh saurait et il aurait aussi Kiin. Amgigh poussa un soupir et attira Kiin si près qu'il perçut la douceur de ses cheveux.

Peut-être, au printemps prochain, aurai-je un fils ?

12

Qakan se réveilla de bonne heure, avant que sa mère n'ait lissé les mèches des lampes et vidé les paniers de nuit. Il grimpa au sommet de l'ulaq de son père et regarda dans la semi-obscurité l'ulakidaq et la plage.

Il avait faim. Il aurait dû prendre quelque chose dans la réserve, mais il était déjà sur le toit. Rentrer de nouveau serait trop de tracas. De toute façon, sa mère ne tarderait pas à se lever. Elle lui apporterait à manger.

Il bâilla. Tout était immobile. Même le vent s'était calmé, laissant la mer rouler paisiblement jusqu'au rivage. Un mouvement près d'un autre ulaq attira le regard de Qakan. Sans doute Chagak. Il n'y avait nulle paresse chez cette femme. Mais non, c'était Kiin. Elle vidait les ordures de la nuit.

Qakan sourit. Pour elle, Kayugh avait payé seize peaux et un couteau.

Ainsi, Kiin était la femme d'Amgigh. Si la pensée du mariage de Kiin amenait le rire dans la bouche de Qakan chaque fois qu'il songeait au prix payé par Kayugh, elle apportait aussi de la colère. À cause de la cupidité de son père, Qakan n'avait plus qu'à oublier le plan si soigneusement élaboré pendant plus de trois ans.

Pourquoi Kayugh avait-il accepté de payer autant ? Il savait que Kiin n'était rien. Pendant des années, elle n'avait eu ni nom, ni âme. Oiseau Gris lui avait affirmé qu'elle ne serait jamais une épouse et, quand Oiseau Gris serait trop vieux pour chasser, que deviendrait-elle ? Elle irait vivre avec Qakan, lui apporterait la nourriture nécessaire à ses propres épouses et à ses enfants. Et à lui-même.

Combien de fois son père lui avait-il dit, ainsi qu'aux chasseurs des autres tribus, aux marchands qui venaient au village, que Kiin avait volé le droit d'aînesse de Qakan, le droit d'être le premier à téter le sein de sa mère, à prendre une place dans l'ulaq de son père ? Qui pouvait savoir quels autres pouvoirs elle lui avait volés ? Certes, leur mère avait sevré Kiin très tôt afin de pouvoir donner un autre enfant — un fils — à son mari. Et si la plupart des enfants sevrés si rapidement mouraient, sa sœur — gourmande de vie — avait bel et bien vécu.

Elle avait marché de bonne heure. Ses petites jambes vigoureuses trottinaient tandis qu'elle apprenait à aider sa mère, portant des charges trop lourdes pour une enfant, disant des mots trop difficiles pour une enfant ; et tout ce temps, lui, Qakan, était resté allongé, se contentant d'observer, parce qu'elle avait pris son pouvoir, le pouvoir de parler et de marcher. Mais Qakan comprit enfin qu'il devait se battre et lui aussi marcha et parla. Les esprits remarquèrent ses efforts et ils prirent quelques-uns des nombreux mots de sa sœur pour les lui donner, si bien que la fille se mit à bégayer. Les années passèrent et Qakan conçut son plan fantastique. Il l'avait tramé alors qu'il était encore un petit garçon. Et voilà qu'il s'apprêtait à devenir un homme.

Qakan plissa les yeux, bâilla de nouveau et porta son regard sur l'étendue sombre et délavée de la mer. Il détestait la mer, l'eau éternellement autour de son ikyak, même au-dessus de lui, suspendue, grise, dans les nuages. Il détestait le poids du harpon dans ses mains, les lignes qui s'entortillaient et faisaient des nœuds, l'ikyak qui tanguait au moindre mouvement. Il détestait la puanteur du chigadax. Non, il n'était pas un chasseur. Mais qui sait, peut-être Kiin s'était-elle également emparée de ce don-là et le gardait-elle comme une graine en son sein, dans l'espoir que ses fils seraient des chasseurs.

S'il était incapable de chasser, Qakan possédait pourtant plus de pouvoir que sa sœur. Peu importait ce qu'elle lui avait fait ; il deviendrait quand même un homme en apprenant à négocier. Qui était plus honoré qu'un marchand ? Certainement pas les chasseurs, tout juste bons à fournir les peaux et les fourrures aux commerçants qui, eux, portaient les marchandises d'une tribu à l'autre. On leur donnait le choix des femmes de chaque peuplade pour réchauffer leur lit pendant la nuit ; ils dormaient à la place d'honneur, celle du chef des chasseurs.

Ainsi, Qakan avait planifié, et attendu. Puis un jour, son père avait fait une bonne chasse, ramenant un lion marin alors que Kayugh, Longues Dents et Premier Flocon n'avaient rien pris. Qakan avait observé avec patience le partage de la viande, les chants élogieux des femmes ; il avait attendu que son père soit rassasié. À ce moment, comme si quelque esprit prêtait assistance à Qakan, sa sœur avait renversé le bouillon chaud sur les pieds de leur père.

C'était un accident, un simple accident, avait-elle plaidé. Elle avait trébuché sur la jambe de Qakan.

Oiseau Gris avait frappé Kiin, inlassablement. Qakan avait observé la scène, Coquille Bleue s'était bouché les yeux. Il avait vu Kiin frémir sous la force des coups. Mais le silence n'était brisé que par le bruit de la canne sur la chair de Kiin. Si elle ne criait pas, c'est qu'elle n'avait pas d'âme. Comment une personne sans âme pouvait-elle sentir la douleur ?

Quand les coups avaient cessé, quand Kiin se fut hissée hors de l'ulaq et se fut éloignée, sans doute pour passer la nuit dehors, ou perdre toute fierté et mendier abri dans un autre ulaq, Qakan s'était installé à côté de son père et avait évoqué la stupidité de Kiin, attendant ensuite sans un mot que Coquille Bleue ait quitté l'ulaq à son tour.

Alors, Qakan s'était penché vers son père, avait souri et félicité Oiseau Gris de son succès à la chasse.

Oui, avait dit Qakan, qui oserait nier qu'Oiseau Gris était un grand chasseur alors qu'il avait pris un lion de mer tandis que les autres rentraient bredouilles ? Qakan avait ensuite affirmé que c'était le bon cœur d'Oiseau Gris qui avait permis que sa sœur vive, que cette fille avide prenne la force qui aurait dû revenir à Qakan. Contrairement à son père, Qakan ne serait jamais un bon chasseur. Non, jamais. Il ne connaîtrait jamais l'orgueil de voir les femmes du village chanter pour lui. Non, jamais. Mais il existait une chose que sa rapace de sœur ne lui prendrait jamais : son esprit rusé. La roublardise, la rouerie, Qakan en avait à revendre.

Et Qakan avait regardé l'expression de son père passer lentement du mépris à quelque chose qui s'approchait d'un sourire. Oui, Qakan était futé, avait opiné Oiseau Gris. Sa force ne résidait pas dans ses muscles, comme un chasseur, mais dans son esprit.

— Peut-être y aura-t-il en cela quelque chose pour moi, avait dit Qakan. Peut-être y aura-t-il quelque honneur pour moi, quelque chose...

Et il avait laissé le mot traîner dans le tremblement de la flamme des lampes à huile. Et il n'avait rien ajouté. Cette nuit-là.

13

Kiin s'éveilla en douceur et s'arracha aux bras d'Amgigh. Cela faisait maintenant trois nuits et quatre jours qu'elle était une épouse et, chaque soir, avant de s'endormir, elle s'intimait l'ordre de se réveiller de bonne heure, d'allumer les lampes et de préparer la viande pour que Chagak puisse s'attarder dans sa chambre à s'occuper de Mésange.

Kiin noua son tablier autour de sa taille et recouvrit délicatement les épaules d'Amgigh d'une fourrure d'ours marin. Elle se glissa dans la grande pièce puis, à l'aide d'un roseau tressé, prit du feu à la mèche de la lampe la plus proche du trou de fumée et embrasa les autres mèches. Elle sortit des œufs et de la viande de la réserve et commença à les disposer sur les nattes tressées par Chagak.

L'ulaq était silencieux. Elle entendit bien un murmure venant de la couche de Samig et un petit cri bref émis par Mésange, mais ce fut tout. Une fois la nourriture prête, Kiin arrangea les nattes du sol afin qu'elles ne se chevauchent pas. Mésange apprenait à marcher et trébuchait fréquemment sur les bords.

Cet ulaq est un bon endroit, songea Kiin. Il n'y règne ni haine, ni colère; Kayugh ne frappe jamais Chagak; il élève rarement la voix. Et si Samig et Amgigh sont souvent en désaccord, ils travaillent plus souvent encore ensemble, construisant des ikyan, réparant l'ik de leur mère ou chassant le phoque.

Kiin étira ses bras au-dessus de sa tête et bâilla. La dernière raclée de son père remontait à plusieurs jours et les bleus s'estompaient. C'était si bon de marcher sans avoir mal, d'affronter les autres sans la honte d'exhiber des yeux noirs et gonflés, des dents tombées sous les poings de son père.

C'était bon de s'éveiller le matin entre les bras de son mari, de s'éveiller en sachant qu'il n'y aurait ni coups de son père, ni sarcasmes de son frère. Même l'unique fois où elle s'était rendue en visite dans l'ulaq de son père, celui-ci l'avait bien traitée, ordonnant à sa femme d'apporter de la nourriture et demandant à Kiin si son mari prévoyait bientôt une expédition de chasse. Et si Qakan ricanait chaque fois qu'il la croisait, Kiin regardait droit devant elle comme si elle ne le voyait pas, comme s'il n'était qu'un duvet d'épilobe emporté par le vent.

Kiin prit dans la réserve un estomac de phoque contenant de l'huile et en remplit un petit bol de bois. Puis, une fois l'estomac rangé, elle versa l'huile dans les lampes, prenant soin de verser bien au bord afin de ne pas risquer d'éteindre la mèche avec des gouttes.

Cela fini, elle trempa ses mains dans le bol pour éliminer le restant d'huile et s'en lissa la chevelure. Ses cheveux descendaient jusqu'au creux de ses reins et son père avait souvent menacé de les couper pour les vendre aux Traqueurs de Phoques dont les femmes faisaient des dessins sur les chigadax et les bottes en boyaux de phoque avec des motifs cousus dans des cheveux.

Désormais, plus de menaces, plus de danger. Amgigh lui avait dit que ses cheveux étaient magnifiques et, une fois seuls dans la chambre de Kiin, il l'avait allongée et étendu sa chevelure sur les couvertures avant de la caresser comme un homme caresse les flancs de son ikyak le matin après avoir dormi avec sa femme.

Kiin perçut un bruissement parvenant de la couche de Chagak. Mésange sortit à quatre pattes et, voyant Kiin lui tendre les bras, se redressa et traversa la grande pièce en trottinant. Kiin retint son souffle alors que la petite fille potelée avançait à pas feutrés sur les nattes. Elle retint son rire quand, à un mètre de Kiin, Mésange plongea en avant, tête la première. Kiin saisit l'enfant et la souleva en un câlin joyeux, lui faisant signe de se taire car elle commençait à gazouiller bruyamment. C'est alors qu'elle entendit un autre rire et leva les yeux pour voir que Samig l'observait. Leurs yeux s'accrochèrent et, à ce simple et bref regard, Kiin sentit son cœur bondir dans sa poitrine et son courage vaciller. Elle baissa vite la tête et cacha son visage dans les cheveux de Mésange.

Puis Chagak les rejoignit, ainsi qu'Amgigh dont le sourire s'évanouit lorsqu'il vit Samig.

— Demain, frère ? demanda-t-il.

Samig répondit par un grognement et quitta précipitamment l'ulaq, caressant au passage le front de Mésange. Amgigh attendit que son frère soit sorti puis vint se tenir derrière Kiin.

— Il y a à-à-à manger, dit Kiin avant de reposer Mésange puis de lever les yeux sur Amgigh.

— Tu penses donc que c'est la seule chose qui nous intéresse ! éructa ce dernier, effrayant Kiin.

La colère dans sa voix était trop semblable à la colère de son père.

Un moment, les doigts d'Amgigh saisirent ses épaules, trop fort. Un moment, Kiin eut mal. Mais les mains de son mari se firent douces, caressant ses cheveux, s'attardant sur sa joue.

— Je mangerai plus tard, souffla-t-il, avant de sortir à son tour.

Kiin le regarda s'éloigner, puis posa les yeux sur la nourriture qu'elle avait préparée. Elle sentait un poids sur sa poitrine, presque une épouvante. Qu'avait-elle fait ? Y avait-il de l'herbe dans les plats ? La viande était-elle avariée, l'huile rance ?

Mais non, rien ne semblait avoir changé. La viande était propre, sans la moindre trace blanche de moisi, et l'huile n'était pas amère.

Bientôt, Chagak se trouva à côté d'elle. Elle murmura :

— Il est contrarié parce que Samig part demain chez les Chasseurs de Baleines. Nombreuses Baleines, le grand-père de Samig, lui enseignera la chasse à la baleine.

Les mots frappèrent Kiin comme un coup qui lui coupa le souffle.

« Cela vaudra mieux », dit son esprit, mais une part d'elle-même voulait hurler sa protestation. Elle comprit à cet instant que sa joie d'être la femme d'Amgigh tenait en partie au fait qu'elle voyait Samig chaque jour, préparait sa nourriture, aidait Chagak à confectionner ses vêtements.

« Tu appartiens à Amgigh, dit son esprit. À Amgigh. Samig est un frère. Tu appartiens à Amgigh. »

Kiin se tourna vers Chagak et vit la tristesse dans ses yeux.

— Combien d-d-de temps, s-s-sera-t-il parti ? s'enquit-elle.

— Tout l'été, peut-être aussi l'hiver et l'été prochains.

— Et-et Am-Amgigh ?

— Kayugh et lui accompagneront Samig, resteront quelques jours et reviendront chez nous. Chacun de nos fils a reçu un don. Samig apprendra à chasser la baleine. Amgigh a reçu une épouse.

Kiin se détourna vivement, s'empressant d'ajouter de la viande sur les nattes. Quel homme choisirait une femme de préférence à un tel art ? Quel homme la voudrait plus que l'honneur de devenir chasseur de baleine ? Quand Samig reviendra l'été prochain ou le suivant, ce sera pire. N'importe quel homme peut trouver une épouse, même un piètre chasseur comme son père. Mais peu apprennent à chasser la baleine. Amgigh va me haïr, pensa Kiin, si ce n'est déjà fait.

Ce jour s'étira, interminable. Kiin resta à l'intérieur de l'ulaq sauf pour vider les paniers de nuit et aller chercher de l'eau à la source. La douleur qui avait commencé à germer dans son cœur s'étendait à ses bras et à ses jambes ; elle se sentait raidie comme si elle habitait encore chez son père, les muscles douloureux après les coups.

Elle ne revit pas les frères avant la fin du jour, quand le crépuscule de la nuit d'été fut presque sur eux. Ils entrèrent ensemble, riant et bavardant. Kiin offrit de la nourriture, d'abord à Amgigh puis à Samig ; elle obligea son courage à venir en elle, aussi fort que lorsque son père la battait, et se contraignit à plonger son regard dans celui de son mari. Si Amgigh la haïssait, elle le verrait, car qui ignore que la haine se loge toujours dans l'esprit et se montre dans les yeux ?

Kiin observa donc, mais elle ne lut que de la

colère, peut-être, ou de la tristesse, mais pas de haine.

Soulagée, elle se tourna vers Samig, lui tendit un bol de poisson que Chagak avait cuit dehors sur sa pierre à feu et, à cet instant, leurs yeux se rencontrèrent. L'esprit de Samig appela Kiin si vite qu'elle ne put détourner le regard. Et si Samig plissait les yeux dans un sourire, Kiin ne manqua pas d'y voir le chagrin, un chagrin plus profond que celui qui aurait dû habiter ceux d'Amgigh.

Alors, Amgigh saisit Kiin par le bras.

— Femme, mon frère s'en va demain chez les Chasseurs de Baleines. Je lui ai promis quelque chose dont il se souviendrait, quelque chose qui le ramènerait dans ce village une fois qu'il aurait appris ce qu'il y a à apprendre.

Il s'empara de sa main et la posa sur l'épaule de Samig.

— Va à Samig, ce soir. Qu'il sache ce qu'il perd en préférant les baleines à la possession d'une épouse.

14

Samig retint son souffle et guetta la réaction de Kiin. Amgigh aurait dû parler à Kiin en privé et lui demander si elle accepterait de passer la nuit avec Samig. Ainsi, elle aurait pu refuser, sans gêne, sans paraître s'opposer à son époux.

Puis Samig se dit que peut-être Amgigh aimait le pouvoir qu'il avait sur Kiin en tant qu'époux et exiger d'elle obéissance.

Mais non, ça c'était Oiseau Gris, pas Amgigh. Amgigh était jeune et marié depuis peu. Premier Flocon n'avait-il pas commis semblables erreurs avec Baie Rouge ? Même maintenant, alors qu'ils étaient mariés depuis près de deux étés, Samig remarquait encore à l'occasion que le manque d'égards de Premier Flocon faisait grincer de colère les dents de Baie Rouge ; plus souvent, elle riait de frustration. Et Baie Rouge était parfois sotte, elle aussi, courant dans l'eau pour souhaiter bonne chasse à son mari, quand chacun sait qu'une épouse doit observer son mari depuis le toit de l'ulaq et non depuis la plage, qu'un chasseur ne doit pas toucher sa femme avant de grimper dans son ikyak. Faute de quoi, les animaux marins sentent l'odeur de terre des femmes, sont fâchés et ne s'abandonnent pas au harpon du chasseur.

Samig vit les yeux de Kiin s'ouvrir tout grands et se fixer sur lui. Puis elle baissa la tête et murmura quelque chose à l'adresse de son mari.

— Parfait, s'exclama Amgigh en riant. Va, maintenant, dit-il à son frère avec une grande claque dans le dos. Que ta nuit soit longue.

Mais Kiin répondit, les joues en feu :

— Je-je-j'ai d'abord du travail.

Sur quoi elle s'éloigna et s'affaira dans la cache de nourriture.

Ils commencèrent à manger, mais Samig eut soudain la sensation que rien n'était bon. Son estomac le brûlait comme s'il avait avalé des bulbes crus de racines amères.

La soirée s'écoula lentement. La mère de Samig paraissait planer au-dessus de Kiin ; elle lui parlait d'une voix calme et apaisante. Son père se retira dans un coin et, tournant le dos à la pièce, œuvra à son harpon.

Bon, songea Samig, dois-je refuser Kiin et l'insulter, ainsi que mon frère, ne lui donnant rien à échanger contre les secrets des Chasseurs de Baleines ? Est-ce que je lui fais sentir que c'est moi qui ai reçu la meilleure part ? Ou est-ce que je prends Kiin ?

Il avait en lui cet élan, ce besoin de son corps, et le

désir de Kiin. Mais vint la colère, qui détourna les pensées de Samig de son frère vers ses propres désirs.

Elle aurait dû être ma femme, se dit Samig. Qu'Amgigh parte chez les Chasseurs de Baleines; qu'il apprenne, lui. Qu'il vive au milieu de leurs femmes bruyantes. Je suis le véritable époux de Kiin. Je tiens à elle plus qu'Amgigh.

Alors, sans un regard pour son père ou sa mère, sans un regard pour Amgigh, Samig se leva et avança vers Kiin qui travaillait. Il saisit son poignet et l'attira avec douceur.

— Viens.

Et il l'emmena dans sa chambre.

Amgigh les regarda, regarda le rideau se refermer derrière Kiin. Dans son esprit, il vit Kiin nue, lovée dans les bras de Samig et la douleur lui poignarda la poitrine, lui coupa le souffle. Il resta assis, immobile, tête inclinée, jusqu'à ce que l'air emplisse de nouveau ses poumons. Puis il se leva et s'étira. Prenant son parka à un crochet fiché dans le mur, il l'enfila et grimpa hors de l'ulaq.

Les nuages étaient gris dans le ciel noir de la nuit. Amgigh vit des étoiles entre les nuages. Assis sur le toit, il tenta d'éloigner ses pensées loin de Kiin et de Samig. Qu'était une épouse comparée à la chasse à la baleine? Qu'était partager une épouse comparé au pouvoir qu'un homme acquiert lorsqu'il tue une baleine?

Amgigh tira un brin d'herbe du toit de l'ulaq et le déchira entre ses doigts.

Une nuit. Il ne partageait Kiin que pour une nuit. Mais Samig n'oublierait pas ce partage, ni la promesse faite à Amgigh de lui transmettre son savoir. Et il y avait les couteaux d'obsidienne. Deux couteaux : issus d'une même pierre, frères comme Amgigh et Samig étaient frères.

Amgigh avait taillé les lames comme le font tous

les Premiers Hommes, seulement d'un côté. Mais, depuis son enfance, Amgigh semblait avoir la main la plus légère, il savait l'endroit où la pierre céderait à la pression de son poinçon en os, comment obtenir des copeaux nets et délicats. Même en ne polissant qu'un côté de la lame, il avait réussi à faire des bords si fins qu'ils étaient presque transparents.

Son père prétendait que la pierre parlait à Amgigh et Amgigh pensait que peut-être, d'une certaine façon, c'était vrai. Surtout pour ces deux lames d'obsidienne. Dès le premier coup de son percuteur, les lames lui avaient révélé leur beauté, leur équilibre.

Mais, tandis qu'il travaillait, des esprits rôdaient autour de lui, parlant de peur, de colère, de douleur. À deux reprises, Amgigh avait interrompu son travail, pour écouter, mais son désir d'achever les lames parlait plus fort que les voix des esprits. Et qui savait si les voix des esprits étaient bonnes ou mauvaises, si elles disaient la vérité ou si elles mentaient ?

Il avait dit à Samig qu'il lui fabriquerait un couteau d'obsidienne, et s'il ne le faisait pas, que penserait Samig ? Qu'Amgigh était en colère ? Qu'il ne voulait pas que Samig revienne chez les Premiers Hommes pour lui apprendre à chasser la baleine ? Les couteaux étaient un gage de la promesse de Samig de revenir.

Cependant qu'Amgigh poursuivait son ouvrage sur les lames, il s'était aperçu qu'un des couteaux n'allait pas : il était trop lourd dans sa main. Une fois achevés, il les avait posés côte à côte sans être capable de les différencier. Mais l'un n'allait pas.

« Trop lourd, trop lourd », avait murmuré l'esprit d'Amgigh. Et Amgigh avait su qu'une autre pierre était cachée à l'intérieur de la lame d'obsidienne, peut-être un nodule de quartz, qui affaiblirait le couteau.

Amgigh redescendit dans l'ulaq et fit un signe de

tête à ses parents. Il alla dans sa chambre, maintenant le rideau levé pour laisser entrer la lumière. Il entreprit d'emballer ses affaires dans une peau de phoque. Il serait prêt si son père voulait partir de bonne heure le lendemain. Il tira un panier de sa réserve d'armes. À l'intérieur, ses lames achevées — des têtes de lances d'andésite, de petites lames d'obsidienne pour les couteaux recourbés, quelques lames arrondies pour les couteaux de femmes. Il fouilla dans le lot, choisit les meilleures pour les emporter chez les Chasseurs de Baleines. Peut-être auraient-ils quelque chose à échanger.

Quand Oiseau Gris avait dit à Amgigh que Qakan partirait bientôt en voyage de troc, Amgigh avait confié plusieurs lames à Qakan. Il lui avait précisé :

— Lame pour lame, pas moins.

Amgigh avait besoin de voir le travail d'autres fabricants. Il avait déjà surpassé l'habileté de son père et d'Oiseau Gris, celle des Chasseurs de Baleines tailleurs de lames. Il espérait que Qakan négocierait avantageusement. Mais qui pouvait dire de quoi Qakan était capable ? Qui pouvait lui faire confiance ? Toutefois, comme l'avait dit Kayugh, mieux vaut donner une chance à Qakan que de le laisser vivre éternellement dans l'ulaq de son père, à se gaver, sans jamais chasser, trop paresseux pour seulement pêcher des oursins ou chercher des clams.

Amgigh prit les deux lames d'obsidienne qu'il avait façonnées pour Samig et lui. Elles étaient belles, aussi fines que tout ce qu'il avait jamais fait. Il les emmancha à des poignées qu'il avait coupées dans des morceaux de mâchoire de baleine, puis enveloppa le tout dans le fanon noir d'une baleine à bosse.

Il tint une lame dans chaque main. Celle qu'il avait taillée en premier était dans sa main gauche, l'autre dans sa main droite. Amgigh soupira. La pierre elle-même évoquait l'âme d'Amgigh, ses propres imperfections. Il laisserait la lame défectueuse ici, dans sa couche, et emporterait l'autre chez les Chasseurs de Baleines. Il la donnerait à Samig pour lui rappeler sa promesse de lui apprendre à chasser la baleine.

C'est alors qu'il entendit un rire, un rire de femme. Kiin. Kiin avec Samig. Une fois encore, il la vit en esprit, nue, les mains de Samig sur ses seins, les mains de Samig entre ses cuisses.

Amgigh ferma les yeux et serra les dents. Il enveloppa la bonne lame et la remit dans le coin des armes. Il enveloppa la lame défectueuse et la plaça dans le paquet qu'il emporterait chez les Chasseurs de Baleines.

Le cœur de Kiin cognait si fort qu'elle en sentait les battements au creux de ses bras. Elle constata avec soulagement que la chambre de Samig était très sombre, ce qui empêchait Samig de voir ses yeux. Que penserait-il s'il y lisait sa peur ? Que penserait-il s'il y voyait sa joie ?

« Ton mari te l'a demandé, murmura son esprit. Tu ne fais qu'obéir. » Mais elle se sentait gênée. Peut-être une part d'elle-même désirait-elle trop cela. Peut-être ce désir s'était-il glissé au-dehors pendant son sommeil pour entrer dans les rêves d'Amgigh. Peut-être étaient-ce seulement son égoïsme, ses propres désirs qui avaient poussé Amgigh à offrir son épouse à Samig. Alors, quel bienfait pourrait émaner de son désir égoïste ? Samig était frère. Amgigh était mari.

C'est alors que Samig l'attira près de lui, lui saisit les mains et murmura :

— Je suis désolé. Désolé de t'arracher si vite à ton mari. Mais tu vois, cela donne à Amgigh quelque chose avec quoi échanger, quelque chose qui en vaut la peine. Je voulais rester ici et être ton époux. Je n'ai pas besoin de chasser la baleine, mais Amgigh...

Samig tendit la main, caressa la joue de Kiin, puis

glissa ses doigts jusqu'au collier de perles qu'il lui avait donné.

— Quand j'ai fait ce collier, je croyais le faire pour ma femme.

Ses doigts tremblaient. Kiin referma ses mains sur les siennes.

— Quand t-t-tu me l'as d-d-donné, t-t-tu-tu savais ?

— Oui, mon père m'avait averti.

— Et tu-tu étais en colère ?

— Oui, mais j'étais surtout heureux de savoir que tu vivrais dans cet ulaq, loin de...

— Oui.

Pendant un long moment, Samig ne fit rien, ne bougea pas, ne parla pas, jusqu'à ce que Kiin commence à lisser les nattes et les fourrures afin de lui arranger un lit confortable. Mais une fois encore il referma les mains sur les siennes.

— Allonge-toi.

Le souffle de Samig était chaud sur le cou de Kiin. Elle s'étendit sur les couvertures.

« Amgigh le veut », dit son esprit.

Kiin chassa le malaise tapi en elle et entreprit de dénouer le lien qui retenait son tablier.

Mais Samig dit :

— Non. Nous ne pouvons pas.

Il la retourna et mit ses bras autour d'elle, allongé, son torse contre le dos de Kiin.

— Amgigh, Amgigh le veut, murmura Kiin.

— Non, repartit Samig. Amgigh veut apprendre à chasser la baleine. C'est tout.

Kiin s'obligea à rester allongée sans bouger, essayant de penser à autre chose qu'à Samig, tout contre elle, tout chaud. Elle pensa aux oiseaux : les mouettes à pattes rouges, les pétrels et les goélands, elle s'imagina aspirée vers le ciel par leurs ailes, planant au-dessus de l'île Tugix, regardant au bas l'ulakidaq. Elle pensa aux baleines — la mégaptère à longs battoirs, le rorqual, plus petit —, elle s'imagina nageant avec elles sous la mer jusqu'à leur village.

Et enfin, la chaleur de la peau de Samig contre la sienne, la douceur de ses bras autour d'elle et le rythme de sa respiration l'attirèrent dans des rêves.

Son père hurlait après elle. Quelque chose qu'elle avait fait ou n'avait pas fait. Il levait sa canne et l'abattait de toutes ses forces sur son visage, sur ses épaules. D'autres regardaient son père la frapper, encore et encore. Elle ne serait jamais une femme, hurlait-il, jamais une épouse, jamais une mère. Elle n'était rien. Elle n'avait pas d'âme, elle ne valait rien.

Kiin se roula en boule, protégeant du bâton ses yeux et ses oreilles. « Tu es Kiin, lui dit son esprit. Kiin. Tu as une âme. Il ne peut te l'enlever. Même avec sa canne. Même avec ses coups. Tu es Kiin. Kiin. Kiin. »

Mais les coups ne cessaient pas. Enfin des mains se tendirent et l'arrachèrent à son père, à la douleur. On murmura son nom.

— Kiin, tu es en sécurité. Tu es là, avec moi. Je ne permettrai à personne de te faire du mal. Kiin, Kiin.

C'était Samig. Kiin tendit les bras vers lui et l'attira contre elle.

— Samig, mon époux, souffla-t-elle. Samig.

Elle caressa la peau lisse et tendre de sa poitrine, la douceur obscure de ses cheveux, et sentit ses mains sur son dos, cherchant à l'agripper, tandis qu'elle refermait ses jambes sur lui. Elle sentit ce qui était homme grandir et se raidir contre elle. Elle ne pouvait s'empêcher de le toucher...

— Je t'en prie, murmura-t-elle, je t'en prie, je veux être ta femme.

Kiin s'éveilla de bonne heure. Samig dormait, une jambe en travers des siennes, sa main sur ses mains. Elle se libéra avec précaution, s'assit sur son séant et lissa son tablier. Elle s'autorisa à regarder un moment Samig, la couleur lisse et sombre de sa peau, la noirceur de ses cheveux.

« C'était un rêve », lui dit son esprit.

Oui, c'était un rêve, pensa Kiin. Elle vit alors ses bras et ses jambes dénués de toute trace. Son père ne l'avait pas battue. Ç'avait été un rêve.

Elle se rendit dans la pièce principale de l'ulaq, prépara la nourriture et remplit plusieurs conteneurs de poisson séché pour Samig, Amgigh et Kayugh. Ils les emporteraient avec eux.

Une fois le repas prêt, Kiin prit le parka d'Amgigh et s'installa sur une natte près de son panier à couture. Le vêtement était déchiré sous un bras et elle voulait le repriser avant le départ de son mari. Elle tenait à ce que les femmes Chasseurs de Baleines sachent qu'elle était une bonne épouse.

« Une bonne épouse... après Samig ? » sembla murmurer quelque esprit.

« C'était un rêve », répondit l'esprit de Kiin. Et les mots s'infiltrèrent en elle tandis qu'elle perforait chaque côté de la déchirure à l'aide d'un poinçon. Après quoi, elle choisit un morceau de peau de phoque pour coudre une pièce. Elle nouait un fil de nerf tordu au bout de son aiguille quand elle vit s'ouvrir la porte de la chambre de Samig.

Elle leva les yeux. Samig était debout et la regardait. Elle sourit et, ce faisant, leurs regards se croisèrent et s'accrochèrent. Soudain, elle eut l'impression d'être de nouveau dans ses bras et elle se rappela son corps puissant frémissant contre le sien, la chaleur de Samig en elle. Elle sut qu'elle n'avait pas rêvé.

— Femme, dit Samig, avec une douceur infinie.

Kiin ne l'entendit qu'en voyant le son sur les lèvres de Samig.

— Femme.

15

Kiin ne suivit pas les autres sur la plage. Peut-être l'aurait-elle pu. Il ne s'agissait pas du départ d'une chasse. Amgigh ne s'en voudrait pas s'il la touchait ou laissait ses yeux s'attarder trop longtemps, ses pensées errer vers les nuits passées avec sa femme. Et Samig... Non, il n'était pas son mari. Il ne pouvait être maudit par sa présence. Mais Kiin jugeait préférable de rester à l'intérieur de l'ulaq. Elle taillerait des dessus de bottes dans un œsophage de lion de mer, indiquant ainsi aux esprits qu'elle comptait sur un prompt retour de son mari et du père de son mari. Mais, cependant qu'elle travaillait, elle sentit l'impatience la gagner, jusqu'à ne plus pouvoir tenir en place.

Elle roula son ouvrage, fit les cent pas dans l'ulaq et s'arrêta au pied du tronc à encoches.

Non, songea-t-elle, je n'ai pas besoin de sortir. Je n'ai pas besoin de voir Samig une dernière fois. Mais ses pieds étaient déjà sur le rondin. Bientôt, elle se retrouva au sommet de l'ulaq, comme si son corps se déplaçait sans le consentement de son esprit. Elle regarda vers la plage. Les trois ikyan étaient partis, celui de Samig, celui d'Amgigh et celui de Kayugh. Celui de Longues Dents avait disparu lui aussi, mais Kiin savait qu'il ne voyagerait avec eux que ce jour-là.

Kiin s'apprêtait à rentrer dans l'ulaq, quand elle pensa à la chambre de Samig. Il faudrait la nettoyer à fond, secouer et aérer les peaux, et répandre de la bruyère fraîche sur le sol. Peut-être valait-il mieux s'en charger tout de suite. Mais elle devrait pour cela grimper les collines à la recherche de bruyère. Oui, décida-t-elle en descendant prendre son couteau de femme qu'elle glissa dans son suk.

Elle quitta l'ulaq, puis grimpa prestement à travers un ravin peu profond protégé du vent. De là, elle se rendit en haut des falaises en retrait de la plage. Les ikyan se dirigeraient vers le sud puis l'ouest autour de l'île Tugix, puis vers l'île voisine où les hommes chassaient les loutres de mer, avant de franchir l'étendue d'eau qui sépare cette île du pays des Chasseurs de Baleines. Kiin se protégea les yeux et observa la mer. Elle les vit enfin, pas aussi loin qu'elle l'aurait pensé. L'ikyak de Samig était en tête, suivi de celui de Kayugh, puis de Longues Dents, celui d'Amgigh fermant la marche. Kiin appréciait les coups rapides et sûrs de Samig et son dos bien droit. En comparaison, Amgigh pagayait comme un gamin inexpérimenté.

Oui, se dit Kiin, Kayugh avait fait le bon choix. C'est bien Samig qui doit se rendre chez les Chasseurs de Baleines. C'est lui qui devrait chasser la baleine. L'homme, c'est lui.

Qakan avait observé les quatre hommes quitter la plage. Amgigh riait et plaisantait, tandis que Samig était sérieux et parlait peu. Samig s'était penché pour ramasser des coquillages — promesse qu'il reviendrait au village. Puis il avait balayé l'ulakidaq du regard. Qakan savait qu'il cherchait Kiin. Pourquoi il la voulait, Qakan n'avait jamais réussi à le comprendre, mais Samig la voulait bel et bien, et depuis toujours. Enfant, déjà, Samig se vantait et riait fort dès que Kiin était dans le coin. Et au cours de cette année, chaque fois que Samig venait dans leur ulaq, il la regardait, ses yeux s'arrêtant sur les petits seins aux pointes roses, sur ses jambes qui s'allongeaient.

Ah, Qakan comprenait cette part du désir de Samig. N'éprouvait-il pas la même chose lorsqu'il voyait les femmes d'autres tribus ? En de rares occasions, les Chasseurs de Baleines amenaient leurs épouses avec eux lorsqu'ils venaient faire du troc. Alors, une de ces femmes pouvait venir pour une nuit dans leur ulaq, dans le lit de son père, et Qakan écoutait les grognements et les rires, et il haïssait son père de garder la femme pour lui seul.

Une fois, Qakan quitta subrepticement sa couche et s'installa juste derrière le rideau de celle de son père. Là, tandis qu'il observait son père déshabiller la femme, ce qui était un homme en Qakan devint long et dur. Qakan se demanda si c'était d'Oiseau Gris que Kiin tenait son avidité. Sûrement d'autres hommes partageaient leurs femmes avec leurs fils.

Donc, Qakan comprenait le désir de Samig et, si Qakan trouvait Kiin trop maigre et trop calme, pour quelque étrange raison, Samig la voulait pour femme. Qakan sourit. Samig, le garçon qui avait toujours lancé mieux et plus loin que les autres, qui courait plus vite, qui était plus fort, chassait mieux et qui même, pour une raison ignorée de tous, attrapait plus de poissons dans ses hameçons taillés dans des coquilles de clams, Samig ne pouvait pas avoir, n'aurait jamais Kiin.

Mais à ce compte-là, Qakan non plus.

Tous ses plans si soigneusement élaborés. Toutes ces années où Qakan, la nuit, allongé sur sa couche, avait songé à de promptes répliques, à des réponses qui témoigneraient de son intelligence, de sa vivacité d'esprit. Toutes ces nuits où il avait comploté quand les autres dormaient.

Il avait fallu des mois pour qu'on prête attention à ses blagues, qu'on commente la force de ses propos.

Puis le jour vint, deux lunes avant que Kayugh et Amgigh n'apportent la dot de Kiin. Oiseau Gris était sur le toit de l'ulaq avec Qakan. Les femmes cherchaient des clams sur la plage à marée basse. Qakan s'était montré direct. Son père était un faible — Qakan n'en doutait pas — et Qakan savait qu'une prière rencontrait souvent un refus, simplement parce que refuser donnait à Oiseau Gris une sensation de puissance.

— Je ne suis pas un chasseur, avait dit Qakan. Je veux être un commerçant. Je t'apporterai l'honneur et je t'apporterai des fourrures, des coquillages et des harpons d'autres villages.

Mais au lieu de discuter le désir de Qakan de devenir marchand, Oiseau Gris avait approuvé :

— Tu n'es pas un chasseur, il est vrai. Si les esprits dissimulaient les racines et les baies aux femmes et les phoques aux chasseurs, tu ne serais même pas capable de rapporter un macareux.

Furieux, Qakan avait grincé des dents et redit ce qu'il répétait sans cesse depuis qu'il l'avait entendu de la bouche de son père :

— Ce n'est pas ma faute. Je veux être chasseur, mais la fille, ta fille, a pris ma force.

Oiseau Gris avait craché un brin d'herbe et s'était détourné de son fils pour regarder vers la mer.

Qakan avait attendu un moment puis, voyant que son père n'était pas décidé à parler, il avait ajouté :

— Les marchands apportent autant d'honneurs que les chasseurs, et parfois davantage de peaux.

Lentement, Oiseau Gris avait tourné la tête, lentement, il avait regardé Qakan.

— Tu veux être marchand ?

— Oui.

— Tu penses que tu peux marchander, que tu peux amener un homme à accepter moins pour ses biens, ses fourrures ou ses coquillages, que la valeur qu'il leur donne ?

C'était cette question que Qakan espérait entendre. Une question qu'il avait entendu discuter parmi les commerçants, ceux qui venaient dans l'ulaq de son père, ceux qui venaient pour user de la mère de Qakan pour la nuit, qui jetaient des regards pleins d'espoir sur Kiin mais détournaient les yeux quand Oiseau Gris avouait la honte de Kiin.

— Non, avait répondu Qakan en réprimant un sourire devant l'étonnement de son père. Je n'amènerai pas un homme à accepter moins qu'il estime la valeur de ses fourrures. C'est comme ça qu'on se fait des ennemis. Je le conduirai à penser, à tort, qu'il obtient davantage. Je troquerai de fines fourrures de phoque contre des coquillages rares sur cette plage, mais communs sur d'autres, ou contre de la viande de baleine que les Chasseurs de Baleines possèdent en abondance.

Son père avait hoché la tête encore et encore, puis avait dit :

— Mais tu dois avoir quelque chose à offrir. Qu'as-tu ?

Qakan avait baissé les yeux. Son père ne verrait pas l'amusement qu'ils recelaient. Ce que Qakan avait à offrir ? Bien des choses, oui, bien des choses. Des couteaux de femmes oubliés sur la plage, des copeaux d'ivoire volés dans le panier à sculpture de son père — des choses que Kiin ou Coquille Bleue étaient accusées d'avoir perdues et pour lesquelles elles recevaient une correction. Chaque fois que des marchands venaient visiter l'ulaq d'Oiseau Gris, de Longues Dents ou de Kayugh, plus tard dans la journée ou le lendemain, il manquait des babioles — des aiguilles à coudre, des poinçons, des couteaux recourbés, de petits objets faciles à cacher dans la manche d'un parka. Ah oui, disait tout le monde, les marchands ! Il y en avait certains à qui on ne pouvait faire confiance.

Qakan avait donc gardé les yeux baissés pour répondre :

— Peut-être toi, Samig et Kayugh avez-vous des fourrures en trop, n'importe quoi que je pourrais emporter pour l'échanger. En retour, je te rapporterais des défenses de morse ou des peaux d'ours marin, quelque chose que tu aimerais avoir.

— Que récolterais-tu en échange ?

— De la bonne nourriture, l'honneur parmi les autres tribus, avait répondu Qakan en riant. Des femmes pour mon lit.

Oiseau Gris avait eu un sourire contraint. Les poils de son menton s'étaient mis à trembler.

— Peut-être, avait commencé Qakan en rassemblant son courage, peut-être pourrais-tu me donner quelque chose.

— Quoi ?

— Ma sœur.

Son père s'était tourné brusquement vers lui en écarquillant les yeux.

— Qui donnerait quoi que ce soit pour elle ? Elle n'a pas d'âme. Elle n'a même jamais connu le temps de son sang.

— Qui le sait, en dehors de ce village ?

— Quelques rares marchands, avait répondu son père.

Puis, les yeux sur la mer, il avait concédé :

— Elle n'est pas laide. Combien de fourrures penses-tu pouvoir en obtenir ?

— Dix, avait suggéré Qakan, alors qu'il pensait : peut-être même vingt.

— Dix ? Si tu en obtenais dix, je compte que tu m'en donnerais huit.

— Huit, avait dit Qakan.

Seulement huit, mieux qu'il avait espéré.

Mais Amgigh était arrivé avec son offre de seize peaux et un couteau d'obsidienne.

Qakan avait donc regardé Amgigh, Samig, Kayugh et Longues Dents s'éloigner. Oui, il s'était quand même préparé pour son troc, avait réussi à persuader Longues Dents de lui confier des hameçons et des peaux, et sa mère de lui coudre un suk en peau d'oiseau. Même Kiin lui avait donné plusieurs de ses paniers si finement tressés, et Chagak lui avait permis de prendre cinq matelas d'herbe, ceux qu'elle tissait avec des bordures à damiers foncés. Avant de partir, il prendrait le tas de peaux de phoque que Kayugh avait donné comme dot de Kiin.

Mais il aurait beaucoup mieux valu avoir Kiin en plus de tout cela.

16

La dernière fois qu'il se retourna, Samig la vit. Elle se tenait sur le bord de la falaise, ses cheveux gonflés par le vent, son corps souple comme une fine ligne se détachant sur le gris du ciel.

Garde-la en sécurité pour Amgigh, pria-t-il Tugix. Protège-la d'Oiseau Gris et de Qakan. Tout au long de cette première et interminable journée, il répéta cette prière tandis qu'il pagayait. Il poursuivit même le soir, après que Longues Dents les eut quittés et que les trois hommes eurent dressé leur campement pour la nuit sur l'île aux loutres.

Ils tirèrent leurs ikyan en haut de la plage jusqu'à un endroit où quatre rochers formaient un cercle, puis les disposèrent en coupe-vent entre les rochers. Kayugh avait empli et allumé des lampes à huile — des lampes de chasseurs, petites et légères, taillées dans la pierre et faciles à transporter.

Ils mangèrent de la viande de phoque fumée et de la graisse d'oie, bonne pour calmer la gorge après une journée d'eau salée. Plus tard, Kayugh étendit les nattes afin de dormir, mais Samig ne trouvait pas le sommeil ; son esprit était plein de pensées pour Kiin, pour leur nuit ensemble. Elle était l'épouse d'Amgigh, mais ne l'avait-elle pas appelé époux dans ses rêves ?

Avant de partir, Samig avait confié à Longues Dents qu'il craignait pour la sécurité de Kiin, mais l'homme s'était contenté de sourire :

— Oiseau Gris a peur de ton père et de toi, et même d'Amgigh. Il ne fera pas de mal à Kiin. Et Qakan..., avait ajouté Longues Dents en rejetant la tête en arrière dans un grand rire. Qakan a décidé d'être marchand. Je lui ai donné dix hameçons et quelques peaux à négocier pour mon compte. Je crois qu'il prévoit de partir dans les jours qui viennent. À son retour, s'il revient, Amgigh et ton père seront déjà au village.

Samig avait approuvé d'un signe de tête. Longues Dents avait toujours raison. Kiin était à l'abri. Pourtant, l'angoisse planait au-dessus de lui comme un esprit, torturant son âme, suggérant les diverses façons dont on pouvait blesser Kiin sans laisser de trace sur le corps, des choses qu'on pouvait faire pour détruire l'âme.

Samig se glissa jusqu'à son ikyak et défit un paquet rangé sur le flanc. Il contenait de la graisse de phoque fondue. Samig en passa sur ses mains et ses joues, puis prit son chigadax.

Il enduisit les coutures horizontales du vêtement, puis les bandes de boyau de graisse de phoque pour préserver leur souplesse et éviter les déchirures. Il avait des aiguilles et du fil de nerf et, à l'instar de tous les chasseurs, savait réparer son habit, mais il ne savait pas empêcher l'eau d'y pénétrer.

Il avait souvent observé sa mère coudre ; une fois, il avait même regardé Kiin travailler au chigadax d'Oiseau Gris. Chaque couture était double, cousue d'un côté puis retournée et cousue dans l'autre sens. Kiin poussait l'aiguille dans la peau et la ressortait adroitement sans percer le côté opposé à la couture. Cela paraissait facile, mais quand Samig devait réparer son propre chigadax, l'aiguille n'en faisait qu'à sa guise, si bien qu'il devait se contenter d'étaler de la graisse sur les points pour le rendre imperméable.

Quand Samig eut achevé de graisser son chigadax, il entreprit le même travail sur celui de son père. Cela l'aidait à ne pas penser au lendemain, à l'arrivée chez les Chasseurs de Baleines.

Quel effet cela ferait-il de chasser le plus grand de tous les animaux ? Son habileté à poursuivre les lions de mer lui procurerait-elle un avantage sur les hommes de cette tribu ? Peut-être ne serait-il pas assez adroit pour attraper une baleine, peut-être son grand-père le renverrait-il chez les Premiers Hommes, pour revenir à l'état de gamin, pas meilleur que Qakan.

Le lendemain matin, ils mangèrent tout en rechargeant leur ikyak, mais la nourriture tourmentait l'estomac de Samig et, quand ils furent de nouveau en mer, il trouva qu'Amgigh pagayait trop vite. Pourquoi se hâter? Ils avaient la journée entière pour atteindre la plage.

L'eau clapotait et il n'y avait pas le moindre signe de phoque ou de baleine, mais les mouettes les suivaient, décrivant des cercles au-dessus d'eux, les appelant comme pour leur montrer le chemin.

Cet après-midi, ils repérèrent l'île des Chasseurs de Baleines.

— Là! s'exclama soudain Kayugh.

Samig se raidit dans son ikyak, mais tint sa pagaie verticalement dans l'eau pour l'immobiliser. Oui, Samig distinguait l'île. Elle était grande, avec une plage longue et plate qui s'élevait en direction d'un amas de collines et de sommets déchiquetés. C'était une journée brumeuse. Le soleil n'était qu'une tache plus claire parmi les nuages, si bien que Samig ne pouvait voir l'île entière. Cependant, la plage paraissait trois, quatre fois plus grande que celle de Tugix.

Kayugh pointa le doigt en direction d'une crête rocheuse qui s'avançait dans l'eau.

— Écartez-vous du côté sud! lança-t-il. Trop d'obstacles.

Tandis qu'ils approchaient, Samig repéra de longs ensembles de buttes près des collines, six, peut-être sept, dont il pensait qu'il s'agissait sans doute d'ulas. Un ruisseau coupait le nord de la plage et Samig éloigna son ikyak du courant inévitable à l'endroit où l'eau pénétrait dans la mer.

Il ralentit son allure et suivit son père. Kayugh était déjà venu dans ce village et se rappellerait les endroits où les roches étaient cachées sous l'eau; Samig ne quittait cependant pas la mer des yeux, guettant le moindre affleurement qui pourrait déchirer le fond de son embarcation.

— Ils nous ont vus, cria Kayugh à Samig.

Il y avait environ huit hommes sur la plage, trois avec une lance à la main. Kayugh leur fit un signe, main levée, puis l'abaissant et la levant de nouveau. Les hommes échangèrent un regard, puis crièrent. Alors que Samig s'approchait des hommes, il s'aperçut qu'ils leur indiquaient une section de roche lisse qui se prolongeait sur la plage.

Kayugh pagaya au-dessus du rocher et, au moment où une vague le projeta sur le rivage, il libéra la lanière d'épaule puis le lacet qui le maintenaient dans l'ikyak et descendit. Plusieurs Chasseurs de Baleines s'emparèrent de l'ikyak et l'emportèrent sur le haut de la plage. Un des hommes salua Kayugh d'une tape dans le dos et tous deux partirent d'un grand rire.

Samig regarda Amgigh mener son ikyak au-dessus du rocher. Une vague poussa soudain l'ikyak d'Amgigh de côté et deux Chasseurs de Baleines le tirèrent hors du canoë tandis que deux autres soulevaient l'ikyak. Si bien qu'Amgigh se balança entre leurs bras jusqu'à ce que Kayugh vienne dénouer le lacet pour le libérer.

Samig serra sa pagaie et attendit qu'une vague l'envoie au-dessus de la roche. Une belle vague l'amena sur la plage, parfaitement. Samig s'immobilisa à l'aide de sa pagaie et tira sur les liens qui lui permettraient de quitter aisément la jupe en lion marin recouvrant l'ikyak.

D'ordinaire, Samig la fixait de trois nœuds, tous faciles à desserrer. Le premier se défit d'un coup, mais pas le deuxième et Samig, toujours assis dans son ikyak, se démenait à l'aide de ses dents et d'une main.

— La prochaine vague te conduira droit aux rochers, avertit quelqu'un en lui tendant un couteau.

Samig trancha le nœud et sortit de l'ikyak, le soulevant avant qu'il ne soit frappé par la vague.

— Tu es rapide, Samig, dit l'homme.

Levant les yeux, Samig reconnut Phoque Mourant, un chasseur qui s'était rendu plusieurs fois au village pour faire du troc.

Samig s'étonna que Phoque Mourant n'ait pas oublié son nom, mais il sourit et répondit :

— Seulement avec les nœuds.

Phoque Mourant éclata de rire. Comme tous ceux de sa tribu, il était large d'épaules et court de jambes, mais, contrairement aux autres, ce n'était pas un vantard. Quand les Chasseurs de Baleines venaient chez les Premiers Hommes pour du négoce, il y avait toujours une fête, toujours l'heure des récits; les histoires de Phoque Mourant évoquaient immanquablement l'habileté des autres chasseurs, jamais la sienne. Pourtant, chacun connaissait son adresse à l'ikyak et au harpon.

— Tu es venu faire du troc? s'enquit Phoque Mourant.

— Non. Oui. Une autre sorte de troc.

Samig porta son ikyak en haut de la plage et le posa à côté de celui de son père. Kayugh et Amgigh parlaient à un chasseur qui venait parfois commercer au village des Premiers Hommes. Il s'appelait Roc Dur. Phoque Mourant se joignit à eux, mais Samig s'agenouilla pour inspecter le fond et les flancs de son bateau. Que les Chasseurs de Baleines s'aperçoivent qu'il attachait plus de prix à son ikyak qu'à des bavardages sur le temps et la mer. Il aurait de nombreux jours pour leur parler. Pourquoi écouter maintenant?

Tandis que Samig passait les doigts sur son ikyak, le vent porta à ses oreilles les paroles de Roc Dur :

— Nombreuses Baleines est vieux. Il est probablement endormi.

— Il est toujours votre chef? demanda Kayugh.

Roc Dur ricana.

— Oui. C'est notre chef, répondit Phoque Mourant.

— J'ai besoin de lui parler. J'ai amené son petit-fils. Nombreuses Baleines veut qu'il apprenne à chasser la baleine.

Une fois encore, Roc Dur ricana et, de la pointe du menton, désigna Amgigh puis Samig avant de demander :

— Lequel des deux garçons appartient à Nombreuses Baleines ?

Samig se leva.

— Nous sommes des chasseurs. Nous n'appartenons qu'à nous-mêmes.

Alors, regardant son père, il s'aperçut qu'il serrait les mâchoires et pinçait les lèvres.

— Samig est venu apprendre vos méthodes, déclara Kayugh. Amgigh doit rester avec nous. Nous ne pouvons abandonner deux de nos chasseurs.

Roc Dur étudia Samig. Les yeux de l'homme étaient lourds, sombres, comme deux petites pierres noires.

— Viens, dit Phoque Mourant à Kayugh.

Il fit également signe à Samig et Amgigh.

Phoque Mourant les conduisit dans le premier long ulaq. Il grimpa en haut et dit à Kayugh :

— Attends.

Samig se tourna pour constater que Roc Dur était resté accroupi près des ikyan, le mépris au visage. Samig regarda alors son père, mais les yeux de Kayugh étaient posés sur la ligne d'ulas qui constituaient le village des Chasseurs de Baleines. Il y en avait huit en tout, avait expliqué Kayugh, mais Samig n'en comptait que sept qui formaient une ligne entre les collines et la plage, comme les empreintes de pas d'un géant.

— Où est le huitième ulaq ? demanda Samig.

Kayugh pointa le doigt vers un espace entre deux collines, à quelque distance des autres ulas.

— Celui-ci est l'ulaq de Roc Dur.

— Pourquoi l'a-t-il bâti là ?

— Il dit qu'un jour il sera chef et qu'un chef doit vivre à l'écart.

Samig secoua la tête.

— Qu'en disent les autres ?

— Qu'il est paresseux. En plaçant son ulaq entre deux collines, il n'a pas eu besoin de construire de murs, seulement un toit.

Samig rit. Pourtant, le malaise s'insinua dans son esprit. Il allait vivre avec ces gens. Il devrait chasser avec eux, même avec Roc Dur. Une fois encore, son ventre se noua et il éprouva la honte de vouloir encore être un enfant, de désirer ardemment rentrer au village, contempler sa mère en train de coudre ou de tisser, qu'on n'attende rien de lui que ramasser des œufs, cueillir des baies ou pêcher des oursins.

Comme si son père connaissait ses pensées, Kayugh posa une main sur l'épaule de Samig.

— Tu n'es pas obligé de rester.

Amgigh se pencha soudain en avant :

— Tu dois tenir ta promesse.

Kayugh leva les sourcils et observa Samig.

— J'ai dit à Amgigh que je lui apprendrais à chasser la baleine, expliqua Samig. Je resterai jusqu'à ce que Nombreuses Baleines me demande de partir.

Il vit la fierté dans les yeux de son père qui commenta avec calme :

— Si tu apprends cet art, tu peux nous l'enseigner à tous.

— Oui, commença Samig, pour s'interrompre aussitôt en s'apercevant que les yeux d'Amgigh se rétrécissaient soudain.

— Pas à Qakan, marmonna Amgigh.

— Qakan doit d'abord apprendre à chasser le phoque, concéda Kayugh.

Il leva les yeux tandis que Phoque Mourant émergeait de l'ulaq du vieux chef.

— Nombreuses Baleines souhaite vous voir, appela Phoque Mourant.

Samig suivit son père, mais Phoque Mourant sauta à terre.

— Tu ne nous accompagnes pas ? s'étonna Kayugh.

— Il veut vous voir seuls, Samig et toi. Pas Amgigh, ajouta-t-il en posant la main sur son bras.

Samig vit la colère colorer de rouge le visage de son frère.

Kayugh et Samig descendirent dans l'obscurité de l'ulaq de Nombreuses Baleines. Lorsque les yeux de Samig se furent habitués, il constata que la demeure de son grand-père était vaste, plus longue et plus haute que les ulas des Premiers Hommes. La pièce principale était bordée de roches qui lui arrivaient presque à la taille ; chacune comportait au sommet un creux dans lequel il y avait de l'huile et une touffe de mousse qui faisait office de mèche.

— C'est bien que vous soyez là, déclara Nombreuses Baleines. Asseyez-vous.

Le vieil homme était installé sur une natte au centre de l'ulaq. Il portait un parka en peau de loutre décoré aux coutures de fourrure et de plumes. Sur la tête, un chapeau de bois en forme de cône. Les Chasseurs de Baleines en avaient de semblables lorsqu'ils venaient faire du troc au village des Premiers Hommes, et Samig en désirait un depuis qu'il était tout petit. Sa mère lui avait dit que les Chasseurs de Baleines fabriquaient ces coiffes avec une feuille de bois si mince qu'on pouvait la chauffer à la vapeur pour lui donner la forme voulue ; les bords se rejoignaient vers l'arrière, noués par un lacet. Le bois du chapeau de Nombreuses Baleines était lisse et luisant comme si on l'avait frotté d'huile. Des moustaches de lion de mer étaient cousues dans les coutures, et des plumes et des coquillages pendaient à un côté.

Kayugh prit place sur une natte d'herbe face au vieil homme et fit signe à Samig de s'installer près de lui. À gauche de Nombreuses Baleines, une femme, petite et grasse, dont les cheveux noirs, tirés en arrière et attachés en une queue sur la nuque avec une lanière de loutre, soulignaient un visage rond. Ils étaient en tailleur alors que Samig et Kayugh s'étaient assis sur leurs talons.

La femme se dirigea vers deux nattes, l'une recouverte de fines tranches de viande foncée, l'autre comportant quatre bols de coquillage remplis de graisse fondue. Nombreuses Baleines choisit une tranche de viande qu'il tendit à Kayugh, puis fit signe à Samig de se servir. Samig observa Nombreuses Baleines tremper sa viande dans la graisse fondue et la replier avant de la mettre dans sa bouche. Samig l'imita.

La viande, riche et douce lui rappela d'abord celle du morse avant qu'il ne comprenne que c'était de la baleine. Il se souvint de la raison de sa présence ici et son cœur s'emballa.

— Il y a longtemps, tu m'as promis de me ramener mon petit-fils. Je savais que tu viendrais, dit Nombreuses Baleines.

Sa voix était basse et forte, comme celle d'un jeune homme. On racontait qu'autrefois les Chasseurs de Baleines étaient des Premiers Hommes. Il faut dire que les Chasseurs de Baleines parlaient la même langue que les Premiers Hommes, même si certains mots se prononçaient différemment, avec un rythme plus rapide, comme si, en chassant la baleine, les gens avaient appris à aller plus vite, même dans leur langage.

— Une fois, il y a longtemps, notre peuple a sauvé ton village, déclara Kayugh.

Samig s'étonna de tant de brusquerie. Les conversations débutaient plutôt par des généralités sur la pluie et le beau temps, la chasse et la mer, les femmes et les enfants.

— Oui, reconnut Nombreuses Baleines. C'est pour cette raison que je t'ai donné ma petite-fille et mon petit-fils.

Samig s'immobilisa soudain, le dos raide. Il remarqua qu'Épouse Dodue se penchait tellement en avant que ses gros seins se pressaient contre ses genoux.

Samig ramena ses pensées aux paroles de son

père. Que voulait dire Nombreuses Baleines quand il affirmait avoir donné à Kayugh sa petite-fille et son petit-fils ?

— En échange, j'ai promis que je te ramènerais ton petit-fils quand il serait un homme afin que tu lui enseignes à chasser la baleine.

Nombreuses Baleines ne pipa mot mais sa femme répondit :

— Seuls les hommes de ce village peuvent chasser la baleine. D'ailleurs, ce garçon n'a pas l'air d'un chasseur. Ses os sont lourds, ses épaules trop larges.

Stupéfait qu'elle ouvre la bouche pendant une réunion d'hommes, Samig attendit que Nombreuses Baleines la réprimande, mais le vieil homme se contenta de hocher la tête.

— Je me rappelle que Chagak nourrissait deux enfants mâles, poursuivit-elle. L'un était son fils, l'autre ton fils. Comment puis-je savoir lequel est le nôtre ?

Ces mots furent comme des pierres posées sur le cœur de Samig qui lutta pour comprendre ce que disait Épouse Dodue. Il n'était pas le fils de Kayugh. Qui était son père, alors ? Il tenta d'attirer l'attention de Kayugh, mais celui-ci gardait les yeux fixés sur Nombreuses Baleines.

Enfin, Kayugh commença à parler, d'abord avec calme, comme s'il se parlait à lui-même, comme si Nombreuses Baleines et sa femme, et même Samig, n'étaient pas dans l'ulaq :

— Samig est déjà honoré dans notre village pour les nombreux phoques qu'il a pris. Il manie son ikyak avec grande habileté. C'est ton petit-fils. Je ne te mentirais pas.

Kayugh se leva et Samig s'empressa de l'imiter.

— Tes marchands sont toujours les bienvenus, conclut Kayugh, adieu traditionnel dans tous les villages qui commerçaient.

Cette fois encore, la brusquerie des paroles de Kayugh étonna Samig. Il lutta pour retenir les questions qui montaient à sa bouche et agir comme s'il savait ce que Kayugh faisait. Kayugh commença à escalader le rondin qui menait au trou du toit.

— Ce serait bien d'avoir un fils dans notre ulaq, remarqua Épouse Dodue. Une vie pour le fils que nous avons perdu au combat contre les Petits Hommes.

— Es-tu prêt à nous le donner comme fils ? s'enquit Nombreuses Baleines.

— Petit-fils, rectifia Kayugh. C'est mon fils.

— Emmène-le dehors, dit Nombreuses Baleines. Décide-toi et reviens nous voir.

Samig suivit Kayugh à l'extérieur et se glissa vers le côté gauche du monticule où lui et son père pourraient parler sans crainte que le vent ne porte leurs paroles aux autres sur la plage.

— Veux-tu rester ? demanda Kayugh.

Au lieu de répondre, Samig lança :

— Tu n'es pas mon père. Qui est mon père ?

Kayugh demeura longtemps sans souffler mot. Enfin, il murmura :

— Ton père, époux de ta mère, Chagak, était fils de Shuganan le sculpteur.

Samig hocha la tête. Il avait entendu des histoires sur Shuganan. Sur son pouvoir dans le monde de l'esprit. Sa mère lui avait aussi parlé de son village qui avait été détruit par les Petits Hommes, et de sa propre mère qui était une des filles de Nombreuses Baleines.

— Est-ce qu'Amgigh est ton vrai fils ? demanda Samig.

Son cœur avait tressailli dans sa poitrine ; il se mouvait comme se meut un esprit. Il le sentit d'abord dans ses tempes, puis ses poignets, et maintenant il le sentait derrière ses genoux.

— Oui, c'est mon fils et le fils d'une autre épouse, pas ta mère.

Le cœur de Samig bondit de nouveau, battant à tout rompre au fond de sa gorge.

— Alors, nous ne sommes pas frères ?

— Quand j'ai pris ta mère pour épouse, vous êtes devenus frères et je suis devenu ton père.

— Tu aurais dû nous dire la vérité. Quand nous étions encore tout petits, tu aurais dû nous dire.

Kayugh s'éclaircit la gorge, évitant le regard de Samig :

— Nous avons cru préférable de vous élever dans l'ignorance. Que gagne-t-on à parler des morts ? Qui peut dire quelle malédiction, quelle colère aurait pu venir dans notre ulaq si ta mère avait parlé de ton vrai père, si j'avais évoqué la vraie mère d'Amgigh ?

Samig ferma les yeux et se frotta les paupières.

— Ainsi, Amgigh n'a pas été choisi pour apprendre à chasser la baleine parce qu'il n'est pas le petit-fils de Nombreuses Baleines ?

— Oui.

— Mais si tu avais pu choisir seul, tu aurais choisi Amgigh...

Kayugh regarda vers le ciel puis, quand il tourna à nouveau les yeux vers Samig, ce dernier y lut de l'inquiétude mêlée de tristesse.

— C'est toi que j'aurais choisi parce que tu es le meilleur chasseur, dit Kayugh. Tu restes ?

— Oui, répondit Samig.

Mais, dans son esprit, il revoyait déjà les nombreuses fois où Kayugh avait semblé lui préférer Amgigh, les fois où Samig avait gagné des courses ou rapporté le plus gros poisson mais où Amgigh recevait les félicitations.

Kayugh hocha la tête.

— Alors, apprends à chasser. Apprends à chasser la baleine et reviens l'enseigner à Amgigh.

17

Quand son père et Samig regagnèrent l'ulaq de Nombreuses Baleines, Amgigh grimpa en haut de la demeure et attendit, les yeux rivés sur la mer. Nombreuses Baleines — grand-père de la mère d'Amgigh et chef des chasseurs de cette tribu —, pourquoi avait-il préféré Samig à Amgigh ? Ou bien était-ce Kayugh qui avait choisi ? Quels étaient ces secrets confiés à Samig et qu'Amgigh ne pouvait entendre ?

Nombreuses Baleines s'était déjà rendu au village des Premiers Hommes, mais il n'avait jamais eu l'air d'un grand-père. Il ne témoignait pas le moindre intérêt à Samig ou à Amgigh, se contentant d'un signe de tête à chaque enfant, demandant simplement s'ils avaient pris leur premier lion de mer. Que le vieil homme pose donc la question maintenant. Amgigh avait pris lion de mer et femme. Les deux.

Trois jeunes femmes marchaient lentement autour de l'ulaq de Nombreuses Baleines. Deux étaient presque belles, pas aussi belles que Kiin, mais, se dit Amgigh, ce ne serait pas épouvantable de passer la nuit avec. La troisième était aussi grande qu'un homme, son visage était sale et ses dents de devant déchiquetées se réduisaient à des chicots. Des trois, c'était elle qui parlait le plus fort et, quand elle surprit le regard d'Amgigh sur elle, elle ôta son suk de fourrure de loutre, agita le devant de son tablier et gloussa sottement.

Amgigh attendit que les trois filles aient disparu derrière l'ulaq de Nombreuses Baleines, se glissa en bas du toit incliné et marcha en direction de la plage. Les hommes réparaient leurs ikyan et les femmes cherchaient des racines. Amgigh alla jusqu'à son canoë, passa les doigts sur les coutures et la pièce en peau de lion marin que sa mère avait cousue sur un endroit trop fin près de la contre-quille. Il graissa les coutures et les peaux puis, cela fait, prit le paquet de couteaux rangé dans l'ikyak. Il trouva un endroit plat sur la plage, étendit une peau de phoque sur laquelle il disposa les lames de couteaux et les pointes de lances en cercle, pointes vers l'extérieur. Il s'assit, posa un épais morceau de peau de phoque sur sa cuisse gauche et enveloppa sa main gauche d'une lanière de peau de lion de mer. Enfin, il prit son poinçon dans son panier et entreprit de repolir un couteau émoussé.

Il ne leva pas les yeux quand les Chasseurs de Baleines commencèrent à se rassembler ; il ne leva pas les yeux pour manifester qu'il ne perdait rien de leurs commentaires ni de leurs offres d'échange. Oui, ils lui donneraient de l'huile de baleine, des fourrures, des nuits avec leurs filles. Qu'ils regrettent le choix de Nombreuses Baleines ; qu'ils regrettent que le vieil homme n'ait pas choisi l'autre petit-fils, le petit-fils qui pouvait fabriquer les plus belles lames qu'ils avaient jamais vues.

C'est alors qu'il entendit la voix de son père et celle de Samig. Samig se fraya un chemin parmi les Chasseurs de Baleines et s'arrêta près de lui. Il posa une main possessive sur l'épaule d'Amgigh. Amgigh leva les yeux vers son frère. Il s'arrêta pour lancer le couteau d'obsidienne enveloppé dans les mains de Samig et sourit tandis que Samig le déballait, tandis que Samig le brandissait pour que les Chasseurs de Baleines puissent l'admirer.

Puis Samig s'accroupit à côté d'Amgigh et posa la main sur son bras.

— C'est trop beau. C'est à toi qu'il devrait appartenir, pas à moi.

— J'ai le même, répondit Amgigh sans pouvoir le regarder dans les yeux.

Puis il se tourna vers les Chasseurs de Baleines.

— Fourrures de loutres et colliers, déclara-t-il. C'est contre cela que j'échangerai mes lames.

Puis, coulant à Samig un regard en coin, Amgigh ajouta :

— Il me faut des présents à rapporter à mon épouse, qui est si belle.

18

Kiin s'éveilla de bonne heure et se rendit aux rochers de varech pour pêcher des menhadens. Elle en prit trois dont l'un était long comme son avant-bras. Elle les nettoya et les ouvrit, puis se dirigea vers la pierre de cuisson de Chagak. Elle avait fait démarrer un feu avant d'aller pêcher, si bien que la pierre était chaude. Elle posa les poissons dessus, peau contre la pierre, et regarda la chaleur transformer la chair verte en flocons blancs.

Accroupie tout près, Kiin mangea un des poissons et apporta les deux autres à Chagak et Mésange. Après quoi, elle ressortit pour observer la mer. Qui pouvait dire quand Amgigh et Kayugh reviendraient ? Peut-être aujourd'hui ?

Kiin soupira. Il était encore tôt, mais Nez Crochu était déjà sortie avec son ik et rentrait, son petit bateau de peau ouvert rempli de morues. Kiin sourit et se hâta vers la plage pour aider Nez Crochu à tirer son embarcation sur le rivage.

— As-tu p-p-pêché t-t-toute la nuit ? demanda Kiin en voyant à l'avant du bateau une multitude de poissons au ventre blanc.

— Non, répondit Nez Crochu en riant. Mais les esprits m'ont été favorables.

Sous un rocher au bord des rangées d'ikyan, Kiin aperçut la nasse de Nez Crochu. Elle se hâta de la lui apporter.

Le filet était en forme de cercle. Une fois étendu sur le sol, il était aussi grand qu'un homme grand. Nez Crochu relâcha le cordage ; elle et Kiin le maintinrent l'une en face de l'autre, jetant dedans le poisson du bateau. Une fois la nasse pleine, elles la portèrent jusqu'à l'endroit où les femmes nettoyaient les poissons. Là, à marée basse, les vagues ne les atteignaient pas, mais à marée haute, la mer reprendrait les entrailles des poissons.

Elles étendirent le filet, et Kiin fouilla sous son suk dans la poche où elle rangeait son couteau de femme. La lame de silex était légèrement incurvée, l'arête arrière droite épointée pour s'adapter facilement à sa main. Elle prit un poisson de la pile et l'entailla des branchies à la queue puis, de deux coups rapides, elle détacha les entrailles et les extirpa d'une main. Nez Crochu avait apporté des baguettes à sécher — certaines courtes, de la largeur des mains de Kiin, pour les placer à l'intérieur des poissons et les maintenir ouverts afin qu'ils sèchent plus rapidement, et d'autres longues pour enfiler dix à quinze poissons par la bouche et les branchies et les pendre au-dessus des claies de séchage.

Kiin ficha les extrémités d'une baguette courte dans la chair d'un poisson et la posa sur un morceau de vieille couverture d'ikyak.

— Ton suk est magnifique, remarqua Nez Crochu tout en ouvrant un poisson.

Kiin fit la grimace en voyant que l'humeur visqueuse se collait à sa manche.

— Je-j'aurais dû mettre m-mon vieux suk.

— Va le chercher. Le poisson peut attendre.

Kiin baissa la tête et fit semblant de tester sa lame sur son pouce.

— Je-je-je l'ai laissé dans l'ulaq de-de mon père.

Nez Crochu grommela :

— Je vais le chercher, dit-elle en se levant avant que Kiin ne puisse l'en empêcher.

— Ne-ne-ne dis pas que je le v-v-voulais, lança Kiin sans être sûre que Nez Crochu ait pu l'entendre.

Nez Crochu n'avait pas peur de son père. Elle était plus grande que lui et sans doute plus forte.

Kiin tira plusieurs poissons du filet et les vida. Puis elle regarda en direction des ulas. Nez Crochu revenait, le vieux suk en cormoran dans les mains.

— Ton père te salue, cria-t-elle à l'adresse de Kiin.

Kiin écarquilla les yeux et éclata de rire. Elle ne pouvait se rappeler son père saluant quiconque, surtout elle.

— Oh, a-a-alors maintenant que je-je-je suis une épouse, je suis digne d'être saluée ? dit Kiin en essayant de parler d'un ton léger.

Nez Crochu sourit et proposa :

— Va te laver les mains avant de te changer.

Kiin alla au bord du courant et s'accroupit pour frotter ses mains avec des graviers. Elle utilisa du sable mouillé pour nettoyer la substance visqueuse et le sang sur sa manche, puis enleva son suk. Le vent était froid sur ses seins, elle se protégea de son vêtement en retournant près de Nez Crochu.

La femme désigna du menton l'endroit où elle avait posé le suk de plumes et Kiin l'enfila puis le lissa par-dessus son tablier.

Kiin ourla les lèvres et dit enfin :

— C'est-c'est plus par-parce que j'ai une âme que parce que je-je-je suis une épouse.

Elle posa un poing sur sa poitrine.

— C'est-c'est bon de sentir un es-es-esprit bouger dedans.

— Ton père aurait dû te donner un nom depuis longtemps, observa Nez Crochu. Mais du moins ta mère a-t-elle fait ce qu'elle pouvait pour toi.

Ces mots étonnèrent Kiin. Qu'est-ce que sa mère avait fait pour elle ? Même le nouveau suk de Kiin était des mains de Chagak. Coquille Bleue n'osait pas défier son mari pour honorer la fille qu'il haïssait. Combien de fois Coquille Bleue avait-elle regardé Oiseau Gris battre Kiin, pleurant, mais ne tentant rien pour l'arrêter ?

— Je-je ne permettrai jamais à mon mari de ba-ba-battre un de mes enfants, affirma Kiin. Il pourrait me-me-me battre moi à la place.

— Je ne prétends pas que ta mère a toujours bien agi, repartit Nez Crochu. Mais tu dois comprendre que la colère de ton père envers toi vient de ce que tu n'es pas un fils. Il n'y a pas d'autre raison. Tu es belle. Il se vante souvent de ta beauté. Longues Dents me l'a dit.

La surprise laissa Kiin sans voix. Son père la trouvait belle ?

— Mais ma-ma-ma mère..., bafouilla-t-elle enfin.

— Aurait dû l'en empêcher ? poursuivit Nez Crochu à sa place. Oui, elle aurait dû au moins essayer. Mais tu ne dois pas oublier ce qu'elle a fait pour toi.

Kiin fronça les sourcils et Nez Crochu enchaîna :

— Ton père voulait te tuer après ta naissance.

Kiin hocha la tête.

— Qakan me l'a s-s-souvent répété.

— Kayugh a obligé ton père à te laisser vivre en promettant Amgigh comme mari pour toi. Ton père s'est vengé en refusant de t'attribuer un nom. Ainsi, Kayugh ne pouvait pas tenir sa promesse et te donner à Amgigh. Comment pouvait-il demander à Amgigh d'abandonner tout espoir d'avoir des fils ? Ou prendre le risque que tu voles l'âme d'Amgigh ?

— Je n'aurais jamais volé l'âme d'un homme.

Nez Crochu haussa les épaules.

— Ta mère aurait pu te donner au vent. Elle aurait pu te laisser mourir. Il n'y aurait ainsi pas eu de disputes ni de colère dans notre village.

— Kayugh aurait pu être en colère..., commença Kiin.

Une fois encore, Nez Crochu haussa les épaules.

— Il y a de nombreuses façons pour un bébé de mourir. C'est facile d'étouffer un enfant et de dire qu'il est mort dans son sommeil. Ta mère devait tout le temps veiller sur toi. Elle ne te laissait jamais seule. Même quand elle partait à la pêche, elle t'attachait dans son dos. Songe comme il aurait été simple pour elle d'obéir à ton père, de t'étouffer une nuit, de taire la vérité à tous et de ramener la paix dans l'ulaq de ton père.

Nez Crochu s'interrompit mais Kiin ne souffla mot. Cela avait été si facile d'en vouloir à chaque membre de sa famille, de tenir sa solitude et sa peur si serrées contre elle que les joies de la vie ne pouvaient passer.

— Tu comprends ce que je te dis ? demanda Nez Crochu.

Kiin leva les yeux qui croisèrent ceux de la femme.

— Oui.

Nez Crochu sourit et se releva. Elle s'empara d'un bâton à enfiler et, avec l'aide de Kiin, entreprit d'y ficeler le poisson vidé. Une fois emplie la première baguette, les deux femmes la portèrent en haut de la plage sur un endroit rocheux et plat à l'abri des falaises. Là, les hommes avaient dressé des claies de séchage. Adossées aux falaises, les claies étaient mieux protégées des oiseaux et une seule femme suffisait à éloigner les mouettes et les corbeaux.

Chaque claie de bois flotté possédait de larges supports fourchus, maintenus à la verticale par des piles de roches et de graviers. Chaque support retenait trois pieux, un dans la fourche supérieure, deux dans des niches creusées sur les côtés. Kiin et Nez Crochu posèrent le bâton de poissons dans la niche fourchue des supports les plus proches.

— Tu surveilles, dit Nez Crochu en tendant à Kiin une grande badine permettant de repousser les oiseaux. Je vais en chercher un autre.

Kiin s'accroupit près des claies. Les mouettes tournoyaient et s'appelaient, se disputant la meilleure place. Kiin se mit debout et fit tournoyer la badine au-dessus de sa tête. Les mouettes battirent en retraite pour virer en direction de la pile d'entrailles abandonnée à la marée. Kiin s'accroupit de nouveau près des claies.

— As-tu besoin d'aide ?

Surprise, Kiin leva les yeux. C'était Qakan.

— Nez Crochu est-est sur la-la-la plage. Aide-la à porpor-porter les bâtons.

— Je préférerais t'aider, toi.

Les pensées de Kiin revinrent à la nuit précédant celle où elle était devenue la femme d'Amgigh. Elle et Qakan étaient seuls dans l'ulaq de leur père. Kiin tissait des nattes, Qakan était appuyé contre une pile de peaux de phoque bourrées de plumes d'oie.

— Penses-tu que je serai un bon mari ? avait demandé Qakan.

Puis il avait relevé le pan de son tablier pour lui montrer ce qui était l'homme en lui.

— N-n-non, avait rétorqué Kiin, dégoûtée. Tu n'aurais pas la-la-la force de faire des-des fils.

Sur quoi elle s'était ruée hors de l'ulaq et Qakan, trop paresseux, ne l'avait pas pourchassée. Elle avait attendu dehors le retour de sa mère partie pêcher des oursins. Depuis lors, Qakan ne lui avait plus adressé la parole.

La poitrine de Kiin se gonfla soudain de joie, à en éclater. C'est bon d'être loin de l'ulaq de mon père, d'être à l'abri de Qakan.

— Kiin ! appela Nez Crochu.

Kiin regarda vers la plage et vit Nez Crochu portant deux autres bâtons de poissons. Elle se leva pour l'aider, mais Qakan se hâta à la rescousse et en prit un.

Ils remontèrent le tout et s'arrangèrent pour que la claie ne bascule ni d'un côté ni de l'autre.

— Tu peux rester à surveiller, proposa Nez Crochu à Kiin. J'ai demandé à Chagak de venir dans l'ulaq de mon mari. Petit Canard et moi allons tresser des paniers.

Une fois Nez Crochu repartie pour l'ulaq de Longues Dents, Kiin s'assit sur ses talons et tira son suk sur ses genoux. Qakan s'accroupit près d'elle.

— Je vais bientôt m'en aller, lâcha-t-il.

Kiin leva sur son frère des yeux étonnés.

— Pour marchander. Je suis un commerçant, ajouta-t-il avec agressivité, comme s'il s'attendait à un désaccord de la part de sa sœur.

Kiin se redressa et menaça les oiseaux de son bâton.

— Il me faut davantage de choses à échanger, continua Qakan. As-tu fini d'autres nattes et d'autres paniers ? Si tu me les donnes, je te rapporterai quelque chose de bien.

Kiin regarda Qakan et sourit :

— Je-je-j'ai deux sacs à b-b-baies. On me les a do-do-donnés.

Elle vit le rouge monter au visage de Qakan mais poursuivit :

— Ils sont dans l'ulaq de Kayugh. Mais je-je-je ne peux pas laisser les claies pour-pour l'instant.

— J'y vais.

Kiin haussa les épaules. Qakan se dressa sur ses pieds.

— Je rapporterai quelque chose de bien, répéta-t-il.

Kiin tourna le dos à Qakan et balança sa badine contre les mouettes. Qakan sera parti, peut-être tout l'été, se dit-elle. Que demander de plus ?

Puis elle se rappela les mots de Nez Crochu. Coquille Bleue avait voulu Kiin. À sa façon, elle l'avait protégée. Quelque chose de dur qui était depuis longtemps dans son cœur parut s'envoler, allégeant sa poitrine.

Et Kayugh avait promis son fils Amgigh comme époux afin de sauver sa vie. Elle ne pourrait jamais se permettre de souhaiter Samig pour époux. Elle était vivante grâce à Amgigh.

Mais comment pouvait-elle oublier les jours où Amgigh tournait la tête avec embarras à la vue de ses bleus ? Samig, et non Amgigh, s'était assis près d'elle, la réconfortant de douces paroles jusqu'à ce qu'elle ne sente plus ses muscles douloureux, ni ses blessures lancinantes au dos et aux bras.

Une fois, alors que son père l'avait battue si fort que Kiin était incapable de se rappeler comment elle avait pu franchir le chemin qui séparait l'ulaq de son père de celui de Kayugh, Chagak lui avait préparé un lit dans la grande pièce centrale, près de la chaleur des lampes à huile. Puis, Samig lui avait pris la main, il avait dit qu'il la voulait pour femme, qu'il paierait la dot, tout ce que son père exigerait.

— Je te veux pour épouse, avait-il dit.

Kiin avait scruté le visage de Samig, le front large et fort, les pommettes hautes et inclinées. Puis ses yeux s'étaient comme accrochés et soumis au pouvoir des yeux de Samig.

— Je te promets, avait déclaré Samig, laissant courir un doigt sur sa joue, un jour tu seras ma femme et je te protégerai.

Mais cette promesse était celle d'un garçon. Cette promesse-là, Samig ne pouvait pas la tenir. Si bien qu'Amgigh était le mari de Kiin, un bon mari. Peut-être portait-elle déjà son enfant. Kiin tendit la main pour rajuster une claie et, ce faisant, entendit son esprit murmurer, comme s'il s'adressait avec douceur à quelque chose en elle-même, comme si Kiin n'était pas censée entendre : « Ou peut-être portes-tu l'enfant de Samig. »

Kiin caressa sa dent de baleine. Non, songea-t-elle, Samig était avec les Chasseurs de Baleines, il prendrait une femme de chez eux.

Elle se souvint de la baleine qui s'était échouée sur la plage des Premiers Hommes quelques années plus tôt : la viande, les os pour les chevrons d'ulaq, et l'huile, propre et sans fumée, pour les lampes. C'était bien que Samig apprenne à chasser la baleine. Bien pour lui et bien pour les Premiers Hommes.

Les Chasseurs de Baleines venaient faire du troc une ou deux fois par an. Kiin en connaissait certains, du moins de nom et de visage — Phoque Mourant et un autre homme, ombrageux et querelleur, appelé Roc Dur. Ils étaient le peuple de Samig, maintenant. Il prendrait une femme Chasseur de Baleines. Kiin appartenait à Amgigh.

Qakan appela. Personne ne répondit. Tout sourire, il descendit le rondin afin de pénétrer dans l'ulaq de Kayugh. Le coin de Kiin était sans doute le plus éloigné de la chambre de Kayugh. Oui, c'étaient les paniers de Kiin, pas assez beaux pour être l'œuvre de Chagak. Qakan fouilla dans la pile de nattes et de fourrures auxquelles Kiin travaillait. Les sacs à baies étaient roulés ensemble au fond de la pile. Il les prit. Dessous, il y avait un couteau de femme. Qakan le prit aussi. La lame avait été façonnée par Amgigh. Nul autre que lui ne savait tailler une pierre d'une telle finesse. Qakan glissa le couteau dans sa manche. Il fit le tour de l'ulaq, s'arrêta devant la couche de Kayugh, posa la main sur le rideau puis recula.

Pourquoi risquer que la colère de Kayugh demande aux esprits de maudire le voyage de troc de Qakan ? Il se rendit donc à la couche d'Amgigh. Kayugh avait le pouvoir de tuer les hommes. Qui n'avait entendu parler de son combat contre les Petits Hommes ? Mais Amgigh n'était qu'un gamin. Sa malédiction ne serait sûrement pas assez puissante pour nuire à un marchand.

En outre, les lames d'Amgigh permettaient toujours de bons échanges. Il releva le rideau, entra et vit l'endroit où Amgigh rangeait ses armes. Courte lance, harpon de phoque, bola, hameçons. Et des lames, un plein panier.

Le rire secoua Qakan tandis qu'il renversait les lames sur les couvertures de fourrures. Des lames, magnifiques, superbes. Qui faisait mieux ? Les lames d'Amgigh suffisaient à vous transformer en commerçant prospère.

Qakan s'empara du panier et, ce faisant, aperçut l'enveloppe de peau de lion de mer. Il reposa le panier, s'assit jambes croisées sur les couvertures et saisit le paquet. En mesurant le poids et l'équilibre, il sut. Mais alors qu'il l'ouvrait, son souffle émit un long sifflement : de l'obsidienne, taillée en lame étroite. Les facettes renvoyaient la lumière, faisaient luire la lame sombre du couteau. Le manche était recouvert de fanons de baleines taillés fin comme des cheveux.

Il renveloppa le couteau, releva son parka et glissa le paquet dans la ceinture de son tablier.

— Je suis le frère d'Amgigh, s'écria-t-il pour les esprits qui vivaient dans la couche d'Amgigh. Je suis le frère d'Amgigh. Rappelez-vous, sa femme est Kiin, ma sœur. Amgigh peut se fabriquer un autre couteau. Je vais échanger celui-ci et les couteaux du panier. Je rapporterai quelque chose que même Samig enviera.

19

Oiseau Gris rejeta la tête en arrière et partit d'un grand rire glacial. Ce rire gêna Qakan, mais son embarras céda vite place à la colère. Son père était un crétin. Était-il aveugle à ce que Qakan lui offrait ?

Ses petits yeux noirs et durs comme des baies de mousse, Oiseau Gris jeta :

— Elle appartient à Amgigh. Je ne peux te la donner.

— Amgigh est parti.

— Pour trois ou quatre jours.

Qakan se pencha sur père.

— C'est suffisant.

Oiseau Gris plissa les yeux.

— Que veux-tu dire ?

— Et si Kiin mourait, d'un accident à son ik ? Devrais-tu rendre la dot qu'Amgigh a payée ?

Oiseau Gris haussa les épaules :

— Non. Elle était épouse. Je n'ai fait aucune promesse sur le temps qu'elle vivrait. Mais les quatre peaux que Chagak doit finir de gratter, celles-là je ne les aurais peut-être pas.

Oiseau Gris baissa les yeux sur ses mains et nettoya la terre sous un ongle.

— Dis-moi, pourquoi veux-tu tuer ta sœur ?

Qakan ricana.

— Je ne compte pas la tuer. On aura juste l'impression qu'elle est morte. Mais écoute ce que j'ai à te dire. J'ai besoin de ton aide.

Oiseau Gris se redressa sur son séant et jeta des regards autour d'eux. Ils étaient à l'abri de son ulaq, le vent n'arrivant qu'en rafales brisées par le toit.

— Personne ne peut nous entendre, grogna Qakan. Toutes les femmes sont dans les ulas. Longues Dents aussi. Kiin surveille les claies de poisson.

Mais Oiseau Gris secoua la tête. S'emparant de sa canne, il taquina l'herbe près de son pied.

— Je ne peux pas t'aider. Fais ce que tu dois faire, mais n'en parle à personne. Des esprits entendront, et tu ne sais pas s'ils accordent leur faveur à toi ou à ta sœur.

— À moi, lança Qakan.

Une fois encore, la rage monta en lui, empourprant son visage, lui donnant l'impression d'éclater.

— C'est la seule femme dénuée de pouvoir.

— Elle a trouvé la faveur de quelqu'un car elle a un bon mari.

— C'est de toi qu'elle a un don. C'est toi qui lui as conféré le peu de pouvoir qu'elle détient.

Oiseau Gris se leva et passa devant Qakan. Puis, regardant par-dessus son épaule, il marmonna :

— Elle m'a rapporté plus de peaux de phoque que toi. Si tu étais chasseur, je m'intéresserais de plus près à tes plans.

Les mots s'échappèrent de la bouche de Qakan avec une telle rapidité qu'il saisit qu'un esprit avait dû les y jeter :

— C'est toi qui me parles de chasse ? Toi ?

Oiseau Gris pivota, leva sa canne d'une main tremblante. Ses lèvres se retroussèrent. Mais Qakan n'attendit pas de savoir ce que son père avait à lui dire.

Assez ! Il prendrait Kiin avec lui, sans l'aide de son père. Et toutes les fourrures qu'il obtiendrait pour elle lui appartiendraient, il n'en laisserait aucune à son père. Sans un regard en arrière, il se dirigea vers la plage. Son ik était chargé ; il s'en irait tout de suite. Du moins le penseraient-ils.

Le premier jour du départ des hommes, Kiin et Chagak avaient beaucoup parlé, beaucoup ri. Elles sortirent Mésange de son lit, la laissant déambuler dans l'ulaq sans crainte de déranger les hommes. Coquille Bleue les rejoignit dans l'après-midi et les trois femmes tressèrent des paniers. Chagak raconta des histoires, Kiin chanta, d'abord un chant de tissage, puis un chant marin.

Le deuxième jour s'écoula aussi paisiblement et Chagak félicita Kiin pour la morue que Nez Crochu leur avait donnée, comme si c'était Kiin qui avait attrapé le poisson alors qu'elle avait simplement aidé à le vider. Aujourd'hui, le troisième jour, l'ulaq semblait trop calme, trop vide. Lorsque Kiin vivait dans l'ulaq de son père, sa mère était heureuse chaque fois qu'Oiseau Gris partait à la chasse. Mais l'absence d'Amgigh et de Kayugh assombrissait l'ulaq, même quand les lampes brûlaient, et les longues soirées se déroulaient sans joie. Quant à Samig... il ne reviendrait pas. Pas cette année, peut-être pas la suivante. Kiin ne pouvait cependant s'autoriser à s'affliger du vide que laissait son absence. Elle était la femme d'Amgigh. Lorsque Samig reviendrait parmi les Premiers Hommes, elle aurait peut-être donné un fils à Amgigh, et peut-être Samig ramènerait-il une épouse de chez les Chasseurs de Baleines.

Une douleur soudaine emplit la poitrine de Kiin qui entendit son esprit murmurer : « Oui, et ce sera mieux ainsi. Elle sera une sœur pour toi et pour Amgigh. Une fille pour Chagak et Kayugh. Une seconde mère pour les fils d'Amgigh. »

Les doigts de Kiin cherchèrent la surface lisse de la dent de baleine qui pendait à son côté. Elle caressa l'ivoire jusqu'à ce que la douleur s'atténue. Kiin était demeurée trop longtemps dans cet ulaq. Ce serait bon de sortir l'ik de sa mère pour ramasser des pierres et des poissons. Ce soir, Chagak et elle pourraient organiser une petite fête, qui soulagerait un peu leur attente.

Chagak était dans sa chambre et nourrissait Mésange. Kiin l'appela pour lui dire qu'elle ne serait pas longue, qu'elle ne comptait pas s'éloigner du rivage.

— Attends, cria Chagak. Je veux te donner quelque chose.

Interloquée, Kiin attendit que Chagak sorte de sa couche, Mésange dans les bras, la bouche pressée contre le sein droit de sa mère.

— Ceci, dit Chagak en tendant la sculpture qu'elle portait autour de son cou.

Kiin reconnut l'œuvre du grand-père Shuganan. Elle représentait une femme, un mari et un enfant, les visages de l'homme et de la femme étaient presque sûrement Kayugh et Chagak. L'ivoire de dent de baleine était jauni par l'âge, foncé par l'huile avec laquelle Chagak le frottait pour l'empêcher de sécher et de devenir friable.

— Je-je-je ne peux-peux pas, bredouilla Kiin. C'est-c'est à toi. Ton grand, ton grand...

Mais Chagak leva la main pour faire taire Kiin, glissa la lanière autour du cou de Kiin et ajusta le pendentif entre ses deux seins.

— C'est à toi, maintenant, murmura Chagak. Il te donnera des bébés, et tes bébés seront une joie pour moi autant que pour toi.

Kiin essaya de parler, mais une fois de plus un esprit s'infiltra dans sa gorge et retint les mots.

Alors, Kiin se pencha, pressa sa joue contre celle de Chagak et laissa Chagak voir les larmes qui étaient venues dans ses yeux.

Chagak sourit et ajouta :

— Un jour, tu devras le donner à une des femmes de tes fils. Ainsi, ce sera toujours un présent.

Kiin referma ses deux mains sur la figurine, puis en étudia les visages, le suk de la femme, les plumes et les coutures taillées dans l'ivoire. Un moment, ses pensées allèrent aux piètres sculptures de son père, mais elle ferma son esprit à cet homme. Pourquoi laisser la pensée d'Oiseau Gris gâcher sa joie ?

— Alors, tu pars pêcher ? s'enquit Chagak.

— Peut-être des menhadens.

— Demande à ta mère si elle veut bien t'accompagner, suggéra Chagak. Le vent est fort. Ne pars pas seule.

Kiin sourit. Chagak, toujours à s'inquiéter. Kiin s'empara de son suk et l'enfila par le haut. Elle sortit de l'ulaq, une main accrochée à son pendentif.

Elle se dirigea vers l'ulaq de son père et sa poitrine se serra lorsqu'elle grimpa à l'intérieur mais, à son grand soulagement, son père n'était pas là. Elle appela. L'ulaq était vide. Peut-être sa mère cherchait-elle des racines ou de la bruyère dans les collines. C'était sans importance. Oui, le vent était fort, descendant vigoureusement du nord en direction de la mer du sud, mais elle resterait du côté sud de la crique de façon que les vagues n'entraînent pas son ik loin des rochers couverts de varech. Il était parfois préférable d'être seule, d'aller doucement pour guetter les loutres de mer ou les phoques.

L'ik se trouvait sur la plage à côté de celui de Chagak, mais celui de Qakan, le seul que lui et le père de Kiin aient fabriqué quand Qakan avait décidé d'être marchand, avait disparu.

Oui, songea Kiin, ce matin Nez Crochu avait raconté que Qakan était parti la veille au soir pour son premier voyage. Il avait emporté presque tout le poisson des claies de séchage. Pouvait-on s'attendre à autre chose de la part de Qakan ?

Mais il était plus brave que Kiin ne l'aurait cru. Il y avait de nombreux problèmes qu'un homme seul devait affronter, même s'il n'était qu'un marchand longeant les plages et les anses. Ce ne serait pas un voyage facile, même s'il allait seulement chez les Chasseurs de Baleines. Outre les sacs à baies, Kiin lui avait confié un certain nombre de paniers. Il avait promis de lui rapporter en retour quelque chose d'une autre tribu. Mais Kiin n'attendait rien. Elle était habituée aux compliments doucereux de Qakan lorsqu'il avait besoin de quelque chose, à son prompt mépris dès qu'il était satisfait.

Tout cela n'avait aucune importance. Désormais, elle était une épouse, et peut-être serait-elle bientôt une mère. Que Qakan agisse à sa guise.

Elle souleva l'ik et le poussa dans l'eau jusqu'à ce que les vagues lèchent le bas de son suk. Puis elle grimpa dans l'embarcation et commença à pagayer. Une fois que le courant eut attrapé l'ik, Kiin se servit de sa pagaie pour le diriger vers les rochers. Elle nouait une ligne à un hameçon lorsqu'elle remarqua unc multitude de chitons luisant sur les rochers à fleur d'eau. Elle se pencha et, sortant son couteau de femme de la pochette accrochée à sa taille, elle utilisa le plat de la lame pour les détacher.

Elle travailla jusqu'à obtenir une pile entière de chitons, longs comme la main, leur coquille foncée ourlée comme de petits toits d'ulaq. Puis, à l'aide de sa pagaie, elle repoussa l'ik des rochers. Pourquoi se donner le mal de pêcher ? Les chitons feraient à eux seuls un repas de fête.

Il lui faudrait pagayer dur pour regagner la plage. Le courant l'éloignait de la crique, mais elle était habituée; ses bras et son dos étaient solides. Elle avait donné quelques bons coups de rame lorsqu'elle entendit qu'on l'appelait et, levant les yeux, remarqua un ik.

Elle pagaya de nouveau, maintenant son ik immobile dans le courant, puis fit un signe de la main. C'était Qakan. Il n'y avait que lui pour peindre son bateau de façon aussi laide avec des couleurs criardes de marchand.

Elle laissa le courant la ramener vers les rochers puis son ik dériver jusqu'à un endroit tranquille entre deux roches. Rien qu'un jour, rien qu'un jour seul en mer avait été suffisant pour Qakan. Kiin n'était pas surprise. Il ne serait jamais un homme. C'était lui qui vivrait pour le restant de ses jours dans l'ulaq de son père.

Quand il fut suffisamment proche, elle l'appela :

— Je croyais que tu voulais être commerçant.

Qakan haussa les épaules et rapprocha son ik de celui de sa sœur.

— Ce fut une mauvaise nuit, dit-il de cette voix geignarde et haut perchée à laquelle Kiin était habituée. Il y avait des esprits sur la plage où j'ai accosté.

Kiin hocha la tête. Elle était quasi certaine qu'il avait passé la nuit sur le côté ouest de l'île Tugix. Les Premiers Hommes y possédaient un campement, et même un petit ulaq. Les ours marins s'arrêtaient sur cette plage quand ils remontaient de la mer du sud vers le nord.

Ce n'était pas un lieu si affreux. Toute jeune fille, Kiin s'y était rendue une fois. Elle avait volé l'ik de Nez Crochu et pagayé jusqu'à la crique, décidée à y vivre à l'écart de son père. Kayugh l'y avait trouvée le lendemain et l'avait ramenée chez elle, mais la nuit n'avait pas été terrible. Il n'y avait pas d'esprits.

Qakan baissa les yeux, évitant son regard et, pour un instant, Kiin eut pitié de son dépit. Ce devait être épouvantable d'être aussi paresseux et peureux que Qakan.

— J'ai ramassé beaucoup de chitons, lança-t-elle. As-tu un panier que je puisse en rapporter à notre mère ?

Il fit signe que oui et lui tendit un de ses propres

paniers, décoré avec des boucles jaunes faites de duvet de macareux. Elle voulait le lui rendre et en demander un moins beau, mais son esprit murmura : « Pourquoi ajouter à sa douleur ? » Si bien qu'elle prit le panier qu'elle remplit.

Kiin avait les yeux baissés et ne vit pas Qakan brandir sa pagaie au-dessus d'elle, elle ne leva la tête que lorsqu'elle entendit le sifflement de la rame dans l'air.

La rame la frappa à la tempe gauche, déchira sa peau et l'envoya heurter le fond de l'ik. Elle regarda un instant Qakan, ne lut aucune honte dans ses yeux, aucune peur. Lentement, elle obligea ses lèvres à prononcer un seul mot :

— Pourquoi ?

Mais Qakan se contenta de rire. Alors, le ciel vira au rouge et l'océan au noir. Kiin ne vit plus rien.

20

La douleur réveilla Kiin. Sa tête lui faisait mal et son dos lui donnait l'impression d'avoir été battue ou fouettée jusqu'à ce que la peau éclate à vif. Son ventre était lourd de douleur, comme si elle avait envie de vomir et, lorsqu'elle voulut ouvrir les yeux, elle en fut incapable.

Je suis dans l'ik, se dit-elle en sentant l'eau battre sur ses flancs. Puis vint la peur, aussi violente et tranchante que sa douleur. Si elle était dans l'ik, alors les courants l'avaient emportée loin à l'intérieur des mers. Elle devait trouver la pagaie. Elle saisit les bords de l'embarcation et s'assit péniblement. La douleur s'installa sous son ventre et elle sentit un flot de chaleur entre ses jambes. Elle ouvrit les yeux. Elle vit tout en double, quatre jambes, deux croisées au centre, et du sang partout. Elle referma les paupières.

Non, pensa-t-elle. Ce n'est pas le temps que je saigne. C'est encore la nouvelle lune.

À cet instant, une voix parvint au-dessus d'elle, une voix et un rire.

— Amgigh ne te voudra plus, maintenant. Samig non plus. J'ai repris ton âme, Kiin.

Kiin ne cilla pas, mais son esprit bougea en elle. Brusquement, Kiin sut que Qakan l'avait prise comme un homme prend une femme. L'avait prise dans la colère et avec une grande force, et l'avait déchirée.

Lentement, très lentement, elle se rallongea. Elle croisa les bras sur sa poitrine. Que le sang coule. Qu'il tache l'ik de Qakan, qu'il lui apporte la malédiction du sang de la femme. Quelle importance ?

— Je vais t'utiliser comme monnaie d'échange, dit Qakan. Tu m'apporteras un bon prix. Tu crois qu'Amgigh viendra te chercher ? lança-t-il en riant. Détrompe-toi. Tout le monde te croit morte. Même si Amgigh te retrouvait, il ne voudrait plus de toi. Tu es salie, comme de la viande avariée.

Kiin ouvrit les yeux, bougea la tête afin de voir Qakan. Son gros visage gras était flou. Le sang s'écoulait toujours des blessures de Kiin et elle frémit à la pensée de Qakan sur elle, se poussant en elle, laissant son liquide, l'épais lait blanc brûlant comme du jus d'ugyuun. Mais il n'avait pas volé son esprit. Son esprit était fort en elle et s'agitait de rage. Kiin ferma les yeux, serra les lèvres et se boucha les oreilles pour l'empêcher de sortir. Elle ne le laisserait pas s'échapper. Elle le garderait à l'intérieur, et si pour l'instant elle n'était pas assez forte pour lutter contre Qakan, sa tête s'éclaircirait bientôt, et alors, elle se battrait. Elle ne permettrait jamais à Qakan de la marchander. Elle le tuerait avant.

Qakan regarda sa sœur et ricana. Elle gisait au

fond de l'ik, jambes relevées, mains sur les oreilles. Qakan plongea sa pagaie dans l'eau et fit avancer l'embarcation à coups forts et lisses, sans cesser son rire mauvais. Il était un homme, désormais, il venait de le prouver. Plein d'orgueil, il sentit sa partie d'homme gonfler de nouveau. Oui, il était un homme, autant qu'Amgigh, plus que Samig. Samig avait-il jamais pris une femme ? Peut-être maintenant, parmi les Chasseurs de Baleines, avait-il été dans le lit d'une femme, qui pouvait dire ? Mais les femmes Chasseurs de Baleines étaient laides, et ressemblaient plus à des hommes qu'à des femmes.

Qakan tira sa pagaie et la brandit au-dessus de la tête de Kiin. L'eau dégoulina sur le visage de Kiin et le long de son cou. Elle frémit mais garda les mains collées aux oreilles. Qakan glissa la rame sous son bras et essaya de libérer son oreille, mais Kiin était forte, plus que Qakan ne l'aurait pensé. Qakan leva la pagaie. Il allait la battre encore. Il voulait l'effrayer. Mais il s'arrêta. Non, il avait besoin d'elle pour pagayer demain et pourquoi la meurtrir davantage ? La blessure sur son front laisserait une cicatrice et elle en avait déjà dans le dos à la suite des raclées de son père. Qakan devait raisonner en commerçant. Kiin était plus précieuse sans cicatrice. Sans compter qu'elle avait déjà peur de lui. Elle avait bouché ses oreilles juste pour se protéger de sa voix.

— Tu n'es rien, Kiin.

Il répéta ces mots jusqu'à ce qu'ils rebondissent et reviennent des falaises, des épaisses rivières de glace qui couraient depuis les montagnes vers la mer du Nord.

— Rien, rien, rien...

21

Amgigh attendait que Kiin le guette depuis l'ulaq, comme toute épouse espérant le retour de son mari est censée faire. C'était le soir, et il n'aurait pas à s'asseoir longtemps dans l'ulaq avant de pouvoir gagner sa couche et inviter Kiin à le suivre. Là, il lui demanderait de frotter ses épaules meurtries.

Il sentait déjà ses doigts sur lui, la fatigue de ses muscles passer de son corps dans les petites mains vigoureuses de sa femme. Puis il l'attirerait à lui, la caresserait, serait prêt à la prendre...

C'était bon d'être un homme. D'avoir une femme.

Il poussa sa pagaie dans l'eau avec vigueur et songea aux Chasseurs de Baleines. Son père et lui avaient passé deux jours avec eux, échangeant contre de l'huile de baleine et des peaux de loutre pour Kiin, mais ces deux jours avaient été pénibles. Les jeunes femmes Chasseurs de Baleines étaient hardies, toujours à ses basques, à rire sottement, battre des cils, alors que le grand-père Nombreuses Baleines et sa femme, Épouse Dodue, l'avaient traité en gamin, pas en homme. Ils ne lui avaient même pas offert le réconfort d'une femme pour la nuit ; on avait donné à Samig et lui une seule couche à partager, comme s'ils étaient des enfants.

Les falaises s'éloignèrent peu à peu du rivage, s'ouvrant en une large crique peu profonde qui était la plage des Premiers Hommes. Amgigh jeta un coup d'œil en arrière à son père. Il n'était qu'à une longueur d'ikyak derrière lui.

Il y avait quelqu'un sur la plage, Longues Dents et deux femmes. Kiin ? Non, c'était la mère d'Amgigh. Nez Crochu était derrière elle. Où était Kiin ?

Il balaya la plage du regard, puis les toits d'ulaq. Elle savait qu'il devait rentrer aujourd'hui ou demain. Serait-elle partie dans les collines ramasser des racines, dans les falaises appâter des oiseaux ? N'était-elle pas meilleure épouse que cela ?

Rageur, Amgigh poussa son ikyak sur le bord, libéra la jupe et sauta sur la plage. Il s'empara de son bateau, puis sentit une main sur son épaule. C'était Oiseau Gris. L'homme avait noirci son visage de charbon, signe de deuil, et Amgigh sentit le soudain tremblement de son cœur qui bondit hors de sa poitrine pour aller se nicher haut dans sa gorge.

— Kiin ? demanda-t-il d'une voix étouffée, le cœur au bord des lèvres.

Puis Kayugh fut près de lui, la main un moment sur l'autre épaule d'Amgigh.

— Elle est morte ? murmura Kayugh.

Oiseau Gris hocha la tête.

— Nous avons découvert son ik dans le varech. Il y avait un trou dans le fond.

— Vous n'avez pas trouvé son corps ? demanda Kayugh.

— Non, répondit-il en levant les yeux vers la mer. Elle est avec les esprits marins. Peut-être guidera-t-elle les phoques vers ton harpon, ajouta-t-il pour Amgigh.

Amgigh ne put répondre, ne put ressentir autre chose qu'un vide écœurant dans son ventre, un profond émoi. Il regarda sa mère, dans le fol espoir qu'elle lui dirait qu'Oiseau Gris se trompait. Kiin était sûrement vivante. C'est alors qu'il remarqua qu'elle aussi avait noirci son visage de cendres et qu'elle avait coupé une partie de sa chevelure pour qu'elle retombe en frange sur son front.

Il tira le couteau de son fourreau de poignet et, regardant vers la mer, se lacéra le visage, s'entaillant la joue jusqu'à l'os. Il essuya la lame dans le sable puis avança dans l'eau et s'aspergea le visage. Le sel brûla sa blessure.

— C'était une bonne épouse, murmura Amgigh ne s'adressant à personne, s'adressant à chacun, s'adressant aux esprits. Elle emporte une partie de mon âme dans la mer, avec elle.

Oiseau Gris attendit deux jours. Il observa Amgigh, il l'observa passer du chagrin à la colère, puis au chagrin.

Tôt le matin du troisième jour, Oiseau Gris s'arracha à son lit, à la stupéfaction de sa femme peu habituée à le voir se lever à pareille heure. Coquille Bleue, les cheveux emmêlés coupés court et les bras et les jambes striés des zébrures qu'elle s'était faites en signe de deuil, n'avait pas encore préparé la nourriture.

— À manger, femme ! grogna Oiseau Gris.

Il se nourrit rapidement puis lui dit :

— J'ai pris un nouveau nom. Tu m'appelleras Waxtal.

Coquille Bleue leva sur lui de grands yeux étonnés et attendit une explication. Mais pourquoi lui en donnerait-il ? Avait-elle besoin de savoir ? Les femmes étaient des bavardes qui murmuraient des secrets aux petits esprits tracassiers. Peut-être que, lorsque des marchands viendraient dans son ulaq, il leur raconterait l'histoire de sa fille, de son avidité, et comment il l'avait laissée vivre. Puis il raconterait comment les esprits de l'eau l'avaient prise. Et les marchands n'auraient besoin d'aucune explication. Ils sauraient pourquoi on l'appelait Waxtal. N'avait-il pas pitié de sa fille, en dépit de sa rapacité ?

Oiseau Gris se leva, enfila son parka et grimpa hors de l'ulaq. Amgigh était sur la plage, comme chaque matin depuis son retour de chez les Chasseurs de Baleines. Il était assis près de son ikyak, une vessie de lion de mer remplie d'huile de phoque sur les genoux, mais ses mains étaient immobiles. Seuls ses yeux se déplaçaient sur la surface de l'eau.

Oiseau Gris s'assit de l'autre côté de l'ikyak d'Amgigh. Ce dernier leva enfin les yeux sur Oiseau Gris, secouant la tête comme pour s'éclaircir les idées, et demanda :

— Qakan — il est parti commercer avec les Chasseurs de Morses ?

Oiseau Gris haussa les épaules :

— Possible. Peut-être seulement avec les autres villages des Premiers Hommes.

— Mon couteau a disparu, dit Amgigh. Tous mes couteaux.

Oiseau Gris attendit, sans un mot.

— Je crois que Qakan les a pris.

Oiseau Gris haussa de nouveau les épaules.

— Il avait un paquet de tes couteaux, trois à lames courtes, deux à lames longues.

— Oui, je lui ai demandé de les troquer pour moi, mais mes couteaux ont tous disparu, ainsi qu'un couteau particulier en obsidienne, à longue lame. J'en avais fait deux, un pour Samig et un pour moi.

— Si tu ne les lui as pas donnés, Qakan ne les aurait pas pris. Peut-être ta mère les a-t-elle mis dans un endroit spécial ; ou Kiin, avant de mourir... Tu chasses, aujourd'hui ? s'enquit Oiseau Gris après s'être éclairci la gorge.

— Peut-être. Si mon père désire chasser.

— Je chasserai avec toi, sinon.

— Peut-être, Oiseau Gris, je ne suis pas sûr...

Oiseau Gris toussota et se racla de nouveau la gorge.

— J'ai pris un nouveau nom.

Amgigh le regarda, détachant pour la première fois son regard de la mer.

— Afin d'honorer ma fille.

— Tu ne l'as jamais honorée de son vivant, rétorqua Amgigh.

Oiseau Gris perçut l'amertume de ces paroles.

— Je l'ai laissée vivre. Je l'ai laissée prendre à son frère le pouvoir dont elle avait besoin pour sa vie. Maintenant, c'est un marchand au lieu d'un chasseur comme lui et moi l'aurions voulu.

Amgigh rentra les épaules comme pour se protéger des paroles d'Oiseau Gris.

— Quel est ton nouveau nom ? s'enquit-il.

— Waxtal.

Amgigh émit un grognement.

— Tu es le premier à savoir, remarqua Oiseau Gris.

Ils demeurèrent un moment sans parler. Puis Oiseau Gris demanda :

— Et Samig, est-ce qu'il va changer de nom ?

— Je ne sais pas. Peut-être les Chasseurs de Baleines auront-ils un nouveau nom pour lui. S'il prend une baleine.

— C'est un bon chasseur, un homme vigoureux, nota Oiseau Gris. Tu penses qu'il nous reviendra ou qu'il restera avec les Chasseurs de Baleines ?

— Je pense qu'il reviendra. Il a promis de m'apprendre à chasser la baleine en échange de nuits avec ma femme.

— Mais tu n'as pas de femme.

Amgigh haussa les épaules.

— Il ne le saura pas avant son retour. D'ailleurs, il a également promis à mon père de lui apprendre à chasser la baleine. Un homme tient toujours les promesses faites à son père.

— Et tu crois qu'il ne sait pas ?

— Ne sait pas quoi ?

— Que Kayugh n'est pas son vrai père ?

Amgigh se retourna, ses yeux comme deux fentes noires, la bouche mince comme une lame de couteau.

— Tu ne savais pas ? fit Oiseau Gris dont le cœur bondit de joie dans sa poitrine.

— Non, répondit Amgigh après un silence.

— Mais savais-tu que Chagak n'était pas ta mère ?

Amgigh écarquilla les yeux.

— Si tu ne me crois pas, demande-le-lui. Demande à ton père.

— Kayugh est mon père.

— Oui, et Chagak est la mère de Samig.

— Et Baie Rouge ?

— Elle est la fille de Kayugh et la fille de ta vraie mère, qui est morte peu après ta naissance.

— Ils auraient dû nous dire. Ç'aurait été plus facile de comprendre pourquoi Nombreuses Baleines voulait Samig et pas moi.

— Ils auraient dû vous dire, approuva Oiseau Gris. Mais peut-être craignaient-ils que le vrai père de Samig ou ta vraie mère reviennent des Lumières Dansantes, s'installent dans l'ulaq de Kayugh et utilisent leurs pouvoirs pour nuire aux enfants qui n'étaient pas les leurs.

— Oui.

— Maintenant, tu comprends pourquoi ton père a choisi une épouse pour toi avant d'en choisir une pour Samig.

— Oui.

— Et Kiin a été une bonne épouse pour toi.

Amgigh mordit sa lèvre inférieure puis, prenant un bout de bois flotté, commença à dessiner sur le sable.

— Qui est le père de Samig ? demanda-t-il enfin.

Une fois de plus, Oiseau Gris haussa les épaules.

— Chagak prétend que c'est le fils de Shuganan. Mais je me suis souvent posé la question. Shuganan était grand et mince ; Chagak n'est pas grande, mais elle a une ossature longue et fine. Samig a des os lourds et des muscles épais. Il ne ressemble pas aux Premiers Hommes.

— Mais la femme de Shuganan était une Chasseur de Baleines, ainsi que la mère de ma — de Chagak. Les Chasseurs de Baleines sont plus lourds avec des muscles épais.

— Oui, concéda Oiseau Gris. Mais ils sont grands.

— À qui d'autre pourrait appartenir Samig ? Pas à Longues Dents.

— Non, dit Oiseau Gris qui se leva et ajusta son parka. Peut-être devrais-tu demander à Chagak.

Il prit la vessie d'huile sur les genoux du jeune homme et commença à enduire les coutures de l'ikyak d'Amgigh.

22

Pendant deux jours, Kiin resta prostrée au fond de l'ik de son frère. Le balancement du bateau lui donnait mal à la tête et, quand Qakan la forçait à boire un peu d'eau, à avaler une bouchée de nourriture, elle vomissait.

Elle n'essayait pas de l'aider à dresser un campement, à cuire de la nourriture ou à arranger les couvertures. Elle restait dans l'ik, dormant la plupart du temps. Mais lorsqu'elle était éveillée, elle échafaudait des plans. Chaque jour, sa tête lui faisait un peu moins mal. Bientôt, elle serait de nouveau forte, plus forte que Qakan. Et qui pouvait dire ? Peut-être un esprit grand-mère avait-il vu ce que Qakan avait osé ? Peut-être qu'un esprit grand-mère aiderait Kiin à s'échapper.

Le troisième jour, tandis que Qakan poussait maladroitement l'esquif depuis la plage où ils avaient passé la nuit, il lâcha :

— Tu vas mourir.

Kiin ne dit rien, gardant les yeux clos pour se protéger de la lumière de ce nouveau jour. Mais si elle se tut, elle entendit son esprit parler — les mots étaient clairs : « Non, Kiin ne mourra pas. C'est toi qui vas mourir, Qakan. »

Kiin sentit l'ik faire un rebond lorsque son frère s'installa sur son siège rembourré de peau de phoque.

— Dommage que tu meures sans âme, ajouta Qakan.

Kiin entrouvrit les yeux en une fente qu'elle espéra imperceptible. Son frère la regardait. Son visage était sale, son parka de peau d'oiseau déchiré à l'épaule, ses cheveux ternes et emmêlés. Il avait l'air d'un gamin qui ne savait pas grand-chose et sur qui on aurait facilement le dessus. Kiin sentit son esprit gonfler dans sa poitrine, sentit la force revenir dans ses bras et ses jambes et comprit que ce qu'elle voyait maintenant était vrai, ce n'étaient plus de fausses images qui doublaient ou triplaient chaque rocher, chaque brin d'herbe.

— Ainsi, tu mourras sans âme et tu erreras, poursuivit Qakan. Tu n'iras pas dans les Lumières Dansantes et tu ne reverras jamais Samig.

Le cœur de Kiin cogna violemment. Pourquoi parler de Samig alors que c'était Amgigh son mari ? Pourquoi ses sentiments pour Samig se voyaient-ils si clairement que même Qakan savait ?

— Mon-mon mari est Am-Amgigh, dit-elle d'une voix rauque après des jours de silence.

À travers la frange de ses cils, Kiin s'aperçut qu'il souriait, de ce sourire qu'il arborait avant de la frapper ou de raconter à son père des mensonges sur son compte.

— Ainsi, tu es vivante, dit Qakan.

Kiin remua doucement la tête et ouvrit grand les yeux pour fixer du regard le ciel gris au-dessus d'eux. Oui, elle était plus forte, et sa tête lui faisait mal uniquement parce que Qakan l'avait frappée. Et cette douleur était tendre comme un bleu à côté du mal profond qui l'entraînait dans des rêves atroces et faisait résonner la voix de Qakan comme la plainte stridente du vent.

— Je t'ai emmenée pour que tu m'aides à pagayer, à attraper du poisson et à préparer la nourriture, reprit Qakan. Je ne pensais pas que j'aurais à m'occuper de toi comme si tu étais un bébé.

— Amgigh vien-viendra me-me-me chercher, assura Kiin.

Elle se redressa lentement et grinça des dents lorsque le ciel et l'ik se mirent à tourbillonner.

— Au-aujourd'hui ou de-de-demain, ajouta-t-elle, il nous trouvera et il te-te tuera pour me-m'avoir emmenée.

Qakan hurla de rire. C'était un rire semblable à celui de son père, un rire qui partait de la gorge et s'élevait en arc jusqu'à une note aiguë comme l'appel d'un guillemot. La graisse trembla sous le menton de Qakan et son ventre tremblota sous son parka.

Qakan, un marchand, songea Kiin. Qui voudrait traiter avec lui ?

Mais son esprit murmura : « Bien des hommes voudront troquer avec lui. Qakan est un gamin facile à berner. Il emportera des peaux de phoque et reviendra avec des peaux de lemming. »

— Amgigh ne nous suivra pas, rétorqua Qakan. Il te croit morte.

Kiin s'assit sur son séant et vit la vérité dans les yeux de son frère.

— J'ai fait un trou dans le fond de l'ik de notre mère et je l'ai coincé entre des rochers près des falaises du sud. Tout le village est persuadé que les esprits de l'eau t'ont prise.

— Je-je vais envoyer mon es-mon esprit à Amgigh pendant ses rêves et il... et il saura la vérité.

— Tu n'as pas d'esprit, cracha Qakan. Tout le monde au village te croit morte. Ton esprit a eu peur de rester dans un corps mort. Il t'a quittée pendant ton sommeil. Il est parti sans toi pour les Lumières Dansantes.

Kiin sourit, elle faillit même rire. Pourtant, elle ne répondit pas à la sottise de Qakan, qui inclina la tête de côté et dévisagea sa sœur.

— Tu crois que je t'ai emmenée avec moi seulement pour coudre mon parka et me préparer à manger ? Non. Quand nous arriverons au village des Chasseurs de Morses, je te vendrai.

Kiin ne se départit pas de son sourire, mais une part de la colère qui grandissait en elle se mua soudain en peur. Oui, elle rapporterait un bon prix, sinon comme femme, du moins comme esclave. Or les marchands affirmaient que certains Hommes Morses possédaient des esclaves.

— Ils-ils ne vou-voudront pas d'une femme sans

âme, objecta-t-elle, laissant la moquerie de son esprit transpercer dans ses yeux.

— Je ne le leur dirai pas.

Il la regarda comme si elle était une enfant, comme s'il la morigénait.

— Et tu ferais bien de t'en garder. Mieux vaudrait pour toi être une épouse qu'une esclave.

— Alors je-je deviendrai une-une épouse, dit Kiin. Et un jour, je de-de-demanderai à rendre visite à mon peuple, à re-retourner au village. Je ra-raconterai à notre père et à mon mari ce que tu as fait. Peut-être que lui ou Am-Amgigh te tuera. Ou bien Ka-Kayugh.

Qakan haussa les épaules. Il plongea sa pagaie dans l'eau et rétorqua :

— Notre père est déjà au courant. Et Amgigh trouvera une autre épouse, meilleure que toi, il ne voudra pas te reprendre.

Kiin grinça des dents de colère. Bien sûr que son père savait. Sinon, comment Qakan aurait-il pu se procurer les fourrures et les peaux, l'huile de voyage ? Il sait que Qakan va me négocier chez les Chasseurs de Morses, se dit-elle, mais sait-il que Qakan s'est forcé en moi, qu'il s'est servi de moi comme d'une épouse ?

— Il-il sait que tu t'es maudit, toi et ton commerce, en usant de ta propre sœur comme de-d'une épouse ?

Elle ricana en voyant le visage de Qakan se colorer de rouge.

— J'obtiendrai davantage de toi si tu portes un enfant, lâcha Qakan d'une voix basse.

Kiin se pencha vers lui. La fureur fit sortir les mots nets et clairs, comme si c'était son esprit qui parlait :

— Et tu crois que tu vas me donner cet enfant ? Tu crois qu'Amgigh n'a pas déjà mis un enfant dans mon ventre ? Tu n'obtiendras rien. Tu as attiré la malédiction sur toi et sur cet ik. Tu vois le sang au fond. C'est mon sang. Du sang de femme. Si tu conduis cet ik loin en mer, les animaux marins eux-mêmes y feront un trou et nous nous noierons tous les deux.

Qakan rentra les épaules pour se protéger de ses paroles.

— Si je suis maudit, alors tu es deux fois maudite. Si tu rentres auprès de notre peuple et que tu leur dis ce qui s'est passé, tu crois vraiment qu'Amgigh voudra de toi ? Tu crois qu'un chasseur Morse voudra de toi ? Ne me parle pas de malédictions. Je suis un marchand. J'ai trop de pouvoir pour être maudit par ce qui arrive à une femme. C'est la femme qui porte la malédiction. Elle a déjà pris ton âme.

— Tu te trompes, Qakan. J'ai toujours mon âme. Je la sens, forte, là, dit-elle en pressant le poing sur sa poitrine.

Qakan sourit.

— Admettons. Ton âme y est peut-être encore. Il faut du temps à une âme pour quitter quelqu'un qui vit encore, mais elle est déjà plus petite. Peut-être que chaque fois que tu parles, une petite parcelle de ton âme s'échappe avec tes mots et est emportée par le vent vers les Lumières Dansantes.

Sur quoi, une grosse vague se projeta contre l'ik, le poussant vers un rocher saillant. Qakan retint son souffle et rama, hurlant à Kiin de l'aider. Elle saisit la pagaie au fond de l'ik et la maintint contre le rocher. Le choc fit grincer le bois. Malgré sa faiblesse, Kiin immobilisa la pagaie, poussant de toutes ses forces tandis que Qakan faisait avancer l'embarcation à longs et profonds coups de rame.

Enfin, la vague les dépassa. Kiin la regarda écumer sur la plage, affaiblie au contact du sable noir, sifflant en roulant vers la mer.

— Garde la pagaie, ordonna Qakan. Nous irons plus vite si tu m'aides.

Kiin serra les mains sur le manche lisse. Ses yeux glissèrent jusqu'à la rame.

« Prends-le maintenant, murmura l'esprit de Kiin. Tout de suite. Il est fatigué et tu as retrouvé ta force. »

— Je-je ne pagaierai que si tu tournes l'ik en direction de notre île, dit Kiin.

Qakan sortit la pagaie de l'eau et la brandit, menaçant.

Relevant le menton pour désigner la blessure à la tempe de Kiin, il ricana :

— Aurais-tu déjà oublié ce que je peux faire avec une pagaie ?

Le bois froid contre ses mains, Kiin regarda les doigts lisses et potelés de son frère et n'éprouva aucune crainte. Mais elle recula et sortit sa propre rame de l'eau pour se protéger de Qakan.

Qakan rejeta la tête en arrière et éclata de rire.

Kiin attendit que Qakan rie à en fermer les yeux. Alors, Kiin empoigna sa pagaie comme un chasseur sa lance et la ficha dans le ventre mou de Qakan. Le coup rejeta Qakan en arrière et il lâcha sa pagaie. Kiin plongea en avant, saisit la pagaie de son frère qu'elle lança sur lui mais, cette fois, Qakan s'en empara avant d'être touché. Kiin fut ahurie de la force avec laquelle les mains de son frère maintenaient la pagaie.

Il doit avoir l'aide d'un esprit, songea Kiin, mais quel esprit aiderait Qakan ?

Elle tenta de tordre la pagaie pour lui faire lâcher prise, mais ne réussit qu'à faire tournoyer l'ik sur lui-même. La proue ne faisait plus face à la mer, les vagues claquaient contre le flanc et l'eau entrait d'un côté.

— Kiin, arrête ! hurla Qakan. Nous allons nous noyer. L'ik... regarde...

« Quelle importance ? murmura l'esprit de Kiin. Même un enfant regagnerait la rive. »

Kiin tira violemment la pagaie vers elle et la relâcha si brusquement que la lame s'écrasa sur la bouche de Qakan. Elle sauta en avant et atterrit, un genou sur l'estomac de Qakan, l'autre sur son bas-ventre. Qakan gémit. Il lâcha la pagaie. Mais, d'une main, il saisit les cheveux de Kiin et, avant qu'elle ne puisse se dégager, il l'entourait de son bras, serrant son visage contre sa poitrine. Il comprima sa cage thoracique jusqu'à lui couper le souffle, jusqu'à ce que son cœur n'eût plus la place de battre. Il glissa sa main vers sa gorge, appuya sur sa trachée. Les poumons de Kiin la brûlaient, tant elle avait besoin de respirer, ses yeux s'assombrirent, tout devenait gris, tout tremblait.

Kiin inspira longuement.

— Frappe-moi, dit-elle d'une voix rauque. Les-les Chasseurs de Morses te-te donneront un bon prix pour une-f-f-femme pleine de cicatrices au visage.

Qakan grimaça. Des bulles de sang apparurent entre ses dents.

— Tu es stupide, Kiin, siffla-t-il tout en crachotant de la salive et du sang.

Kiin essaya de détourner les yeux, mais Qakan lui tira les cheveux afin de lui relever la tête qu'il projeta contre les montants de bois de l'ik. La douleur éclata à l'arrière du crâne de Kiin. Une fois encore, toutes les choses furent doubles et floues.

— Pourquoi lutter ? Amgigh ne voudra plus de toi. Pareil pour Samig. De plus, voudrais-tu maudire Amgigh en étant sa femme après avoir couché avec ton propre frère ?

Ses mots firent leur chemin dans la tête de Kiin et elle eut le cœur lourd.

Qakan avait raison. Elle portait malheur. Pourrait-elle vivre avec Amgigh ou Samig et prendre le risque que la malédiction s'étende sur eux ?

La conscience de ce malheur s'abattit sur Kiin, la vida de toute substance, laissant son âme effritée, comme une coquille d'œuf, ne contenant que son souffle et des mots brisés.

23

Elles ne cessaient de l'observer. Leurs gloussements éloignèrent ses pensées de son travail et son couteau glissa, entaillant un autre morceau de bois. Samig ferma les yeux et creusa le dos pour soulager la tension de ses épaules. Son grand-père lui avait donné une vieille carcasse d'ikyak pour qu'il puisse se faire son propre bateau, correctement, avait précisé son grand-père, à la façon des Chasseurs de Baleines, un ikyak que les animaux marins respecteraient.

Samig tentait d'oublier l'homme qui avait possédé en premier cette carcasse d'ikyak, le chasseur qui avait confectionné la quille jointoyée, les plats-bords et les poutres de pont. Sur ce plan-là, il avait été très habile. L'armature était solide, les joints parfaitement ajustés. Pourtant, Samig ne pouvait s'empêcher de se demander si l'homme avait été bon chasseur, ou s'il avait maudit son ikyak par sa paresse et son manque de respect.

Presque toute l'armature était encore en bon état, même aux endroits où les poutres de pont étaient arrimées aux plats-bords. Les Chasseurs de Baleines ligaturaient joint à joint au moyen de fanons de baleines, et là où le bois frottait contre le bois, ils inséraient dans l'armature des plaquettes de dent d'ivoire.

— Tu vois, lui avait dit son grand-père en poussant une pièce de bois à l'aide d'un ongle, l'eau ramollit le bois et l'effrite. L'ivoire empêche la fatigue du bois.

La veille, Samig avait peint les morceaux de carcasse d'ocre, de rouge sang, mêlé à une pâte étalée ensuite avec une peau de phoque à poils durs. L'ocre protégeait le bois de la pourriture due à l'humidité et de l'attaque du sel de mer.

L'armature en bois d'un ikyak de Chasseur de

Baleines, lui avait expliqué Nombreuses Baleines, est comparable aux os d'une baleine, assemblés de façon à pouvoir bouger dans la mer, à se conformer au mouvement des vagues, à se courber avec la forte houle. Les ikyan des Premiers Hommes étaient de piètre facture, prétendait-il ; ils étaient raides et peu commodes.

Les paroles de Nombreuses Baleines s'étaient fichées dans la poitrine de Samig comme des échardes, et frottaient contre son cœur chaque fois qu'il respirait. Alors, Samig se dit que, si un garçon Chasseur de Baleines se rendait chez les Premiers Hommes pour apprendre à chasser le lion de mer, il lui faudrait peut-être apprendre à se servir de leurs ikyan. Il lui faudrait sans aucun doute abandonner sa grande lance peu commode pour utiliser leur harpon barbelé à l'équilibre délicat.

Samig glissa l'extrémité d'une poutre de pont incurvée dans son réceptacle du plat-bord. Parfait, songea Samig. Bien ajusté mais pas trop serré afin que l'articulation ne claque pas si une vague courbe l'ikyak.

Épouse Dodue avait accepté de coudre les peaux de lion de mer que Samig avait coupées pour recouvrir l'ensemble. Une fois l'ikyak achevé, Samig pourrait se débarrasser des jeunes filles au moins pour un temps, même si Nombreuses Baleines ne l'autorisait pas à s'aventurer hors de vue de la plage.

Il contempla avec nostalgie l'ikyak qui l'avait amené depuis son village. Il gisait au-dessus de la ligne de marée, construit à la manière des Premiers Hommes, sans faîtage supérieur ni contre-quille assemblée. Il pourrait le prendre, maintenant, retourner dans son village, avec son peuple. Retourner à Kiin et à sa mère, à sa petite sœur Mésange. Mais alors, il décevrait Kayugh et Amgigh. S'il voulait aider son peuple, il devait appartenir aux Chasseurs de Baleines. Et, pour cette année au moins, il devait contenter Nombreuses Baleines et même Épouse Dodue.

Cela aurait été plus facile si Épouse Dodue ressemblait davantage à sa propre mère. Il aurait alors pu évoquer avec elle les Premiers Hommes, sa famille, son village. Il se serait senti moins seul. Mais Épouse Dodue donnait l'impression de vouloir que Samig oublie son peuple. Elle lui interdisait de s'asseoir à la manière des Premiers Hommes ; de parler comme les Premiers Hommes. Elle avait même insisté pour lui faire un nouveau parka ; pourtant, quand elle l'eut achevé, il n'avait guère trouvé de différence avec celui confectionné par sa mère.

Nombreuses Baleines s'était moqué des harpons de phoque de Samig, de leur fine pointe, de leur hampe en os fin. Mais lorsqu'il avait inspecté le propulseur de Samig, le vieil homme s'était contenté d'un grognement, et Samig avait réprimé un sourire, sachant que cette planche était aussi fine que possible. Elle avait appartenu à son grand-père, Shuganan, puis avait été offerte à Samig parce qu'elle correspondait exactement à l'avant-bras de Samig, depuis la pointe de son doigt le plus long jusqu'au coude.

Le propulseur était une extension du bras de Samig et lui permettait de projeter plus loin une lance ou un harpon. Presque de la largeur de la main de Samig, il possédait un crochet à une des extrémités qui s'articulait sur la hampe de la lance de Samig. La lance était posée dans une rainure de la longueur du propulseur. Samig maintenait une extrémité parallèlement à l'eau, revers contre son épaule. Quand il lançait d'un jet vif et latéral, le propulseur suivait l'arc de son bras tandis que la lance demeurait horizontale, pour finir reliée au propulseur uniquement par le crochet au bout de la planche.

Le propulseur de Samig conférait toujours à la lance une visée franche, et le crochet à l'extrémité ne glissait jamais. Bien des chasseurs plus talentueux que Samig en possédaient de moins parfaites.

— Peut-être est-ce le pouvoir de l'énorme tableau de chasse que ton grand-père a réalisé avec, avait expliqué Kayugh à Samig.

Et c'est cette même explication que Samig fournit à Nombreuses Baleines.

Mais, chaque jour, on laissait Samig sur la plage à observer les jeunes du village partir chasser le lion de mer ou le phoque. Et, tous ces jours, il songeait à ce que Kayugh lui avait dit :

— Fais ce que dit le vieil homme. Montre de l'intérêt pour ses paroles et ses récits, et quand tu n'auras plus rien à apprendre, reviens et explique-nous. Nous deviendrons comme les Chasseurs de Baleines, mais en mieux, car nous sommes déjà meilleurs chasseurs de lions de mer.

Oui, se disait Samig chaque fois que son esprit brûlait du désir de revoir son île, de retourner dans son ulaq, oui, Kayugh t'a traité en vrai fils. À toi d'honorer Kayugh en vrai père. Apprends à chasser la baleine afin de pouvoir lui enseigner à ton tour, à lui et à son fils Amgigh.

Samig posa son couteau sur le sol et inspecta l'ikyak. Il avait noué chaque joint avec des rubans rigides de fanons de baleine, il avait inséré les plaquettes d'ivoire dans leur socle et les avait collées avec du varech en poudre mélangé à son propre sang. Peut-être qu'aujourd'hui Épouse Dodue pourrait commencer à coudre la couverture.

Le murmure des filles s'interrompit lorsque Samig ramassa son couteau et se dirigea vers l'ulaq de Nombreuses Baleines. Il entendit qu'on courait derrière lui. Samig se retourna pour voir à ses trousses celle qu'on appelait Trois Poissons. Ses deux amies dissimulaient leur sourire derrière leurs mains et se serraient l'une contre l'autre, sans rien perdre de la scène.

Trois Poissons était grande et plantureuse comme tous ceux d'ici, et son sourire s'ouvrait sur une mâchoire aux dents cassées. Comment pourrait-elle être une bonne épouse si dès sa jeunesse ses dents étaient rognées et effritées ? Combien de bottes de nageoires de phoque ferait-elle, frisottant les semelles de ses dents, avant qu'elle n'eût plus de dents du tout ?

— Où sont tes amies ? s'enquit Samig auprès de la fille.

Trois Poissons gloussa bêtement et lança un bras en direction des deux autres.

— Elles pensent que tu es un géant et que tu vas les manger, répondit-elle en riant de nouveau.

Samig ne dit mot. Il était sur ses gardes quand il devait s'adresser à une fille du village. Bien qu'il n'eût que peu d'expérience des choses du lit, il savait que les trois filles avaient été prises peu après leur premier sang. Parmi les Chasseurs de Baleines, tout homme excepté le père, le grand-père ou le frère avait le droit de demander ses faveurs, à ceci près qu'une femme mariée ne pouvait être donnée que par son époux. Ces trois-là avaient très envie de partager la couche de Samig, si bien qu'elles passaient un temps fou à le suivre, en agitant leur tablier. Et si Trois Poissons apportait peu de désir au cœur de Samig, les deux autres, Petite Fleur et Panier Moucheté, n'étaient pas laides.

Cependant, au cours de la première journée que Samig avait passée avec les Chasseurs de Baleines, Nombreuses Baleines avait ordonné :

— Pas de promenade nocturne. Marcher la nuit fera pousser l'herbe entre tes orteils et tu seras maudit pour toujours auprès des animaux marins.

Cet étrange avertissement avait laissé Samig pantois. Aussi avait-il demandé à Oiseau Crochu, un jeune homme du village, ce qu'avait voulu dire Nombreuses Baleines.

— Pas de visites, avait répondu Oiseau Crochu avant de partir d'un rire qui avait laissé penser à Samig que Oiseau Crochu ne l'aimait pas. Pas de nuits avec les femmes. Tu n'es pas encore un homme.

Alors Samig comprit que, s'il était un gamin aux yeux de Nombreuses Baleines, il l'était aux yeux de tous. Un homme chassait des baleines, or Samig ne possédait même pas un ikyak digne de ce nom.

Si bien que les gloussements de Trois Poissons étaient curieusement réconfortants, et la pensée venait à Samig chaque fois qu'il l'entendait rire : quelqu'un me voit comme un homme.

Épouse Dodue était assise dans la grande pièce centrale éclairée par des lampes à huile de baleine qui brûlaient plus proprement que celles à huile de phoque des Premiers Hommes.

Samig attendit respectueusement qu'Épouse Dodue remarque sa présence puis, lorsqu'elle le regarda, il s'accroupit pour parler :

— Je suis prêt pour la couverture, grand-mère, dit-il.

— As-tu achevé l'armature ? s'enquit Épouse Dodue.

— Oui.

— Alors assieds-toi, et je te parlerai de ce que m'a dit Nombreuses Baleines. Peut-être te le dira-t-il lui-même, peut-être pas. C'est quelque chose qu'il te faut savoir.

Samig s'installa sur les nattes, jambes croisées selon la coutume des Chasseurs de Baleines. Épouse Dodue posa le panier qu'elle était en train d'achever, et Samig remarqua combien le travail en était grossier comparé à celui de sa mère. L'image de sa mère assise avec un panier renversé sur un pieu alourdit son cœur. Puis Samig ramena ses pensées vers Épouse Dodue, avec ses cheveux graissés tirés serrés en arrière, avec son visage rond et ses petits yeux luisants à la lumière des lampes à huile.

— Nous sommes un grand peuple, commença-t-elle sur un ton litanique désormais coutumier, début de tout projet ou histoire. Tu es plus qu'un garçon, mais pas encore un homme. Dans ce village, pour être un homme, tu dois chasser la baleine. Mais comme tu chasses déjà le phoque, tu n'iras pas avec les garçons qui apprennent lentement au fil des ans.

Elle se pencha pour plonger son regard dans celui de Samig et poursuivit :

— Nombreuses Baleines t'enseignera.

Elle se cala de nouveau et ajusta la natte pliée sur ses genoux avant d'ajouter :

— C'est un grand honneur.

Samig, ne sachant trop ce qu'il devait dire, répondit enfin :

— Oui, grand-mère, c'est un grand honneur.

Épouse Dodue sourit et tendit la main pour tapoter le genou de Samig qui s'obligea à sourire sans un geste de recul. Chez son peuple, toucher était réservé aux épouses d'un homme et à ses enfants. Mais, songea Samig, Épouse Dodue ne voyait pas en lui un homme. Il sentit son visage se colorer, espérant qu'Épouse Dodue ne le remarquerait pas.

Mais elle se pencha de nouveau vers lui, tapotant sa joue :

— Tu ressembles tant à ton grand-père, en plus large, plus fort. Peut-être un jour trouverai-je de quoi les mères Traqueurs de Phoques nourrissent leurs fils pour les rendre aussi vigoureux. Le sais-tu ?

Samig essaya de réfléchir à quelque plante ou animal mangé par son peuple et que n'utilisaient pas les Chasseurs de Baleines, mais en vain. Pour la nourriture, tout paraissait identique.

— Non, dit-il enfin, bien qu'il aurait aimé offrir une meilleure réponse afin de lui plaire. Mais quand je retournerai à mon peuple, je demanderai, ajouta-t-il.

Alors, Épouse Dodue recula vivement, fronça les sourcils et plissa les yeux. Relevant la tête, elle rétorqua :

— Tu n'es plus un Traqueur de Phoques. Tu es

l'un de nous. Nombreuses Baleines a décidé de te donner un nouveau nom — Tueur de Baleines.

Les yeux de Samig s'agrandirent. Tâchant de réprimer le désarroi de sa voix, il s'exprima avec douceur, comme s'il raisonnait en enfant :

— Mon nom est Samig. C'est un nom honoré chez les Premiers Hommes.

— Kayugh t'a donné à nous ! objecta Épouse Dodue.

Elle étudia le visage de Samig avec intensité et Samig se sentit soudain très las. Il se rappela les paroles de sa mère, souvent prononcées lorsque l'ulaq était rempli des clameurs de nombreuses personnes :

— J'ai besoin de parler à la mer.

Et maintenant, il disait ces mêmes mots à Épouse Dodue, mais nota le sourire qu'elle afficha lorsqu'il quitta l'ulaq.

24

Kiin tira un autre brin d'ivraie de sa pile. Chaque jour, une fois que Qakan et elle avaient accosté sur une plage pour la nuit, Kiin œuvrait à ses paniers. Cela l'occupait, cela lui permettait de poser ses yeux ailleurs que sur le visage moqueur de Qakan, de faire fi de ses jérémiades.

Qakan avait apporté l'herbe de l'ulaq de leur père — sans doute volée, songea Kiin, parmi l'herbe séchée que leur mère conservait en couches plates dans un coin de sa chambre. Chaque fois que Kiin touchait l'herbe, douce sous ses doigts, son esprit voyait sa mère tissant des paniers. Mais Kiin chassait au loin ces souvenirs douloureux. Elle était ici, avec Qakan ; elle n'était plus une enfant qui pouvait grimper sur les genoux de sa mère et s'y cacher des peurs de la vie quotidienne.

Elle marquait de rares pauses dans son travail et caressait sa dent de baleine, effleurant parfois le collier que Samig lui avait donné, ou la figurine de Chagak, mais ses doigts retournaient vite aux herbes qu'elle tortillait et tenait d'une main tandis qu'elle faisait des nœuds serrés avec son aiguille à tisser. Elle sourit en songeant à la peur qu'avait Qakan de la statuette, à ce qu'il marmonnait à propos des trocs qu'il pourrait faire avec. Mais qui était assez fou pour toucher une figurine de Shuganan sans la permission de la personne choisie pour en être le propriétaire ? Pas même Qakan ne s'y risquerait.

Kiin achevait le fond arrondi d'un autre panier quand Qakan revint de la plage. C'était une bonne plage, protégée du vent par des falaises, sur un côté, des pentes douces menant aux montagnes, de l'autre côté. Kiin se détourna de Qakan dans l'espoir qu'il se désintéresserait d'elle, mais il courut et lui saisit violemment le bras. Ses yeux luisaient de ce regard qu'elle en était venue à redouter. Elle tenta de se libérer, pour qu'il ne frappe ni son visage ni son ventre.

— J'ai vu une baleine ! C'est un bon signe pour nous, dit-il en lui lâchant le bras.

Il s'inclina, mains sur les genoux, pour reprendre son souffle.

Il est trop gros pour courir à cette allure, pensait Kiin. Puis, quelque chose dans l'esprit de Kiin murmura que la baleine pourrait être quelque message de Samig. Elle pencha donc la tête pour demander :

— Elle-elle est tou-toujours là ?

Qakan hocha la tête et Kiin courait déjà vers la plage quand son frère l'appela :

— Attends-moi, Kiin.

Sa voix traînait, prémices de la colère. Kiin s'arrêta aussitôt.

— Tu verras mieux des falaises, reprit-il.

Kiin fit demi-tour et entreprit d'escalader la pente rocheuse. Elle ne se retourna pas. Elle savait que Qakan ne pouvait soutenir son rythme, se demandant même s'il essaierait de la suivre. Il était trop paresseux pour courir une telle distance.

Une fois en haut, Kiin se protégea les yeux pour mieux voir parmi les vagues.

— Tu ne m'as pas attendu, parvint la voix accusatrice de Qakan, brisée par son souffle bruyant.

Comme elle ne se retournait pas, il demanda :

— Tu la vois ?

— N-n-non.

Mais Kiin ressentait un malaise, quelque chose en elle murmurait un avertissement. Qakan était monté trop vite. Il avait couru, or Qakan détestait courir.

— Je n'ai pas menti. J'ai vu une baleine, dit Qakan d'un ton si étrange que Kiin se retourna.

Qakan était assis sur ses talons. Dans ses yeux, Kiin lut la vérité. Il n'y avait rien. Il la voulait ici, sur les falaises, mais pas pour observer une baleine.

Kiin était en haut d'un rocher étroit et Qakan se trouvait maintenant derrière elle. Elle ne pouvait le contourner.

Elle essaya de garder les yeux posés sur l'eau, mais quelque chose lui fit tourner la tête pour voir ce que tramait Qakan.

Il lui souriait de son sale sourire, si semblable à celui de leur père.

— Je pourrais te pousser et tu mourrais, ricana-t-il.

Kiin trembla et s'éloigna du bord.

— Je-je te ra-rapporterai beaucoup en marchandage, tenta-t-elle, les yeux fixés sur les mains de Qakan, prête à s'écarter s'il s'approchait.

— Les fourrures de Kayugh aussi.

— Je-je t'apporterai davantage, répliqua-t-elle en essayant de se déplacer imperceptiblement.

— Peut-être. Mais rappelle-toi ce que je t'ai dit à propos des Chasseurs de Morses.

Il avait encore le visage rouge d'avoir couru mais il parlait avec aisance, sans avoir besoin de reprendre son souffle.

— Les Hommes Morses confèrent une grande valeur à une femme qui a eu un enfant. Alors tu vois, tu ne vaudras pas grand-chose.

Mais Kiin ne prêta guère attention à ces mots. Elle savait que Qakan ne parlait que pour la distraire.

Il se déplace lentement, songea-t-elle. Je pourrais lui sauter dessus...

Kiin regarda vers la mer et dit :

— A-A-Attends, je crois que je-je vois quelque chose.

Lorsqu'il suivit son regard, Kiin fit volte-face et se mit à courir, mais Qakan plongea et, comme elle sautait pour l'éviter, elle se prit le pied dans un pli du parka de Qakan.

Elle trébucha et son frère la saisit par la cheville, la tirant à lui. Dans sa chute, Kiin eut le souffle coupé et ne put prononcer un mot.

— Tu as peur de moi, Kiin, cracha Qakan en éclatant de rire. Tu crois que je te tuerais ?

Il rampa jusqu'à son côté puis l'enfourcha et s'assit sur sa poitrine, lui coinçant les bras de ses genoux.

Une bourrasque de vent s'éleva du pied des falaises et rabattit les cheveux de Kiin sur ses yeux. Qakan fouilla dans son parka et en tira un couteau d'obsidienne à longue lame. Kiin réprima un cri. Le couteau d'Amgigh, celui qu'il gardait si soigneusement enveloppé dans la cache d'armes de sa couche. Il appartenait à une paire, Kiin le savait. Et Amgigh avait emporté l'autre avec lui chez les Chasseurs de Baleines pour le donner à Samig.

— Tu as les cheveux dans les yeux, observa Qakan. Laisse-moi arranger ça.

Il en saisit une poignée et la coupa à ras.

Kiin respira de nouveau et tenta de se libérer, levant les genoux pour frapper Qakan dans le dos.

— Les-les esprits te-te voient. Ils savent que tu-tu as pris le-le couteau d'Amgigh. Ils-ils voient ce que tu me-me fais. Ils vont te tu-tuer.

Qakan rit du coin de la bouche.

— Pas pour une femme sans âme.

Son corps tout entier se secoua d'un grand rire.

Qakan s'empara alors d'une autre mèche des cheveux de sa sœur, couteau prêt à trancher.

— Cou-coupe mes-mes cheveux, dit Kiin. Ils repousseront. Mais pas-pas avant que nous n'arrivions chez les-les Chasseurs de Morses.

Qakan fronça les sourcils et lâcha prise. Kiin inspira profondément.

— Tu as raison, admit Qakan. Les Hommes Morses aiment les cheveux longs pour leurs femmes.

Il fit glisser le couteau jusqu'au cou de Kiin.

— Tu te rappelles autre chose à propos des Chasseurs de Morses ? Tu te rappelles ?

Il pressa le couteau d'Amgigh contre la peau de Kiin qui sentit la lame aiguisée à la perfection. Elle demeura immobile mais, brusquement, Qakan se releva pour retomber lourdement sur elle. Une fois encore, elle ne put respirer, même lorsque Qakan se pencha en arrière et inséra une main entre ses jambes, ses doigts froids se frayant un chemin dans la chaleur de la partie de femme de Kiin.

Elle se cabra, réussissant presque à se libérer, mais Qakan se rattrapa, la saisit par les cheveux et lui fracassa la tête contre le sol pierreux.

Kiin hurla de douleur, ce qui déclencha le rire de son frère.

— Tu se-seras maudit, Qakan. Je-j'ai un enfant, siffla-t-elle entre ses dents.

— Tu mens, cracha Qakan en glissant une main dans le col du suk de Kiin.

Kiin frémit, mais Qakan leva le couteau et la frappa violemment au visage avec la soie. Le coup lui tailla la joue et le sang coula de son œil gauche.

Qakan se pencha en arrière, sa main remontant lentement à l'intérieur de sa cuisse. Le poids de Qakan se déplaça, libérant un bras de Kiin. Elle mit toute sa force dans le coup de poing qu'elle lui lança dans le ventre, mais Qakan se tourna au moment où elle visait et elle s'aperçut qu'il tenait une pierre. Au moment précis où Kiin cognait son frère, elle sentit l'impact de la pierre sur sa tempe gauche.

Puis le noir.

Qakan rit. Une fois encore, il se souleva pour retomber lourdement sur le ventre de Kiin. Mais Kiin se contenta d'un faible grognement ; ses yeux roulèrent dans sa tête, ne dévoilant que du blanc derrière ses paupières mi-closes.

Il regarda la pierre dans sa main. Du sang la souillait. Du sang de Kiin. Du sang de femme.

Il jeta la pierre au loin, attendant d'entendre si elle tomberait dans l'eau. Si tel était le cas, cela serait de bon augure. Mais il ne perçut que le roulement d'une pierre contre les autres.

La faute de Kiin. Kiin pouvait même maudire les pierres.

Il soupesa le collier de coquillages qu'elle portait. C'était un cadeau d'Amgigh et de Samig. Kiin y tenait énormément.

Il serra le collier jusqu'à ce que les perles marquent la paume de ses mains, puis en brisa les fils d'un coup sec avant de lâcher le bijou par terre.

Pour la troisième fois, Qakan se souleva et se laissa retomber violemment sur Kiin. Un gémissement, c'est tout. Elle était faible. Elle ne le vaincrait jamais. Il se leva et lui jeta un regard. Qu'était-elle, comparée à lui ? Il s'accroupit près d'elle et tendit la main sous son suk. Mais il se rappela ce qu'elle avait dit. Elle avait un enfant. Mensonge. Quand Kiin disait-elle jamais la vérité ? Pourtant, si jamais...

Ce serait son enfant, naturellement. Son enfant. Il se leva, lança un coup de pied à Kiin pour voir si elle allait ouvrir les yeux, mais elle remua seulement la tête d'un côté, de l'autre, marmonnant quelque chose, les mots embrouillés, comme toujours.

Oui, songea Qakan, son père pouvait bien se moquer de lui. Amgigh et Samig pouvaient bien se gausser de ses piètres talents de chasseur. N'empêche, il était un homme, plus qu'aucun d'eux. Et le ventre de Kiin en était peut-être la preuve.

Il leva le pied qu'il appuya contre les seins de Kiin. Il ne se rappelait pas qu'elle eût eu son sang pendant leur voyage. Elle disait peut-être la vérité. Pourquoi ne pas dire la vérité si cela lui épargnait une raclée ? Quelle blague à faire aux Hommes Morses. Oui, un enfant, mais le sien. Enfant d'un frère. Maudits, oui, ils seraient maudits et ils lui abandonneraient des cadeaux en échange de cette malédiction !

Qakan rit d'un rire dur qui claqua comme la pierre ensanglantée qui avait dévalé la falaise. Son estomac grogna. Il regarda Kiin. Elle avait les yeux fermés et respirait difficilement. Il pouvait la porter en bas, mais ce ne serait pas facile. D'ailleurs, il avait trop faim pour attendre. Et le vent se levait, amenant l'écume de la mer. Les falaises étaient toujours trop venteuses.

Il haussa les épaules. Ce soir, il lui faudrait trouver sa propre nourriture. Mais ce serait bon. Il mangerait. Manger ! Kiin amassait tout le poisson qu'elle attrapait, lui en donnait un peu un jour, un peu le lendemain, comme s'il était un gamin. Ce soir, elle ne le priverait pas. Ce soir, il mangerait à satiété.

Il laissa Kiin sur la falaise.

Quand elle s'éveilla, c'était la nuit. Elle tenta de s'asseoir mais une douleur fulgurante l'obligea à rouler d'abord sur elle-même pour se redresser ensuite.

Elle ramena son suk contre elle. Elle avait mal au visage et à la tête, mais aucune douleur entre les jambes. Qakan ne l'avait pas prise. Il l'avait crue lorsqu'elle avait affirmé avoir un enfant. Peut-être même croyait-il l'enfant de lui. Peut-être était-ce la raison pour laquelle il l'avait laissée tranquille. Nul homme ne voudrait maudire son propre enfant.

Le soulagement se teinta vite de peur. Qakan l'avait facilement dominée. Cela voulait-il dire que son âme était faible ? Peut-être Qakan avait-il raison de prétendre que son esprit s'échappait peu à peu, avec chaque mot qu'elle prononçait.

Je vais rester là jusqu'au matin, se dit-elle. Puis je trouverai un endroit où me cacher.

Pendant un long temps, elle ne bougea pas, puis elle finit par sentir les pierres qui meurtrissaient son dos et ses jambes, et elle se mit sur son séant, lentement, afin que sa tête ne tourne pas. Elle aménagea un emplacement sur la falaise, puis arracha de l'herbe pour se faire une couche.

Kiin s'assit sur le monticule d'herbe et regarda le ciel. Les nuages se déplaçaient comme des rides de sable sur l'éclat de lune. Elle se frotta les yeux, pressa la main sur la coupure de sa joue, mais quelque chose près du lit retint la lumière de la lune. Kiin tendit la main. C'était le collier de coquillages que Samig lui avait donné. Qakan avait dû l'arracher, mais comme il était noué entre chaque perle, il ne manquait que quelques-unes des perles les plus petites.

Elle saisit son amulette et sentit la figurine que Chagak lui avait donnée. Elle était toujours là.

Puis une voix lui parvint. Son esprit qui parlait, ou la voix des falaises, ou celle de la mer ? « Tu dois te battre contre Qakan. Sinon, Qakan fera du mal à trop de gens. Tu es la seule à savoir véritablement à quel point il est mauvais. »

— Non, répondit Kiin. Non, non, non.

Elle se cacherait dans les falaises, dans les collines. Il ne la trouverait jamais.

Mais la voix revint : « Tu dois retourner. Tu dois retourner. »

Cette fois encore, Kiin dit non à l'esprit. Sa voix, forte et claire, ne se heurta pas aux mots.

— Pourquoi m'inquiéterais-je des Chasseurs de Morses ? demanda-t-elle en lançant la question à la falaise, à la mer, à la lune. Pourquoi m'inquiéterais-je du mal que Qakan peut leur causer ?

D'abord, il n'y eut rien. Puis la réponse arriva, douce comme une voix de grand-mère, s'élevant tout autour d'elle, du collier de coquillages, chaud au creux de sa main, du suk de Chagak, à la fourrure si moelleuse contre sa peau, de la figurine de Shuganan qui pendait à son cou : « Parce que ce sont des hommes. »

— Ce n'est pas mon peuple, objecta Kiin.

Pourtant, elle inclina la tête, sachant soudain que, quel que fût l'esprit qui parlait, esprit de la lune, du vent ou de la mer, il avait raison.

— Demain, murmura Kiin, chantant les mots pour qu'ils ne s'accrochent pas au fond de sa gorge, demain je me battrai encore contre Qakan. Et si je gagne, je retournerai à mon peuple. Sinon, je dirai la vérité aux Hommes Morses, quoi qu'il m'en coûte.

Elle remonta les jambes à l'intérieur de son suk et s'allongea sur l'herbe. Le vent se prit dans ses cheveux, les faisant gonfler comme un lagopède pris dans des rets.

25

— Allez ! s'énerva Qakan.

Kiin se pencha sur la proue de l'ik et poussa, tandis que Qakan plongeait sa pagaie dans l'eau et lançait le bateau à travers les vagues. L'eau était froide sur ses jambes ; les rochers blessaient ses pieds nus.

Tôt ce matin-là, Qakan avait grimpé les falaises et tiré Kiin de son sommeil en la secouant.

— Je ne t'ai pas touchée la nuit dernière, dit-il lorsqu'elle ouvrit les yeux. Tu portes mon fils.

Il prononça ces mots avec agressivité, faisant la moue comme un gamin.

— Ce n'est pas le fils d'Amgigh, ajouta-t-il.

Épuisée, Kiin roula loin de lui et se leva tant bien que mal.

— Si tu m'as menti..., commença Qakan.

— Je n'ai pas menti, affirma Kiin, sans la moindre certitude.

Elle n'avait pas eu de sang à la pleine lune, mais sa mère lui avait expliqué qu'au début, tant que la lune n'était pas habituée à la considérer comme une femme, ses périodes de saignement ne suivaient pas le chemin régulier des femmes.

— Pousse !

Kiin obtempéra et sauta pour attraper les bancs de nage à l'instant où l'ik glissa en eau profonde. Une fois dans l'embarcation, elle enfila son suk, utilisant le bas pour sécher ses pieds et ses chevilles.

Oui, j'ai menti, songea Kiin. J'ai menti, Qakan, et aujourd'hui, je vais entreprendre notre voyage de retour vers notre peuple. Si Kayugh dit que je suis maudite, alors je le suis. Peut-être me laissera-t-il vivre au village dans un ulaq à moi. Peut-être pourrai-je aider chaque famille pour la couture et le tissage. Ce serait toujours mieux qu'être troquée comme esclave des Chasseurs de Morses. Mais si je ne trouve pas le moyen de rentrer ou si tu es plus fort que je ne le crois, alors je poursuivrai, afin d'avertir les Hommes Morses.

Elle attendit, cependant que le matin s'écoulait, observant Qakan de plus en plus fatigué de pagayer.

Finalement, elle se mit à pêcher. Elle avait constaté sans surprise que tout le poisson séché avait disparu. Qakan devait avoir passé la nuit à manger. Mais il faudrait de la nourriture pour le long voyage de retour. La viande de phoque séchée et les racines que Qakan avait apportées n'étaient pas suffisantes, même pour un homme normal, et Qakan mangeait comme deux ou trois.

Elle déroula une ligne de fibre de varech, noua un crochet à une extrémité, et la plongea dans l'eau. La ligne subit une secousse et Kiin l'enroula au fur et à mesure autour de sa main gauche. Un petit hareng frétillait, se débattant contre l'hameçon. Kiin tira le poisson dans l'ik, l'ouvrit, le vida, puis dégrafa le crochet de sa gorge et attacha le poisson à la proue, ventre ouvert, pour qu'il sèche au vent.

— J'ai faim, se plaignit Qakan.

Kiin trancha la tête du poisson et la lui tendit sans un mot.

Qakan sortit sa pagaie de l'eau mais, avant de la ranger au fond de l'ik, il la balança au-dessus de la tête de Kiin et éclata de rire quand l'eau lui dégoulina dans le cou. Kiin avait compris que Qakan se lassait vite de ce jeu si elle l'ignorait; elle resta donc assise, indifférente, essayant de ne pas bouger.

Finalement, Qakan posa sa pagaie et commença à manger la tête de poisson.

Kiin essora ses cheveux, puis noua un morceau de boyau à l'hameçon et trempa à nouveau sa ligne.

Qakan menait rarement l'ik en eau profonde, où l'on trouvait du flétan. Il longeait la côte. Dans le but d'éviter les chasseurs des autres tribus, prétendait-il, mais Kiin savait parfaitement que la vraie raison était sa peur de l'eau. Il était facile de voir la terreur qui pâlissait le coin de ses yeux quand les vagues étaient trop hautes ou le vent trop fort.

Au bout de deux ou trois jours, ils avaient perdu de vue Tugix, puis Aka, la montagne de Chagak, mais ils avaient passé bien d'autres montagnes et on aurait dit que les esprits étaient en colère, car des nuages de fumée et parfois une brume de cendres en entouraient la plupart des sommets.

Comme ils poursuivaient en direction des villages Morses, les vallées séparant les montagnes étaient souvent glacées comme les rivières bleues qui descendaient dans la mer. Parfois, la glace s'étendait si loin qu'il fallait la contourner et Kiin sentait alors un souffle de vent froid s'arracher à la surface de la glace pour gagner le fond de l'ik.

— Des esprits, murmurait Qakan, pâle et en sueur.

Kiin, elle, n'éprouvait aucune crainte. S'ils étaient bienveillants, ils pourraient éloigner sa malédiction ; s'ils étaient malveillants, ils feraient peut-être sombrer l'ik. Elle se noierait et Qakan aussi.

Kiin se souvint des histoires que son père racontait sur les hommes bleus qui habitaient dans ces fleuves. Parfois, ils tiraient un homme de son ikyak et l'emmenaient avec eux dans la glace. Oiseau Gris affirmait avoir vu à plusieurs reprises la forme obscure d'un homme gelé dans le cœur d'un tel fleuve.

Parfois, la glace faisait comme une falaise, blanche sous l'eau, puis bleue lorsqu'elle surgissait vers le ciel, comme si la lumière lui donnait cette couleur. Au début, Kiin avait peur de regarder dans les profondeurs bleutées. Qu'éprouverait-elle si, comme son père, elle découvrait un homme gelé ? Et si les esprits décidaient de l'enfermer dans la glace ? Mais, songea-t-elle, serait-ce pis que d'être vendue comme épouse, de porter la malédiction à l'homme qui la choisirait ? Serait-ce si terrible de vivre dans le bleu immobile, à ne voir que le ciel et la mer, la mouette et la loutre, à entendre les seuls bruits de l'eau, la glace gronder et craquer ?

Et si elle portait vraiment l'enfant de Qakan, il serait gelé en elle, incapable de faire du mal.

Kiin attrapa un autre poisson qu'elle suspendit à côté du premier.

— J'ai pris assez de nourriture pour notre voyage, marmonna Qakan. Mais tu nous as ralentis. Si tu voulais pagayer, nous arriverions plus vite.

— Je vais pa-pagayer, répondit-elle en croisant le regard de son frère.

Il lui cracha à la figure une bouchée de poisson.

— Oui, pour rentrer à l'île Tugix, lança-t-il.

Kiin baissa la tête et soupira.

— N-non, fit-elle d'une voix volontairement faible et tremblante. Nous-nous sommes trop-trop loin. Je ne-ne-ne sais pas le chemin du-du-du retour.

Elle leva les yeux et vit le doute sur le visage de Qakan.

— Je-je préfère encore ra-ramer jusque chez les-les Chasseurs de Morses plutôt que de mou-mourir de faim ici.

Avec un regard mauvais, Qakan lui tendit la pagaie, puis rampa au fond de l'embarcation avant de s'allonger, l'autre rame en équilibre sur son ventre.

Kiin pagaya à vive allure et de bon cœur le restant de la matinée et tout l'après-midi. Ce faisant, elle fomentait des plans et s'armait pour la lutte, ressassant les mensonges de Qakan et sa brutalité ; elle se rappelait comment il l'avait maudite d'une malédiction qui menaçait à la fois les Premiers Hommes et les Chasseurs de Morses. Aussi laissa-t-elle sa colère enfler dans sa poitrine au point qu'elle puisse à peine respirer.

Enfin, tard dans l'après-midi, les yeux de Qakan commencèrent à se fermer. Sa respiration se fit profonde. Il dormait. Kiin sortit sa pagaie de l'eau et la leva au-dessus de la tête de Qakan, retenant son souffle, attendant que la colère qui emplissait sa poitrine s'épanche le long de ses bras et lui donne la force. Trop tard, elle vit les gouttelettes d'eau couler sur la tête de Qakan. Il s'éveilla en sursaut au moment où Kiin frappa ; la pagaie dévia sur sa tête.

L'ik trembla et Kiin se ramassa contre le platbord. Qakan se retourna, lança un coup de sa pagaie et atteignit Kiin dans les côtes. Sous la douleur, Kiin se plia en deux et, avant qu'elle n'ait pu se redresser, Qakan était sur elle, et refermait les mains sur son cou. Elle ne pouvait plus respirer et sut qu'elle était en train de mourir. À ce moment, il lâcha prise. Il fouilla dans un paquet de marchandises et en sortit une lanière de cuir. Il ligota Kiin aux chevilles, puis lui attacha les mains dans le dos. Il serra si fort qu'elle ne sentit bientôt plus ses doigts.

Elle avait encore échoué. Peut-être n'était-elle pas censée retourner chez les Premiers Hommes ; peut-être les esprits des Premiers Hommes qui étaient déjà dans les Lumières Dansantes trouvaient-ils sa malédiction trop sérieuse. Peut-être protégeaient-ils le village de son peuple.

Oui, elle pourrait se battre à nouveau contre Qakan, mais pourquoi lutter contre les esprits ? Ils voudraient ce qui est mieux pour les hommes. Pourquoi Kiin pensait-elle sa sagesse supérieure à la leur ?

Elle s'appuya contre le flanc de l'ik et regarda vers le rivage. Non, décida-t-elle. Elle ne lutterait pas. Elle irait avec Qakan.

Ils s'arrêtèrent de bonne heure pour la nuit. Kiin avait fini par s'habituer à commencer la journée tard et à la finir tôt. Elle désigna du menton l'abondance d'os d'animaux marins sur la ligne de marée haute.

— Cela fera un bon-un bon feu et cela é-é-économisera notre huile.

Après une hésitation, Qakan la libéra.

— Aide-moi d'abord avec l'ik.

Kiin plia ses doigts gonflés pour atténuer la douleur. Puis elle agrippa le flanc de l'ik et aida Qakan à tirer l'embarcation sur l'herbe.

Ils déchargèrent le bateau et le retournèrent pour qu'il leur serve d'abri ainsi qu'aux marchandises. Kiin entreprit de ramasser les os sur le sable et les empila à courte distance de l'ik.

Peu de plages du nord possédaient des récifs, mais vu la façon dont les vagues se brisaient, Kiin était sûre que c'était le cas de celle-ci.

— Il pou-pourrait y avoir des poulpes ici, s'écria-t-elle. Une grande pieuvre ferait un bon repas et il resterait même de la viande.

Qakan regarda l'eau froide, songeant à l'effort qu'il faudrait fournir pour ressortir l'ik.

— Je vais faire sécher le sac d'encre et le réduire en poudre à peinture noire, proposa Kiin. Tu sais que les chasseurs l'apprécient particulièrement.

— Non, répondit finalement Qakan. Va chercher des oursins de mer. Cela suffira. J'ai du soufre, je vais démarrer le feu.

Kiin haussa les épaules et retourna à l'ik pour prendre son panier à cueillette. Elle longea la plage et emplit son sac de grands oursins à épines vertes qu'elle trouva au bord des mares et dans des niches entre les rochers. Son panier plein, elle revint près du feu où Qakan était assis à dévorer le dernier poisson pêché le matin.

— Qakan, que mangerons-nous de-de-demain ?

Mais il fit mine de n'avoir rien entendu.

Kiin posa son sac et entreprit de casser les oursins à l'aide d'une pierre. Qakan acheva son poisson et tendit la main vers les oursins déjà ouverts. Il libéra son couteau de son fourreau et utilisa la lame pour sortir les ovaires des oursins. Il mangeait si vite que Kiin ne soutenait pas le rythme. Enfin, il marqua une pause et, la bouche pleine, dit :

— J'ai songé à acheter une femme pour Samig.

Comme Kiin ne répondait pas, il lui arracha des mains une coquille ouverte et ajouta :

— Kayugh m'a demandé de ramener une femme pour lui. Tu ne le savais pas ?

Kiin garda la tête baissée et cassa un autre oursin. Disait-il la vérité ou la narguait-il avec un de ses mensonges ?

— Tu ne me crois pas ? insista Qakan. Regarde toi-même. À qui appartiennent ces peaux de phoque ? À Kayugh et à Samig.

Kiin se souvint du tas de peaux, douces et lisses,

tannées à la perfection. Oui, c'étaient sûrement des peaux appartenant à Kayugh. Aucune femme au village ne les préparait aussi bien que Chagak. Mais peut-être étaient-elles celles qu'Amgigh avait données à son père comme dot pour Kiin. Ou peut-être Qakan les avait-il volées dans l'ulaq de Kayugh.

— J'ai d'abord pensé échanger les peaux de Kayugh contre une vieille femme, dit Qakan en s'esclaffant. Une vieille femme qui n'a plus de fils à donner, avec des dents pourries et des mains douloureuses et inutiles.

Kiin posa la pierre.

— Encore ! hurla Qakan.

Kiin serra les dents et planta ses yeux dans ceux de son frère.

— Le reste est pour moi.

Qakan bondit sur ses pieds, rota et lui arracha des mains le sac d'oursins. Il les sortit tous, lança les deux plus petits à Kiin et la menaça de son couteau.

— Je mangerai ceux-là. Tu n'avais qu'à en ramasser plus.

Kiin ne broncha pas.

Qakan se rassit, fit un vent avec un grognement satisfait, porta un oursin à sa bouche à l'aide de sa lame de couteau et ajouta :

— Oui, j'allais ramener une vieille femme à Samig, mais maintenant je songe à une femme jeune, qui aime les hommes, ricana-t-il. Quelqu'un qui ne voudra pas se garder pour son époux. Le voyage est long jusqu'à Tugix.

Kiin détourna les yeux vers la mer, vers le ciel sombre de l'est. Qakan parlait toujours, racontant comment il coucherait avec la femme de Samig, comment il serait commerçant, avec de nombreuses femmes, acquérant son pouvoir comme marchand, pas dans les eaux froides comme les chasseurs. Un jour, il aurait sa propre tribu, une tribu de fils s'étendant des Chasseurs de Baleines à l'ouest jusqu'au Peuple des Caribous à l'est.

« Il se vante, c'est tout », murmura l'esprit de Kiin. Mais Kiin savait que Qakan avait un esprit vigoureux. Autrement, comment pourrait-il être marchand, avec assez de choses à troquer pour que les autres voient en lui un homme puissant ?

Les mains de Kiin remontèrent jusqu'à l'amulette qui pendait à son cou. Cet après-midi, quand Qakan l'avait ligotée, il avait menacé de lui prendre son pendentif, mais elle lui avait rappelé que toute menace envers son esprit à elle était une menace envers son enfant à lui. Alors, il lui avait permis de garder la figurine et elle s'y accrochait, priant pour que les vantardises de Qakan ne deviennent jamais réalité, que Samig et son peuple, que même les Traqueurs de Phoques qui la prendraient pour femme, soient protégés.

26

Samig palpa la tête de lance que Nombreuses Baleines lui avait donnée. C'était une lame d'obsidienne, étroite et longue comme la main d'un homme.

— Il te faudrait de nombreux étés avant d'être suffisamment habile pour t'en servir parfaitement, lui dit Nombreuses Baleines, mais tu apprendras. Et ce soir, pendant la cérémonie, tu deviendras un Chasseur de Baleines. Il est juste que tu prennes cette arme.

Le vieil homme grimpa avec lenteur hors de son ulaq et Samig se retrouva seul une fois de plus. Cela avait été une longue journée de réflexion, l'ulaq plongé dans l'obscurité à l'exception d'une petite lampe à huile posée à même le sol, pas une lampe de femme, mais une lampe de chasseur qu'on pouvait emporter dans un ikyak.

Nombreuses Baleines avait peint le visage de Samig d'ocre rouge, puis Samig s'était préparé, chantant la mélopée que Nombreuses Baleines lui avait apprise, essayant d'inventer un chant à lui, comme tout chasseur était censé le faire. Mais ses pensées refusaient de s'assembler en un chant ; finalement, les mots dérivèrent pour aller se cacher dans les ombres de l'ulaq ; son esprit s'emplit d'images de chasseurs attrapant des baleines avec des harpons et des flotteurs destinés aux lions de mer.

Puis ses pensées dévièrent vers Kiin et il songea à son habileté à créer des mélopées, à sa voix pure et claire lorsqu'elle chantait afin de plaire aux esprits. Pourtant, un esprit lui murmura : « Tu porteras malédiction à ta chasse si tu penses aux femmes. »

Alors, Samig emporta la tête de harpon dans sa chambre et la posa dans le panier de fanons de baleine que sa mère lui avait fabriqué. Il la conserverait là avec les lames et les têtes de harpon qu'il avait apportées de chez les siens, le paquet de plumes de son premier oiseau et un morceau de cuir de son premier phoque. Il garderait la tête de lance jusqu'à ce qu'il ait spécialement besoin de sa force. Replaçant le couvercle sur le panier, il caressa de ses doigts l'œuvre de sa mère, songeant à celui qu'il était devenu, l'homme de deux peuples.

À vivre chez les Chasseurs de Baleines, il avait commencé à se voir comme un enfant et non comme un homme. Épouse Dodue était prompte à le corriger — sa façon de parler, ses habitudes —, et Samig avait souvent le sentiment que, si elle le pouvait, elle irait dans sa tête pour modifier ses pensées.

Samig posa le panier dans les plis de sa robe de nuit et regagna la salle commune. Il étira les bras au-dessus de sa tête et sauta pour toucher les chevrons en mâchoire de baleine. Il aurait voulu être dehors à courir et à sentir le vent.

Privé de soleil et de marées, Samig ne savait pas

depuis quand il était dans l'ulaq, ni le temps qu'il restait avant le début du repas de fête. Il savait qu'il y aurait encore de la lumière dehors lorsque la cérémonie débuterait. La fin de l'été approchait, mais le soleil possédait encore suffisamment de force pour offrir de longues journées. On repérait désormais moins de baleines qu'au printemps, mais les caches du village étaient déjà pleines et, quand on apercevait une baleine, on donnait à un plus jeune l'occasion de la harponner.

Samig songea à ces jours passés chez Nombreuses Baleines. Tel le lion de mer, le vieil homme était raide et lent sur terre, habile et gracieux dans l'eau. Son ikyak semblait faire partie de lui, sa pagaie une extension de ses bras.

Samig s'était toujours cru adroit dans le maniement de son ikyak, jusqu'à ce qu'il voie Nombreuses Baleines. Même Kayugh ne pouvait être comparé au vieil homme, et Samig s'aperçut bientôt qu'il progressait énormément grâce à l'enseignement de son grand-père.

Nombreuses Baleines l'emmenait dans les mers les plus déchaînées et lui montrait l'intérêt de la flexibilité et de la souplesse de la contre-quille en trois parties des Chasseurs de Baleines, qui permettaient à l'ikyak d'épouser le mouvement de la houle.

Les Chasseurs de Baleines utilisaient une pagaie double-face et, si Samig la trouva d'abord peu commode, il eut vite l'impression d'en avoir toujours eu entre les mains, d'avoir toujours ramé avec autant d'aisance et de rapidité. Il apprit à garder le silence dans le brouillard, quand le son portait facilement, à ramer au rythme des vagues. Il apprit à projeter sa javeline dans les vagues les plus hautes, son propulseur ferme et assuré dans sa main.

Samig s'assit, ses pensées concentrées sur les baleines.

— Observe-les dans l'eau, avait dit son grand-père. Observe-les. Pense à ce que ressent la baleine d'être si grande, de nager si loin, si profond dans la mer. Si en esprit tu peux devenir comme une baleine, tu sauras toujours comment viser.

Pour un temps, assis dans l'ulaq, Samig essaya donc de devenir une baleine, de nager sous l'eau, de se déplacer avec la poussée de la mer. C'est alors qu'un faisceau de lumière descendit du toit de l'ulaq, laissant apparaître le visage rond d'Épouse Dodue qui lui dit de monter.

Samig grimpa au-dehors. Il était nerveux et vaguement inquiet, mais se tenait épaules bien droites tandis qu'il suivait Épouse Dodue sur la plage. Le ciel lui apprit que le soleil se coucherait bientôt. Au nord et à l'ouest d'Atal, la petite montagne des Chasseurs de Baleines, les nuages étaient bordés de rose.

— Assieds-toi là, ordonna Épouse Dodue. Tu vas recevoir des marques.

Regardant autour de lui, Samig se demanda laquelle des femmes dessinerait les lignes noires qui marqueraient son menton et le proclameraient Chasseur de Baleines, homme.

— Ne bouge pas, dit Épouse Dodue avec un sourire qui rappela à Samig qu'elle avait plaisir à régler ses faits et gestes.

Alors, Nombreux Bébés se pencha au-dessus de lui. Oui, ce serait elle. Son mari était Roc Dur l'alanasika, chef parmi les baleiniers.

Elle lava le visage de Samig à l'eau de mer, le débarrassant de l'ocre rouge. Puis, à l'aide d'un morceau de charbon, elle dessina trois traits de haut en bas sur son menton.

Samig détourna les yeux lorsqu'elle fit danser l'aiguille devant lui. Un fin bout de nerf, noir de charbon, était noué à l'extrémité de l'aiguille. Quand Nombreux Bébés passerait l'aiguille à l'intérieur de sa peau, elle laisserait une ligne foncée qui le marquerait pour toujours comme Chasseur de Baleines.

Nombreux Bébés saisit le visage de Samig dans sa

main gauche et pinça la peau à l'endroit où l'aiguille pénétrerait. La piqûre fut brève quand elle poussa l'aiguille dans le pli de la peau, mais Samig trembla au son du fil qu'on tirait.

Épouse Dodue se pencha tout près du visage de Samig, observant Nombreux Bébés alors qu'elle poussait à nouveau l'aiguille dans la peau et, après chaque point, épongeait le sang avec un chiffon de peau de phoque.

Quand elle eut achevé la première ligne de marques au centre du menton de Samig, Nombreux Bébés enfila son pouce dans la bouche du jeune homme, maintint la chair à l'écart de ses dents et piqua l'aiguille à gauche de la première ligne. Elle fit trois lignes côte à côte, vers le centre de son menton.

La douleur obligea Samig à serrer les dents et, bientôt, les muscles de son cou et de ses épaules commencèrent à lui faire mal. Mais le marquage fut enfin achevé. Nombreux Bébés noircit le menton de Samig avec du charbon et lui dit :

— Garde ça deux jours.

Puis Épouse Dodue passa de l'huile de phoque rougie d'ocre sur le reste de son visage.

Samig se leva dans l'intention de rejoindre les autres hommes qui s'étaient rassemblés autour des foyers de cuisson.

— Non, ordonna Épouse Dodue en le faisant se rasseoir. Attends Nombreuses Baleines.

Les femmes s'éloignèrent, et Samig demeura seul. Son menton le brûlait, et les perles de sang qui s'échappaient de chaque trou d'aiguille séchaient et le démangeaient. Samig serra les mains l'une contre l'autre pour s'empêcher de se gratter.

« Tu as souffert bien pire », lui dit sa voix intérieure. Samig s'obligea alors à regarder les hommes danser sur la plage.

Tous portaient leur chigadax et presque tous un long tablier de peau de loutre qui descendait jusqu'à la cheville. Chaque chasseur arborait un chapeau de bois orné de plumes et de moustaches de phoque. Samig les observa soigneusement et, voyant la façon dont ils se tenaient, décida de la manière dont il danserait et marcherait s'il était autorisé à se joindre à eux.

Les femmes nourrissaient les chasseurs, mais Nombreuses Baleines n'arrivait toujours pas. Samig attendit. Il n'avait rien avalé depuis la veille au soir, et son ventre creux était comme une pierre contre son dos.

Une fois les hommes rassasiés, vint le tour des enfants. Regardant les plus petits danser autour des foyers de cuisson, Samig pensa à sa sœur, Mésange. Elle grandirait heureuse, aimée. Puis il songea de nouveau à Kiin, à toutes les fois où il l'avait trouvée pleine de bleus et en sang à cause de son père.

Pourtant, désormais, même Kiin était heureuse. Chagak la traiterait comme sa propre fille. D'ailleurs, Chagak n'était pas femme à se mettre en colère comme tant de femmes Chasseurs de Baleines qu'un esprit semblait pousser à détruire le calme de l'ulaq avec leur verbe haut et leurs discussions incessantes.

— Samig !

Il sursauta. Il leva les yeux pour voir un énorme visage difforme, qui donnait l'impression d'être taillé dans un copeau de bois géant. Le visage était aussi grand qu'un homme de la tête aux genoux, et coloré de différents rouges et de bleus. Les yeux étaient peints, mais dans les larges fentes du nez Samig crut distinguer la lueur rouge d'une silhouette qui l'observait. Homme ou esprit ? Mais Samig s'aperçut que le visage avait des pieds d'homme ordinaire sous la courbe de son menton géant. Et la voix qui ordonna « Viens ! » ressemblait beaucoup à celle de Roc Dur.

Samig suivit. Ils arrivèrent devant Nombreuses Baleines, assis au sommet d'un rocher sur une robe de plumes. Le personnage masqué poussa Samig pour le mettre à genoux, mais les yeux de Samig étaient attirés par Nombreuses Baleines. Le vieil homme semblait avoir gagné en force et en taille, assis sur son rocher, son chigadax bordé de plumes et ses grandes bottes de boyau de phoque luisant de rose et d'or dans la lumière du long soleil couchant.

Un bâton sculpté à la main, il chanta une mélopée dont Samig ne comprenait pas les paroles.

Nombreuses Baleines tendit un paquet à Samig, un tablier de cérémonie en peau de loutre, et un chigadax en peau de langue de baleine.

— Debout !

Les autres chasseurs qui se tenaient près de Nombreuses Baleines prirent le tablier des mains de Samig et le glissèrent autour de sa taille tout en le débarrassant de son tablier d'herbe. Puis, quelqu'un lui enfila le chigadax.

— Il y a aussi les bottes, dit Nombreuses Baleines en se penchant en avant, ses yeux brillants, même sous l'ombre de son chapeau de bois.

Deux hommes aidèrent Nombreuses Baleines à quitter son rocher, et celui qui portait un masque lui tendit quelque chose enveloppé dans une peau de lion de mer. La forme était évidente, et Samig retint son souffle tandis que Nombreuses Baleines dépliait la peau pour révéler un chapeau de bois scintillant. On l'avait peint de rayures rouges et noires. Nulle moustache de lion de mer ne s'inclinait sur la couture recouverte d'ivoire. On donnait celles-ci, lui avait expliqué son grand-père, chaque fois que le chasseur attrapait une baleine. Le chapeau de Nombreuses Baleines comprenait plus de moustaches que les autres, même celui de Roc Dur.

Nombreuses Baleines maintenait le nouveau chapeau au-dessus de la tête de Samig, chantant encore des mots inconnus. Puis, se penchant davantage sur Samig, il annonça :

— Le noir pour la baleine. Le rouge pour le sang.

Il marqua une pause et embrassa du regard les

chasseurs rassemblés autour d'eux. Il posa le chapeau sur la tête de Samig et effleura les tatouages sur son menton :

— Tu es Tueur de Baleines, un homme du peuple des Chasseurs de Baleines.

Samig toucha sa coiffe. Le bois était frais et doux sous ses doigts. Samig, Tueur de Baleines, pensa-t-il, un homme de deux peuples. Samig. Tueur de Baleines. Et, au milieu de sa joie, il éprouva une brusque tristesse; le souvenir lui revint que ce qu'il faisait, il le faisait pour les Premiers Hommes, qu'il obéissait à Kayugh. Alors, Samig posa de nouveau les yeux sur Nombreuses Baleines, son véritable grand-père, et il se tint bien droit, épaules rejetées en arrière.

Personne ne parlait. Samig entendait son cœur cogner dans sa poitrine. À ce moment, plus fort que le battement de son cœur, Samig perçut le battement sourd du signal du guetteur. Les hommes se retournèrent, et Samig vit un jeune garçon courir dans leur direction.

— Une baleine ! Une baleine !

L'homme masqué arracha aussitôt son masque. C'était bien Roc Dur, l'alananasika. Il ne portait sous son masque que son tablier et, comme il se précipitait vers son ikyak, sa femme, Nombreux Bébés, courut vers leur ulaq lui chercher son chigadax. Tandis qu'il s'habillait, le garçon s'approcha de lui, sa voix ténue parvenant aux oreilles de Samig :

— Elle est là, près du rivage.

Samig regarda la mer. Même dans le gris de ce début de nuit, il apercevait la baleine; la brume de son souffle se détachait, blanche, contre la mer. Roc Dur grimpa dans son ikyak et, à rapides coups de pagaie, envoya la petite embarcation dans les vagues. Samig ne distinguait plus la baleine, toutefois, il observa Roc Dur jusqu'à ce que l'ikyak ne soit plus qu'un petit point obscur.

Samig crut voir un bras se lever, une lance voler,

mais il n'était pas sûr ; il décida donc de retourner à Nombreuses Baleines.

Oiseau Crochu, le jeune homme qui avait le même nombre d'étés que Samig, et qui avait ri quand Samig prenait ses premières leçons de chasse à la baleine, le regarda. Remarquant le battement accéléré des veines de son cou, ses poings serrés, Samig comprit que Roc Dur avait choisi de s'attaquer à la baleine sans permettre à l'un des nouveaux chasseurs d'acquérir un peu d'expérience et peut-être l'honneur de la réussite. Mais Roc Dur était alananasika ; qui pouvait discuter ses décisions ?

Nombreuses Baleines appela Samig et posa ses mains sur ses épaules.

— Tueur de Baleines, dit-il, tu as reçu un immense honneur. La baleine a reconnu ta qualité d'homme. Tu seras un grand chasseur.

Alors, comme si un esprit l'animait, Samig tourna les yeux vers Oiseau Crochu. Ses lèvres formaient une moue, ses dents étaient serrées, et quelque chose en Samig sut que la colère d'Oiseau Crochu était dirigée non pas contre Roc Dur, mais contre lui, le plus jeune des chasseurs, le chasseur dont la cérémonie de maturité avait été honorée d'une baleine.

27

Avant même que le feu de la cérémonie ne soit réduit à l'état de charbons, Roc Dur reparut.

— La baleine s'est offerte à ma lance, annonça-t-il en souriant du coin des lèvres.

Les baleiniers se préparaient à poursuivre l'animal jusqu'à ce que le poison de la lance de Roc Dur ait agi.

Mais Nombreuses Baleines porta son regard au-delà de l'homme, sur Samig, qui affronta ce regard.

— La lance de Roc Dur est dans la baleine, déclara le vieil homme, mais c'est ta magie qui l'a amenée à nous. Tu dois également ne faire qu'un avec la baleine.

Samig vit la colère dans les yeux de Roc Dur et attendit qu'il proteste; pourtant, sans piper mot, l'homme fit volte-face en direction de la petite hutte où l'alananasika usait de ses pouvoirs pour envoyer la baleine aux baleiniers et l'empêcher de nager vers un autre village.

Cette nuit-là, les hommes construisirent un abri pour Samig, près de celui de Roc Dur. Quand il fut achevé, Samig pénétra à l'intérieur, ainsi que l'avait prescrit Nombreuses Baleines, s'isolant pour devenir baleine, pour dépérir comme la baleine devait dépérir.

Devenir ce qu'il n'était pas, un animal dont il savait si peu, était chose ardue. Parfois, Samig rêvait qu'il était une loutre, qu'il dormait dans la mer, entouré de varech, dans un lit de vagues; une fois, il avait même rêvé qu'il était dans son ikyak et que l'ikyak avait des jambes et une queue. Dans ce rêve, Samig avait vraiment été une loutre, mais maintenant, la faim lui donnait mal au ventre et sa bouche était desséchée par le manque d'eau; dans son inconfort, il ne pouvait être rien d'autre qu'un homme.

Combien de temps resterait-il dans la hutte, un jour, deux jours? Il n'avait rien avalé depuis la veille de la cérémonie. Il ferait mieux de dormir, même si, repoussé par la nécessité de devenir baleine, le sommeil semblait insaisissable.

Mais peut-être devenait-on baleine comme il était devenu loutre — à travers ses rêves.

Samig, Tueur de Baleines, ferma les yeux, laissa ses pensées gagner la mer grise et froide. Il vit les vagues, sombres comme de l'argile, compactes, luisantes comme une roche mouillée. Mais cette image fut recouverte par la douleur qui, bientôt, se transforma en quelque chose qui s'étendit au-delà de lui et l'attira vers le bas, dans l'obscurité, à travers les vagues, à l'écart du vent. Le calme pénétra dans ses oreilles, l'obscurité dans ses yeux ; il fut en paix. C'est alors qu'il entendit le grondement profond et dur des autres baleines, les voix basses des rorquals bleus, les appels plus aigus des baleines tueuses, leur chant, un chant de meute, chaque voix à un niveau différent, si bien que même un petit nombre donnait l'effet d'une multitude.

Quelque chose le força à quitter les profondeurs pour remonter à la chaleur du soleil et, soudain, il sut l'endroit où était plantée la lance de Roc Dur, sentit la douleur du poison voyageant à travers son corps. À chaque mouvement, chaque torsion, le poison ralentissait son cœur, et la douleur irradiait : dans son ventre, les articulations de ses nageoires, et même dans les grands muscles de sa queue.

La sécurité régnait dans les profondeurs marines. Il ferait surface pour prendre de l'air, mais à chaque plongeon il aurait moins de force, jusqu'à ne plus pouvoir plonger du tout. Les vagues cognaient contre lui, le blessaient en se pressant sur sa peau, mais il devait rester en haut, près du vent, près du vent...

Quelque chose coupa sa lèvre. Une petite douleur parmi de nombreuses douleurs, mais il était incapable de bouger.

— Tueur de Baleines.

Les rochers creusaient des galeries dans son ventre, arrachaient sa peau. Il n'y avait pas d'eau et le poids de son corps s'écrasait sur lui-même. Il ne pouvait pas respirer, pas respirer, pas respirer...

— Tueur de Baleines.

Il ouvrit les yeux et plongea le regard dans le visage d'Épouse Dodue.

— Tueur de Baleines, la baleine est là. Viens. Tu dois manger la portion du chasseur.

Samig secoua la tête, essayant de comprendre les mots d'Épouse Dodue.

— La baleine, dit-elle. Elle est sur la plage.

Samig se leva et, s'appuyant sur le bras d'Épouse Dodue, il sortit dans la clarté du jour. L'énorme carcasse gisait sur la plage, la ligne du baleinier encore fichée dans sa lèvre supérieure. Déjà, les hommes avaient commencé d'ouvrir la baleine, dévoilant l'épaisse couche blanche de graisse sous la peau sombre.

Samig détourna un instant les yeux, incapable de supporter la vue du dépeçage, car on tranchait dans ce qu'il avait été.

Dans les jours qui suivirent, on vit cinq baleines, on en prit trois. Le sang rendait la plage glissante et les nouveaux puits de stockage étaient remplis de viande; on en creusa d'autres.

— On n'a jamais attrapé autant de baleines, remarqua le grand-père de Samig tandis qu'en compagnie de son petit-fils il observait les femmes s'affairer autour des foyers de cuisson. J'ai parlé à Roc Dur. Il est d'accord pour que tu sois le chasseur la prochaine fois.

Samig tourna vers son grand-père des yeux ahuris.

— Roc Dur a dit cela?

Le vieil homme sourit.

— Oui. Il a aussi dit qu'on ne verrait plus rien de l'été. Il l'a su lors de son dernier jeûne.

Samig rit. Au cours du dernier jeûne, Samig avait demandé à accompagner les baleiniers qui poursuivaient la baleine une fois harponnée. Nombreuses Baleines avait refusé, mais Roc Dur était intervenu en rappelant que son propre pouvoir avait toujours ramené la baleine auparavant; cette fois ce ne serait pas différent. Il était inutile de faire jeûner Samig. Samig avait donc été autorisé à partir.

Les trois poursuivants avaient navigué pendant

deux jours dans le sillage de l'animal. Samig était dans le deuxième ikyak et il était demeuré en retrait, comme le lui avait enseigné son grand-père, attendant que Phoque Mourant, qui occupait le premier ikyak, repère la baleine.

— Elle décrira des cercles, avait expliqué Nombreuses Baleines à Samig. Et elle poussera de petits cris d'enfant, un peu comme « Ouh... ouh ». Tu dois apprendre à guetter ce bruit, sinon tu penseras que ce n'est que le grondement de la mer qui s'adresse aux montagnes.

Soudain, Samig avait vu la bosse noire de la queue de la baleine, et il observait Phoque Mourant qui manœuvrait sa pagaie d'une main, l'autre posée sur son propulseur, le bras légèrement relevé. Le harpon était attaché à l'ikyak au moyen d'un long enroulement de varech tressé, et Samig s'aperçut que Phoque Mourant n'avait pas noué la pointe de pierre à la hampe, l'arme émoussée permettant de savoir si l'animal était toujours vivant.

Après avoir observé la baleine un moment, Phoque Mourant leva le bras au-dessus de la tête et le tira en arrière jusqu'à la poupe ; puis il projeta sa lance. Au moment de l'impact, l'arme émoussée frappa la baleine et tomba dans l'eau ; Phoque Mourant ramena alors la lance en enroulant la ligne au fur et à mesure.

La baleine ne bougea pas.

Phoque Mourant ajusta la hampe à son propulseur et recommença la manœuvre. Cette fois encore, la baleine ne bougea pas.

— Elle est morte ! s'écria Phoque Mourant.

Samig rapprocha son ikyak, observant Phoque Mourant trancher la lèvre de l'animal et passer une corde de varech tressé épaisse comme le poing de Samig. Phoque Mourant maintint la corde dans sa main et la lança à Samig. Samig tourna son ikyak en direction du rivage et attacha la ligne à sa proue, puis lança le reste au troisième baleinier, Oiseau Crochu.

Ce dernier rata la ligne, qui glissa dans la mer le long du flanc de l'ikyak. En se penchant pour la saisir, Oiseau Crochu fit vaciller son embarcation, qui chavira. Samig réprima un sourire et tira la ligne à lui, l'enroulant afin de la lancer de nouveau, attendant qu'Oiseau Crochu se soit redressé, son chigadax trempé, l'eau perlant sur ses joues. Phoque Mourant ne rit pas, mais Samig avait vu le sourire sur son visage quand Oiseau Crochu était dans l'eau.

Samig lança une deuxième fois la ligne à Oiseau Crochu, qui l'attrapa d'une main, maîtrisant son ikyak de la lame de sa pagaie. Ils tirèrent ensemble, hissant la baleine sur l'eau, chantant tout en pagayant, honneur à la baleine, honneur au chasseur, honneur aux Chasseurs de Baleines. Qui pourrait égaler leur habileté ? Qui pourrait égaler leur bravoure ?

Quand ils eurent atteint le rivage, Nombreux Bébés ramena Roc Dur de sa hutte. Les jours sans nourriture ni eau avaient émacié son visage et le faisaient ressembler à un vieillard. Samig se demanda alors si lui aussi avait paru vieux et faible après les jours passés dans l'abri ; si, pour devenir une baleine, un homme ne donnait pas seulement quelques jours de rêves, mais aussi des années de sa vie.

Les gens étaient debout et regardaient Roc Dur trancher le harpon du flanc de la baleine. Il trancha aussi une large portion de viande, le gonflement provoqué par la blessure. Roc Dur coupa en profondeur, puis emporta le bout de chair en haut de la plage pour l'enterrer. Le poison qui avait tué les baleines pouvait aussi tuer les hommes.

28

— Non, répéta Nombreuses Baleines.

Samig faisait les cent pas dans l'ulaq de son grand-père et finit par s'accroupir en face de lui.

— Rien qu'un voyage, supplia Samig. C'est tout. Pour échanger de l'huile et de la viande. Nous avons plus que nécessaire.

Il n'avoua pas qu'il désirait en fait rentrer auprès de Kayugh et de sa mère, près d'Amgigh, et obtenir, qui sait, une autre nuit avec Kiin. Il était un homme, désormais. Il sentait la force de sa virilité, il voulait que Kayugh voie sa métamorphose, il voulait Kiin... voulait Kiin... voulait Kiin...

— Tu es l'un des nôtres, dorénavant, rétorqua Nombreuses Baleines. Nous ferons peut-être un voyage de troc l'été prochain. Ou celui d'après. Ou peut-être Kayugh et ton frère viendront-ils.

— Tu as promis que je resterais parmi vous pendant une année, plaida Samig en sentant son cœur s'affoler et battre derrière ses oreilles. Puis que je rentrerais pour enseigner à mon peuple.

La colère claqua dans les yeux de Nombreuses Baleines, qui répliqua :

— Ce n'est pas ton peuple ! Tu nous appartiens. Tu resteras avec nous. Peut-être iras-tu les voir de temps en temps pour faire du troc. C'est tout. Puis, dans de nombreuses années, quand tu seras devenu un chasseur habile, on te dira les secrets de nos poisons, la façon dont nous appelons les baleines jusqu'à nos rivages. Tu t'es déjà assis dans la hutte de l'alananasika. Combien d'autres jeunes chasseurs en ont fait autant ? Tu es le seul.

Nombreuses Baleines s'inclina et pointa rudement sur Samig deux doigts longs et osseux.

— Quelle est la première chose qu'apprend un chasseur ? martela-t-il. Quelle est la première chose que même un enfant sait ? Un chasseur doit attendre, il doit être patient.

La colère de Samig durcit ses paroles.

— Je demande seulement de respecter la promesse faite à mon père. Chez les Premiers Hommes, les mots qui sont prononcés comme promesse doivent être tenus.

Samig attendit, guettant sur le visage de son grand-père les signes de la colère : le pouls rapide au cou ou sur la tempe, la coloration subtile de la mâchoire ou de la joue. Mais la colère avait disparu des yeux du vieil homme et il paraissait maintenant tout ratatiné, comme si la discussion avait pris une portion de sa vie.

Samig se demanda alors si cet homme, un homme à qui l'on ne pouvait faire confiance, était véritablement son grand-père. Comment Chagak, sa mère, avait-elle conçu un enfant de l'esprit de ces gens ? Et Samig ferma les yeux à l'impureté qu'il percevait en lui-même.

— Les mots ne sont que des mots, dit le vieil homme avec douceur. Ce qui est dans le cœur est ce qui est vrai. Tous les hommes savent que les promesses doivent être du cœur, ou rien. Celui qui entend est celui qui doit décider. Les mots que j'ai prononcés étaient la meilleure façon pour moi de ramener mon petit-fils à son vrai peuple. La vérité était dans mon cœur. Peut-être Kayugh le savait-il. Peut-être ai-je lu moi aussi la vérité dans son cœur. Peut-être est-il prêt à patienter de nombreuses années pour apprendre à chasser la baleine. Peut-être te donnerait-il volontiers à moi dans le seul espoir d'apprendre. Peut-être est-ce la vérité de Kayugh.

« Tu sais que Kayugh n'est pas ton vrai père, qu'il est arrivé chez les Traqueurs de Phoques après la mort de ton père. Amgigh est son fils, pas toi. N'est-il pas étrange qu'il accepte d'échanger celui qui n'est pas le vrai fils contre l'espoir d'apprendre à chasser la baleine ?

« Quelle est la vérité de ton propre cœur ? Quelle

est ta vraie place ? Veux-tu retourner auprès de Kayugh sans être capable de lui enseigner ? Veux-tu rentrer chez les Traqueurs de Phoques pour tresser des paniers ? Ou veux-tu rester ici et devenir alananasika, apprendre les poisons et les chants ? »

Les paroles du vieil homme heurtèrent Samig comme des vagues contre les falaises de la plage des Premiers Hommes. La douleur était si profonde qu'il ne pouvait donner aucune réponse. Il s'apprêtait à gagner sa chambre quand il entendit les paroles d'Épouse Dodue, presque douces :

— Il y a trop de viande pour nous. Nous avons suffisamment pour deux, trois hivers. Demande aux chasseurs de négocier avec les Premiers Hommes. Dis-leur d'être généreux.

— Peut-être un voyage de troc, marmonna le vieil homme. Je parlerai aux autres chasseurs. Mais Tueur de Baleines reste ici. Je ne veux pas qu'il retourne. C'est trop tôt.

La colère brûlait la gorge de Samig. Ainsi, malgré la cérémonie, malgré les baleines que son esprit avait amenées, il était homme, mais pas homme ; son opinion se réduisait à rien.

Combien de phoques fallait-il pour fournir suffisamment d'huile à un homme pendant un an ? Vingt-cinq, trente ? Sans Samig — très habile —, et avec Qakan — inutile —, son peuple aurait du mal à en ramener assez. Si les Chasseurs de Baleines étaient prêts à échanger de l'huile de baleine contre des couteaux, des nerfs de caribou...

Remarquant qu'Épouse Dodue le regardait du coin de l'œil, Samig disparut en hâte dans sa chambre. Il prit le panier dans lequel il rangeait ses têtes de lance, laissa courir ses mains sur les flancs lisses du panier, et songea à ce que Nombreuses Baleines lui avait dit au sujet de Kayugh. Kayugh n'était pas son père. Mais un homme qui élevait un garçon, le nourrissait, lui enseignait la chasse, n'était-il pas un véritable père ?

Samig enfila son parka, pas celui qu'Épouse Dodue lui avait donné, mais celui que sa mère lui avait cousu avec des peaux de macareux, quitta sa chambre et, se dirigeant vers le rondin sans un regard pour Épouse Dodue ou Nombreuses Baleines, sortit sans un mot.

Coupant par le flanc de coteau qui s'élevait au-dessus de l'ulaq de Roc Dur, il traversa l'ivraie qui arrivait à hauteur de poitrine pour laisser place à la camarine et aux premières mousses qui envahissaient les pentes rocheuses.

Il entendit le murmure avant de voir la main et perçut le sifflement.

— Chut ! Du calme.

La main saisit son poignet et l'attira dans l'herbe. Un instant plus tard, ses yeux plongeaient dans les yeux noirs de Panier Moucheté.

Elle était nue, son tablier plié sur l'herbe à côté d'elle, son suk sous elle comme une natte de couchage. Sa bouche s'ourla d'un sourire.

— En général, j'attends Oiseau Crochu, dit-elle. Mais il n'est pas venu, aujourd'hui.

Samig s'arracha à son étreinte, se releva, mais Panier Moucheté le regarda à travers ses cils, esquissant une moue.

— Tu es un homme, maintenant, minauda-t-elle en se caressant le menton du bout des doigts. Tu as chassé des baleines. As-tu peur des femmes ?

Oui, je suis un homme, se dit Samig, quoi qu'en pense mon grand-père. Samig s'accroupit près de Panier Moucheté et tendit les mains pour y enfermer ses petits seins. Elle glissa sous le parka de Samig et lui caressa l'intérieur des cuisses. « Que feras-tu si Nombreuses Baleines l'apprend ? » murmura une voix en lui.

Mais il laissa ses yeux suivre ses mains et respira l'odeur chaude de la femme tandis que Panier Moucheté ouvrait les genoux. Pourquoi s'inquiéterait-il de l'opinion de Nombreuses Baleines ? Le vieil homme s'intéressait-il à lui ?

29

Après leur dispute, Samig avait compris la dureté de l'homme qui était son grand-père. Et maintenant, devant les chasseurs du village, il éprouvait une fois de plus son obstination et son inflexibilité que dissimulaient ses paroles persuasives.

— Nous troquons, alors ? s'enquit Nombreuses Baleines.

Personne ne répondit et Samig crut que tout le monde était d'accord. Certains s'étaient déjà levés, scrutant l'horizon, observant la mer, guettant le ciel. Mais, à cet instant, Roc Dur se leva à son tour, quelques hommes serrés contre lui. Samig s'aperçut alors que Nombreuses Baleines se raidissait, le regard empreint de tristesse.

— Tu as tort, objecta Roc Dur posément.

Samig se tenait derrière le cercle des hommes, mais sentait pourtant les mots se projeter avec force.

— Les femmes doivent travailler plus dur, faire sécher la viande et stocker l'huile afin que nous puissions nous nourrir pendant de nombreux mois. Peut-être l'an prochain n'y aura-t-il plus de baleines.

Nombreuses Baleines repartit avec calme :

— Nous échangerons de la viande contre de la viande. Phoque contre baleine.

— Cela ne se discute pas, reprit Roc Dur, mais l'huile ? L'huile de phoque n'est rien. Ou bien comptes-tu troquer de la graisse d'oiseau contre notre huile de phoque ?

Samig sentit les prémices de la défaite et attendit, le souffle serré dans sa poitrine. Son peuple avait besoin de cette viande. Et encore plus de cette huile.

— Prendras-tu des paniers ?

Cette question insultante claqua comme un fouet.

Nombreuses Baleines ne répondit pas.

— Tueur de Baleines, appela Roc Dur.

Samig leva les yeux et affronta le regard de l'homme.

— Qu'a ton peuple à offrir contre de l'huile ?

Samig regarda Nombreuses Baleines mais ne lut aucune réponse dans ses yeux. Il se débrouilla donc seul.

— Les Premiers Hommes ont toujours été des commerçants, commença-t-il avec calme. Tu as négocié avec eux. Je n'ai pas besoin de te rappeler les choses engrangées dans leurs ulas. Je n'ai pas besoin de te parler des peaux de phoque pleines de poissons. De nerfs de caribous, forts et fins comme des cheveux de femme. D'huile et de viande de phoque. De paniers. De racines qui guérissent.

Il marqua une légère pause avant de poursuivre :

— Sans oublier l'ivoire et l'obsidienne. Mon frère fabrique de magnifiques couteaux.

Sur quoi il tira du fourreau de sa ceinture le cadeau d'Amgigh et le brandit de façon que les hommes puissent admirer la longue lame d'obsidienne.

Souffle retenu, silence, puis brouhaha général.

Mais Roc Dur reprit la parole. Ses mots étaient si durs et si violents que Samig comprit que la discussion ne portait pas sur le troc. Les Chasseurs de Baleines n'avaient pas besoin d'autant de viande de baleine et le troc avec les Premiers Hommes était un temps de célébration et de réjouissances. La discussion concernait la voix qui dirigeait le peuple. Nombreuses Baleines était autrefois un grand chasseur, mais il ne pouvait plus attraper de baleines. Sa valeur tenait à l'enseignement de son art et au partage de ses connaissances. Roc Dur, lui, ramenait plus de baleines qu'aucun autre n'en avait jamais pris. Il était le chef de droit.

Samig étudia le visage de son grand-père. Le vieil homme avait les paupières closes et les mains croisées sur le ventre.

Roc Dur était debout et étudiait maintenant les

hommes rassemblés autour de lui. Certains regardaient en direction de la mer; d'autres faisaient glisser du sable entre leurs doigts.

Ils ne veulent pas choisir, se dit Samig. C'est trop difficile.

— Je refuse de commercer, lâcha enfin Roc Dur. Ma part restera au village. Mais chaque homme doit décider pour lui-même. Je ne déciderai pour personne.

C'est juste. Chaque homme doit décider ce qu'il fera, songea Samig, qui en éprouva davantage de respect pour Roc Dur. Il comprit alors pourquoi Nombreuses Baleines avait fermé les yeux, pourquoi Roc Dur était digne d'être chef.

Les hommes s'éloignèrent, certains marchant vers le courant, d'autres se regroupant au bord de l'eau. Samig observa son grand-père et attendit. Nombreuses Baleines demeurait immobile, paupières closes.

Des images de Panier Moucheté allongée dans l'herbe à son côté surgirent dans l'esprit de Samig, voilant toute autre pensée, toute réflexion.

Lorsque Samig était retourné dans l'ulaq, Épouse Dodue avait plissé les yeux vers lui et lui avait dit que Nombreuses Baleines était parti parler aux hommes, qu'il devait les rejoindre. Mais avant qu'il pût s'éclipser, Épouse Dodue l'encerclait de ses bras et avait entrepris en gloussant d'ôter les brins d'herbe des plumes de son parka.

Elle n'avait soufflé mot, mais Samig avait senti ses joues le brûler et, au moment où Samig grimpait hors de l'ulaq, Épouse Dodue l'avait rappelé :

— La prochaine fois, demande à Panier Moucheté d'enlever l'herbe de ton parka, ainsi Nombreuses Baleines n'en saura rien.

Au souvenir de ces paroles, le visage de Samig s'enflamma de nouveau. Comment savait-elle que c'était Panier Moucheté? Cette femme parlait-elle aux esprits?

Nombreuses Baleines s'éclaircit la gorge et ouvrit les yeux; les pensées de Samig revinrent à son grand-père. Que dirait-il s'il découvrait la désobéissance de Samig? Comment Samig pourrait-il se défendre? Quel homme n'avait pas besoin de femme? Mais quel chasseur se refuserait ce plaisir afin de renforcer son pouvoir à la chasse? Pas étonnant que Nombreuses Baleines ne considère pas Samig comme un homme. Un homme ne laisse pas sa colère lui dicter sa conduite. Il exerce son contrôle en tout point.

— Ils sont partis? demanda Nombreuses Baleines à Samig.

— Oui, grand-père, répondit Samig en s'apercevant qu'il était incapable d'affronter son regard.

Non seulement il avait désobéi, mais il pouvait coûter à son grand-père le commandement de la tribu. Il ne s'était jamais trouvé égoïste, mais soudain, toute cette colère lui paraissait stupide, et le souvenir de ce moment avec Panier Moucheté était comme une pierre au cœur de sa poitrine.

C'est alors qu'il entendit sa voix intérieure lui souffler : « Ce que tu as fait avec Panier Moucheté fut l'acte d'un garçon, pas d'un homme, mais ton souci pour ton propre peuple n'est pas un souci égoïste. Chaque homme doit prendre en considération les besoins des siens. Sinon, pourquoi chasser? Ta vie vaut-elle moins que de la viande et de l'huile de phoque? Non, tu chasses pour ton peuple, afin qu'il puisse vivre. Il n'y a nul égoïsme en cela. »

— Tu comprends? demanda Nombreuses Baleines.

Et Samig eut l'impression que son grand-père avait lui aussi entendu la voix intérieure de son petit-fils.

— Oui.

— Ce sera un bon chef.

Samig comprit que Nombreuses Baleines parlait de Roc Dur.

— Roc Dur suit son propre chemin, libre aux autres de le suivre ou pas.

— Ils auraient fait selon ton désir, objecta Samig.

— Oui, approuva le vieil homme. Mais il est temps. C'est la meilleure façon. Personne n'est déshonoré.

Samig se leva et attendit que le vieil homme se dresse sur ses pieds.

— Comprends-tu qu'il y aura peu d'huile ou de viande de baleine à échanger avec ton peuple ? La part de l'alananasika est la plus grande et, si d'autres négocient leur viande, ils ne peuvent être assurés que Roc Dur partagera avec leur famille au cours de l'hiver.

Samig hocha la tête.

— Comprends-tu pourquoi Roc Dur t'a interrogé ?

Samig sourit.

— Je suis un Traqueur de Phoques.

— Non, objecta Nombreuses Baleines. Ce n'est pas la raison.

Il se racla la gorge et ajusta le col de son parka.

— L'âge venant, un homme comprend les manières des autres. Il apprend à observer les yeux, le jeu de la mâchoire, le mouvement des doigts. J'ai observé Roc Dur. Il a peur que les baleines ne soient venues grâce à toi. C'est pourquoi il dit que tu seras le chasseur si une autre baleine vient. Il veut voir si tu as le pouvoir d'appeler une autre baleine et si, en ce cas, tu possèdes assez d'adresse pour l'attraper. La plupart du temps, de nombreuses baleines harponnées ne meurent pas ou échouent sur une autre plage. Bien souvent, le chasseur ne peut pas s'approcher suffisamment pour placer sa lance ou, s'il y parvient, la baleine renverse son ikyak. Cette année, chaque baleine harponnée a été prise. Quelqu'un possède un grand pouvoir. Roc Dur craint que ce ne soit toi.

30

Samig fut le premier au village à repérer les signaux et les jeunes guetteurs lançaient juste leurs appels quand Samig les rejoignit en s'écriant :

— Une baleine ! Une baleine !

Il croisa son grand-père en haut de l'ulaq ; le vieil homme plissait les yeux en direction des feux. Lorsque Samig fut à portée de voix, Nombreuses Baleines le tança :

— Tu es le chasseur de baleines. Le chasseur de baleines n'appelle pas. Entre. Épouse Dodue a préparé ton chigadax.

Samig prit ses lances dans la cache d'armes et Nombreuses Baleines lui tendit la boîte en ivoire sculpté contenant le poison que Samig mettrait sous les têtes de harpon. Samig noua les têtes à l'aide de mèches de nerf. Le nerf romprait à l'instant où le harpon pénétrerait dans le corps de la baleine, et la pointe empoisonnée aurait tout le temps d'infecter la chair.

Il enfila son chigadax et serra l'amulette qui pendait à son cou.

Nombreuses Baleines posa la main sur le poignet de Samig.

— J'ai vu le jet, dit le vieil homme. C'est le jet bas et large de la baleine à bosse. Tu ne pouvais rêver mieux pour ta première sortie. Mais prends garde à sa queue. Elle est longue et la baleine s'en sert comme un homme se sert de son bras... Sois fort, ajouta-t-il après avoir lâché le poignet de son petit-fils.

Samig quitta l'ulaq. Les gens l'attendaient et se tinrent à légère distance tandis qu'il se dirigeait vers son ikyak. Samig remarqua que Roc Dur n'était pas là mais il leva la tête et marcha comme un chasseur doit le faire, l'œil fixé sur la mer, les harpons pesant lourd dans sa main droite. Pour la première fois depuis son arrivée dans l'ulaq de son grand-père, il sentait qu'il avait sa place au village des Chasseurs de Baleines.

Samig porta son ikyak jusqu'à l'eau et grimpa dedans, étendant ses jambes devant lui. Il installa la jupe autour de sa poitrine et la ficela sur son épaule grâce à la corde tressée par Épouse Dodue. Il fixa ses harpons sur le dessus de l'ikyak et pagaya en direction de l'océan.

Une fois éloigné des turbulences du rivage, il brossa aisément la surface de l'eau, fouettant la mer au sommet de chaque renflement de la houle. Pendant un long moment, il ne vit rien et se demanda s'il n'avait pas mis trop longtemps à s'habiller et à lancer son embarcation. Puis il remarqua le cercle croissant des bulles, l'écume juste sous la surface, et il immobilisa son ikyak en plaçant sa pagaie presque à la verticale, prêt à tourner ou à foncer en avant. Soudain, l'eau s'assombrit. La baleine brisait la surface.

C'était bien une mégaptère ; ses nageoires bordées de blanc se détachaient, pâles contre la surface de l'eau. Elle s'approcha lentement, se tournant en se soulevant, dévoilant la crête de son dos. L'eau gronda et le bruit fut immense, cognant aux oreilles de Samig. Samig fit avancer son ikyak et arma son bras, prêt à lancer son premier harpon.

Mais la taille impressionnante de l'animal et le bouillonnement de l'eau ébranlèrent la confiance de Samig en son habileté. La baleine était une montagne et, brusquement, Samig se retrouva petit garçon, prenant conscience que son ikyak était minuscule en regard de la mer, et frêle en regard de la baleine. Il serra la main sur son propulseur mais se montra incapable de bouger le bras, incapable de lancer le harpon.

Alors, la baleine se trouva de nouveau en eau profonde.

Samig trembla de dépit. Tu es un gamin, se dit-il.

Rien qu'un gamin apeuré. Peut-être que ton grand-père a raison. Tu ferais mieux de retourner chez les Traqueurs de Phoques pour tisser des paniers. Mais il se rappela alors autre chose que lui avait dit son grand-père : bien des hommes échouent la première fois. Même Roc Dur avait fait demi-tour et fui sa première baleine.

Alors Samig repoussa la peur qui s'était installée dans son ventre comme une pierre et s'arma de nouveau. Il se parla, sans colère, mais comme s'il encourageait un autre chasseur avec gentillesse.

— La baleine va peut-être revenir. Tu es fort. Tiens-toi prêt. Tiens-toi prêt.

Il rama en direction de l'horizon nord, se repérant grâce à la brume jaune du soleil et à la ligne grise du rivage. Une fois encore, l'eau s'assombrit. Une fois encore, la mer vira au vert tandis que la baleine montait à la surface. Mais cette fois, Samig s'approcha, prenant le risque que la baleine retourne son ikyak d'une chiquenaude.

Samig leva son harpon tout en maintenant son ikyak avec sa pagaie et raidit ses doigts sur le propulseur au moment où l'animal creva la surface. Un moment, les yeux de Samig se posèrent sur son ikyak, sur l'eau qui surgissait avec la baleine et engloutissait la proue. Comme la déferlante dans une tempête, l'eau refoulait l'ikyak, qui plongea tel un lion de mer. La mer recouvrait la proue, recouvrait les liens qui maintenaient les autres lances. Samig rejeta sa pagaie en arrière, la poussant dans l'écume blanche. L'avant de l'ikyak se redressa enfin.

Puis la baleine vira, exposant un flanc blanc ; alors Samig oublia son ikyak, oublia toute chose hormis la baleine. Il assura sa prise sur son propulseur, s'adossa à la poupe de son bateau et visa, ainsi que Nombreuses Baleines le lui avait appris, de façon que le harpon aille frapper sous la nageoire.

Ce ne fut pas un beau lancer. Le harpon tourbillonna, puis chancela ; pourtant, un esprit sembla le porter jusqu'à la baleine et Samig crut entendre l'animal gémir au moment où l'arme se ficha dans son corps. La lourde couche blanche sous la peau noire se referma autour de la hampe et, quand la baleine plongea, un épais flot de rouge s'échappa de la blessure, laissant une tache d'huile et de sang à la surface de l'eau.

Samig lutta pour empêcher son ikyak de chavirer dans l'écume causée par le plongeon. Il libéra un flotteur en peau de phoque de ses liens, vérifia que la pierre de lest était fermement attachée au flotteur, puis le balança à l'eau à l'endroit où il avait vu la baleine plonger. Après quoi il fit volte-face à toute allure, poussant son ikyak vers le rivage à longs coups de pagaie énergiques, propulsé par les vagues. Les chasseurs étaient debout sur la plage et, comme il s'approchait, Samig leva sa pagaie au-dessus de sa tête, signe que la baleine était touchée. Plusieurs hommes grimpèrent dans leur ikyak et pagayèrent en direction du flotteur. Samig, lui, se rendit dans la hutte de l'alananasika afin de s'offrir à la baleine tout comme il voulait que la baleine s'offrît aux Chasseurs de Baleines. Cadeau pour cadeau. Et, dans sa métamorphose, Samig remercia l'animal qui prêterait sa chair afin que des hommes vivent.

C'était le troisième jour. Samig marquait le temps par les bruits du village. Il était une fois de plus devenu baleine, sentait qu'il tombait malade, avait conscience d'approcher la mort. Mais soudain, il était redevenu lui-même. Que s'était-il passé ?

Il attendit, l'oreille aux aguets. Oui, des voix parvenaient de la plage. Il entendit Roc Dur et Phoque Mourant. Ils étaient de retour. La baleine était-elle sur la plage ou était-elle perdue ?

Soudain, le rabat de la porte de la hutte fut rejeté en arrière. Nombreuses Baleines se tenait devant l'ouverture. La lumière qui brillait autour du vieil homme dissimulait son visage ; Samig ne distinguait que le contour des membres fins de son grand-père et ses épaules courbées.

Il ne soufflait mot et Samig finit par demander :

— La baleine s'est échouée ?

— Oui, répondit Nombreuses Baleines posément. Il se tenait toujours dans l'embrasure et n'esquissait pas le moindre geste pour aider son petit-fils à se relever.

— Est-ce le moment d'extraire le poison ?

— Oui.

Samig se leva, avec une brusque sensation de malaise. Son grand-père manifestait une dureté qu'il ne comprenait pas.

Samig suivit Nombreuses Baleines mais s'arrêta dès qu'il aperçut la plage : elle était vide.

— Voilà, dit Nombreuses Baleines en désignant l'ikyak de Samig, va chercher ta baleine.

Samig se tourna vers son grand-père, cherchant la signification de ses paroles. Plusieurs chasseurs s'étaient rassemblés, dont Roc Dur, un large sourire sur son visage.

— Ton grand-père te dit d'aller chercher ta baleine, commença Roc Dur. Mais moi je dis « Reste ici ». Les Traqueurs de Phoques reconnaîtront ton harpon, n'est-ce pas ? Tu l'as orné de façon identique à tes harpons de phoque. Ils savent sûrement qu'il ne faut pas manger ton poison.

Mais Phoque Mourant posa la main sur l'épaule de Samig.

— Le choix que tu as fait est un choix de chasseur, celui de nourrir son peuple. Tu possèdes le pouvoir. Nous n'avons jamais vu un tel pouvoir.

Roc Dur repoussa Phoque Mourant, cracha par terre aux pieds de ce dernier et plongea dans les yeux de Samig. Il s'exprima d'une voix basse où Samig reconnaissait la colère :

— Tu ne seras jamais alananasika. Ton pouvoir n'est rien. Ne crois pas que tu puisses régner sur les hommes comme tu règnes sur les baleines !

Roc Dur tourna les talons et les autres le suivirent, laissant Samig et Nombreuses Baleines seuls sur la plage. Samig eut l'impression qu'il était toujours dans son rêve de métamorphose, que le monde que voyaient ses yeux n'était pas réel. Il n'avait pas appelé la baleine à se rendre sur la plage des Premiers Hommes. Quel homme détenait le pouvoir de faire une chose pareille ?

— Je n'ai pas..., commença Samig.

Mais Nombreuses Baleines l'interrompit :

— Pars-tu ou restes-tu ?

— Ai-je encore le choix ?

— Oui.

Samig s'autorisa à songer un moment à Kiin, à sa mère, au village des Premiers Hommes ; puis il se rappela la promesse qu'il avait faite à Kayugh, à Amgigh. Il avait encore beaucoup à apprendre.

— Je reste.

Nombreuses Baleines approuva d'un hochement de tête.

— Je n'ai pas envoyé la baleine..., insista Samig.

Mais une fois encore, Nombreuses Baleines lui coupa la parole :

— As-tu faim ?

Samig poussa un long soupir.

— Oui.

— Je vais demander à Épouse Dodue de t'apporter quelque chose.

Nombreuses Baleines marcha vers son ulaq et se retourna, le regard adouci :

— Samig, le pouvoir d'un homme n'est pas seulement ce qu'il sait qu'est ce pouvoir, mais ce que les autres croient qu'il est.

Puis, d'une voix tranquille qui tourbillonna dans le brouillard ténu qui se posait sur la plage, il ajouta :

— Si les Traqueurs de Phoques avaient été mon peuple, j'aurais agi de même.

31

Amgigh était dans son ikyak près des nids de varech quand il la vit. Une grande baleine à bosse qui décrivait des cercles ; l'écume de son sillage était noire, comme si le noir de sa peau teintait l'eau.

Amgigh eut soudain la gorge nouée, les battements de son cœur s'accélèrent dans les veines de son avant-bras. Une baleine ! De quoi manger pendant des jours. De la nourriture et de l'huile. Il manœuvra son ikyak en direction de la plage et pagaya à toute vitesse, criant tandis qu'il s'approchait du rivage jusqu'à ce que Oiseau Gris, Kayugh, Premier Flocon et Longues Dents fussent rassemblés sur le sable.

— Une baleine, une baleine ! s'écria Amgigh. Une mégaptère. Apportez des flotteurs et des harpons !

Une fois certain que les hommes avaient compris, il fit demi-tour en direction des lits de varech. Il ne s'aperçut qu'il retenait son souffle qu'au moment où il avisa de nouveau la baleine, nageant toujours en rond ; à cet instant, il inspira à pleins poumons et retint son souffle jusqu'à ce que son cœur batte plus lentement et que son bras cesse de trembler.

Il maintint son ikyak près de la baleine, suffisamment à l'écart cependant pour éviter son sillage mousseux. Il attendait son père.

— Les autres suivent, s'écria Kayugh en amenant son ikyak contre celui d'Amgigh.

Amgigh vit son père secouer la tête, ses yeux scintillant de joie. La poitrine d'Amgigh s'emplit soudain de fierté. Pour quelque raison, c'est à lui que les esprits avaient envoyé la baleine. Peut-être dans le but de montrer qu'il était aussi bon chasseur que Samig, qu'entre les deux frères, c'était lui qu'on aurait dû envoyer chez les Chasseurs de Baleines. Ou peut-être pour compenser la perte de sa femme. Qui pouvait dire ? La baleine était un présent. Pourquoi se poser des questions à propos d'un cadeau ?

— Apportent-ils des flotteurs ? s'enquit Amgigh.

Comme il s'agissait d'une baleine à bosse, elle s'enfoncerait dans l'eau une fois morte ; et à moins qu'une tempête n'amène soudain des vagues fortes, la carcasse demeurerait dans l'eau, prisonnière et perdue sous le varech.

— Oui, répondit Kayugh.

Un appel leur parvint. Les deux hommes se retournèrent pour voir Oiseau Gris, Longues Dents et Premier Flocon derrière eux, des flotteurs en vessie de phoque attachés à l'avant et à l'arrière de chaque embarcation.

— Par quoi commençons-nous ? demanda Amgigh.

— C'est ta baleine, répliqua Kayugh, à toi de décider.

À cette réponse, Amgigh sentit les picotements de la peur, pourtant, il ne quitta pas la baleine des yeux et la vit dessiner des cercles de plus en plus petits, son chemin dans la mer moins assuré.

— Elle est en train de mourir, constata Amgigh. Peut-être que sa viande ne sera pas bonne.

— Peut-être, admit Kayugh. Mais nous pourrons toujours utiliser l'huile pour nos lampes.

— Oui, enchaîna Amgigh d'une voix basse.

— Bon, alors..., fit Kayugh.

— Alors, dit Amgigh en inspirant profondément en attendant que les autres rapprochent leur ikyak. D'abord, chaque homme devrait lancer deux harpons et chaque harpon devrait être muni de deux flotteurs.

Il marqua une pause et eut un regard pour son père puis pour Longues Dents. Souriant, Longues Dents semblait ne faire aucune objection. Le visage de Kayugh était sérieux, comme s'il se concentrait sur les propos de son fils. La peur qui planait audessus de la poitrine d'Amgigh se mut soudain en un sentiment proche de l'excitation, comme la sensation d'un homme qui voit pour la première fois la tête foncée d'un phoque au-dessus des vagues. Amgigh éleva la voix et orienta son ikyak de façon à s'adresser à tous :

— Conservez un harpon attaché à votre ikyak à l'aide d'une longue corde.

— La baleine va nous entraîner avec elle au fond de l'eau, marmonna Oiseau Gris.

La protestation d'Oiseau Gris agaça Amgigh dont la peur reparut, enserrant sa gorge au point que sa voix sonna haut perchée comme celle d'un garçon :

— La baleine est trop faible pour plonger contre les flots, objecta-t-il.

— Que sais-tu des baleines, ricana Oiseau Gris. Que sais-tu de la force et de la faiblesse ?

— As-tu un couteau ? demanda brusquement Longues Dents à Oiseau Gris.

Ce dernier sortit un couteau du fourreau à son poignet et l'exhiba.

— Est-il aiguisé ? demanda Longues Dents.

— Demande-le-lui, dit Oiseau Gris en désignant Amgigh de la pointe de son couteau. C'est lui qui l'a fait.

— Il est aiguisé, répondit Amgigh, qui grinça des dents sous l'insulte.

— Alors peut-être es-tu suffisamment fort pour trancher la ligne si la baleine plonge, dit Longues Dents tout en nouant une corde à son harpon, vérifiant ses flotteurs en même temps qu'il les libérait.

Le visage d'Oiseau Gris s'assombrit. Amgigh, son courage aiguillonné grâce à l'intervention de Longues Dents, poussa soudain son ikyak vers la baleine. Une fois assez près, il lança son harpon qui atterrit avec perfection dans le flanc de la baleine.

La baleine frémit, et Amgigh poussa un cri triomphant. Puis Longues Dents, Kayugh et Premier Flocon projetèrent leur lance. Bon dernier, Oiseau Gris en fit autant.

La baleine se souleva, enveloppant les lignes autour de son corps et se glissant dans l'eau. La force du plongeon de l'animal ébranla l'ikyak d'Amgigh dans le sillage écumeux de l'animal. L'eau bouillonna et siffla par-dessus la proue. Amgigh s'aperçut que les autres chasseurs possédaient des lignes plus longues qui maintenaient leur embarcation à l'abri des remous.

Une fois encore, la baleine fit une secousse. L'ikyak d'Amgigh filait dans l'eau, se tordant jusqu'à ce que la ligne se soit entourée deux fois à la proue. La corde se tendit à rompre. Amgigh entendit gémir le squelette de bois de son bateau.

— Coupe la corde ! Coupe la corde ! s'écria son père.

Amgigh tira son couteau de son fourreau ; mais à ce moment, la baleine se tourna de nouveau et la pointe de l'ikyak plongea dans l'eau. Soudain, l'embarcation se retrouva debout. Amgigh, penché en arrière pour maintenir son équilibre, serra sa pagaie à deux mains et son couteau lui échappa.

La baleine plongea, entraînant Amgigh avec elle. L'eau salée lui piqua les narines. Il lâcha sa pagaie et manipula les nœuds de la jupe, mais, dans l'eau, ses doigts étaient lents et gourds.

Bientôt, ses poumons le brûlèrent et il lutta contre l'envie de respirer. Quelle chance lui resterait-il s'il aspirait de l'eau ?

Au-dessous de lui, la baleine était noire et immense. Son harpon et ceux des autres scintillaient en un amas noir qui semblait s'échapper du flanc de la baleine.

La baleine se retourna, enserrant davantage encore l'ikyak dans ses cordes. C'est alors qu'Amgigh remarqua une autre lance, une lance ornée de marques noires et de cercles blancs.

La lance de Samig.

Il sut. La baleine ne lui appartenait pas. C'était celle de Samig. C'était Samig qui l'avait envoyée et non quelque esprit. Samig. Oui, bien sûr, comment avait-il pu imaginer autre chose ? Tout appartenait à

Samig. Samig avait pris le premier phoque ; Samig lançait le javelot le plus loin ; Samig pêchait le plus de poissons. Kiin, si elle était l'épouse d'Amgigh, avait appartenu à Samig. Qui ne le voyait pas chaque fois qu'elle regardait Samig ? Et maintenant, cette baleine. Même la baleine.

Toutes choses appartenaient à Samig.

32

Kayugh vit avec horreur l'ikyak d'Amgigh disparaître avec la baleine. Il avait tranché ses propres lignes de harpon et avait toujours son couteau en main. Soudain, avant que son esprit puisse lui donner une bonne raison de ne pas le faire, Kayugh déchira la jupe qui le liait au surbau de l'ikyak.

Tandis qu'il plongeait dans la mer, Kayugh entendit faiblement la voix de Longues Dents :

— Non-on-on-on...

Kayugh nageait sous l'eau à grandes brasses désespérées. Son esprit répétait : Quelle profondeur ? Six, dix, douze hommes de profondeur ? L'eau se pressait autour de lui ; le froid ralentissait le mouvement de ses bras et l'engourdissait, même son cœur était au ralenti, il en sentait le battement contre ses oreilles. Chaque brasse l'enfonçait davantage dans l'obscurité. Il y avait des voix.

L'homme est-il une loutre, qu'il sache nager ?

Tu penses qu'Amgigh est vivant ? C'est impossible.

Comment le trouveras-tu ? Il fait trop noir. Trop noir.

Puis il vit le visage de Chagak, les traits tirés de chagrin, marqué des cicatrices du deuil. Pour Amgigh ? Pour son époux ?

Il allait faire demi-tour quand il distingua, dans la

pénombre, l'ikyak dont les flotteurs de proue et de poupe provoquaient des tourbillons. Il fonça vers la baleine qui remontait en direction de Kayugh.

Les poumons près d'éclater, Kayugh s'obligea à lutter contre le courant. Il tendit les bras vers l'ikyak, manqua son coup, essaya de nouveau, réussit à l'attraper, se hissa vers Amgigh, vers son visage blanc, vers ses yeux fixes, grands ouverts. Le noir envahissait l'esprit de Kayugh, ralentissait ses pensées, obscurcissait sa vision. La baleine ne plongeait plus, elle se tenait immobile dans le crépuscule de l'eau. Kayugh tendit la main vers la jupe de l'esquif d'Amgigh, voulut couper. Il ne sentait pas le couteau, observait le mouvement malhabile de ses doigts comme si ce n'étaient pas les siens. Il luttait contre l'envie de respirer. La douleur, la douleur dans sa poitrine, dans ses oreilles. Le couteau trancha, enfin.

Libéré, Amgigh commença à remonter. La mer semblait le pousser vers le haut. Puis Kayugh lâcha le couteau, enveloppa son bras autour de son fils, battit des pieds comme il avait vu faire les loutres. Il ne savait plus où était le ciel et où était le fond de la mer, mais il s'éloigna de la baleine et de l'ikyak.

Le froid n'était plus le froid, Kayugh ne pouvait plus bouger ni bras ni jambes, son corps était tout raide. Il inspira ; l'eau emplit sa bouche, son nez et ses poumons. Il étouffa, laissa entrer encore de l'eau ; il lutta contre la douleur qu'elle causait dans ses poumons.

Et puis il y eut des mains qui saisissaient le capuchon de son chigadax, qui le tiraient hors de l'eau ; la voix d'Oiseau Gris : « Accroche-toi à Amgigh. Accroche-toi à Amgigh... »

Et ce fut comme s'il était un esprit qui observait.

Étouffant, toussant, l'eau s'échappant de sa bouche et de son nez, des bras guidant ses jambes dans son ikyak, Longues Dents arrimant les ikyan ensemble, Oiseau Gris attachant Amgigh sur le devant du sien.

Puis Kayugh fut sur le rivage ; transporté dans son ulaq. Il lutta pour ouvrir les yeux mais en vain.

Il passait du sommeil à l'éveil, guettant les chants de deuil, même dans ses rêves. Il n'y en avait pas. Rien que des berceuses, des berceuses. Pour quel enfant, quel bébé ? Baie Rouge ? Amgigh ? Samig ? Mésange ?

Au milieu des chansons, la voix de Premier Flocon :

— Dis à Kayugh que la baleine s'est échouée sur notre rivage.

Et la voix de Chagak :

— Ne me parle pas de baleines.

33

D'un geste caressant, Chagak repoussait les cheveux du visage de son fils. Cela faisait maintenant deux jours qu'il était allongé dans l'ulaq, paupières closes, la poitrine bougeant à peine.

Kayugh lui-même était revenu au village presque mort, son ikyak arrimé à celui de Longues Dents, qui pagayait pour deux. Amgigh gisait en travers de la proue de l'embarcation d'Oiseau Gris. Chagak était sur la plage avec les autres femmes ; toutes attendaient de voir si leurs chasseurs réussiraient à ramener la baleine.

Lorsque Oiseau Gris avait détaché Amgigh pour le poser délicatement sur le sable, Nez Crochu avait entonné le chant de deuil, mais Chagak s'était agenouillée près d'Amgigh et avait entendu ce qu'Oiseau Gris n'avait pas entendu, le souffle rauque d'Amgigh.

Elle avait bondi sur ses pieds et hurlé que son fils était vivant, puis elle avait regardé Longues Dents forcer de ses bras robustes l'eau à quitter les poumons du garçon.

Même Oiseau Gris — Waxtal — avait aidé à sucer le mucus de la gorge d'Amgigh ; et, au lieu de s'en vanter après coup, il s'était contenté de hausser les épaules quand Chagak l'avait remercié, affirmant qu'Amgigh avait été un bon mari pour sa fille.

Un peu de la méfiance de Chagak envers Oiseau Gris s'en alla, si bien qu'au cours des nuits où Oiseau Gris proposa de veiller Amgigh pour permettre à Chagak de se reposer, elle accepta de bonne grâce.

Pendant deux jours, Kayugh dormit, le corps secoué de tremblements ; il finit cependant par s'éveiller, s'asseoir sur son séant, manger, parler et enfin lutter contre le désir de Chagak de le garder avec elle dans l'ulaq jusqu'au moment où elle le laissa sortir, s'asseoir sur le toit et regarder les femmes dépecer la baleine. La mégaptère gisait sur la plage, immense et sanguinolente. Chagak abhorrait ce spectacle.

Les baleines lui avaient enlevé Samig pour l'emmener chez le peuple de son grand-père ; une baleine avait failli lui prendre Kayugh et maintenant, elle disputait à une baleine la vie d'Amgigh.

Elle s'empara d'une statuette de baleine qu'Amgigh gardait dans sa chambre. C'était une des sculptures de Shuganan. Depuis des années, chaque fois que Chagak la regardait, elle voyait les mains de Shuganan tenant son couteau incurvé, les yeux de Shuganan en train d'observer, de repérer dans l'ivoire ce que personne d'autre ne voyait tant que l'œuvre n'était pas achevée. Mais cette fois, elle ne voyait pas Shuganan. Elle voyait Samig partir dans son ikyak ; elle voyait Amgigh, pâle et immobile. On lui avait pris ses deux fils.

Autrefois, elle avait vaincu leurs esprits en attrapant deux jeunes eiders avec son bola. Mais quel était le pouvoir d'un jeune eider comparé à celui d'une baleine ?

Oui, songea-t-elle, sa colère faisant résonner ses pensées haut dans son esprit. Oui, se disait-elle tandis que les autres femmes se réjouissaient de la viande et de l'huile, dépeçaient la baleine et lui brisaient les os. Elle m'a pris mes fils, mes beaux garçons.

Et, dans son chagrin, elle se souvint de tous les autres deuils qu'elle avait subis : sa famille, son village, son frère Pup, Shuganan. Maintenant, il y en avait deux de plus : Samig, parti chez les Chasseurs de Baleines, Kiin disparue en mer. Perdrait-elle aussi Amgigh ?

Elle se rappela la baleine qui s'était échouée sur la plage de Shuganan le matin de la cérémonie d'attribution du nom de Samig. Après avoir présenté Samig aux quatre vents, Shuganan avait posé la main du bébé contre le flanc de la baleine. Chagak se rappela à quel point elle s'était sentie mal à l'aise. Peut-être avait elle su dès cet instant que cet animal lui prendrait ses fils. Même alors.

En soupirant, Chagak pressa ses mains contre le visage d'Amgigh. Le premier jour, elle avait peigné les cheveux d'Amgigh à l'huile de phoque avec le dos denté d'une coquille de yoldia, mais ce geste ressemblait trop à ce qu'on faisait pour un mort ; aussi, aujourd'hui, Chagak n'avait-elle pas coiffé les cheveux d'Amgigh, allant même jusqu'à les ébouriffer légèrement pour qu'il ressemble à un homme endormi et non à un homme préparé pour des funérailles.

— Réveille-toi, réveille-toi, appela-t-elle.

Mais Amgigh ne paraissait pas l'entendre.

Puis la voix de la loutre parvint à Chagak. Chagak refusa d'écouter. Elle se souvint pourtant que la loutre était un bienfait dans son âme depuis qu'elle et Shuganan avaient tué, voici bien longtemps, le véritable père de Samig. « La baleine est bonne, dit la loutre. La baleine est nourriture. Elle est huile pour tes lampes, peau pour le chigadax de ton époux, os pour la construction des ulas. Elle est bonne. Samig l'a envoyée. Elle est bénéfique. »

— Samig l'a envoyée, dit Chagak à voix haute. Elle est bénéfique.

Malgré tout, au fond d'elle-même, elle sentait la douleur exaspérante de la colère.

Soudain, Amgigh gémit. Le cœur lourd de frayeur, Chagak se pencha sur lui. Amgigh remua la tête. Chagak retint son souffle.

— Amgigh, murmura-t-elle.

Amgigh battit des paupières et garda un instant les yeux ouverts.

— Amgigh, Amgigh, appela Chagak. Ouvre les yeux. Regarde-moi. Sais-tu qui je suis ?

Amgigh gémit de nouveau, bougea la tête et cligna les yeux. Il sourit, rien qu'un infime tremblement aux commissures des lèvres, mais c'était un vrai sourire, et Chagak, le rire se mêlant aux larmes, entendit :

— Maman.

Quelqu'un descendit le rondin. Kayugh, espéra Chagak ; elle ouvrit le rideau de la chambre d'Amgigh et jeta un coup d'œil au-dehors. C'était Oiseau Gris — non, Waxtal. Son visage était maussade, mais Chagak pointa le menton en direction d'Amgigh et, soudain, Waxtal fut souriant.

— Va chercher Kayugh, dit-il à Chagak. Je reste avec ton fils.

Chagak se pencha et prit la main d'Amgigh.

— Waxtal est celui qui t'a sauvé. Ton père et Waxtal.

Puis elle se releva et se précipita hors de l'ulaq.

Waxtal attendit qu'elle se fût éloignée puis referma le rideau et se pencha sur Amgigh. Il avait patienté, cinq jours et cinq nuits. Il s'était assis à guetter Amgigh. Au début, il avait été calme, puis il s'était énervé. Le jeune homme dormait depuis trop longtemps. Un esprit devait savoir ce que Waxtal tramait et faisait dormir Amgigh, obligeait Waxtal à attendre, raillant sa colère chaque jour plus forte.

L'esprit de Shuganan ? Shuganan savait sûrement ce que savait Oiseau Gris — que l'esprit d'un homme est plus facile à circonvenir au sortir du sommeil, quand les rêves détiennent encore une part de ses pensées. Maintenant qu'il était esprit, Shuganan connaissait peut-être les plans de Waxtal.

Mais l'esprit de Shuganan ne devait pas être aussi fort que l'avait craint Waxtal car Amgigh était réveillé et Waxtal seul avec lui.

— Je suis heureux que tu sois en vie, dit Waxtal à Amgigh.

Il s'obligea à prononcer ces mots avec lenteur, à retenir ce qu'il avait à dire jusqu'à être sûr qu'Amgigh le comprenait.

— M'entends-tu ? demanda-t-il en se penchant davantage.

— Oui, murmura Amgigh d'une voix rauque.

Waxtal sourit et s'éclaircit la gorge :

— Ils prétendent que Samig a envoyé la baleine en cadeau, commença Waxtal. Mais je leur ai dit que Samig avait eu son compte d'honneurs. Je leur ai dit que c'était mon fils Amgigh, autrefois époux de ma fille, qui avait amené la baleine. C'est à lui que revient l'honneur.

Waxtal vit rougir le visage d'Amgigh. Les paupières d'Amgigh se fermèrent un moment puis se rouvrirent.

Waxtal continua de murmurer à l'oreille d'Amgigh :

— Il y a quelque chose que je dois te dire afin que tu puisses te protéger.

Il s'interrompit et attendit qu'Amgigh hochât la tête.

— Je t'ai appris que Samig n'était pas le vrai fils de Kayugh et que tu n'étais pas le vrai fils de Chagak. Mais Chagak a été une bonne mère pour toi et Kayugh a été un bon père pour Samig. Comme ce doit être. Pourtant, songe à ceci : quel pouvoir une mère donne-t-elle à ses fils ? Rien... seulement la nourriture qu'elle prépare et les vêtements qu'elle coud. Un père, lui, donne l'esprit. Or, le vrai père de Samig était un homme mauvais. La plupart des gens l'ignorent. Sauf Chagak et moi. Pas même Kayugh ne sait la vérité au sujet du père de Samig. Si Kayugh l'avait sue, il n'aurait pas laissé vivre Samig.

Waxtal vit Amgigh plisser les yeux, froncer les sourcils puis fermer les paupières. Waxtal ne pouvait prendre le risque de le laisser sombrer dans le sommeil. Il saisit l'épaule d'Amgigh et le secoua :

— Amgigh...

Les yeux d'Amgigh s'ouvrirent brusquement et se fixèrent sur le visage de Waxtal.

— Comment le sais-tu ? dit enfin Amgigh d'une voix raffermie. Comment sais-tu, alors que mon père ne sait pas ?

— Parce que Chagak a gardé le secret afin que Samig ait le droit de vivre. Parce que j'étais avec Shuganan, le grand-père, quand il est mort, et pendant sa mort, son esprit a lutté avec l'esprit du vrai père de Samig.

— Tu as vu les esprits ?

— J'ai entendu les voix.

— Qui était le père de Samig ? demanda Amgigh en s'appuyant sur un coude.

Le mouvement le fit tousser et, bientôt, il cracha des glaires, tandis que des haut-le-cœur l'empêchaient de parler.

Puis Waxtal entendit les voix claires de Chagak et de Kayugh parvenir du toit.

— Allonge-toi, dit Waxtal à Amgigh. Je te raconterai plus tard. Mais cela doit demeurer secret. Il y a longtemps, j'ai promis à Chagak de ne rien dire à personne. Cependant toi, tu dois savoir. Samig est peut-être en train de changer. Peut-être est-ce pourquoi il a envoyé la baleine. Peut-être maintenant qu'il vit parmi les Chasseurs de Baleines Shuganan ne peut-il plus le protéger. Peut-être l'esprit de son père a-t-il trouvé l'occasion de venir à lui, d'enfoncer un peu de sa méchanceté dans l'âme de Samig.

Amgigh se rallongea sur les couvertures et, les yeux fermés, leva la main pour presser la main de Waxtal.

Les doigts d'Amgigh étaient froids. Waxtal frémit. Il se rappela la blancheur du visage d'Amgigh quand Kayugh l'avait remonté de la mer, les algues mêlées à ses cheveux. Amgigh était mort, Waxtal en était sûr. N'avait-il pas tenu le corps d'Amgigh tandis que Longues Dents aidait Kayugh à remonter dans son ikyak ? Waxtal n'avait-il pas attaché Amgigh, mort, à la proue de son propre bateau ? Quel pouvoir Chagak détenait-elle pour que, une fois le garçon enfin sur la plage, le simple fait de se pencher sur lui l'ait ramené à la vie ?

C'est une femme, rien qu'une femme, se rappela Waxtal. Ses pouvoirs ne sont rien comparés à ceux d'un chasseur. Moi, je sculpte, comme Shuganan. Et ce pouvoir-là est celui d'un chaman. Sinon, pourquoi un homme appellerait-il esprit un morceau d'ivoire, un éclat de bois ?

Waxtal lâcha la main d'Amgigh et la fourra sous les peaux de phoque qui le recouvraient. Il répéta dans un souffle :

— Mieux vaut que ta mère ignore que je t'ai tout raconté.

Il attendit un signe d'acquiescement, mais Chagak était déjà dans la chambre en compagnie de Kayugh, qui avait le visage en pleurs. Waxtal se tint un moment debout à les observer, puis les laissa seuls et se glissa en silence hors de l'ulaq pour demeurer debout sur le toit, regardant en direction de l'île Aka, vers la route des marchands.

34

Ils pagayèrent des jours et des jours, voyant deux pleines lunes et s'avançant vers une troisième. L'eau de mer ramollit la couverture de cuir de l'ik, les obligeant à s'arrêter de plus en plus souvent afin de réparer les coutures et de rapiécer les peaux. Qakan n'avait pas pensé à prendre les tranches de lard de phoque que Kiin utilisait pour bourrer les coutures de l'ik ; Kiin emplit donc les coutures perméables de morceaux de graisse de poisson et, chaque nuit, elle ravaudait à s'en faire saigner les doigts.

La brume marine pelait la peau de leur visage et les mains de Kiin n'étaient que craquelures et crevasses. Cependant, ils poursuivaient leur chemin. Deux fois, ils trouvèrent des ulakidaq, des villages des Premiers Hommes. A chaque endroit, ils troquèrent pour de la nourriture et on offrit une femme à Qakan pour les nuits qu'ils y passèrent.

Kiin s'étonna de constater que, malgré son apparente incompétence dans les transactions — il parlait avec lenteur et son visage trahissait souvent son indécision —, il s'en tirait toujours avec plus qu'il n'avait donné ; l'ik s'alourdissait donc maintenant de nouvelles fourrures, de morceaux d'ivoire, de coquillages étranges à quoi s'ajoutaient deux estomacs de phoque remplis de viande séchée.

Malgré l'insistance de Kiin, ils avaient quitté le dernier village voici quatre jours. L'hiver serait bientôt sur eux, amenant les tempêtes où même les meilleurs chasseurs, les plus habiles au maniement de l'ikyak, se refusaient à prendre la mer. Mais Qakan ne voulait pas plus écouter Kiin que les chasseurs du village. Ils continueraient jusqu'au village des Chasseurs de Morses. Ce village-là ferait paraître les deux qu'ils avaient visités petits et sans importance.

Lisant l'obstination dans les yeux de Qakan, Kiin saisit sa pagaie. Que faire d'autre ? La nuit, Qakan lui entravait les poignets et, à cause des liens à ses chevilles, elle devait clopiner. Dans chaque village, Qakan avait expliqué que c'était une esclave. Aussi lui avait-on confié les tâches les plus ardues, les plus détestables, les hommes se contentaient de demander à Qakan s'il acceptait de la vendre pour la nuit. A sa grande surprise, Qakan refusait.

— Les Chasseurs de Morses paieront davantage, expliqua-t-il. Je te garde pour eux. J'ai entendu raconter des choses sur ce que certains hommes ont fait à des esclaves achetées pour la nuit. De plus, ajouta-t-il en tapotant sur le ventre de sa sœur, je ne veux pas apporter la malédiction à mon fils.

Dans les jours qui avaient suivi leur départ du dernier village, l'esprit de Kiin semblait rapetisser de plus en plus, petit caillou dur et pointu niché contre son cœur. Parfois, la nuit, blottis dans leur abri de nattes d'herbe et de peaux de phoque, elle s'éveillait, son sang cognant dans sa poitrine, le vide au-dedans aussi grand que lorsqu'elle ne possédait ni esprit, ni âme.

Kiin enroula les doigts autour de sa pagaie. Ses jointures étaient enflées, ses mains et ses bras raidis par les crampes. Ce matin, le balancement de l'ik lui donnait la nausée. Elle s'arrêta un moment de ramer pour poser sa main au bas de son ventre. Trois lunes avaient passé sans qu'elle ait son sang de femme. Elle soupira. Oui, elle portait un enfant. L'enfant d'Amgigh, se dit-elle. L'enfant d'Amgigh.

Mais quand ses poignets à vif saignaient ou la brûlaient, ou quand son dos était douloureux de ramer tout le jour, une voix de doute lui parvenait et murmurait : « C'est l'enfant de Qakan. Évidemment que l'enfant appartient à Qakan. » A d'autres moments, quand le cri d'un oiseau ou la vue d'une loutre glissant dans l'eau lui donnait un peu d'espoir, une autre voix disait : « C'est l'enfant de Samig. »

Le lendemain de leur départ du premier village,

Qakan l'avait surprise en train de vomir. Elle cherchait des clams dans les flaques laissées par la marée sur la plage où ils allaient passer la nuit. Soudain, la nausée avait monté en elle, lui tordant l'estomac sans recours.

Qakan avait ri et entamé une curieuse danse sautillante, ses pieds maladroits sur le sol, son ventre tressautant à chaque pas. Puis il s'était penché sur Kiin et, tandis qu'elle était accroupie, mains sur le ventre, lui avait hurlé à l'oreille :

— Mon fils ! Mon fils ! mon fils !

Kiin avait fermé les yeux. Puis la nausée avait disparu comme elle était venue. Kiin s'était éloignée et avait grimpé jusqu'à la frange d'ivraie qui poussait au bord d'une longue colline pentue. Elle avait arraché un peu d'herbe et mâché quelques tiges pour calmer son estomac. Puis elle s'était tournée et écriée à l'adresse de Qakan :

— Ton-ton f-f-fils ? avait-elle commencé en levant la voix pour couvrir le bruit du vent. Tu-tu ne m'as pas dodo-donné d'enfant. C'est le fils d'Amgigh. L'enfant était dans mon-dans mon ventre avant que tu me pr-pr-prennes et maintenant il est assez fofort pour lutter contre les graines de ton es-es-esprit. Il possède le s-s-s-sang d'Amgigh et ce-celui de Kayugh, de Chagak et de Shuganan. Comment p-p-peux-tu espérer que ce soit ton fils ?

Passant dans les cheveux de Kiin, le vent avait emporté les railleries de Qakan.

Pendant les jours qui suivirent, Qakan s'était davantage comporté en homme, se plaignant moins, aidant même sa sœur à dresser leur campement. Mais ce matin, Qakan était redevenu l'enfant maussade et boudeur, frappant Kiin tandis qu'elle chargeait l'ik, la houspillant sous prétexte qu'elle était trop lente. Peu après qu'ils eurent commencé de pagayer, il hurla sa colère contre le brouillard, ordonnant à Kiin de maintenir l'ik tellement près du rivage que par deux fois ils raclèrent des pointes caillouteuses; Kiin dut sauter dans l'eau pour libérer l'embarcation.

Du moins la mer est-elle calme, songea Kiin, avant de remarquer d'énormes masses noires juste sous la surface de l'eau.

— Des-des rochers! s'écria-t-elle.

Comme Qakan ne répondait pas, elle se retourna et vit qu'il ne regardait pas l'eau. Il continuait de fixer le rivage.

— Des rochers! répéta-t-elle en enfonçant sa pagaie pour écarter l'ik. Qakan! Écoute...

— Tais-toi, Kiin... Là! Tourne!

Et il pagaya sur la gauche de l'ik, l'obligeant à virer à droite. Kiin crut bien qu'ils allaient être précipités sur la plage. C'est alors qu'elle remarqua une brèche dans les collines, un endroit rocheux qui transformait la mer en quelque chose qui ressemblait plutôt à une rivière. L'eau clapotait et s'enfonçait à vive allure dans les pertuis, comme si elle avait hâte de passer; puis la mer s'élargissait de nouveau en une baie. Qakan indiqua du doigt une colline où Kiin aperçut une dizaine d'ulas.

— Chasseurs de Morses? demanda-t-elle.

— Non. J'y suis venu deux fois avec mon père. Ce sont des Premiers Hommes, mais ils ne sont pas comme nous. Ils parlent différemment, trop vite. Et leurs femmes sont laides. Je pourrais tirer beaucoup de toi, ici, mais ils maltraitent leurs femmes. Il vaut mieux que tu ailles chez les Hommes Morses.

Kiin eut un air méprisant. Il était plus probable que Qakan craignait qu'Amgigh ou Samig ne viennent ici un jour et n'apprennent ce que Qakan avait fait.

C'était la marée basse; l'eau était peu profonde. Qakan sortit une corde, lia les chevilles et les poignets de Kiin devant elle à une main d'écart. Puis il la fit sauter dans l'eau et pousser l'ik sur la plage. Entravée comme elle l'était, Kiin était maladroite; elle réussit pourtant à sauter sans tomber et à pousser l'esquif sur le sable gris.

Les enfants arrivèrent les premiers, puis les femmes. Elles étaient sales, négligées, les cheveux en broussaille. Les enfants étaient crasseux et la peau de leur visage était irritée à force de manger des tiges d'ugyuun crues et non épluchées.

Malgré le voyage, Kiin essayait de rester propre, d'entretenir son suk ; chaque soir, elle passait même ses doigts dans sa chevelure pour la démêler.

Une femme se détacha du groupe et salua Qakan. Elle était grande et son visage long au nez pointu évoquait pour Kiin le bord courbé et tranchant d'un couteau de femme.

— Vous êtes venus marchander, dit-elle.

Et, la main sur son bâton à creuser, elle se hissa sur la pointe des pieds pour voir l'intérieur de l'ik par-dessus l'épaule de Qakan.

— Je parlerai à vos hommes, déclara Qakan.

La femme hocha la tête.

— Ils chassent, aujourd'hui. Plus tard, ils reviendront.

Elle se tourna pour regarder Kiin, qui baissa la tête. La femme jeta un coup d'œil à ses chevilles entravées.

— Elle n'est pas ta femme.

— Esclave, fit Qakan.

Peut-être Kiin n'aurait-elle pas pipé, exécutant, comme dans les autres villages, les tâches que lui confiaient les femmes. Mais la femme remarqua :

— Les hommes seront heureux, ce soir. Tu pourras la vendre de nombreuses fois.

La colère de Kiin fut soudaine. Allait-elle baisser les yeux face à ces femmes trop paresseuses pour faire la toilette de leurs enfants ?

— N-non, protesta-t-elle. Je-je ne suis pas une es-esclave. Je suis sa s-s-sœur. Il m'a volée dans l'ulaq de mon mari, pourtant je porte l'en-enfant de mon mari.

Qakan pivota sur lui-même, bouche bée. Il leva la

main mais Kiin plongea, si bien que le coup atteignit son crâne et non son visage. Qakan serra les mains d'un mouvement rageur.

— Elle ment.

Puis il ferma les poings et se prépara à frapper. Mais la grande femme bloqua la main de Qakan à l'aide de son bâton.

— Nous ne voulons pas de toi ici si tu bats les femmes. Je n'ai pas de grands pouvoirs pour savoir si tu mens ou non, mais si elle dit la vérité, nous ne voulons pas de toi ici. D'ailleurs, nous avons peu à échanger. La chasse a été maigre. Notre montagne s'est mise en colère et ses cendres éloignent les phoques.

Elle tourna le dos à la mer et s'éloigna, mais Qakan la suivit.

— J'ai des peaux de phoques.

Elle l'ignora.

— Un magnifique suk, ajouta-t-il en courant jusqu'à l'ik pour fouiller dans les sacs et extirper le suk que lui avait fait sa mère. Regarde ! lança-t-il en le tenant bien haut et en passant ses mains sur les manches.

Les yeux des femmes les plus jeunes s'arrondirent et Kiin vit le désir sur leur visage. Mais la grande femme s'arrêta et, sans se retourner, leva sa canne au-dessus de sa tête.

— Je t'ai dit de partir !

Sur quoi, elle reprit son chemin en direction des ulas.

Les autres femmes la suivirent. Seuls les enfants restèrent, le regard fixé sur Qakan lorsqu'il s'écria :

— Je pourrais maudire ton village, mais je ne le ferai pas. Dis à tes chasseurs que tu as refoulé un marchand. Dis-leur que j'ai des couteaux d'obsidienne. Les plus beaux qu'ils aient jamais vus. Je n'ai nul besoin de te maudire. Tes chasseurs le feront quand ils apprendront ce que tu as fait.

35

Là, sur la plage, sous le regard des enfants, il la frappa. D'abord à coups de poing. Habituée à être battue, Kiin se roula en boule afin de protéger sa tête et son ventre. Son impuissance amena la rage, et la rage, les larmes. Que pouvait-elle contre lui, pieds et poings liés qu'elle était ? Mais il s'arrêta et Kiin, dans la crainte de lever les yeux, entendit le grattement d'une pagaie qu'on tirait de l'ik. L'effroi la hissa debout et elle comprit alors que ce n'était pas tant pour elle que pour l'enfant qu'elle avait peur. Le fils d'Amgigh. Peut-être le fils de Samig.

— Tu vas tuer ton fils, dit-elle posément.

Qakan fixa les yeux sur elle. Finalement, il lâcha la pagaie dans le bateau.

— Pousse, ordonna-t-il. Dans trois ou quatre jours nous serons au village des Chasseurs de Morses.

Kiin tendit ses poignets mais Qakan la refoula.

— Tu as peut-être besoin d'apprendre ce que c'est vraiment que d'être esclave.

Ils voyagèrent le reste de la matinée. Kiin fixa une longue ligne torsadée de fibre de varech à un banc de nage. Elle la lesta de plusieurs pierres, puis elle appâta l'hameçon. Ils étaient suffisamment au large pour attraper un flétan. Un petit — Qakan et elle n'étaient pas assez costauds pour en tirer un gros dans le bateau, mais peut-être un de la taille de Mésange, la petite sœur de Samig. Kiin posa sa pagaie en travers de l'ik et lança la ligne. Rien.

Kiin renifla la fumée avant de la voir. Les fines volutes se perdaient dans le brouillard qui s'accrochait au rivage et dissimulait les montagnes dressées comme une immense crête de rocher et de glace. Elle se tourna vers Qakan.

— De la fumée, dit-elle avec un mouvement de la tête.

Sa pagaie sur les genoux, soudain en alerte, Qakan plissa les yeux en direction du rivage.

— Regarde. On peut accoster à cet endroit.

Kiin sortit sa pagaie de l'eau. Qakan donna de grands coups de rame orientant l'ik vers la terre. Après quoi, elle pagaya à son tour.

Les galets crissèrent contre le fond de l'ik.

— Reste là, ordonna Qakan.

Il sortit du bateau et le tira sur le sable.

Le vent arriva en brusques rafales et plusieurs grosses vagues s'écrasèrent sur la plage. L'ik bascula mais l'eau n'y entra pas. Qakan tira le bateau une seconde fois, puis observa les vagues. La mer calmée, il dit, dans un haussement d'épaules :

— Si les vagues reviennent, tire l'ik plus haut sur la plage.

Kiin tendit les poignets.

— Avec les mains attachées ?

Mais Qakan s'était déjà éloigné. Kiin se tenait debout, s'apprêtant à le rappeler, quand elle aperçut un petit feu que le brouillard avait dissimulé. Elle crut distinguer deux ou trois hommes qui se tenaient debout près des flammes. Kiin s'empara de la pierre tranchante que Qakan lui avait permis de conserver pour nettoyer le poisson, mais elle savait que ce serait une piètre protection contre trois hommes.

Tandis que Qakan s'approchait du foyer, le brouillard se leva comme si, en marchant, les pieds de Qakan repoussaient la brume. Kiin vit alors plus précisément les trois hommes dont le visage était peint de rouge et de noir. Ils dévisagèrent Qakan sans esquisser le moindre geste, ne tendant pas même la main pour le saluer. Qakan avait les bras en avant, paumes tournées vers le ciel.

— Je suis un ami. Je n'ai pas de couteau.

Il dit autre chose, des mots que Kiin ne comprit pas car c'était le langage des Hommes Morses.

Qakan avait fait deux ou trois expéditions dans le

camp d'été des Chasseurs de Morses avec leur père et il lui avait affirmé parler leur langue. Persuadée qu'il se vantait une fois de plus, Kiin ne l'avait pas cru. Au cours des derniers mois, pourtant, tout en pagayant, il répétait chaque jour à voix haute les mots qu'il connaissait. Il avait refusé de les enseigner à Kiin.

Quand ils avaient quitté le second village des Premiers Hommes, Qakan avait suspendu à la proue de l'ik une peau de loutre teinte en rouge, signe des commerçants, mais quand ils aperçurent la fumée du feu des trois hommes, Kiin décela la peur derrière les fanfaronnades de son frère.

C'était une simple étape pour les chasseurs. Qui pouvait dire de quel village ils provenaient et s'ils étaient amicaux ou non ? Kiin s'aplatit au fond de l'ik et tendit avec précaution la main vers une pagaie. Et si les hommes tuaient Qakan ? Était-elle capable de pousser l'ik en mer avant qu'ils ne la rattrapent ? Elle ne le pensait pas. En tout cas, elle se défendrait mieux avec une rame qu'avec une petite pierre tranchante.

Elle tirait la pagaie à elle quand un des hommes parla. Ses mots surprirent Kiin et elle s'interrompit, comme un enfant faisant une chose défendue, et regarda subrepticement par-dessus bord.

Un des hommes désigna l'ik et dit quelque chose. Le cœur de Kiin s'accéléra. Qakan parla. Certains mots étaient dans la langue des Premiers Hommes, la plupart dans celle des Hommes Morses.

Puis il fit signe à Kiin.

— Viens ici.

Voyant qu'elle ne bougeait pas, il avança vers elle à grands pas, l'air agacé. Il la saisit par le bras et l'obligea à se redresser :

— Ils veulent te voir.

Il la tira de force, elle trébucha et tomba sur les galets qui lui écorchèrent genoux et paume des mains.

— Imbécile ! siffla-t-il.

Kiin se releva lentement, frotta ses mains et ses jambes et lissa son suk.

— Combien penses-tu qu'ils me donneront pour une femme incapable de marcher ? lança Qakan.

Habituée à ses plaintes, Kiin ne répondit pas.

C'était lui qui avait entravé ses poignets et ses chevilles, l'obligeant à ne faire que des pas minuscules. Elle avança vers le feu et s'accroupit en tirant son suk sur ses genoux.

Les hommes la dévisagèrent. Kiin eut envie de détourner les yeux. Pourtant, elle affronta leur regard, ce qui ne se faisait pas chez les Premiers Hommes et irriterait Qakan.

Les trois hommes se ressemblaient tant que Kiin se dit qu'ils étaient frères. Le plus grand paraissait l'aîné. Des lignes couraient du coin de ses yeux à sa mâchoire. Ses joues étaient peintes en rouge, son nez en noir. Quelques poils au menton lui descendaient jusqu'à la poitrine et ses yeux étaient de fines demi-lunes. Des trois, c'était lui qui parlait le plus souvent et le plus fort.

L'homme qui paraissait le plus jeune avait peint le dos de ses mains d'un motif comparable aux vagues de la mer. Son visage était rond, ses cheveux enduits de graisse et coupés droit à hauteur d'épaules. Le troisième, au visage long et fin, arborait une cicatrice qui suivait une ligne courbe du coin de l'œil au milieu du menton. Lorsqu'il parlait, la peau sur la cicatrice se tendait.

Chacun portait un parka de fourrure dont le capuchon était bordé d'épaisse fourrure argentée, d'une sorte inconnue de Kiin. Si les parkas arrivaient au-dessus des genoux, les hommes arboraient des jambières de fourrure et des bottes de peau de phoque.

Ils continuèrent de s'adresser à Qakan. Qakan parlait peu mais riait souvent, montrant parfois Kiin du doigt.

Au bout d'un moment, Qakan s'approcha d'elle et

défit ses liens ; il la prit par le menton et lui rit au nez. Mais Kiin détourna les yeux, se frottant les poignets où la peau était à vif.

Alors, l'homme le plus grand désigna Kiin et le ton de sa voix changea. Il fit le tour du feu et s'arrêta derrière elle. Kiin demeurait assise, immobile, serrant les poings pour empêcher ses bras de trembler.

L'homme s'accroupit à côté d'elle et prit sa main dans la sienne. Son visage était tout près et Kiin s'aperçut qu'il était plus âgé qu'elle ne l'avait cru d'abord ; la peinture dissimulait ses rides. Elle remarqua aussi que ses cheveux foncés étaient striés de gris ; visiblement, c'était le père des deux autres.

L'homme remonta la manche du suk de Kiin et montra son poignet marqué d'une cicatrice. Il posa une question à Qakan qui s'éclaircit la gorge avant de répondre en phrases brisées et incertaines. L'homme se tourna et cracha par terre, puis posa une autre question. Qakan haussa les épaules.

L'homme s'éloigna et se dirigea vers un appentis grossier dressé près d'un ik renversé, plus grand et plus large que celui de Qakan et recouvert d'un cuir épais doté de peu de coutures. L'homme revint muni d'un petit paquet qu'il tendit à Kiin.

— De la graisse d'oie pour tes poignets, expliqua Qakan.

Le visage de Qakan était rouge et enchifrené. Elle leva les yeux sur le chasseur Morse, le remercia puis étala la pâte sur ses poignets.

La graisse sentait fort, presque le ranci, mais elle était apaisante. Quand elle eut achevé, Kiin se pencha pour mettre du baume sur ses chevilles, provoquant un nouveau murmure chez les trois hommes. Le plus grand s'adressa à Qakan qui sourit bêtement et bondit sur ses pieds pour hisser Kiin debout.

— Va à l'ik, ordonna-t-il, ils acceptent de nous conduire à leur village.

Kiin noua le paquet de graisse et le tendit à l'homme qui secoua la tête en souriant. Il dit quelque chose à Qakan, qui traduisit :

— Garde-le.

Et quand la jeune femme tendit à nouveau le paquet à l'homme, Qakan le poussa vers elle, un relent de dégoût dans la voix.

— Il dit que c'est pour toi. Tu dois le garder.

Kiin sourit à l'homme puis aux deux autres et hocha la tête. Elle se dirigea vers l'ik attendant debout tandis que Qakan aidait à enterrer le feu et à démanteler l'abat-vent.

Ils sont bons, songea Kiin en observant la scène. Trop bons pour la malédiction que Qakan leur apportait. Elle se demanda ce que Qakan avait fourni comme explication au sujet de ses poignets. En tout cas, ils avaient paru satisfaits et n'étaient plus fâchés contre lui. Le plus jeune donna une tape dans le dos de Qakan et l'homme à la cicatrice parla beaucoup, provoquant le rire des autres.

Les trois hommes chargèrent leur bateau et le portèrent à l'eau. Qakan les aida à le pousser, puis Kiin et lui tirèrent leur ik dans les vagues.

— Ils croient que tu es une esclave capturée chez les Chasseurs de Baleines, ricana Qakan.

Kiin prit sa pagaie.

— C'est ce que tu leur as raconté ?

— Comment expliquer autrement tes poignets ?

— Mais ils m'ont donné un remède.

— Je t'ai dit que c'étaient des gens bienveillants.

Qakan se pencha en avant. Ses grosses joues réduisaient ses yeux à deux fentes sombres.

— Crois-tu que je t'aurais vendue à de mauvaises gens ? ajouta-t-il.

Kiin se retourna et s'installa à la proue de l'ik. A quoi bon répondre ?

36

Au milieu de l'après-midi, les chasseurs Morses firent demi-tour pour offrir de la nourriture à Qakan et Kiin.

— Prends et régale-toi, dit Qakan à Kiin d'une voix joyeuse démentie par la dureté de son regard. Si tu étais avec les chasseurs Premiers Hommes, nous ne mangerions rien avant la nuit.

Kiin offrit en retour du poisson qui séchait au bord de l'ik.

— Tu les insultes avec ta piètre nourriture, lui lança Qakan avec méchanceté, tout en souriant.

Mais les hommes, hochant la tête et riant, prirent le poisson et le dégustèrent; Kiin défia alors Qakan en les resservant.

Après s'être restaurés, les hommes prirent à nouveau la tête du convoi. Ils pagayèrent un temps en silence, puis Qakan remarqua :

— Il y a un père et deux fils. Ils ont fait un voyage de troc avant l'hiver.

Kiin n'indiqua pas qu'elle avait entendu.

— Le fils aîné, celui avec la cicatrice, cherche une épouse. Il a beaucoup de choses à troquer.

Voyant que Kiin ne répondait pas, Qakan aboya :

— Ce serait un bon mari pour toi, et il me rendrait riche de fourrures et d'ivoire.

Alors, Kiin sentit de l'eau glacée lui glisser dans le cou. Elle leva les yeux et vit la pagaie de Qakan au-dessus de sa tête.

— Tu-tu crois qu'il se-serait heureux si-si tu me frappais ?

Qakan replongea sa pagaie dans l'eau et donna à l'ik une poussée vigoureuse qui le rapprocha de l'autre embarcation.

— J'essaie de t'aider.

— Si-si tu vou-voulais m'aider, tu m'aurais laissée tranquille pour que je-je puisse être la femme d'Amgigh.

— Amgigh ! lança Qakan.

Puis il cracha dans l'eau.

La colère se noua dans la poitrine de Kiin et, pour la première fois depuis sa rencontre avec les Hommes Morses, Kiin sentit son esprit bouger en elle. « Épouse d'Amgigh », disait-il en écho. La douleur serra si fort la poitrine de Kiin qu'elle en eut le souffle coupé. Non, se dit-elle, je ne peux pas être la femme d'Amgigh. Plus maintenant. Et elle s'assit, cessant de ramer jusqu'à ce que la douleur s'apaise.

Mais, portant son regard sur les trois Hommes Morses, elle songea : Et si l'homme à la cicatrice me demande ? Lui aussi est un homme bon. Est-il juste que je lui apporte malédiction ? Non, je m'échapperai. D'une façon ou d'une autre. L'enfant et moi vivrons seuls et ne porterons malheur à personne.

Ils pagayèrent jusqu'à la tombée de la nuit, puis hissèrent les iks à terre et dressèrent deux abat-vent, un à l'usage des Hommes Morses et l'autre pour Kiin et Qakan. Kiin prépara de la nourriture en se servant des provisions de tous, puis elle gagna un des abris, se blottit sous les fourrures de Qakan et écouta les rythmes étranges de la langue Morse cependant que Qakan et les trois hommes parlaient jusque tard dans la nuit.

Kiin s'endormit avant l'arrivée de Qakan. Quand elle s'éveilla le lendemain matin, elle vit que son frère avait les yeux ouverts et la bouche serrée et plissée. Elle connaissait cette expression : il avait peur. Il avait cet air-là chaque fois que leur père l'emmenait à la chasse. Chacun se garda de croiser le regard de l'autre.

Ils mangèrent, lancèrent leurs embarcations, Qakan et Kiin suivant toujours les Hommes Morses. Un vent du nord glacé se levait et Kiin comprit l'intérêt des parkas à capuche. Elle fourra ses cheveux dans le col de son suk, mais le vent s'infiltrait dans ses cheveux et ses oreilles ; bientôt, elle eut mal à la tête et à la nuque à cause du froid.

Un brouillard flottait au-dessus de l'eau et le vent soufflait en direction des plages. Kiin distinguait des collines. À un endroit, ils passèrent devant un grand monticule de glace bleue. Au cours de la matinée, les Hommes Morses maintinrent leur ik près du rivage comme le faisait Qakan, quand, soudain, ils virèrent et pagayèrent au nord, dans le vent. Kiin constata avec surprise que son frère en faisait autant; elle vit aussi la frayeur dans ses yeux.

— C'est plus court, lui dit-il. La nuit dernière, ils m'ont expliqué qu'en prenant ce chemin il ne faudrait que ce jour, cette nuit et peut-être un autre jour pour atteindre leur village.

Kiin sentit la colère soulever sa poitrine. Qakan aurait dû lui en parler. Les coutures de l'ik étaient peu solides. Elle aurait au moins pu passer la nuit à renforcer les endroits faibles avec du fil de nerf et des pièces de peau de phoque.

— Tu aurais dû me prévenir, explosa-t-elle, si furieuse que sa voix était forte et assurée. Notre ik est fragile. Si les vagues montent...

— Tais-toi !

Kiin se retourna et le regarda, hors d'elle. Rangeant sa pagaie au centre de l'ik, elle ordonna :

— Toi, tu rames. Moi, je vais au moins bourrer les coutures de graisse.

Qakan ouvrit la bouche mais ne pipa mot. Il détourna les yeux et pagaya, son regard allant de droite et de gauche sans jamais se poser sur Kiin.

Elle le fixa un moment puis ajouta :

— Si tu vois une fuite, dis-le-moi. J'écoperai.

Il n'y avait pas de montagnes, rien que la mer. Kiin se rappela sa tristesse quand Tugix avait disparu à sa vue. Mais il y avait eu une autre montagne, puis encore une. Kiin avait demandé à l'esprit de chaque montagne de porter ses prières pour sa protection à Tugix, à son peuple, à Amgigh et à Samig.

Il n'y avait plus de montagnes pour porter ses

prières ; Kiin murmurait donc à la mer, envoyant ses demandes sur les vagues. Elle espérait que les esprits de la mer ne regardaient pas de trop près son malheureux ik. La couverture en lambeaux, les coutures béantes seraient une insulte aux animaux marins, à ceux qui s'étaient offerts pour la confection de l'ik. Ainsi, alors même qu'elle travaillait, scellant les coutures de graisse de poisson, elle s'attendait à ce qu'un animal marin vienne sous l'ik et morde les trous afin de les noyer, elle et son frère.

Pourtant, rien ne se produisit et, une fois que Kiin eut réparé toutes les coutures qu'elle pouvait atteindre, elle recommença à pagayer. Un bref moment, le brouillard se leva, mais bientôt le soleil se coucha et l'obscurité s'installa. Kiin entendait la respiration de Qakan, qui dominait même le bruit des rames et de la mer ; il gémissait parfois, comme si sa peur parlait une langue en propre.

Quand Kiin ne distingua plus rien, quand elle ne sut plus où diriger l'ik, un des Hommes Morses entonna un chant. Quelque chose à l'adresse des esprits marins, dit Qakan à Kiin. Dès lors, Kiin suivit le son de sa voix, l'obscurité et le froid se pressant sur ses yeux comme une fourrure humide.

Ils accostèrent à l'aube, mangèrent, se reposèrent pour reprendre la route sans avoir dormi. Kiin avait l'impression que ses bras bougeaient uniquement parce qu'ils avaient pagayé si longtemps qu'ils ne savaient rien faire d'autre. Les muscles de ses bras et de son dos la brûlaient, des crampes nouaient ses cuisses. Elle ne parlait pas, mais Qakan geignait incessamment ; sa voix finit par ressembler au chant haut perché du vent. Kiin choisit de ne pas entendre.

Ils longeaient de nouveau la terre ; ne craignant plus les animaux marins, Kiin put concentrer son attention sur les rochers. La terre était plate, même si on distinguait des montagnes au loin. Kiin les aperçut quand le brouillard se dissipa — des nuages chapeautés de blanc au bord de l'horizon.

Ils pagayèrent toute la journée jusqu'à ce que le soleil ne soit plus qu'une ombre rouge dans le ciel assombri. Kiin guetta les Hommes Morses pour voir s'ils s'arrêteraient de dormir. Comment réussirait-elle à pagayer une autre nuit ? Comment pourrait-elle actionner ses bras ?

À ce moment, l'homme à la cicatrice appela Qakan et désigna un rocher qui jaillissait du rivage. Qakan amena l'ik le long de celui des Hommes Morses et leur parla. Puis les Hommes Morses reprirent la tête, leur grand ik lourd glissant sur l'eau avec une agilité qui surprit Kiin.

— Ils le conduisent comme un ikyak, remarqua-t-elle.

— Ils sont trop bêtes pour fabriquer des ikyan, répliqua ce dernier.

— Chaque t-tribu est différente.

Qakan haussa les épaules.

— Ils disent qu'il faut se méfier des rochers.

Malgré la quasi-obscurité, Kiin distinguait de gros rochers sous les vagues, qui affleuraient parfois à la surface de l'eau. Des triangles déchiquetés de glace flottante, minces et facilement brisés par la pagaie, marquaient la venue de l'hiver. Les mers proches de l'île des Premiers Hommes ne gelaient pas, mais Qakan avait expliqué à Kiin qu'en cette saison la mer des Chasseurs de Morses se transformait en glace.

— Ils disent que leur village est à la prochaine crique, s'écria Qakan.

Quelque chose en Kiin se serra. Elle se mit à claquer des dents, mais elle garda les yeux posés sur l'eau, écartant l'ik des obstacles à l'aide de sa pagaie.

Quand ils contournèrent la pointe, les rochers devinrent plus petits et plus plats. Levant les yeux, Kiin comprit qu'ils arrivaient à destination. Un frisson d'inquiétude lui donna des picotements dans les doigts. L'eau de la crique était gelée, mais la glace était mince, un chemin d'eau la traversait, qui menait à la plage.

Alors, Kiin se rappela quelque chose qu'elle avait entendu voici bien longtemps, quelque chose que son père lui avait dit après un voyage de troc. Certaines tribus appelaient les Chasseurs de Morses les Chasseurs de Glace parce qu'en hiver ils chassaient à travers la glace. Kiin se tourna vers la plage, se demandant si ce peuple vivait dans des ulas ; mais, dans l'obscurité croissante, elle ne distinguait que les braises rouges d'un feu sur la plage.

— Les hommes se réunissent sur la plage, dit Qakan en désignant la flambée. C'est là que je négocierai. Presque tous auront le visage peint ; chez eux, c'est un signe de virilité. Ne pose aucune question au sujet des peintures et leur signification. C'est quelque chose de sacré entre eux et l'animal qu'ils chassent.

— Où sont les femmes ? demanda Kiin.

— Elles se rassemblent chaque soir dans la maison longue.

— Qu'est-ce que c'est, une maison longue ?

— Tu es sotte, Kiin, et tu poses trop de questions. Reste tranquille. Les Hommes Morses aiment les femmes tranquilles.

Les paroles de Qakan emplirent Kiin de colère, mais elle se tut. Il l'agaçait volontairement, comme toujours. Qakan ne semblait heureux que lorsqu'il rendait les autres malheureux.

Ils conduisirent l'ik vers la plage et Kiin avisa de nombreux hommes debout près du feu. Les trois chasseurs Morses tirèrent leur barque à terre et Kiin perçut l'excitation de leurs voix tandis qu'ils désignaient l'ik. Une voix s'éleva au-dessus des autres, celle du père. Qakan s'esclaffa :

— Il dit qu'un riche marchand est arrivé, déclara Qakan en riant de plus belle. Que ce marchand a une belle femme à vendre.

Une clameur monta. Kiin eut l'estomac noué.

— Tu me rapporteras un bon prix, commenta Qakan. On les dirait en manque d'épouses.

L'ik était près du rivage, mais Kiin se sentait incapable de regarder les hommes qui attendaient. Au lieu de quoi, elle sauta du bateau et le guida en direction du rivage tandis que Qakan pagayait. Trois ou quatre Hommes Morses ôtèrent leurs jambières de fourrure et entrèrent dans l'eau et la glace. Deux s'emparèrent de la proue ; le troisième souleva Kiin pour la porter sur la plage.

Ses bras étaient durs et épais autour du ventre de Kiin ; le cœur de la jeune femme s'emballa à lui couper le souffle. C'était un homme immense, beaucoup plus grand que les autres. Son visage n'était pas peint mais il portait un labret à travers chaque joue. Il la hissa sur son épaule gauche. Kiin s'agrippait au capuchon de son parka et regarda les hommes autour d'elle. Dans l'obscurité, elle ne voyait qu'une chose : tous souriaient d'un grand sourire qui dévoilait leurs dents blanches.

L'homme qui la portait cria quelque chose aux autres, puis se mit à danser. Kiin bondissait à chaque pas, regrettant de ne plus être un enfant capable de hurler et de pleurer pour qu'on la repose.

Les Hommes Morses les entouraient maintenant et dansaient aussi. Certains avaient enlevé leur parka et l'un d'eux, qui avait aidé à tirer l'ik, dansait sans parka ni jambières, protégé d'un simple tablier.

L'homme qui portait Kiin chantait et elle s'accrocha plus fort à son parka, se penchant pour entourer son cou de ses bras. Alors il cria quelque chose à son oreille, s'adressant à elle ou aux autres, Kiin n'aurait su dire ; en tout cas, le bruit et les rebonds commençaient à lui donner la nausée. Elle chercha Qakan parmi les hommes et l'aperçut enfin appuyé contre son ik, tout sourire.

— Qakan, appela-t-elle, Qakan, j'ai-j'ai mal au cœur. Dis-leur de me reposer.

— Ris, lui cria-t-il. Ris ou ils ne voudront pas de toi. Les Hommes Morses aiment les femmes qui rient.

Kiin serra les dents pour s'empêcher de vomir. Un cri lent et plaintif monta de l'estomac de Kiin jusqu'à sa gorge. Soudain, l'homme s'arrêta, la souleva de son épaule et la posa à terre.

Les hommes interrompirent leur danse mais des ombres orangées émanant du feu s'enroulèrent autour d'eux, si bien qu'ils donnaient l'impression de poursuivre leur évolution. L'homme appela Qakan par-dessus son épaule.

Qakan se dirigea vers le centre du cercle.

— Femme stupide, dit-il à Kiin sans cesser de sourire aux hommes tandis qu'il tapotait l'épaule de Kiin et caressait son suk.

Pendant qu'il parlait, Kiin scrutait les visages des chasseurs Morses. Ils étaient beaux et grands. Presque tous avaient les cheveux longs. L'un d'eux les portait par-dessus sa capuche jusqu'au milieu de son dos. Certains avaient le visage peint, mais la plupart, non. L'un arborait des traits noirs sur le menton comme les tatouages des Chasseurs de Baleines et, soudain, une image du visage de Samig, marqué de tatouages, surgit aux yeux de Kiin et, avec cette image, un sentiment d'impuissance, la certitude que le séjour de Samig chez les Chasseurs de Baleines le changerait terriblement. Et l'éloignement, l'isolement.

Qakan parlait toujours. Les hommes étaient penchés en avant, soufflant parfois un mot, Qakan se corrigeant avec un petit rire teinté d'agacement. Finalement, il vint derrière Kiin, lui tapota l'épaule et, d'un geste brusque, souleva son suk.

Kiin réprima un cri et essaya de se libérer, mais ses bras étaient coincés dans ses manches et sa tête enfouie dans le suk. Il lui arracha son vêtement. Kiin était là, debout et tremblante, vêtue de son seul tablier. Elle serra ses bras autour de ses seins nus tandis que Qakan jetait le suk à l'homme le plus proche. Il lui dit quelque chose et l'homme entreprit d'étudier les coutures de l'habit.

— Je lui ai dit que c'est toi qui l'avais fait, expliqua Qakan en souriant du coin de la bouche.

— Mais c'est Cha-Chagak..., protesta Kiin avant de s'interrompre, ayant honte de son frère. Tu-tu es plein de mensonges, Qakan, s'indigna-t-elle en luttant pour contrôler le tremblement de sa voix.

Elle savait que les yeux des hommes étaient sur elle, jaugeant son corps, mais elle s'y était attendue. Quel homme prendrait une femme pour épouse s'il ne l'avait vue qu'enveloppée dans un suk ? Peut-être que dessous elle était marquée par quelque esprit prouvant qu'elle était maudite. Kiin savait que les hommes verraient sa malédiction comme une bénédiction. Or, comme elle ne connaissait pas leur langue, elle serait incapable d'expliquer.

L'homme aux labrets pointa soudain Kiin du doigt et parla. Il tendit le suk de Kiin et le lança à Qakan.

— Il pense que tu as froid et que tu dois remettre ton suk, dit Qakan.

Qakan se posta de nouveau derrière Kiin et, cette fois, lui saisit les bras et les tint écartés. Il fit une remarque qui provoqua le rire de certains. Kiin essaya de lui faire lâcher prise mais il lui coinça les bras dans le dos et les maintint d'une main tandis que, de l'autre, il lui serrait les seins.

Ils étaient douloureux à cause de sa grossesse et elle frémit à ce contact.

— Laisse-moi, siffla-t-elle.

Mais Qakan s'esclaffa :

— Je leur ai dit que tu ferais une bonne mère.

Puis il lui tapota le ventre et dit quelque chose ; les hommes retinrent leur souffle ; certains s'avancèrent et se penchèrent pour voir le ventre de Kiin.

Les hommes sourirent, parlèrent d'une voix plus forte, plus haute. Kiin donna soudain un coup de coude dans le ventre de Qakan. Il lâcha prise, Kiin pivota sur elle-même et lui reprit son suk.

— Tu-tu leur as dit que j'attendais ton-ton

enfant ? Tu-tu leur as dit que tu es à la fois son père et son oncle ?

Les Hommes Morses riaient. Mais Kiin vit la colère dans les yeux de Qakan.

— Pour-pourquoi es-tu fâché ? s'enquit-elle. Tu tireras encore plus de moi, maintenant. J'ai montré ma force.

Elle s'assit sur ses talons et passa son suk au-dessus de sa tête.

— Imbécile ! lança-t-il.

Et il plongea en avant, saisissant Kiin par les cheveux. Mais, soudain, un des hommes qui les avaient conduits au village fut à côté de Qakan et l'attrapait par les cheveux. C'était le père. Il s'exprima d'un ton bas et sévère. Qakan laissa Kiin tranquille. Il posa une question à Qakan qui, tout en se frottant la tête, ordonna à sa sœur :

— Va avec lui. Il va t'emmener chez les femmes.

L'homme montra le chemin et Kiin suivit.

Le schiste de la plage laissa place au gravier, le gravier à l'herbe. Un chemin contournait la colline jusqu'à une vallée et, même dans l'obscurité, Kiin vit dix, douze monticules, comme de longs ulas, à ceci près que les toits n'étaient pas en gazon mais en peaux grattées formant un sommet pointu. Des lumières brillaient à l'intérieur, si bien que chaque monticule ressemblait à un petit feu brûlant dans la vallée. Ils étaient disposés autour d'un ulaq très long, faiblement éclairé, et Kiin se demanda si ce n'était pas la demeure du chaman ou d'un chef puissant de ce peuple.

L'homme désigna du doigt un ulaq tout proche et dit quelques mots, puis il la saisit par la main et l'entraîna. Une peur soudaine l'envahit ; si seulement elle comprenait !

Et s'il l'emmenait pour être sa femme ? Comment pourrait-elle se donner à un homme alors que Qakan l'avait maudite et que sa malédiction s'étendait à tout homme qui la prendrait ?

Tandis qu'ils approchaient, Kiin repéra, sur un des côtés, une ouverture triangulaire masquée par un rideau d'herbe tressée. L'homme ouvrit le rabat et fut accueilli par une voix de femme. Puis, une seconde voix.

Il tira Kiin à l'intérieur. Deux vieillardes étaient assises en tailleur, face à face, une natte d'herbe drapée sur leurs genoux. Chacune cousait un motif à une extrémité de la couverture. Leurs aiguilles étaient munies de longs fils de nerf coloré. Les deux femmes avaient les cheveux blancs des personnes très âgées ; des lignes leur partaient du coin de l'œil et de la bouche. Elles portaient le même type de parka à capuche que les hommes, sauf que ceux-ci étaient ornés de bandes de fourrure aux poignets et que le devant était coloré de perles de coquillages brillants assemblées en un motif triangulaire.

L'homme parla. Une des femmes se mit à rire de si bon cœur que sa bouche dévoila des gencives complètement édentées. Elle tint son aiguille en l'air et l'autre femme se pencha en avant et mordit le fil de nerf. Elles roulèrent la couverture et l'homme les aida à se relever. Puis elles s'activèrent dans la grande pièce, sortant des cuirs de fourrure et des conteneurs remplis de racines et de viandes séchées, sans quitter Kiin des yeux et se chuchotant des mots à l'oreille. L'homme secoua la tête en riant, dit quelque chose à Kiin, sur quoi les deux vieilles femmes levèrent les yeux et se joignirent au rire.

L'homme posa la main sur celle de Kiin.

— Tu es en sécurité, ici, déclara-t-il dans la langue des Premiers Hommes.

Bouche bée, Kiin le regarda quitter l'ulaq.

Peu avant, Kiin avait craint qu'il ne l'emmène pour en faire son épouse, et voilà que, sans lui, elle se sentait bien seule. Elle était là, debout, le regard fixé sur le rabat de la porte, souhaitant son retour. Pourtant, elle finit par se tourner pour affronter les vieilles femmes.

Elles étendaient un tapis de sol.

— Assieds-toi, petite, dit celle qui avait des dents.

Elle aussi s'exprimait dans la langue des Premiers Hommes.

Les femmes gloussèrent comme des petites filles, puis l'édentée expliqua :

— Il y a longtemps, ma sœur et moi sommes nées chez les Premiers Hommes. Nous aussi, sommes venues autrefois comme épouses et nous aussi portions notre premier-né à notre arrivée.

Kiin écarquilla les yeux et posa ses mains sur son ventre.

— Ne sois pas surprise, reprit l'édentée. Ma sœur a un don de visions. Nous savions que tu viendrais, même si nous n'avons rien dit à personne.

Elle tendit à Kiin un bol de bois rempli de viande séchée et de petites tranches de racines blanches.

— Il est important que tu manges, ajouta-t-elle.

Kiin prit le bol qu'elle tint devant elle. Comment le pouvait-elle si elles-mêmes ne mangeaient pas ? Elles la trouveraient grossière. Mais une des femmes se pencha et, prenant un peu du mélange dans sa main, le pressa dans la bouche de Kiin. La nourriture était bonne, et Kiin avait faim, aussi commença-t-elle à manger sans regarder les femmes. La viande était riche, comme de la viande de baleine, mais elle avait en même temps un goût de phoque. Et la racine blanche était piquante et âcre, tranchant avec le suif de la viande.

Les femmes s'approchèrent de Kiin tandis qu'elle se restaurait. Elle se demandait avec gêne si elle était censée partager la nourriture ; elle leur tendit le bol, mais elles refusèrent d'un signe de tête. Kiin remarqua qu'elles ne détachaient pas les yeux de son visage et, soudain, elle se rappela les histoires qu'elle entendait autrefois sur les femmes esprit dont la nourriture apportait la malédiction et même la mort.

Mais non, se dit Kiin. Ces femmes étaient trop

pleines de rire. Elles ressemblaient plus à des petites filles qu'à des vieillardes.

Elle avala un autre morceau de viande. Oui, elle était bonne et riche, et la racine... Kiin n'était pas certaine d'en avoir déjà mangé, mais cela s'apparentait aux bulbes de pourpier. Encore une bouchée ; elle était fatiguée. Peut-être, après avoir mangé, leur avouerait-elle combien elle avait besoin de dormir. Elles comprendraient quand elle leur expliquerait qu'elle n'avait pas dormi depuis deux jours.

Kiin plongea les doigts dans la viande. La viande au fond du bol était-elle différente ? Épaisse et gluante ? Non, se dit Kiin. Tu es fatiguée. Tout semble bizarre quand on est fatigué. Encore une bouchée. Mais celle-ci... Cette bouchée était presque trop épaisse pour l'avaler.

Les deux vieilles s'assirent et se remirent à travailler à leur couverture. Elles parlaient — dans la langue Morse ? Kiin n'en était pas sûre. Leurs mots s'étiraient, lents et longs, comme si chaque syllabe était un fil suspendu d'un mur à l'autre.

L'obscurité lui tirait le coin des yeux et Kiin avait l'impression de se retrouver dans l'ik qui tanguait au gré de la houle. Elle secoua la tête. J'ai passé trop de jours dans le bateau, songea-t-elle. Les vagues me font encore bouger.

— Je-je suis fatiguée, dit-elle aux femmes.

Elle luttait pour ne pas fermer les yeux. Mais les femmes la regardaient comme si elles ne parvenaient pas à la comprendre.

Kiin chercha en elle la voix de son esprit. Elle lui dirait que faire. Mais son esprit ne lui répondait plus et elle eut l'impression d'être redevenue une enfant, sans nom, sans âme.

Elle eut soudain très peur et tenta de se lever, mais en vain. Elle ouvrit la bouche pour parler, mais il n'en sortit qu'un cri ténu, comme une plainte, comme si ce n'était pas elle mais son enfant pas encore né qui contrôlait sa voix. Kiin tourna les yeux vers les femmes, ce qui nécessita toutes ses forces.

Elles lui sourirent comme si tout allait bien, puis se sourirent mutuellement. Alors, Kiin ferma les yeux, ferma les yeux pour voir le noir. Et, faiblement, doucement, filtrant à travers les grains de son sommeil, elle entendit celle qui avait des dents :

— Nous savons, pour ta malédiction.

37

— C'est impossible.

— Tu veux nous maudire tous ?

— Nous serons maudits de toute façon. Mieux vaut posséder le pouvoir de celui qui est bon pour nous aider. D'ailleurs, nous pouvons tuer l'enfant mauvais à sa naissance.

— Mais comment saurons-nous lequel est mauvais ? Peut-on le dire avant qu'un enfant ait dix, douze étés ?

Kiin lutta contre les nuages qui dérivaient en son esprit. Où était-elle ? Qui parlait ? Ni Nez Crochu ni Petit Canard.

— C'est toi qui as des visions, pas moi, répliqua une des femmes. Je ferai ce que tu dis.

— Alors laisse-la dormir. Le matin est presque là et les hommes vont vouloir la négocier aujourd'hui.

Kiin se souvint brusquement des visages des femmes : elles étaient jaunes comme de la racine de parelle, ridées, l'une avec des dents, l'autre sans. Que lui avaient-elles donné pour la faire dormir si profondément, sans rêves, comme si elle était morte ?

Complètement paniquée, elle se rappela que son esprit avait paru la quitter, qu'elle avait été seule.

Affolée, elle ouvrit les yeux pour voir les deux femmes penchées sur elle. A cet instant précis, elle entendit une voix calme, venue de l'intérieur, et pourtant de l'extérieur aussi, car l'esprit de Kiin et les deux femmes parlèrent en même temps pour dire :

— N'aie pas peur.

L'engourdissement s'empara de Kiin qui ferma de nouveau les yeux. Elle se rendormit.

Elle s'éveilla à l'odeur de poisson cuit.

— Mange, petite.

Kiin ouvrit les yeux. La vieille femme édentée lui tendait un bol de coquillage rempli de poisson émietté.

Kiin s'assit et prit le bol. Elle regarda la femme.

La femme sourit.

— Il n'y a que du poisson, rien d'autre. Mange, puis nous parlerons.

— Toi et ta s-s-sœur vous devriez manger aussi, dit Kiin.

La vieille femme regarda par-dessus son épaule : sa sœur remplissait deux autres bols. Elles s'installèrent en face de Kiin et, quand elles eurent commencé, Kiin les imita.

Une fois les bols vides, l'édentée demanda :

— En veux-tu davantage ?

— Non, merci. J'ai eu suffisamment, répondit Kiin qui se sentait plus forte et les idées plus claires.

L'autre femme rassembla les bols et les essuya de la main avant de se rasseoir.

Comme les deux vieilles ne soufflaient mot, Kiin leva les yeux sur elles et s'aperçut qu'elles la dévisageaient. Elle faillit détourner le regard mais comprit qu'elles entendaient tester son pouvoir. N'avait-elle pas vu les hommes de son village en faire autant ? Kayugh était toujours le vainqueur, capable de contrôler à la perfection ses propres yeux, de les garder fixes aussi longtemps qu'il voulait sans ciller, sans détourner le regard.

Au souvenir de Kayugh, Kiin garda les yeux fixés entre les deux femmes ; ainsi elle les voyait l'une et l'autre et n'était dominée par aucune. Elle lutta contre chaque battement de cil jusqu'à ce que ses yeux la brûlent, puis elle détourna ses pensées d'elle-même vers des choses qui apportaient de la joie à sa vie : la douceur d'une peau bien tannée, une couture aux points minuscules, l'appel matinal du macareux, le geste gracieux de la loutre qui nage. Ces choses éloignèrent son esprit de la douleur de ses yeux, même lorsque les larmes se formèrent et roulèrent sur ses joues.

— Elle est forte, remarqua l'édentée.

— Évidemment, enchaîna l'autre.

Et les deux sœurs clignèrent les paupières, donnant à Kiin une victoire nette.

Alors, quand elles parlèrent, Kiin n'eut pas peur.

— Tu dois connaître nos noms d'esprit, commença celle qui avait des dents. Bien que presque tout le monde, y compris dans ce village, les ignore.

— Un nom d'esprit est une chose sacrée, expliqua l'autre sœur. Quelque chose qui est lié à l'âme.

— Alors pourquoi me-me dire ? s'étonna Kiin. Vous ne me co-connaissez pas.

— Nous sommes unies par le lien de notre peuple, les Premiers Hommes, répondit celle qui avait des dents. Et par mes rêves.

Kiin s'humecta les lèvres. Ne lui avaient-elles pas parlé de sa malédiction ? Pourquoi alors prendre le risque de partager les noms ?

— Ne me dites p-pas.

Mais, comme si elle n'avait rien entendu, la femme qui avait des dents dit :

— Mon vrai nom est Femme du Soleil, mais tu m'appelleras tante, comme le font tous les gens de ce village.

L'édentée enchaîna :

— Je suis Femme du Ciel, mais dans ce village, on m'appelle grand-mère.

Kiin était incapable de leur répondre. Elles avaient offert quelque chose de trop sacré. Puis elle réfléchit : Peut-être ne m'ont-elles pas donné leur vrai nom. Elles connaissaient sa malédiction. Ou peut-être étaient-elles si puissantes qu'elles ne la craignaient pas. Peut-être voulaient-elles seulement connaître son nom. Mais dans quel but ? Son nom n'était pas sacré comme le nom d'une vieille femme. Elle ne le possédait pas depuis assez longtemps pour lui conférer beaucoup de pouvoir, et elle n'avait pas de nom d'esprit.

— Je-je m'appelle Kiin.

Les vieilles femmes hochèrent la tête.

— Et tu n'as pas d'autre nom ? Pas de vrai nom d'esprit ?

— Ce n'est pas la coutume dans notre village.

Les femmes échangèrent un regard, puis la femme qui avait des dents remarqua :

— Il t'en faut un. Il est dangereux d'affronter notre peuple sans nom d'esprit.

— Tu devras le garder secret, intervint Femme du Ciel. Ne le dis à personne, pas même à l'homme qui te prend pour épouse.

Les femmes se tournèrent l'une vers l'autre et, si elles gesticulaient de leurs mains, Kiin n'entendait aucun mot. Finalement, Femme du Ciel annonça :

— C'est ma sœur qui te nomme car c'est elle qui détient le plus grand pouvoir.

Kiin sentit un étrange trémolo en elle, non pas de son esprit, mais de quelque chose en son sein, comme si son bébé avait peur. Et, pour un moment, Kiin oublia qu'il y avait un risque que l'enfant qu'elle portait soit de Qakan. Pour un moment, elle fut simplement une mère, effrayée par la frayeur de son enfant. Elle posa ses mains sur son ventre.

— Pourquoi est-ce que mon bébé a peur ?

Femme du Ciel ouvrit la bouche comme pour parler, puis elle la referma. Une fois encore, les deux sœurs entreprirent leur étrange et silencieux mouvement des mains, un langage sans paroles. Kiin en éprouva un malaise accru.

Enfin, toutes deux revinrent à Kiin. Celle qui avait des dents prit la parole :

— Petite, commença-t-elle en saisissant les mains de Kiin pour les tapoter comme si Kiin était une enfant, il y a quelque chose que tu dois savoir à propos de l'enfant que tu portes.

Elle marqua une pause et passa la main dans le haut de son suk pour en sortir une amulette pendant à une vieille lanière de cuir foncé. Elle serra l'amulette en un rythme lent, le rythme du pouls, du cœur qui bat.

— L'esprit de celui que tu portes, poursuivit-elle, est fort, trop fort pour un seul corps.

Elle retint le regard de Kiin dans le sien, et Kiin comprit à quel point cette femme était puissante. Une fois de plus, l'enfant bougea en son sein comme s'il avait peur.

— Un homme, peut-être, pourrait le contenir. Mais un enfant... Un enfant mourrait, ajouta-t-elle en secouant la tête. Alors, l'enfant que tu portes a choisi le chemin de la vie. Il est devenu deux. Une moitié pour prendre le bien de l'esprit, l'autre moitié pour prendre le mal.

Femme du Soleil s'interrompit et Femme du Ciel se pencha légèrement.

— Quand tu es arrivée, ma sœur avait été avertie en songe de ta malédiction. Aussi, afin de protéger notre peuple, avons-nous décidé de tuer ton bébé. C'est pourquoi nous t'avons donné la racine blanche. Elle ne t'aurait fait aucun mal, seulement à l'enfant.

— Mais l'enfant était trop fort, intervint Femme du Soleil. Et alors son esprit a parlé au mien et lui a parlé des bénédictions aussi bien que des malédictions, évoquant les deux enfants, un bon, un mauvais.

— Deux enfants..., coupa Kiin.

Et, soudain, elle crut sentir deux bébés qui bougeaient, un contre ses côtes, l'autre dur et ferme niché au creux de son pelvis. Et elle se demanda si le bon était celui d'Amgigh et l'autre, le mauvais, celui de Qakan.

— A-alors tu ne peux pas tuer le mauvais sans-sans tuer le bon ?

— C'est ça.

— Mais après la nai-naissance, tu tueras le mauvais.

— Oui.

— Mais qui peut di-dire si un nouveau-né est b-bon ou mauvais ?

— Peut-être leurs esprits parleront-ils à ton esprit, répondit Femme du Ciel.

Kiin secoua la tête.

— Le mauvais mentira.

— Le secret te sera révélé, affirma Femme du Soleil. D'une façon ou d'une autre, tu sauras. Alors, tu devras détenir le pouvoir de faire ce qui doit être fait.

— Nous te donnons donc un autre nom qui possède le pouvoir, conclut l'édentée.

Elle se leva avec lenteur et trottina jusqu'à une niche dans le mur d'où elle tira une petite outre en vessie.

— Si le nom que nous t'avons choisi est un bon nom, un nom de force, le liquide contenu dans cette outre sera doux à tes lèvres, comme le bienfait de l'huile de phoque toute fraîche. S'il a un goût amer, nous devrons choisir un autre nom.

Elle apporta l'outre à Kiin et s'assit. Kiin tint l'outre dans ses mains cependant que les deux femmes fermaient les yeux et entamaient un chant. Kiin sentit sa poitrine se serrer, un effroi qui était plus que le mouvement de ses enfants, tandis que la vérité des paroles des vieilles femmes plongeait en son âme. Elle posa l'outre sur ses genoux et mit ses deux mains sur son ventre. Deux enfants. Un bon, un mauvais. Un à haïr, un à aimer.

Soudain, les deux femmes commencèrent à gémir, leur chant devint proche de la plainte et des pleurs. Enfin, celle qui avait des dents dit :

— Tu es Tugidaq-Lune.

La sœur répéta les mots et ajouta :

— Bois.

Kiin porta l'outre à ses lèvres et but. Le liquide était riche et doux.

38

Femme du Soleil et Kiin étaient assises dans l'ulaq. L'aînée avait entrepris un nouveau tissage et la plus jeune avait proposé de l'aider. Femme du Ciel avait quitté l'ulaq dès le matin et c'était maintenant midi.

— Elle ne dira rien aux hommes à propos de tes bébés, fit Femme du Soleil.

Cette pensée n'avait pas effleuré l'esprit de Kiin, mais elle hocha la tête, s'étonnant de la confiance qu'elle éprouvait à l'égard des deux femmes.

— Trop d'hommes tueraient les deux bébés à la naissance, emportant le bon avec le mauvais.

— Tu dois faire ce qui est le mieux pour ton village, répondit Kiin.

Ses doigts triaient et roulaient des herbes pour le tissage de la natte. Kiin s'aperçut alors que les mots lui étaient venus aisément, sans le moindre bégaiement. C'est bon signe, songea-t-elle. C'est bon signe.

— Oui, dit Femme du Soleil. Ma sœur et moi avons décidé que seuls deux hommes de ce village sont assez forts pour être ton mari. Elle est allée s'assurer qu'au moins l'un d'eux va faire une offre pour toi.

Les mains de Kiin se crispèrent sur la boule d'herbe. Qakan avait peu de pouvoir. Son esprit était faible. Serait-il autorisé à la revendiquer pour la négocier ? Les vieilles femmes avaient de la nourriture et un ulaq chaud. Kiin serait à l'abri avec elles. Elle s'éclaircit la gorge et demanda :

— Ne pourrais-je rester et ne pas prendre de mari ?

Femme du Soleil posa les mains sur ses cuisses et leva les yeux sur Kiin.

— Toute femme désire un mari. Et les deux que nous voulons pour toi sont les deux hommes les plus puissants de la tribu. Chasseur de Glace est celui qui t'a conduite ici la nuit dernière. C'est le chef des chasseurs, sa femme est morte voici deux étés et, dans son chagrin, il n'en a pas pris d'autre. Le second est le Corbeau. Il espère devenir chaman de notre tribu. Il possède deux femmes, mais cet homme veut toujours davantage.

Elle sélectionna plusieurs brins d'herbes et ajouta :

— Moi, je choisirais Chasseur de Glace. Il parle même la langue des Premiers Hommes. Mais peut-être ne fera-t-il aucune offre.

Kiin sourit au souvenir de Qakan utilisant maladroitement la langue Morse alors que Chasseur de Glace comprenait leur dialecte.

— Chasseur de Glace semble être un homme bon, reconnut Kiin. Mais je ne veux pas de mari. Si je restais avec vous, je pourrais vous aider en bien des façons. Je pourrais pêcher des oursins et dénicher des œufs. Je vous aiderais à tisser.

— Nous tissons des nattes mortuaires, remarqua la vieille femme. Avec les bébés que tu portes, il est préférable que tu ne nous aides pas trop.

Kiin lâcha son ouvrage mais Femme du Soleil la rassura en souriant :

— Ceci n'est qu'un rideau d'ulaq. Pour nous.

Kiin s'éclaircit la gorge.

— J'apporterais à manger. Je sais pêcher, je sais trouver des clams.

— On nous donne de la nourriture pour nos nattes, repartit la femme. Et Chasseur de Glace nous apporte beaucoup de viande. C'est le fils de ma sœur, expliqua-t-elle dans un sourire.

Ces mots n'étonnèrent pas Kiin. Il y avait en Chasseur de Glace une force évoquant les soins attentifs de Femme du Ciel. Kiin comprit ainsi le compliment que lui faisait Femme du Ciel en demandant à Chasseur de Glace d'envisager de la prendre pour épouse.

— Pourquoi ne veux-tu pas de mari ? s'enquit Femme du Soleil.

Kiin réfléchit longuement avant de répondre. Elle dit enfin, les yeux dans ceux de la vieille femme :

— J'ai un mari chez les Premiers Hommes.

— Tu as d'autres enfants ?

— Non, répondit Kiin d'une voix tranquille.

— Chasseur de Glace nous a raconté que l'homme qui t'a amenée te possède comme esclave et t'a capturée à la tribu des Chasseurs de Baleines. Mais tu es des Premiers Hommes. C'est une des choses que j'ai apprises sur toi dans ma vision.

— Oui, j'appartiens aux Premiers Hommes.

— Alors, pourquoi l'homme qui t'a amenée a-t-il menti ?

— C'est sa nature de mentir.

Femme du Soleil fixa Kiin et se balança doucement. Puis elle ferma les paupières.

— Il se prétend le père de tes bébés. Mais il t'a fait du mal. Il t'a contrainte. Tu ne le voulais pas.

La vieille femme rouvrit les yeux.

— Ce n'est pas assez pour apporter la malédiction.

— C'est mon frère, murmura Kiin.

Pendant un long moment, Femme du Soleil ne

souffla mot. Kiin sentit les bébés bouger en elle et elle posa ses mains sur son ventre.

— Pourquoi es-tu venue avec lui ?

Kiin releva les manches de son suk et tendit ses poignets marqués de cicatrices :

— Il m'a obligée. Il a raconté à notre peuple que je m'étais noyée, puis il m'a conduite ici.

Femme du Soleil ferma de nouveau les yeux.

— Ton autre mari est-il un chaman ou un grand chasseur ?

— Non, répondit Kiin en baissant la tête. Ce n'est qu'un enfant. Il a pris son premier lion de mer cet été seulement.

— Alors, tu dois savoir que tu ne peux pas retourner à lui. Il ne serait pas assez fort pour affronter la malédiction de tes bébés. Fais comme ma sœur; reste. Tu recevras protection.

Le rabat de la porte de l'ulaq s'ouvrit sur Femme du Ciel.

— Ils sont prêts à négocier. Chasseur de Glace et le Corbeau offriront une dot.

Le grand ulaq rougeoyait de lumière. Huit ouvertures pratiquées dans le toit laissaient entrer la lumière du dehors et les niches dans les murs latéraux étaient constellées de lampes à huile allumées.

Femme du Soleil conduisit Kiin à l'intérieur de l'ulaq et les gens lui frayèrent un chemin, de nombreuses femmes inclinant la tête au passage de Femme du Soleil. La vieillarde serra la main de Kiin et ce geste lui donna du courage. Puis, au lieu de baisser les yeux, Kiin releva la tête et affronta le regard de ceux qui la dévisageaient.

Les enfants étaient gras et avaient les joues rondes, presque tous arboraient de magnifiques parkas de peau d'aigle. Une petite fille tendit timidement la main et toucha Kiin. La jeune femme lui sourit. Elle lui rappelait la petite sœur d'Amgigh et ce souvenir lui fit monter les larmes aux yeux, mais elle les refoula. Elle ne pouvait retourner à son peuple. Même Femme du Soleil le disait.

Femme du Soleil s'arrêta plusieurs fois pour parler, puis elles arrivèrent enfin à un espace ouvert au centre de l'ulaq. Quatre hommes y étaient assis, chacun avec une pile de marchandises d'échange. Kiin reconnut le plus grand, même si son visage n'était plus peint. Femme du Soleil se pencha tout près.

— Chasseur de Glace, murmura-t-elle.

Des trois autres, l'un était un vieil homme, courbé et aux cheveux blancs, l'autre était très jeune, peut-être deux ou trois étés de plus que Kiin. Le troisième n'était ni jeune ni vieux. Son visage était lourdement marqué de tatouages — lignes droites noires sur son menton comme chez les Chasseurs de Baleines, et des chevrons se succédant sur les deux joues pour se rejoindre et se croiser sur son nez. Ses cheveux, noirs comme une aile de cormoran, étaient si longs qu'ils touchaient le sol quand il était accroupi et ils étaient tellement graissés que les lampes à huile s'y reflétaient. Ses yeux étaient étroits et bridés, mais le cercle brun des iris était si grand que Kiin ne distinguait pas de blanc, sauf lorsqu'il regardait de côté.

Femme du Soleil leva les mains. Le murmure des voix cessa instantanément. La vieille femme s'exprima au rythme de la langue Morse :

— Je leur ai dit que tu étais la femme offerte comme épouse, expliqua-t-elle à Kiin d'une voix basse. J'ai dit à ton homme de venir te revendiquer.

— Ce n'est pas mon homme, protesta Kiin.

Mais la femme s'éloigna et Qakan prit sa place.

Il lui lança un sourire narquois et dit :

— J'espère que tu as eu un bon lit pour la nuit. Tu vois celle-là ?

Il désigna une femme parmi la foule. Jeune, la tête haute, elle était belle avec de larges pommettes, de petites lèvres boudeuses. Elle sourit à Qakan et ouvrit lentement ses grands yeux, puis se tourna pour chuchoter quelque chose à sa voisine. Kiin remarqua qu'une grande partie de ses cheveux étaient jaunes, plus clairs que l'or des branches de saule au début du printemps.

— J'ai partagé sa couche, dit Qakan.

Kiin écarquilla les yeux et pensa d'abord qu'il mentait une fois de plus. Mais Qakan sourit à la femme et le regard qu'ils échangèrent dit à Kiin que son frère parlait juste.

— C'est la femme du Corbeau, le chaman.

Kiin ne pipa mot, mais la peur enfla en elle. Si le Corbeau donne ses femmes en signe d'hospitalité, tous les Hommes Morses n'en font-ils pas autant ? Elle avait passé bien des nuits avec des marchands, mais une épouse pouvait-elle défier son mari ?

Alors, l'esprit de Kiin parla : « Pourquoi t'étonner ? Tu as entendu les vantardises de ton père après ses visites chez les Chasseurs de Morses. »

— Combien de femme as-tu eues ? demandait-il à Longues Dents.

Puis il prétendait avoir pris une femme différente chaque nuit.

« N'oublie pas que tu fais cela pour protéger les Premiers Hommes », lui intima son esprit. Ces paroles, qui la réconfortaient, ralentirent les battements de son cœur et lui permirent de se concentrer à nouveau sur ce qui se passait.

Qakan s'assit. Alors que Kiin s'apprêtait à l'imiter, il ordonna entre ses dents :

— Reste debout.

Elle se releva donc avec lenteur tout en s'écartant légèrement de son frère. Elle se sentait maladroite, debout ainsi au centre du cercle, point de mire de l'assemblée. C'est alors qu'un vieillard fit un pas en avant. D'une voix forte, il intima le silence et désigna du doigt les quatre hommes proposant une dot, puis reprit sa place parmi la foule.

Chacun des quatre prononça quelques mots avant de présenter ses marchandises.

Ils offraient des peaux de morse, des paquets de

peaux de lemming, des sacs de perles de coquillages, des nattes d'herbes et des rideaux d'ulaq. Le vieil homme offrit un panier de têtes de lance de facture grossière. Mais le plus jeune avait une défense de morse gravée, sur toute sa surface, d'hommes chassant. Quand il la tendit devant lui, Kiin réprima un cri. Jamais elle n'avait rien vu d'aussi beau. Le jeune homme lui sourit, mais Kiin baissa les yeux, se rappelant qu'elle devait aller à Chasseur de Glace ou au Corbeau, et à personne d'autre.

Chasseur de Glace possédait le plus gros tas de fourrures. Une des peaux était couverte de fourrure blanc-jaune. Il la déroula et Kiin s'aperçut qu'elle était raide, mais longue ; Chasseur de Glace l'étira à deux mains, montrant ainsi que le cuir en était parfaitement tanné car aucun poil ne s'arrachait.

Le Corbeau offrait moins de fourrures, mais les siennes portaient un signe particulier de chance. Chaque peau de lemming était bordée de blanc au cou et trois morceaux de cuir de morse avaient une bande de poils noirs sur toute la longueur du dos. Deux peaux de fourrure de phoque étaient d'un noir pur dénué de toute marque.

Qakan leva la tête sur Kiin, plissant les yeux et se léchant les babines. Il s'adressa au Corbeau qui tira quelque chose d'une pile derrière lui. C'était une amulette. Le chaman ouvrit le sac et en sortit le contenu : une tête de lance d'obsidienne, parfaite dans sa forme mais pas plus grande que le bout d'un doigt d'homme ; un fin bracelet de moustaches de lion de mer tressées ; une silhouette de baleine, astucieusement taillée dans un fanon ; une minuscule boîte en ivoire, munie d'un couvercle qui contenait un gros morceau d'ocre rouge ; une dent d'ours ; et une natte compliquée de poil grossier et foncé. Kiin savait que la bourse était une amulette de chasseur, chaque objet, hormis la tête de lance, appartenant à un animal doté d'un grand pouvoir.

Le Corbeau leva la tête et observa Kiin par la fente

de ses yeux. Un frisson la parcourut. On la monnayait. Les hommes posaient sur elle des yeux pleins de désir. Cependant, le regard du Corbeau avait autre chose qui terrorisait Kiin et la paralysait.

Qakan étudia les autres hommes et posa une question. Les cadeaux du Corbeau étaient les plus beaux. Kiin comprenait que leur valeur ne faisait aucun doute. Le plus jeune se tourna et parla à une femme derrière lui. Elle sortit une pile de fourrures blanches, douces, à poil long, qui arrivait à hauteur de genou. Il trancha le lien qui maintenait la pile et en tira plusieurs fourrures, toutes sans défaut et remarquablement tannées.

— Des fourrures de renard, murmura Qakan à Kiin tout en gloussant.

— De renard ? s'étonna Kiin.

Puis, elle se souvint que Longues Dents parlait de ces petits animaux aux dents pointues. Plus grands que des lemmings, plus petits que des phoques.

Alors, le Corbeau sortit à son tour un tas de fourrures de renard. Certaines étaient blanches, d'autres presque noires.

Les fourrures provoquèrent un murmure de l'assemblée, mais Qakan haussa une épaule et secoua la tête. Il regarda le vieil homme qui se contenta de sourire en montrant ses mains vides.

Qakan se leva et tira Kiin à lui.

— Soulève ton suk, ordonna-t-il.

Mais elle rétorqua :

— Ils savent que j'attends un-un enfant. Tu-tu crois que tu peux obtenir davantage en faisant comme s'ils étaient assez bê-bêtes pour avoir oublié ?

Qakan se renfrogna et leva la main comme s'il s'apprêtait à la frapper. Mais, à cet instant précis, Femme du Soleil prit la parole dans la langue des Premiers Hommes :

— Elle chante. Dans ma vision, je l'ai entendue. Elle connaît des chants d'un grand pouvoir. Tout chasseur a besoin de chants d'un grand pouvoir.

Qakan, de la colère plein les yeux, lui intima :

— Chante.

Kiin regarda autour d'elle, puis ferma les paupières. Toujours, il y avait une chanson proche d'elle, montant de son cœur dans sa gorge, les mots dansant comme des hommes et des femmes dansent pour célébrer un événement dans la joie ; mais aujourd'hui, l'effroi et le chagrin dans sa poitrine donnèrent non pas une mélopée, mais plutôt une plainte de deuil ; ce cri monta dans sa bouche et elle entonna un chant très haut qui disait la peine pour le vieil homme et pour le jeune homme, pour Chasseur de Glace et pour son peuple. Les mots vinrent, un chant nouveau, qu'elle chantait pour la première fois.

Pour vos cadeaux, pour votre commerce
Je vous donne la malédiction
Pour les fourrures que vous avez prises à la terre et
[à la mer
Je vous donne le chagrin.
Il y a le mal, ici.

Où sont vos esprits ?
Ne sentent-ils pas ce que j'apporte ?
Pourquoi vous battez-vous pour vous maudire
[vous-mêmes ?
Pourquoi m'accueillez-vous avec joie ?
Il y a le mal, ici.

Ce chant, elle le chanta une fois, deux fois. Puis Qakan, souriant à la foule, tourna le dos à Kiin mais saisit son poignet et, le dissimulant entre eux, le serra impitoyablement.

— Tu nous maudis avec ton chant, murmura-t-il.

— Ils-ils ne-ne comprennent pas les-les mots, repartit Kiin en se libérant brusquement.

Elle se frotta ostensiblement le bras pour que les hommes qui la marchandaient constatent qu'il lui avait fait mal.

Qakan se remit à parler dans la langue Morse puis, si soudainement que Kiin n'eut pas le temps de réagir, il mit sa main sous son suk et en sortit la coquille en dent de baleine.

Les yeux de Kiin s'arrondirent. Elle avait pris soin de toujours la garder sous son suk, craignant que, si Qakan la voyait de trop près, il ne comprenne que c'était une dent de baleine et non un coquillage, et exige de l'ajouter à ses marchandises d'échange.

— Cela aussi, elle sait le faire, dit-il aux deux vieilles femmes en dialecte des Premiers Hommes.

Puis, optant de nouveau pour la langue Morse, il ajouta :

— Vous a-t-elle précisé qu'elle avait sculpté cela dans une dent de baleine ?

Kiin remarqua la lueur soudaine qui éclaira les yeux sombres du Corbeau. Même Femme du Soleil parut surprise. Elle murmura à l'oreille de sa sœur puis s'avança pour prendre le coquillage des mains de Qakan.

Elle le fit jouer dans ses doigts et regarda Kiin :

— Tu as sculpté cela ?

— Ce-ce n'est rien. Ça ne-ne ressemble même pas à un co-coquillage, objecta Kiin, gênée que Femme du Soleil observe son piètre travail avec autant d'attention.

Dans son esprit, elle revoyait les paniers qui contenaient les sculptures de son père, les phoques ou les macareux difformes, trop courts ou trop longs, qui semblaient issus d'une main d'enfant ; et elle se souvint que lorsqu'elle était petite elle rêvait que tous les animaux étaient semblables à ceux que son père sculptait, boiteux, difformes. Elle regarda à nouveau son coquillage, les volutes irrégulières, la longue crête qui bordait un des côtés.

— C'est moi qui l'ai sculpté, dit-elle.

— Tu possèdes un don, affirma Femme du Soleil.

— Non, répondit Kiin en secouant la tête. Je v-vois ce que ça de-devrait être, expliqua-t-elle en désignant cet endroit dans sa tête, juste derrière les yeux, où les nuages et les rêves se retrouvent. Mais-mais je ne peux pas faire ce que, ce que je vois. Ça ne-ne vient pas comme il-il faut. Mes chants, eux... ils sont... comme ils devraient.

Pourtant, Femme du Soleil tint haut la coquille de Kiin afin que tous puissent l'admirer et, pendant un horrible moment, Kiin pensa qu'elle allait la négocier, la priver du peu de pouvoir qu'elle possédait encore. Mais la vieille femme lui rendit sa figurine et Chasseur de Glace appela quelqu'un dans la foule ; un de ses fils, l'homme à la cicatrice, apporta au centre du cercle un paquet enveloppé dans une peau de caribou. Chasseur de Glace attendit que le calme revienne, puis fit lentement glisser la peau.

Kiin écarquilla les yeux. Sous la peau, apparut un grand visage. Sculpté dans le bois, il avait presque la taille d'un homme et était peint de rouge et de bleu vif. Les coins extérieurs étaient tirés vers le bas et des larmes bleues coulaient vers le menton. Mais la bouche était ouverte en un large sourire qui dévoilait des dents pointues et blanches fichées dans le bois.

Chasseur de Glace parla et Qakan se tourna vers Kiin :

— Il dit qu'il a gagné cette pièce lors d'un raid chez les Tribus Dansantes qui habitent de l'autre côté des montagnes à des jours d'ici, vers le sud. Elle porte le pouvoir qu'a cette peuplade d'attirer les animaux avant une chasse.

Puis le Corbeau intervint et, sans le comprendre, Kiin reconnut dans les mots le défi. Il frappa dans ses mains et Qakan retint son souffle. La femme aux cheveux striés de jaune fit un pas en avant et se posta près de la pile des marchandises du Corbeau.

Sur l'ordre du Corbeau, elle ôta son suk et défit ses jambières, ne gardant que ses tabliers frontal et dorsal. Le Corbeau, qui se tenait derrière elle, coupa le lien qui retenait à la taille les deux tabliers, qui tombèrent à terre. Dans l'ulaq, le rire des hommes monta, gros et gras ; Qakan ricana. La femme, elle, gardait la tête haute. Elle regarda Qakan et se lécha langoureusement les lèvres puis leva les bras au-dessus de la tête et se tourna en ondulant des hanches. Sa peau huilée scintillait dans la lumière des lampes.

Le Corbeau éclata de rire mais il attrapa son suk et le lui lança. Elle l'enfila et s'assit à côté des marchandises, jambes nues.

— J'ai choisi ton mari, tonitrua soudain Qakan.

Mais Femme du Soleil s'avança. Elle se planta devant Qakan et tout le monde se tut. Même la fille aux cheveux blonds baissa les yeux.

— Ce n'est pas à toi de choisir, lança Femme du Soleil à Qakan dans la langue des Premiers Hommes. Ta sœur n'est pas une esclave, le choix lui revient donc. Dans notre tribu, la femme décide. Tu en sélectionnes deux. Puis elle prendra celui qu'elle veut.

Mâchoire tombante, Qakan se tourna vers Kiin, le regard sombre.

— Tu leur as parlé de la malédiction.

Kiin secoua la tête.

— Elle-elle savait. Je n'ai pas-pas eu besoin de lui dire. C'est une-une rêveuse de visions. Je leur ai seulement dit que j'étais ta-ta sœur.

— Tu es une femme ignorante, grinça-t-il d'une voix qui tourna au petit cri perçant.

Femme du Soleil reprit la parole d'un ton fort et empli de pouvoir :

— Fais ton choix. Deux seulement.

Qakan dessina un sourire qui montrait ses dents blanches et désigna Chasseur de Glace et le Corbeau.

Le vieil homme haussa les épaules et sourit, mais Kiin perçut la blessure de la déception dans les yeux du jeune homme.

— Maintenant, tu dois décider, dit Femme du Soleil à Kiin.

Kiin regarda Qakan, qui murmura :

— Si tu choisis le Corbeau je te donnerai une peau de renard pour ton bébé.

Mais Kiin n'eut pas le moindre regard pour les marchandises ; elle observa le visage sombre du Corbeau et les yeux clairs de Chasseur de Glace.

Elle fit un pas en direction de Chasseur de Glace mais elle entendit son esprit chuchoter : « C'est un homme bon. Et si les vieilles femmes se trompent ? Et s'il ne peut affronter ta malédiction ? Il a offert le visage de bois, peut-être est-ce ce visage qui détient son pouvoir. »

Kiin regarda l'homme et laissa la tristesse s'échapper de ses yeux car elle voulait qu'il sache que c'était lui, son véritable choix. Puis elle se tourna vers le Corbeau.

— Cet homme, dit-elle en le désignant du doigt.

Elle entendit alors le cri étouffé de Qakan et le rire profond de la fille aux cheveux jaunes.

Le Corbeau sourit et montra toutes ses dents ; puis il se leva et poussa la fille aux cheveux jaunes sur les genoux de Qakan. Qakan éclata de rire mais rejeta la femme et rampa jusqu'à la pile de marchandises qui, désormais, lui appartenaient. Il en tira une fourrure de renard et la lança à Kiin :

— Tu as bien choisi.

Femme du Ciel s'avança.

— Donne-lui deux fourrures de renard.

Qakan leva sur elle des yeux étonnés mais, riant sottement, il tira une autre peau qu'il jeta vers Kiin.

Kiin drapa les fourrures sur son bras. Le Corbeau ne la quittait pas des yeux, tête rejetée en arrière, ses lèvres minces ourlées en un sourire. Kiin se tenait bien droite, le regard fixe.

Nul n'entendit les pleurs endeuillés de son esprit.

39

Kiin suivit le Corbeau, qui se dirigea vers le centre du village jusqu'à un ulaq creusé tout près des collines. Elle l'avait déjà repéré. Il était grand et, contrairement aux autres, il possédait un toit de gazon. Ainsi, c'était le Corbeau qui vivait en ce lieu, avec ses deux épouses, bien que désormais celle aux cheveux jaunes ne soit peut-être plus sa femme. Elle appartenait à Qakan.

Si le Corbeau était assez puissant pour posséder une aussi belle demeure, était-il vraiment un chaman ? Kiin se mit à trembler. Il n'y avait jamais eu de chaman dans leur village, mais elle avait entendu des récits sur leur pouvoir de contrôler les esprits. Et il lui semblait que, du moins dans ces histoires, la plupart finissaient par utiliser leur pouvoir pour faire le mal. Qu'avait dit Kayugh ? Un homme ne peut contenir tant de pouvoir. Alors, le pouvoir se glisse dans son esprit et lui vole son âme.

Le Corbeau poussa Kiin devant lui dans une entrée latérale. C'était un petit tunnel tissé de branches de saule et couvert de nattes d'herbe. Il s'inclinait jusqu'à l'intérieur de l'ulaq et il était si étroit que Kiin dut ramper pour le traverser. Un homme les accueillit à la sortie.

Le Corbeau dit quelque chose en langue Morse. Ne sachant trop la manière de saluer l'homme, Kiin fit un signe de tête et, puisque c'était un vieillard au visage ridé et aux cheveux striés de gris, elle baissa les yeux en signe de respect.

Il émanait de l'ulaq une odeur fétide, comme de la viande pourrie, mais tout était propre ; les nattes sur le sol étaient neuves, les sacs de réserves qui pendaient aux murs étaient costauds et bien secs.

Au fond, deux femmes accroupies se peignaient mutuellement les cheveux. Le Corbeau grommela à leur adresse, pointant du doigt de façon grossière.

Mais elles semblèrent n'y voir aucune insulte et saluèrent Kiin. L'une offrit à Kiin une lamelle de viande séchée, l'autre tendit un panier de bulbes de pourpier. Mais le Corbeau fit un geste d'impatience et poussa Kiin à travers les rideaux de peau de morse qui servaient de cloison.

Au centre de l'appartement du Corbeau, une grosse lampe à huile pendait du haut d'un rocher. La seule couche que repéra Kiin était une plate-forme surélevée munie de peaux et de fourrures. Il y régnait une puanteur encore plus insoutenable, et le sol était jonché de morceaux de viande avariée, d'os, de nourriture moisie.

Une femme — jeune mais pas autant que Kiin — s'avança et offrit à manger au Corbeau. Il repoussa sa main d'une claque et fit une remarque en dialecte Morse.

Avec un sourire sournois, elle s'empara d'un grand panier qu'elle entreprit de bourrer de fourrures qu'elle attrapa sur la plate-forme qui servait de lit.

Le Corbeau attendit que la femme ait achevé, puis il s'adressa à Kiin, qui secoua la tête et haussa les épaules. Comment pouvait-il supposer qu'elle comprenait sa langue ? Elle n'était au village que depuis deux jours.

Le Corbeau plissa le nez, retroussa les lèvres et dit quelque chose à la femme. Après un regard en coin à Kiin, elle quitta l'ulaq. Le Corbeau s'avança vers une peau de stockage d'où il sortit une poignée de viande. Il s'accroupit et mangea sans rien offrir à Kiin.

Kiin sentit un petit mouvement de gargouillis dans son ventre et se demanda si les bébés éprouvaient le même malaise qu'elle. Finalement, elle s'assit. En tant qu'épouse, elle devait se tenir prête à apporter le bien-être à son mari — servir de l'eau, préparer à manger —, mais elle était restée longtemps debout ce matin. Autant s'installer confortablement, elle aussi.

Bientôt, l'autre épouse du Corbeau revint en compagnie de Femme du Ciel. Kiin se sentit le cœur plus léger à la vue de la vieille femme, mais celle-ci ne s'adressa pas à Kiin. Au lieu de cela, tournant son attention vers le Corbeau, elle parla en langue Morse puis l'écouta.

Enfin, Femme du Ciel porta sur Kiin un regard lumineux. Sans sourire pour autant, elle dit :

— Le Corbeau veut que tu saches que tu es sa femme, maintenant.

— Oui.

— L'autre épouse s'appelle Queue de Lemming. Elle est désormais sa première épouse et tu dois lui obéir. D'abord, elle t'enseignera la langue Morse. Corbeau dit que tu dois apprendre vite. Cheveux Jaunes, celle que ton frère a achetée, était autrefois sa première épouse. Maintenant, Queue de Lemming rassemble des affaires de Cheveux Jaunes pour les lui apporter. As-tu des questions ?

— L'homme que nous avons vu en arrivant dans l'ulaq. Qui est-il ?

— Oreilles d'Herbe. C'est l'oncle du Corbeau. Il possède deux épouses. Ses filles sont grandes. Oreilles d'Herbe honore le Corbeau plus comme un fils que comme un neveu. Mais le Corbeau donne peu en retour.

Une fois encore, le frisson vint dans l'esprit de Kiin. Un homme qui n'honorait pas son oncle — comment traitait-il ses épouses ?

Semblant lire dans les pensées de Kiin, Femme du Ciel ajouta :

— Tu aurais dû choisir Chasseur de Glace.

« Oui, répondit l'esprit de Kiin en écho, Femme du Ciel t'a dit que Chasseur de Glace était assez fort pour être ton mari. Tu aurais dû le choisir. »

Mais quelle mère ne trouve pas son fils plus fort, plus sage, supérieur à ce qu'il est en réalité ? se demanda Kiin. J'ai choisi. Je n'emplirai pas mon esprit de pensées de ce qui aurait pu être.

— Je ne pouvais pas le choisir, répliqua Kiin en prenant soin de ne pas regarder Femme du Ciel dans les yeux. C'est un homme bon. Je ne pouvais prendre le risque de le maudire.

Femme du Ciel hocha la tête. Dans ses yeux, il y avait de la tristesse, mais nulle colère. Elle se tourna pour parler à Queue de Lemming. Kiin vit qu'elle boudait, de cet air qu'avait Qakan lorsqu'on l'obligeait à agir contre son gré. Le Corbeau voulut interrompre Femme du Ciel, mais celle-ci poursuivit son discours comme si les mots du Corbeau n'étaient que du vent. Même lorsqu'elle en eut fini avec l'épouse du Corbeau, Femme du Ciel l'ignora et dit à Kiin :

— Si tu as besoin de moi, je viendrai, ou ma sœur.

Sur quoi, elle quitta l'ulaq. Le Corbeau s'adressa à Queue de Lemming avec rudesse.

Elle rétorqua avec colère, le Corbeau la gifla. Il prit le panier de Cheveux Jaunes et quitta l'ulaq, laissant les jeunes femmes seules.

Un esprit murmura à Kiin : « Ainsi, tu possèdes deux petites peaux de renard, ton suk, le collier de Samig, la sculpture de Chagak, et la coquille en dent de baleine. Pas de couteau de femme, ni aiguilles, ni outils à gratter, ni pierre à concasser, ni bouts de nerf ou de peaux de phoque. »

— Mais j'ai deux bébés, rétorqua Kiin à voix haute.

Ses mots étaient courageux, sa voix forte, sans bégaiement.

Aux paroles de Kiin, Queue de Lemming leva les sourcils, puis se mit à rire. Kiin n'aima pas ce rire. Il ressemblait trop à celui de Qakan, à celui de son père quand il la ridiculisait. « Tu as voyagé d'un bout de la terre à l'autre, chuchota l'esprit de Kiin, et ce voyage-là, peu de chasseurs l'ont accompli ; tu as dansé avec des Hommes Morses, et tu es aimée d'un homme qui est maintenant un Chasseur de Baleines. Qu'est-ce qu'un petit rire ? »

Queue de Lemming tendit la main pour toucher le suk de Kiin, puis prit entre ses doigts le collier de Samig ; mais Kiin la repoussa. La femme rit de nouveau et ce rire, haut et strident, fit jaillir de minuscules petits points sur la peau de Kiin. Alors, soudain, Kiin rit à son tour. Elle rit en regardant la saleté par terre, la pile désordonnée de paniers, le rideau déchiré en cuir de morse qui pendait au-dessus de la cache de nourriture et, avec grossièreté, elle désigna tout cela du doigt. Avec grossièreté, elle rit.

Les lèvres de Queue de Lemming s'ourlèrent et elle siffla des paroles furieuses. Puis, fouillant dans la pile des paniers inachevés, elle en jeta un à Kiin.

Kiin emporta le panier près de la lampe à huile ; elle attendit, certaine que Queue de Lemming lui donnerait de l'herbe à tisser et de l'eau, mais Queue de Lemming s'allongea sur le lit et s'enroula dans les fourrures, dos tourné.

Kiin observa et patienta un moment. Puis elle reposa le panier et entreprit de ranger la pièce. Les peaux n'avaient pas été maintenues sèches et les tapis de sol répandaient dans tout l'ulaq une odeur de moisi. Elle rêva à l'ulaq de Kayugh, toujours impeccable. Même l'ulaq de son père était propre, le sol garni de bruyère et de tapis neufs, les os ramassés et jetés ou mis de côté pour être sculptés.

Quand Kiin eut rassemblé les os et les reliefs de nourriture et remplacé les matelas en mauvais état par d'autres entassés près de la cache de nourriture, elle emporta les immondices au loin, là où le vent éloignerait des habitations ces remugles.

De l'épilobe, grande et rougeoyante, poussait aux abords du village. Kiin tordit les tiges dures afin de les rompre ; bientôt, elle eut six têtes de fleurs dans la main. Elles étaient vieilles et commençaient à duveter, mais les fleurs étaient encore douces et elles réussiraient peut-être à débarrasser l'ulaq de son mari de l'odeur qui empestait.

A son retour, elle refusa à nouveau très poliment la nourriture que lui offrirent les femmes d'Oreilles d'Herbe; cette fois, elle leur sourit. Leurs cheveux, coupés grossièrement à hauteur d'épaule, étaient foncés et luisants. Les deux femmes se ressemblaient tellement, avec leur visage long, leurs yeux bridés et leur grande bouche, que Kiin se dit qu'elles devaient être sœurs.

Lorsqu'elle regagna la chambre du Corbeau, elle remarqua que le souffle de Queue de Lemming avait le rythme calme de celui qui dort, aussi Kiin se hâta-t-elle de répandre l'épilobe qu'elle avait cueillie avant de trier les paniers par taille et par forme. Trois étaient remplis de ce qui avait peut-être été de la nourriture et étaient désormais bons à jeter. Elle les empila près du rideau de séparation et poursuivit son travail jusqu'à ce qu'elle ait une nouvelle pile d'ordures : peaux moisies, vieux paniers, une vessie d'eau toute trouée. Elle ramassa son chargement et elle l'emporta dehors, puis revint dans l'ulaq.

Kiin aurait bien voulu trier également la réserve de nourriture, mais, en tant que deuxième épouse, elle n'y était pas autorisée, aussi revint-elle au panier que lui avait confié Queue de Lemming. Kiin avait repéré un tas d'ivraie abandonné contre le mur. Elle prit un panier doublé d'argile et, espérant qu'il était imperméable, y versa de l'eau d'une vessie de morse suspendue à un mur. L'eau était tiède et dégageait une odeur saumâtre; elle y trempa cependant les mains et passa ses doigts humides sur plusieurs brins d'herbe.

Un chant commença comme un fil ténu dans son esprit, des mots évoquant la mer, la glace et les hommes bleus qui vivaient dans la glace. Elle fredonna tout en séparant les brins en minces fils à l'aide de son ongle de pouce avant d'en faire une bobine.

Tandis qu'elle chantait, des pensées inquiètes, comme des volutes de fumée, se mêlaient à ses paroles. Le Corbeau était son mari, maintenant. Il s'attendrait à la trouver dans son lit cette nuit.

« Tu as déjà eu dans ta couche des hommes que tu ne voulais pas, murmura son esprit. Du moins le Corbeau est-il ton mari. N'oublie pas que tu es aussi forte que lui. »

Mais Kiin savait que son esprit ne parlait que pour la réconforter et ne lui disait pas la vérité. Le Corbeau était fort, assez fort pour posséder deux épouses, pour en négocier une troisième. Assez fort pour affronter la malédiction de Kiin.

Elle travailla jusqu'au moment où son esprit la poussa à regarder du côté du lit. Queue de Lemming était assise et se bouchait les oreilles. Kiin savait qu'elle chantait bien, elle s'autorisa donc à sourire à Queue de Lemming comme on sourit à un enfant capricieux.

Il y eut un bruit de l'autre côté de la cloison et soudain, si brusquement que même Queue de Lemming sursauta, le rideau se souleva sur une foule de femmes, peut-être toutes les femmes du village.

Kiin interrompit son chant et posa son panier. Elle se leva et, à cet instant, Femme du Ciel s'avança.

— Elles sont venues apporter des présents à la nouvelle épouse du Corbeau.

Alors, les femmes entrèrent. D'abord Femme du Ciel, puis Femme du Soleil, un panier d'herbes à la main, qu'elles déposèrent devant Kiin. Femme du Soleil prit place près de Kiin et se pencha pour murmurer à son oreille le nom de chaque objet au fur et à mesure que les femmes les présentaient, un vrai nécessaire complet : aiguilles, poinçons, rouleaux de lanières de cuir et morceaux de nerfs pour la couture; nattes et fourrures de couchage; pierres à moudre et pierres à feu; paniers et outres pour l'huile; sacs de stockage pour la viande; hameçons et un bâton à creuser.

Les femmes riaient et plaisantaient, à l'exception

de Queue de Lemming et de Cheveux Jaunes, à la mine renfrognée. Kiin se mêlait aux rires car Femme du Soleil ou Femme du Ciel lui expliquait ce que disaient les autres, si bien que Kiin apprit rapidement de nombreux mots dans la langue Morse.

A un moment, quand les épouses d'Oreilles d'Herbe dirent combien Kiin avait de la chance d'être l'épouse du Corbeau, Femme du Soleil, après avoir répété ces paroles pour Kiin, la rassura en murmurant :

— Personne n'osera te traiter en esclave. Et tu disposeras même de plusieurs mois avant que le Corbeau ne t'emmène dans son lit. Aucun homme Morse ne pénètre une femme enceinte. Elle maudirait sa chasse.

Alors, Kiin enferma ces mots en elle et s'aperçut qu'elle souriait plus facilement, riait plus vite.

Quand vint le tour de Cheveux Jaunes d'offrir un présent, elle tendit ses mains fermées à Kiin et, lorsque celle-ci lui présenta ses mains ouvertes, Cheveux Jaunes écarta les doigts pour indiquer qu'elle n'offrirait rien. Même alors, Kiin éclata de rire, d'un rire si fort que les autres femmes, debout, le visage rouge, face à tant de grossièreté, s'esclaffèrent aussi, jusqu'au moment où, rubiconde, Cheveux Jaunes se fraya un chemin entre elles et s'assit, genoux relevés sous le menton, sur la plate-forme de couchage. Queue de Lemming se précipita alors vers le coin à paniers et tendit à Kiin un magnifique couteau recourbé dont la lame de fin silex noir s'insérait sur une côte de caribou. Femme du Soleil expliqua à Kiin que la côte avait été donnée en troc par un homme du Peuple des Caribous, qui vivait loin à l'est, là où la glace marquait la limite du monde.

Kiin lissa la côte de sa main et remercia Queue de Lemming, espérant que ce présent marquerait le début d'une amitié ; mais, au moment où Queue de Lemming se détourna, Kiin vit Queue de Lemming et Cheveux Jaunes échanger un regard moqueur et elle sut que ce n'était pas un cadeau venu du cœur.

Une fois les femmes parties, le Corbeau rentra dans l'ulaq. Au fond de la grande pièce principale, Kiin achevait le panier d'herbe. Le Corbeau s'assit sur un tapis de sol, s'appuya le dos contre une pile de fourrures et l'observa entre les fentes de ses yeux. L'homme était si immobile que Kiin le croyait assoupi, mais si elle tendait la main pour la tremper dans le panier d'eau, elle percevait l'éclat de ses pupilles qui la suivaient et son regard appuyé raidissait les doigts de Kiin qui trembla. Elle tenta de se calmer en répétant les mots qu'elle avait appris ce jour-là, mais la terreur s'infiltrait de nouveau dans sa poitrine, prenant tant de place que son cœur tressauta.

« Souviens-toi de ce qu'a dit Femme du Ciel, murmura son esprit. Tu attends un enfant; aucun homme Morse ne te prendra. Le Corbeau ne te touchera pas. Tu maudirais sa chasse. » Toutefois, si ces mots l'avaient rassurée cet après-midi, elle doutait maintenant des paroles de la vieille femme. Qui pouvait dire les pouvoirs du Corbeau ? Il n'était pas homme à obéir aux lois de son peuple.

Queue de Lemming observait Kiin, elle aussi, mais en douce et à petits coups d'œil rapides.

Au retour du Corbeau, Queue de Lemming lui avait donné de la nourriture, s'était débarrassée de son suk et de ses jambières de fourrure, puis avait huilé ses jambes. Kiin avait essayé de dissimuler sa surprise en découvrant que les jambes de Queue de Lemming étaient, des chevilles aux genoux, tatouées en un motif compliqué de triangles et de points. Elle estimait que ces marques enlaidissaient les jambes de la femme, mais elle voyait bien, au soin qu'elle mettait à huiler les dessins, que celle-ci trouvait cela superbe.

Quand le Corbeau se leva enfin, il mit Queue de Lemming sur ses pieds, lui glissa la main dans le dos et la remonta jusqu'à son cou. Queue de Lemming regarda Kiin avec un sourire railleur et suivit le Corbeau sur sa couche. Kiin sourit à son tour, essayant de ne pas montrer son soulagement.

S'adressant à Kiin, le Corbeau désigna du doigt un endroit près de lui sur son lit. A nouveau, le cœur de Kiin battit la chamade, mais le Corbeau lui tourna le dos et Kiin se recroquevilla dans le coin le plus reculé de la plate-forme, dos tourné elle aussi.

Bientôt, le Corbeau et Queue de Lemming emplirent l'ulaq des bruits de l'amour. Kiin ne parvint pas à s'endormir. Alors, elle chanta dans sa tête pour couvrir les grognements du Corbeau, les soupirs et les petits cris de Queue de Lemming.

Et, pour une fois, Kiin fut heureuse de ne pas comprendre la langue Morse.

40

— Il y aura d'autres changements, annonça Épouse Dodue à Samig en lui tendant une coquille remplie de bouillon d'ugyuun et de moruc.

Samig évita son regard. Il ne voulait pas la voir sourire alors qu'elle lui parlait d'un châtiment supplémentaire. Cela avait été assez de passer le reste de l'été à apprendre avec les petits garçons, de manquer les chasses d'automne. Bien des fois, Samig avait projeté de retourner au peuple de sa mère sans le secret du poison. Mais la pensée de la déception de Kayugh le garda chez les Chasseurs de Baleines, l'incitant à attendre jusqu'au printemps.

D'ailleurs, Kayugh ne l'accueillerait peut-être pas s'il revenait sans le savoir qu'on l'avait envoyé acquérir. Se sentirait-il alors chez lui ?

Ce matin-là, Nombreuses Baleines lui avait donné une autre tête de harpon. Elle n'était pas aussi belle que celle qu'il avait perdue avec la baleine, mais prouvait néanmoins que Nombreuses Baleines désirait toujours qu'il chasse.

Si j'ai la permission de chasser, s'était dit Samig, je peux supporter de vivre ici jusqu'à être suffisamment habile pour enseigner aux Premiers Hommes. Alors, je retournerai chez mon peuple, je verrai quelle vérité Kayugh dissimule en son cœur, je saurai si je dois rester ou trouver une autre plage. En ce cas, je me rendrai chez les Chasseurs de Baleines et les Premiers Hommes uniquement pour faire du troc.

Pour le moment, les paroles d'Épouse Dodue gênaient Samig qui se détourna pour boire son bouillon.

Épouse Dodue continuait de parler des femmes du village et des enfants.

— De nouveaux enfants dans cet ulaq seraient une bonne chose, remarqua-t-elle avec un petit rire. Qui sait, peut-être ce soir les bruits dans cet ulaq ramèneront Nombreuses Baleines dans ma chambre.

Tapotant son ventre rebondi, elle ajouta :

— J'ai encore le temps de faire un autre fils.

Samig écoutait, bouche bée, essayant de donner un sens aux paroles de la vieille femme. Puis Épouse Dodue lui tendit l'épais parka de fourrure qu'elle cousait, et Samig s'aperçut qu'il était presque fini.

— Il était prévu pour Nombreuses Baleines, dit Épouse Dodue en pouffant de rire. Mais il en a un, comme il sied à chaque époux. Celui-ci est donc pour toi.

Samig renversa son bouillon et réprima un cri quand le liquide éclaboussa sa poitrine nue. Maintenant, il connaissait la raison des sourires d'Épouse Dodue, et il était furieux qu'on ne l'ait pas prévenu. Nombreuses Baleines le traitait comme une femme, toujours à décider à sa place.

Considérant la tête ronde et grosse d'Épouse Dodue, il demanda :

— Qui doit être mon épouse ?

Épouse Dodue afficha un petit sourire satisfait. Elle n'avait plus de dents sur les côtés, ce qui expliquait les trous noirs de sa bouche.

— Mon époux a essayé de t'acheter Petite Fleur, mais son père a peur que tu ne l'emmènes avec toi chez les Traqueurs de Phoques. Et Panier Moucheté a été promise à Oiseau Crochu, ta femme sera donc Trois Poissons.

Trois Poissons. Samig crut recevoir en pleine poitrine un coup à lui couper le souffle. Panier Moucheté aurait été supportable. Comment oublier leurs ébats dans l'herbe ? Mais Trois Poissons...

Épouse Dodue secoua son tablier comme une jeune fille.

— Mon mari prétend qu'il n'existe au village aucun homme possédant des mains assez larges pour la tenir.

Elle se tapa les fesses et partit d'un grand rire.

Cette sorte de plaisanterie était plus convenable dans la bouche d'un homme, aussi Samig fit-il mine de n'avoir rien entendu. Il reposa son bol. Il n'avait rien à répondre. A quoi bon protester ?

Épouse Dodue cessa de rire bêtement et Samig s'étonna de l'entendre remarquer :

— Tueur de Baleines, dans le noir, toutes les femmes se ressemblent.

Les parents de Trois Poissons l'amenèrent à Samig cette même nuit. Samig s'obligea à sourire. Mais chaque fois qu'il regardait la grosse figure de Trois Poissons, avec ses dents cassées, il lui venait une douleur au creux de la poitrine ; et en son esprit, il voyait Kiin, ses traits délicats, son doux sourire, et ses mains qui le caressaient, tendres et fermes.

Je ferai plaisir à mon grand-père, se dit Samig. Peut-être alors me donnera-t-il les secrets du poison de baleine et pourrai-je retourner à mon peuple.

« Mais tu devras emmener ton épouse », lui murmura une voix intérieure.

Non, elle voudra rester avec son peuple, se rassura Samig. Elle ne m'accompagnera pas, et je serai libéré des Chasseurs de Baleines. Mais, pour l'instant, je dois obéir à mon grand-père.

Il se contraignit à sourire, se contraignit à prononcer des paroles de bienvenue pour le père de Trois Poissons et à sourire à Nombreuses Baleines, à rire aux plaisanteries des deux hommes à propos des femmes. Épouse Dodue était assise dans un coin, dos tourné aux hommes, comme le voulait la coutume. Ses mains s'affairaient à la vannerie, mais à chaque plaisanterie, Samig voyait ses épaules se secouer ; elle écoutait.

Trois Poissons était debout près de son père. Elle portait un suk en fourrure de loutre dont le bas était bordé de coquillages qui se balançaient et de volutes d'œsophage de phoque coloré. Ses cheveux étaient lissés en arrière en ce chignon serré que portaient les femmes mariées, et son visage était peint d'ocre rouge. Samig savait que les femmes peignaient les peaux de phoque pour les conserver et il se demandait quelle coutume des Chasseurs de Baleines exigeait des nouvelles épousées un visage rouge.

Le père de Trois Poissons était aussi volumineux que sa fille ; ses épaules et ses hanches formaient un large carré à l'intérieur de son parka. L'homme faisait deux fois la taille de Nombreuses Baleines, avec un visage rond et souriant comme celui de Trois Poissons. Les tatouages de son menton couraient en trois lignes verticales et ses yeux rayonnaient de lumière.

« Tu sais que c'est un homme bon, murmura la voix intérieure de Samig. Il te fera une place lorsqu'il partira chasser et il t'accueillera dans son ulaq. »

Mais la douleur demeurait dans la poitrine de Samig, qui ne parvenait pas à éprouver la moindre joie.

Enfin, l'heure des plaisanteries passée, Épouse Dodue quitta son coin pour nourrir les hommes. En tant que nouvel époux, Samig n'était pas autorisé à manger. On le fit asseoir pour regarder le père de Trois Poissons et Nombreuses Baleines se délecter de bouillon d'ugyuun et de viande de baleine.

Puis les hommes se levèrent. Le père de Trois Poissons prit la main de sa fille et la mit dans celle de Samig ; après quoi, n'ayant pas le droit de participer à la cérémonie, Épouse Dodue poussa le couple dans la chambre de Samig et referma le rideau derrière eux.

— Faites des bébés, leur lança-t-elle.

Le jeune homme entendit Nombreuses Baleines et le père de Trois Poissons se joindre au rire de la femme.

Samig s'accroupit. Il avait lâché la main de Trois Poissons et, dans l'obscurité de sa chambre, ne savait trop où elle se tenait. Alors elle s'avança, se lova contre son bras, glissant ses mains sous son parka. Elle émit de petits rires et caressa la poitrine de Samig. Mais celui-ci pensa qu'Épouse Dodue écoutait et riait, elle aussi.

« Tu fais cela pour ton père », lui dit sa voix inté rieure. Mais combien un homme donne-t-il à son père ? se demanda-t-il. Combien d'années pour les années données ? Combien de honte en échange du savoir ? Une vie entière affublé d'une femme pareille ?

Avec Trois Poissons pour épouse, comment faire une vie pour moi-même ? Ses mots seront plus forts que les miens et je serai comme un enfant dans mon propre ulaq.

Soudain, il repoussa Trois Poissons et se leva, sa tête touchant le plafond de la chambre.

— Allonge-toi sur le dos et reste tranquille, ordonna Samig.

Les gloussements de Trois Poissons se muèrent en un petit cri.

— Je suis ton mari et tu feras ce que je te dis. Compris ?

Il attendit, se demandant si Trois Poissons savait qu'il craignait de ne pas être obéi. Mais la réponse vint, petite et calme :

— Oui, époux.

— Demain, tu entameras un nouveau rideau pour ma chambre. Celui-ci est vieux. Et fais-le plus grand.

Trois Poissons ne répondit pas ; elle ne rit pas non plus. Samig ferma les yeux et songea à Kiin, Kiin dans son lit, Kiin, si veloutée sous ses doigts. Quand il fut suffisamment excité, il tomba à genoux et ouvrit les jambes de Trois Poissons, se dressant sur ses bras afin que sa poitrine n'effleure pas sa femme lorsqu'il la prit.

41

Amgigh poussa sa pagaie dans l'eau, trois coups à gauche, trois à droite. Le calme de la mer du Nord inquiétait Amgigh. Il n'était pas ordinaire de voir une eau d'un bleu-vert aussi limpide, suffisamment transparente pour distinguer loin sous la surface, jusqu'aux profondeurs qu'habitaient les esprits, jusqu'aux profondeurs où la baleine l'avait entraîné...

Non, se dit-il. C'est la couleur habituelle de la mer du Nord. Elle est toujours aussi limpide. Les nombreux jours d'alitement m'ont fait oublier comment était l'eau. J'ai oublié. J'ai seulement oublié.

Oiseau Gris — Waxtal — avait tenu à l'accompagner pour sa première sortie depuis la baleine. Kayugh aussi. Mais il n'était pas sûr de ses propres réactions. Et s'il ne parvenait pas à ramer ? Voulait-il que d'autres hommes soient témoins de sa honte ?

Quand il avait enfin émergé de l'ulaq, quittant la sécurité confinée des murs obscurs, le seul fait de regarder la mer avait serré son estomac de frayeur.

Il vaut mieux que je parte seul, s'était-il dit. La mer avait peut-être volé son courage. Aussi s'était-il éloigné, sourd aux pleurs de Chagak, aux craintes de Kayugh.

Mais, maintenant, tout paraissait différent : le froid de l'eau ; le silence sans vent ; le gris pesant du rivage. Même la pagaie ne semblait plus s'accorder à sa main. Il regrettait de n'avoir personne avec lui pour psalmodier des chants de chasse, des chants d'hommes plus forts que la mer.

Puis lui revint en mémoire ce que Chagak lui avait dit alors qu'il n'était qu'un enfant — s'il était seul ou s'il avait peur, il devait expliquer sa force à la mer.

Alors, élevant la voix, Amgigh appela en direction du large :

— Je suis fort. Je ne me vante pas. Je te dis la simple vérité. Je suis fort. Même la baleine n'a pas réussi à me tuer. Oui, murmura-t-il en inclinant la tête vers le centre de sa poitrine afin que son esprit entende. Je suis fort.

Malgré les jours passés allongé dans sa chambre, ses jambes étaient puissantes, pas aussi épaisses que celles de Samig, mais bien musclées. A chaque coup de pagaie, ses cuisses poussaient dur contre le fond de l'ikyak.

D'une voix plus assurée, il entonna une vieille mélopée qui louait les lions de mer et donnait à la loutre le nom de frère. Même Kayugh ne savait pas qui en avait le premier pensé les paroles. Un excellent chasseur, en tout cas.

Amgigh chantait, se souvenant d'autres chants. Soudain, il se rappela la voix riche et pleine de Kiin lorsqu'elle fredonnait, parfois avec des mots nouveaux, de vieilles chansons d'une manière nouvelle.

Alors, même en pagayant, Amgigh revit les petites mains de Kiin contre sa peau, sentit ses doigts sur lui, légers comme une plume. Il ferma les yeux et hocha la tête. L'esprit de Kiin devait déjà être dans les Lumières Dansantes. Mais qui pouvait dire ? Peut-être avait-il été capturé par la mer, peut-être chaque ride de l'eau contenait-elle une petite partie de son âme qui permettait à Amgigh de la voir, de la sentir, chaque fois qu'il était dans son ikyak.

Peut-être l'eau attirait-elle ses pensées vers Kiin. Qui pouvait douter que la mer était une chose vivante ? Qui pouvait douter de ses pouvoirs ? Assurément, les esprits de la baleine et du lion de mer se mêlaient intimement aux vagues écumantes et brisantes. Amgigh songea à sa première sortie en ikyak. Ses jambes étaient petites et maigres, ses bras menus comme des os d'oiseaux. La mer avait enserré sa pagaie, essayant de la lui arracher des mains. Quel chasseur ne racontait pas la même chose ? Quel chasseur ne savait pas que la mer le mettait à l'épreuve jusqu'à être certaine que le garçon serait un bon chasseur, digne de prendre des phoques, digne de prendre des lions de mer ?

Amgigh conservait le souvenir de ses muscles endoloris après cette journée d'initiation. Bras et épaules engourdis à force de soulever et pousser la pagaie, engourdis à force de lutter contre la succion de l'eau s'il plongeait sa pagaie trop profond, contre le clapotis des vagues s'il ne la plongeait pas assez. Il se rappelait combien ses hanches le faisaient souffrir tandis qu'il était assis, jambes étendues devant lui et bien écartées afin de contribuer à l'équilibre de l'ikyak. Et son effroi.

Samig n'avait pas eu peur, lui. Même le premier jour, il avait fait volontairement chavirer son bateau pour émerger en riant tandis que leur père retournait l'ikyak et ramenait Samig sur le rivage. Si Amgigh était revenu de cette première expédition avec son nouveau chigadax encore sec, alors que

Samig, dans son exubérance, avait renversé deux fois son ikyak — pour se faire à chaque reprise tancer par leur père —, Amgigh savait que, là encore, c'était Samig qui possédait le talent. Samig apprendrait à se déplacer comme un phoque tandis qu'Amgigh serait toujours à la traîne.

Or, Waxtal affirmait que Samig reviendrait de chez les Chasseurs de Baleines avec l'intention de devenir chef des Premiers Hommes. Oui, disait Waxtal, Samig leur enseignerait à chasser la baleine, mais il s'autoproclamerait chef des chasseurs.

Amgigh et Waxtal s'étaient assis au sommet de l'ulaq de ce dernier. Amgigh était encore faible et il ne voyait pas encore bien ; toutes les choses étaient bordées de noir et parfois il voyait double.

Pendant un long moment, ils étaient restés sans parler, puis Waxtal avait hoché la tête et un bruit étouffé était monté de sa gorge.

— Ton père a commis des erreurs. J'ai vu ces erreurs, même si j'ai gardé mes paroles pour moi ; mais c'est un bon chef et il est plus sage que Samig ne le sera jamais. Samig sera le genre d'homme à fanfaronner. Il reviendra de chez les Chasseurs de Baleines avec en tout et pour tout de la vantardise. Mais qu'espérer d'autre ? Le vrai père de Samig...

Alors les mots s'étaient évanouis. Cependant, Amgigh avait achevé dans sa tête la phrase de Waxtal. Le père de Samig était un Petit Homme, un homme qui tuait les hommes.

Puis Waxtal avait poursuivi ses marmonnements, comme s'il avait oublié la présence d'Amgigh à son côté.

— Samig s'imaginera avoir gagné le pouvoir d'être chef. Il ne pensera pas à Kayugh. Il ne pensera qu'à lui.

Amgigh avait cherché dans ses propres pensées si Waxtal avait raison. Enfant, Samig n'était pas vantard, il ne se poussait pas devant les autres. Mais

Waxtal connaissait les Chasseurs de Baleines mieux que lui. Qui pouvait dire si Samig ne changerait pas après une année parmi eux ?

— En admettant que Kayugh ne souhaite plus mener notre peuple, avait murmuré Waxtal en se penchant sur Amgigh, tu ferais un meilleur chef.

Et Amgigh était parti d'un grand rire. Mais Waxtal lui avait répété la même chose le lendemain et le jour suivant jusqu'à ce qu'enfin, une nuit, dans ses rêves, des animaux lui apparaissent : loutres, lemmings, phoques et lions de mer. Chacun lui susurrait qu'il devrait devenir chef, chef au-dessus de Samig.

Mais là, seul sur la mer infinie, loin des murmures de Waxtal, Amgigh savait ses propres pensées et comprenait qu'il n'avait nulle envie d'être chef. Il n'aimait même pas chasser. Pourtant, il visait juste et était souvent le premier à repérer la tête noire d'un lion de mer ou d'un phoque au-dessus des vagues. Malgré tout, il ne voulait pas de Samig pour chef.

Dans un soupir, Amgigh scruta le rivage. L'île Aka semblait habitée de plus d'oiseaux que l'île Tugix, mais il n'était pas venu pour les oiseaux. Il était venu escalader Okmok, la montagne sur le côté éloigné d'Aka. Là, au versant nord d'Okmok, se trouvait le lit scintillant de l'obsidienne, pierre sacrée de son peuple.

C'était une ascension longue et pénible, mais il l'avait déjà faite. Une fois avec son père, une autre avec Samig. Il existait sur cette île plusieurs bonnes plages, plusieurs endroits propices pour ces villages... Un jour, peut-être, lui et Kiin allaient... Non, pas Kiin. Mais il prendrait une autre épouse, peut-être parmi les Chasseurs de Baleines et, quand il donnerait à Samig des couteaux d'obsidienne en échange de son enseignement, Amgigh trouverait une femme qu'il négocierait contre de la viande de baleine et ses couteaux d'obsidienne.

Puis il aurait des fils qui apprendraient à fabriquer des armes, avec des lames encore plus fines que celles d'Amgigh, et chaque chasseur demanderait une lame façonnée par les mains d'Amgigh ou d'un de ses fils. Ce serait ainsi. Oui, et Samig verrait qui possède le plus grand pouvoir.

La progression était lente et le vent froid, comme s'il tirait sur le parka d'Amgigh, tandis qu'il cherchait des prises dans l'herbe morte. Mais, Amgigh était si concentré qu'il ne sentait pas le froid, et s'interdisait de se demander si le vent était l'esprit de Kiin l'appelant à la suivre dans le monde des esprits. Il avait trop de couteaux à tailler, trop de lames à polir. Il lui fallait être un homme, assez vigoureux pour tailler la roche, avec des cals aux endroits où ses doigts agrippaient la pierre. Que ferait un esprit d'une pierre ? La pierre et l'esprit — leurs mondes étaient séparés.

Trois nuits il passa sur l'île Aka, trois nuits avec les esprits d'Aka, avec les grondements des grands feux d'Okmok, émanant des profondeurs. Qu'avait-il à craindre ? Okmok était puissante, mais Aka l'était davantage, et Okmok était connue pour posséder des esprits bénéfiques. Sinon, pourquoi la montagne déverserait-elle l'obsidienne noire et luisante, pierre esprit des montagnes ? Et qui avait plus de droit sur cette pierre qu'un homme qui faisait des couteaux, les meilleurs couteaux ? Non, non, il n'avait pas peur.

Chaque jour, Amgigh grimpa. Chaque jour, il fouilla, tailla et ramassa des éclats d'obsidienne libérés patiemment par le vent, la pluie et le soleil — toutes les puissances du ciel — et par la glace et la roche — les puissances de la terre. D'où, sinon du ciel, l'homme apprenait-il l'art de tailler la pierre ?

D'où, sinon de la terre, l'homme apprenait-il une telle patience ?

Chaque jour, Amgigh ramassait la pierre qu'il avait gagnée à la montagne, la roulait dans un épais morceau de peau de lion de mer, et l'attachait dans son dos. Quand il redescendait la montagne, en s'accrochant et glissant tour à tour sur l'herbe et sur la roche, il vérifiait fréquemment que l'obsidienne n'entaillait pas le cuir. Ainsi, en trois jours, il eut trois peaux bourrées de la précieuse pierre.

Avant d'entreprendre le voyage de retour vers les siens, il balança à la mer les pierres de lest pour les remplacer par les pierres esprit. Tandis qu'il naviguait vers son peuple, il sentait la différence dans son ikyak. Son embarcation était plus solide, plus rapide, et même quand la calme mer du Nord affronta les vagues hautes et blanches d'écume, Amgigh eut l'impression que sa rame taillait dans l'eau avec une sûreté nouvelle et que l'ikyak glissait aisément, d'une vague à l'autre. Tel un oiseau, il volait. Cependant qu'il pagayait, il songeait au nouveau couteau d'obsidienne qui remplacerait celui volé — à n'en pas douter — par Qakan. Et il ferait des couteaux pour Samig, chacun possédant autant de valeur que la maîtrise de la chasse à la baleine.

42

Samig lissa le manche de son harpon avec un morceau de pierre de lave et regarda Nombreuses Baleines, à l'autre bout de l'ulaq. Paupières closes, le vieil homme inclinait la tête. Une fois Roc Dur devenu chef, Nombreuses Baleines s'était mué en un vieillard ; il avait perdu sa condition d'homme pour redevenir un garçon dépendant des autres pour sa nourriture et les nécessités quotidiennes.

Samig pensa que son grand-père avait appris à lui refaire confiance, qu'il le voyait de nouveau comme un homme, mais peut-être cela tenait-il au fait que Nombreuses Baleines était retombé en enfance. D'ailleurs, les autres hommes de la tribu ne l'invitaient pas à leurs réunions nocturnes, ne lui réclamaient plus de récits de chasses.

— Ils te traiteront en homme quand tu mettras un fils dans le ventre de Trois Poissons, lui disait Épouse Dodue. Alors, tu auras ta place en tant que chasseur de baleines.

Penchée en avant, elle regardait par-dessus son épaule et, si Nombreuses Baleines paraissait endormi, elle murmurait :

— Alors ils te diront les secrets du poison.

Pourtant, ce matin encore, Samig avait entendu les paroles réconfortantes adressées par Épouse Dodue à Trois Poissons :

— C'est un bon temps pour se reposer. C'est un bon temps pour se reposer.

Il sut qu'une fois de plus il s'était montré incapable de planter un enfant dans le sein de sa femme. Trois Poissons passerait plusieurs nuits dans la hutte dressée à l'écart pour les femmes dans leur période de saignement.

A ce sujet, les Chasseurs de Baleines étaient plus stricts que les Premiers Hommes. En toute autre chose, les femmes Chasseurs de Baleines étaient presque aussi importantes que les hommes. Elles s'asseyaient en conseil pour toutes les questions, hormis les plans de chasse. Les hommes préparaient souvent leur propre nourriture et réparaient leurs parkas à l'occasion; mais, pendant le temps qu'une femme saignait, elle devait quitter l'ulaq de crainte que son sang n'apporte malédiction à son mari ou aux armes de son mari. Cela semblait étrange, mais qui était Samig pour remettre en cause les coutumes des Chasseurs de Baleines? Ils possédaient la connaissance. Qui pouvait dire ce que le sang d'une femme pouvait faire à un harpon ? Même les Premiers Hommes exigeaient que les femmes dans leur premier sang soient mises à l'écart.

Samig partageait la déception de son épouse. Quel homme ne désirait-il pas un fils ? Mais cette nuit-là, allongé sur ses nattes de couchage, il se dit que c'était un bon temps pour se reposer — l'un et l'autre.

Il dormait quand il sentit qu'une main cherchait, très doucement. D'abord, encore pris dans ses rêves, il recula. Puis, croyant que c'était Trois Poissons, il s'assit sur son lit. La colère le sortit de ses rêves. Comment Trois Poissons osait-elle venir le rejoindre pendant son sang ? Était-elle indifférente à ses armes ?

Lorsque la femme parla, Samig s'aperçut que c'était Épouse Dodue.

— Nombreuses Baleines a besoin de toi, dit-elle.

Les larmes étouffaient ses paroles et le cœur de Samig se mit à cogner jusque dans sa gorge. La voix sèche et râpeuse, il demanda :

— Que se passe-t-il ?

— Il est très malade. Il ne peut ni voir ni bouger.

Samig bondit sur ses pieds et se précipita dans la chambre de son grand-père qu'il trouva allongé dans sa robe de nuit. Un côté de sa bouche était bizarrement tordu. Épouse Dodue s'accroupit pour essuyer la bave qui moussait sur ses lèvres.

— Il ne voit plus rien, bredouilla Épouse Dodue, les mots brisés par les sanglots.

Samig s'agenouilla près du vieil homme et lui toucha le front.

— Je suis là, grand-père, dit-il d'une voix douce.

Il y eut un gargouillis dans la gorge du vieillard et Samig se tourna vers sa grand-mère.

— Il n'arrive pas à parler ?

— Au début il pouvait, et il m'a expliqué qu'il n'y voyait plus. Puis il a appelé ton nom et maintenant...

Nombreuses Baleines émit un grognement, puis

leva lentement la main gauche. Samig prit ses doigts tremblants mais, brusquement, un frisson parcourut Nombreuses Baleines. Sa main tressauta vers le visage de Samig et griffa sa joue en retombant.

Nombreuses Baleines ne bougeait plus. Épouse Dodue se pencha sur lui. Elle lécha ses doigts et les tint devant la bouche du vieil homme ; puis elle approcha son oreille contre sa poitrine.

Elle se releva et lissa la robe de son époux.

— Il est mort, dit-elle d'une voix éteinte.

Une pluie brumeuse les entourait tandis qu'ils se tenaient debout près du monticule de pierres constituant le tombeau de Nombreuses Baleines. Lorsqu'ils recouvrirent le corps de son grand-père avec des pierres, Samig pensa que l'esprit du vieil homme devait trouver ce manteau bien inconfortable ; mais nul n'émit la moindre objection et Samig se tut. Il songea aux récits de sa mère sur les diverses façons dont les peuples prenaient soin de leurs morts.

Les femmes achevèrent leurs cris de deuil et Roc Dur, sa lance à la main, s'adressa à l'esprit de Nombreuses Baleines, aux esprits qui se rassemblent toujours près des morts, puis, à l'aide de sa javeline, il transperça le fond de l'ikyak de Nombreuses Baleines ; le bateau fut alors placé au-dessus du tas de pierres. Roc Dur entonna une ode funèbre mais, dominant le chant, Samig entendit l'appel des oies sur la plage. Il aurait voulu être une de ces oies, blanches et gris argenté, déployant ses ailes au vent, loin des funérailles, loin du chagrin, loin du deuil.

Il y avait un vide étrange depuis la mort de Nombreuses Baleines — une solitude. Samig comprit que son grand-père avait été le cordon qui le reliait aux Chasseurs de Baleines.

Et maintenant ? Qu'est-ce qui me retient ici ? Si je n'avais pas d'épouse, je partirais. Soudain, il en voulut stupidement à Nombreuses Baleines d'être mort.

Puis il songea, comme si son grand-père le lui soufflait, qu'il ne devait pas rentrer déjà alors qu'il ne savait pas tout. Il devait rester pour pouvoir enseigner à son peuple.

Un jour, Trois Poissons lui donnerait un fils. Il avait perdu la puissance de Nombreuses Baleines, mais avec un fils, il regagnerait quelque chose. Peut-être assez pour apprendre les secrets.

Au cours des quarante jours qui suivirent la mort de Nombreuses Baleines, Samig évita sa femme, ayant soin de ne pas la regarder, de ne pas rester seul avec elle. A quoi lui servirait-elle ? Pendant le deuil, une femme ne pouvait partager la couche de son époux. Quel homme voudrait un fils conçu dans le deuil, une fille qui lui rappellerait la mort ?

Samig passait le plus clair de son temps loin de l'ulaq, pêchant avec les vieillards, ramassant des clams avec les enfants. Mais, il remarqua que Trois Poissons maigrissait, qu'elle était toute pâle et que son rire était creux.

Ce n'est pas sa faute si elle est ma femme, s'avoua-t-il. D'autres ont choisi pour elle comme pour moi. Épouse Dodue l'avait noté elle-même : dans le noir, toutes les femmes sont pareilles. Parfois, Trois Poissons était Panier Moucheté, parfois Petite Fleur, toujours Kiin.

Cette nuit-là, alors qu'ils étaient assis dans la lumière ténue de l'ulaq, Samig s'aperçut qu'il ne parvenait pas à travailler à ses armes comme d'habitude. Il avait envie de marcher, d'être loin des Chasseurs de Baleines. Ne tenant plus en place, il leva les yeux pour observer les femmes qui cousaient près des lampes à huile. Elles étaient paisibles, le visage d'Épouse Dodue gris, aux traits tirés, Trois Poissons paraissant plus menue, moins redoutable.

Samig fixa Trois Poissons du regard. Savait-elle qu'hier marquait la fin du deuil ? Comptait-elle les jours avec des encoches sur le sol de l'ulaq, comme

Épouse Dodue ? Observait-elle la lune comme il le faisait, lui ? Trois Poissons leva les yeux sur lui mais les baissa dès que leurs regards se croisèrent. Ils étaient empreints de tristesse, une blessure dont Samig n'aurait jamais cru qu'elle puisse l'atteindre.

— Femme, dit-il avec douceur.

Elle le regarda et, quand il se leva, elle l'imita. Même Épouse Dodue sourit. Mais Samig n'en avait cure. Qu'elle pense ce qu'elle veut. Peut-être cela soulagera-t-il son chagrin.

Dans l'obscurité de sa chambre, Samig attendit que Trois Poissons s'allonge, mais elle demeura près de lui jusqu'à ce qu'il la pousse délicatement vers les nattes. La main de Trois Poissons se referma sur le poignet de Samig et elle murmura :

— Tu appartiens aux Traqueurs de Phoques et je sais que ton esprit est avec eux.

Samig s'étonna de ces paroles mais, avant qu'il ne pût répondre, elle enchaîna :

— Dans mon cœur, je t'appelle Samig.

Il ne la distinguait pas, mais il tendit la main vers son visage. Je suis pour elle ce que Kiin est pour moi, se dit Samig. Soudain, le cœur douloureux, il comprit.

— Avant que tu ne retournes à ton peuple, ajouta Trois Poissons, donne-moi un fils.

Une surprenante légèreté emplit le cœur de Samig. Son épouse l'avait libéré, ne demandant de lui pas plus qu'il ne voulait donner. Et, comme il l'allongeait sur le dos, dans le noir, Trois Poissons fut Trois Poissons.

FIN DE L'HIVER, 7038 AVANT J.-C.

Baie de Chagvan, Alaska,
et île de Yunaska, îles Aléoutiennes

43

Kiin s'éveilla dans la douleur. Les muscles de son abdomen tiraient à tel point que la pression semblait s'exercer en partant du dos, vers ses hanches, et lui broyait les os. Elle se tourna sur le côté et respira profondément à plusieurs reprises. La douleur cessa. Kiin se détendit.

Elle aurait voulu pouvoir rester sur la plate-forme qui servait de lit, mais en tant que deuxième épouse, il lui revenait d'allumer la lampe et de préparer la nourriture dès le matin

Le ventre lourd, elle se hissa à quatre pattes. Les douleurs avaient commencé quatre, cinq jours auparavant. Elles étaient peu fréquentes mais empêchaient Kiin de dormir la nuit et, dans la journée, elle avait des difficultés à mener à bien son travail.

Elle rampa jusque dans la salle commune, ajouta de l'huile à la lampe et souffla doucement sur la mèche qui s'étouffait jusqu'à ce qu'elle s'embrase de nouveau. L'effort amena une autre douleur, plus intense encore que celle qui l'avait réveillée.

Cela faisait plus de huit mois que Qakan l'avait prise. Pendant presque toute cette période, elle avait vécu en tant que seconde épouse du Corbeau, sans être véritablement sa femme. Comme elle était enceinte, il ne l'avait pas emmenée dans son lit, mais elle savait qu'une fois les bébés nés, il s'attendait à ce qu'elle soit sa femme en tous points.

Kiin se rendit à la cache de nourriture et sortit plusieurs sacs faits de cuir de morse séché et tout raide. L'un contenait du flétan fumé, l'autre des racines. Le Corbeau mangeait beaucoup de flétan, et il appréciait aussi les minuscules bulbes que les femmes trouvaient dans les trous de mulots.

Kiin remplit un bol de bulbes et entreprit de les peler. Ils étaient si petits que Kiin se servait de ses ongles. On était au printemps. Engrangées tout l'hiver, les racines commençaient à ramollir, mais le Corbeau aimait quand même les manger crues.

Kiin essayait d'être une bonne épouse pour le Corbeau. Elle avait appris à connaître ses aliments préférés et la façon de les préparer, comment confectionner les longues jambières de fourrure que portaient hommes et femmes et, le plus important, parler leur langue, même si ses erreurs fréquentes provoquaient encore le rire étouffé des femmes et le sourire des hommes.

Kiin entendit Queue de Lemming grogner. Certains matins, le Corbeau s'éveillait avant elle ; il faisait alors un signe de tête à Kiin et mangeait en silence. Mais si Queue de Lemming se réveillait la première, elle ordonnait à Kiin d'apporter quelque chose du dehors, même si la neige était profonde et les vents violents.

Queue de Lemming rampa hors de sa couche et passa ses doigts dans ses épais cheveux noirs. Chaque jour, elle huilait ses cheveux et les brossait avec une touffe de tiges de roseaux. Kiin l'avait imitée dans l'espoir de rendre sa chevelure aussi brillante que celle de Queue de Lemming.

Selon la coutume des femmes Morses, Queue de Lemming ne portait que de courts tabliers. Elle se planta devant Kiin et la regarda éplucher le reste des racines.

— Il n'y a rien de frais ici, marmonna-t-elle. Mon

mari se lasse de la nourriture d'hiver séchée. Va sur la plage et rapporte des oursins.

Kiin reposa les bulbes et se leva sans un regard pour la femme. Elle n'avait pas le choix. Queue de Lemming était la première épouse et devait être obéie. Elle savait aussi bien que Kiin qu'il n'y aurait pas d'oursins de mer. Kiin enfila son suk et ses jambières ainsi que les longues et épaisses bottes de fourrures que Femme du Ciel lui avait faites. Les bottes étaient munies d'une semelle en cuir de morse strié pour faciliter la marche sur la plage.

Le soleil n'était encore qu'une faible clarté au sud-est. Une fois à l'écart de la protection du village, le vent violent et cinglant lui provoqua une nouvelle douleur. Elle se pencha en avant pour soulager la pression sur son dos et protéger son visage de la bise et continua d'avancer à petits pas lents jusqu'à la plage.

La douleur cessa, mais quand Kiin se redressa, elle vit que quelqu'un était arrivé avant elle — un homme. Elle commença à faire demi-tour, craignant que ce ne soit un membre d'une autre tribu, à qui on ne pouvait faire confiance.

Une rafale de vent monta de la baie gelée. L'homme porta les mains à son visage, se tournant légèrement vers Kiin, qui reconnut Qakan.

Encore une dispute avec Cheveux Jaunes, pensa Kiin, car ces deux-là se bagarraient souvent et Qakan, toujours perdant, était réduit à marcher sur la plage ou à se réfugier dans la chaleur d'un autre ulaq.

Qakan avait passé l'hiver au village des Chasseurs de Morses et, s'il affirmait souvent qu'il partirait au printemps, il ne montrait pas le moindre signe de préparatifs.

D'ordinaire, si Qakan voyait Kiin, il faisait semblant de rien, mais cette fois, il sourit et courut à sa rencontre.

— Tu es réveillée de bonne heure, s'exclama-t-il dans le dialecte des Premiers Hommes.

— N-non, je me lè-lève toujours avant mon mari pour préparer à manger, répondit-elle en langue Morse.

Le sourire de Qakan s'effaça et ses lèvres dessinèrent une moue.

— Tu crois que ton mari t'honorera parce que tu as appris si vite sa langue ?

Il plongea ses yeux dans ceux de Kiin mais Kiin n'y sentit aucun pouvoir et rétorqua :

— Ce que fait mon époux ne te-te regarde pas. Il a fait de toi un homme riche. Cela devrait te su-suffire.

Puis elle pivota sur elle-même et s'éloigna. Cela faisait du bien d'exprimer sa colère sans crainte de représailles. Qui oserait frapper l'épouse du Corbeau ?

Mais lorsque Qakan l'appela, sa voix plaintive et haut perchée ramena des souvenirs de leurs premières années. Elle se retourna et attendit sans souffler mot tandis qu'il entamait sa litanie sur Cheveux Jaunes et l'ulaq de Chasseur de Glace où ils vivaient.

Kiin finit par l'interrompre :

— Vas-tu re-retourner chez notre... peuple cet été ?

— Peut-être, mais Cheveux Jaunes veut rester ici.

— L'épouse ne commande pas son mari.

— Elle ne me commande pas, cracha Qakan.

— Alors pars. Mais sou-souviens-toi que ceux de notre village t'ont confié des choses à troquer pour eux. Fais du bon-bon commerce.

— Je ne peux pas négocier dans ce village, objecta Qakan. Ils savent ce que le Corbeau a payé pour toi. Ils vont s'attendre à des prix élevés de ma part. Je n'obtiendrai que de la viande de lemming.

Pour une fois, Qakan parlait sans geindre, il établissait un fait. Kiin sut qu'il avait raison. Comprenant cela, elle réalisa à regret qu'elle n'aurait aucune chance d'influencer les trocs de son frère. Toutes les transactions seraient faites dans des villages à des jours du camp des Chasseurs de Morses.

Elle se détourna, puis sentit la force de son esprit, des bébés qu'elle portait. Elle respira profondément et, regardant par-dessus son épaule, elle lança d'une voix forte et assurée :

— Quand tu auras commercé, reviens dans ce village. Ainsi je saurai si tu as bien marchandé.

Qakan éclata de rire.

— Pourquoi le ferais-je ?

— Si tu négocies bien, je demanderai au Corbeau de te donner une amulette de pouvoir.

Qakan haussa les épaules et s'éloigna, mais Kiin avait vu l'intérêt dans ses yeux. Peut-être cela suffirait-il à le faire choisir sagement.

Kiin regarda alors vers la crique et une nouvelle douleur irradia sa colonne vertébrale. Elle tomba à genoux. Quand la douleur diminua, l'esprit de Kiin murmura : « Tu es plus forte que la douleur. »

Kiin se releva lentement. Elle était seule sur la plage. Les traces de pas de Qakan allaient vers le village. Se rappelant la raison de sa venue, Kiin grimaça au spectacle de l'épaisse bordure de glace qui l'entourait. Comment Queue de Lemming pouvait-elle penser qu'elle rapporterait des oursins de mer ?

« Ne t'en fais pas pour Queue de Lemming, lui susurra son esprit. Aujourd'hui, tu donneras à ton mari quelque chose de beaucoup plus grandiose que de la nourriture fraîche. »

Kiin commença à suivre la courbe de la plage, ne s'arrêtant que lorsque survenait une douleur. Femme du Soleil lui avait conseillé de rester dehors aussi longtemps que possible quand le travail aurait commencé, de marcher et de parler à ses fils, de leur parler de toutes les choses créées.

Alors, Kiin marcha, mais ses pensées allèrent à Samig. Peut-être l'avait-il oubliée. Peut-être possédait-il une très belle épouse Chasseur de Baleines.

— Oui, soupira Kiin. Et quand il reviendra dans

notre peuple, ils lui diront que je suis morte. Et c'est mieux ainsi. Il n'est pas assez fort pour se dresser contre ma malédiction, ou même contre le Corbeau.

Cependant, les pieds de Kiin avançaient au rythme du nom de Samig. L'image de son visage était si claire en son esprit qu'il aurait pu marcher à son côté.

Puis une douleur terrassa Kiin, l'entraînant dans un tunnel noir, un lieu sans pensée ni souvenir. Le visage de Samig avait disparu, mais Kiin vit dans son esprit le visage de deux nourrissons, l'un qui dormait, l'autre qui pleurait. Elle ne pouvait dire à qui ils ressemblaient, Amgigh, Samig ou Qakan, mais déjà elle avait fait son choix, déjà, elle avait décidé. Si l'un ressemblait à Qakan, ce serait lui l'enfant maudit, donné aux esprits du vent. Aussi pria-t-elle pour que l'un ressemble à Samig ou à Amgigh, afin que son choix soit clair. Puis elle se releva et reprit sa marche, fredonnant pour ses bébés des chants qui parlaient du soleil et des étoiles, de la terre et de la mer, des rivières et des montagnes, de toutes les choses créées, de toutes les choses sacrées aux yeux des hommes.

44

Femme du Ciel la trouva sur la plage, recroquevillée, genoux serrés, grinçant des dents contre les spasmes.

— Tugidaq ?

Kiin sentit la main de la femme sur sa tête.

— Depuis quand as-tu la douleur ?

Kiin fut incapable de répondre ; c'est tout juste si elle comprit la question. Mais, une fois la souffrance éloignée, Kiin leva les yeux.

— Plusieurs jours. Très fort depuis ce matin.

Femme du Ciel jeta un regard à la lumière qui indiquait la place du soleil derrière les nuages :

— Sens-tu une envie de pousser?

— Non, rien que la douleur.

En vint une autre, qui renvoya Kiin dans le noir. Alors son esprit dit « Samig ». Et le nom fut comme une amulette, quelque chose à quoi se raccrocher, quelque chose pour maintenir Kiin au-dessus de la souffrance.

— L'abri de délivrance est-il prêt? s'enquit Femme du Ciel.

— Oui, répondit Kiin dans un souffle.

Elle avait passé ces derniers jours à en construire l'armature, disposant des nattes sur les poteaux que le Corbeau avait coupés d'un groupe de saules, plus grands qu'un homme, qui poussaient dans un endroit abrité dans la toundra entre les montagnes. Il avait rapporté cinq saules, les avait tirés, trois sur l'épaule droite, deux sur la gauche, et Kiin les avait disposés à l'écart du village, loin du vent, hors de la fumée des ulas.

Kiin avait lié les saules par le sommet comme elle avait vu sa mère attacher les picux de bois flotté de l'abri de saignement, puis elle avait étendu des nattes sur les pieux et cousu de l'herbe dessus afin que les couches en quinconce la protègent de la pluie ou de la neige.

À l'intérieur, elle avait placé les choses dont toute mère a besoin : peaux de phoque, doucement molletonnées, pour envelopper les bébés; vieilles nattes destinées à éponger le sang de la naissance; peaux remplies d'eau; et un estomac de phoque de poisson séché — le poisson à bosse que Kiin n'avait jamais goûté avant son arrivée chez les Chasseurs de Morses —, un poisson d'été afin que Kiin ne porte point malheur à la chasse en mangeant de la chair de poisson ou d'animal attrapé au temps de la naissance.

Elle avait un couteau de femme pour couper les cordons de naissance des bébés et du fil de nerf pour nouer les cordons et éviter qu'ils ne saignent. Femme du Soleil lui avait donné un plein panier de douce mousse, parfaite pour capitonner la bandoulière qui servirait à porter l'enfant et pour absorber ses déjections. Elle avait de l'huile pour nettoyer et adoucir la peau des bébés, et des feuilles d'ortie séchée à macérer pour en faire de la tisane ; ces feuilles, le Corbeau les avait rapportées d'un commerçant : elles étaient encore plus difficiles à trouver que de la ficelle d'ortie et étaient bonnes pour soulager les douleurs qui suivaient la naissance.

Femme du Ciel aida Kiin à se relever et la soutint jusqu'à l'abri de naissance ; une fois Kiin à l'intérieur, Femme du Ciel s'en alla quérir Femme du Soleil.

Quand les deux sœurs revinrent, Kiin fermait les yeux pour lutter contre les spasmes. La douleur passée, Kiin vit que les deux sœurs attachaient une grosse corde tressée en lanières de peau de phoque aux pieux de l'abri. Femme du Soleil la tira vers Kiin.

— Accroche-toi à cette corde, dit-elle en refermant les doigts de Kiin dessus. Quand une douleur arrive, tire. Ton abri est assez costaud pour le supporter, même si tu y mets toute ta force, et le fait de tirer va t'aider à pousser les bébés dans le monde.

Les douleurs revinrent, plus violentes, plus rapides, jusqu'à ce que Kiin, épuisée, ait l'impression d'habiter un monde de demi-sommeil. Elle percevait faiblement le chant de Femme du Ciel : Tire, respire, tire, respire, respire, respire, tire. Et, à travers les mots, à travers la douleur, le visage de Samig, le nom de Samig. Elle oubliait tout le reste — oubliait qu'elle était l'épouse d'Amgigh, oubliait le Corbeau, oubliait Queue de Lemming, oubliait les Chasseurs de Morses —, elle ne pensait qu'à Samig, Samig, Samig.

Les bébés arrivèrent dans la nuit, au moment où montait la pleine lune. Kiin sentit la pression de la première tête dans son canal de naissance ; puis une nouvelle sorte de douleur, pire, le déchirement de la peau, la largeur du bébé comme il quittait son corps. Puis le calme, plus de douleur, le murmure des vieilles femmes.

Et au cri soudain du bébé, Kiin hurla :

— Non !

Car sa première pensée fut que Femme du Soleil ou Femme du Ciel avait utilisé son couteau contre son fils. Alors, Femme du Soleil maintint le bébé en l'air et Kiin vit l'enfant, entier et fort.

— N'oublie pas, Tugidaq, dit Femme du Ciel, l'un est maudit.

— Écoute les esprits. Ils te diront lequel, enchaîna Femme du Soleil sous les pleurs du bébé.

Mais Kiin ne voyait nulle malédiction, seulement son fils, seulement les doigts et les orteils si longs, les cheveux si fins, si raides, le petit nez évasé du père du bébé : Amgigh.

— Pas de malédiction, souffla-t-elle. Pas de malédiction.

Puis la douleur de nouveau, si soudaine, cette fois, que Kiin ne put réprimer un cri. Ainsi, son deuxième fils fut délivré aux cris de sa mère et, quand Femme du Ciel brandit l'enfant au-dessus de Kiin, celle-ci ferma les yeux de joie en remarquant les larges épaules, les épais cheveux noirs, les sourcils inclinés comme des ailes de mouette. Le fils de Samig. Le fils de Samig. Pas de malédiction. Pas de malédiction.

Kiin était assise, ses bébés dans les bras. Elle avait déjà oublié la douleur. Elle avait oublié la peur de la malédiction qui ne l'avait pas quittée tout le temps qu'elle portait ses fils. Elle avait oublié son effroi lorsque Femme du Ciel avait tenu chaque enfant devant Kiin, sa terreur de voir des bébés avec des traits comme les poissons qu'elle lavait parfois sur la plage, énormes, pleins d'écailles, au ventre blanc comme celui d'un mort.

Pour apaiser ses craintes, Kiin s'était dit qu'il serait déjà bon d'être seule dans la hutte de naissance, sans les ordres du Corbeau, sans Queue de Lemming pour la gifler ou la pincer.

Et aussi, depuis que le Corbeau avait vu son coquillage-dent de baleine, il avait exigé que Kiin sculpte. Chaque jour, il rapportait de la plage du bois flotté et Kiin, à l'aide d'un petit couteau courbe, sculptait, pour s'apercevoir que son couteau façonnait les mêmes animaux difformes que ceux de son père.

Si Kiin possédait en esprit l'image exacte de l'animal, ses doigts ne parvenaient pas à le restituer. Il y avait toujours un défaut, un œil plus grand que l'autre, une patte trop petite, des nageoires dans le mauvais sens. Pourtant, le Corbeau était satisfait de son travail et grommelait son approbation. Chaque nuit, il ramassait ses figurines, les enveloppait dans des morceaux de peau de phoque à fourrure qu'il rangeait dans des paniers. Il lui avait même rapporté une précieuse défense de morse que Kiin avait sculptée en ornement pour les cheveux de son époux.

Queue de Lemming détestait les statuettes de Kiin et raillait souvent leur laideur. Kiin aussi était hideuse, disait-elle, trop laide pour rejoindre le lit du Corbeau. Kiin pensait-elle vraiment qu'il la prendrait comme véritable épouse une fois les bébés nés ? Non. Il ne voulait pas d'elle. Il voulait seulement les deux fils qu'elle portait, à en croire Femme du Soleil. Mais Kiin se contentait de sourire, se demandant pourquoi cela importait tant à Queue de Lemming. Oui, les sculptures étaient affreuses. Etre la seule avec Queue de Lemming à s'en apercevoir la stupéfiait.

Mais si les statuettes étaient horribles, ce n'était

pas le cas de Kiin. Les hommes n'abandonnaient pas tant de fourrures pour un laideron. Queue de Lemming devait bien savoir que le Corbeau ne prenait que de belles épouses. Queue de Lemming était belle, ses yeux non pas bruns mais mordorés, sa chevelure noire avec des reflets rouges. Et Cheveux Jaunes ? N'était-elle pas belle avec son corps gracieux comme de l'eau qui coule ? Ainsi, Kiin savait qu'elle n'était pas laide même si, au fil des jours, son gros ventre la rendait gauche.

Dans la hutte de naissance, elle n'avait pas à sculpter. Elle était enfin seule et elle pouvait inventer des mélopées, chanter, bercer ses fils. Presque toute sa joie venait de ce qu'elle voyait que l'un ressemblait à Samig et l'autre à Amgigh, n'ayant rien de commun avec Qakan. De cette façon, elle les aimait tous les deux, ne trouvant nulle malédiction dans la perfection de leurs bras et leurs mains, dans les longs doigts et orteils du fils d'Amgigh, aux cheveux raides et fins et aux longues jambes ; dans les larges épaules du fils de Samig, dans ses mains larges et ses cheveux épais.

Pas de malédiction, se répétait-elle. Pas de malédiction. Pourquoi s'inquiéter ? Qakan n'était pas de taille à maudire les fils donnés par Amgigh et Samig. S'il n'avait pas maudit ces fils, comment pouvait-elle se croire maudite ? Elle retournerait à son peuple, oui, d'une façon ou d'une autre, elle retournerait. Quand elle aurait recouvré ses forces, avant d'être obligée de revenir vivre dans l'ulaq du Corbeau, elle quitterait la hutte de naissance à la nuit, elle attacherait les bébés sous son suk et volerait un ik. Elle rentrerait chez les Premiers Hommes. Oui, cela lui prendrait tout le printemps, tout l'été, mais qui avait pagayé presque tout le chemin l'été dernier ? Pas Qakan.

Elle ramènerait ses bébés chez les Premiers Hommes. Amgigh serait fier d'avoir un fils et, lorsque Samig reviendrait de chez les Chasseurs de

Baleines, lui aussi verrait que Kiin lui avait donné un fils. Quel plus beau cadeau une femme pouvait-elle faire ?

45

Trois jours après la naissance, Femme du Ciel vint dans la hutte de Kiin. Les bébés dormaient, chacun dans un berceau suspendu aux pieux de saule.

Le Corbeau avait fabriqué des rectangles de bois munis d'une courroie en peau de phoque pour maintenir le bébé au centre du rectangle. Chaque côté correspondait à une direction du vent — est, la nouvelle vie ; sud, le soleil ; ouest, la mort ; nord, les Lumières Dansantes.

— Ils dorment ? demanda Femme du Ciel debout dans l'encadrement de la hutte.

— Oui, grand-mère, dit Kiin en hochant la tête.

— Bien.

Mais, pour la première fois depuis qu'elle la connaissait, Kiin trouvait Femme du Ciel nerveuse, hésitante, se tordant les mains, clignant les yeux trop rapidement.

— Les esprits t'ont-ils parlé ? s'enquit-elle.

Avec un tremblement qui fit battre son cœur à petits coups sourds, Kiin répondit comme si elle ne voyait pas où Femme du Ciel voulait en venir :

— N-non, dit-elle en essayant de sourire, comme le ferait toute mère de deux fils.

Femme du Ciel entra dans la hutte et s'assit, jambes croisées, sur les matelas d'herbe. La lampe à huile lâcha de la fumée lorsque l'abattant se referma.

— Kiin, déclara Femme du Ciel d'une voix ferme et avec un regard si noir que même les flammes de la lampe ne pouvaient en percer la profondeur. L'un de tes fils est mauvais. L'un d'eux doit mourir.

— Non, se récria Kiin d'une voix forte. Mes f-f-fils ne sont pas mauvais. Tu vois bi-bien qu'aucun n'appartient à Qakan. Si tu connaissais mon mari, tu ve-verrais que le premier est à lui, en tous points. Si tu connaissais le frère de mon mari, Sa-Samig, tu verrais que le de-deuxième né lui appartient. En tous points il est Samig, même dans la fo-force de son cri, l'épaisseur de ses cheveux.

— Et pourquoi ce deuxième né appartiendrait-il à Samig? demanda Femme du Ciel en se penchant sur Kiin pour plonger ses yeux dans les siens.

— Samig n'a pas de f-femme et il a été en-envoyé dans la tribu des Chasseurs de Baleines pour apprendre à... à chasser la baleine. Mon mari Amgigh m'a par-partagée avec Samig le temps d'une nu-nuit pour le consoler avant son départ.

Femme du Ciel hocha la tête.

— Mes f-fils sont comme tous les hommes, avec un mélange de bon et de mauvais, le choix leur revient, pas quelque chose dé-décidé par quelque es-esprit avant leur naissance.

La chaleur des mots de Kiin s'élevait en brise légère près des berceaux. Le fils d'Amgigh se mit à pleurer.

Kiin se leva et prit le bébé. La bandoulière pendait sous le suk de Kiin, la lanière sur son épaule, en travers de son dos et sous l'autre bras. Kiin glissa l'enfant dans la partie la plus large qui soutenait son dos et sa tête puis passait entre ses jambes. Kiin glissa son sein dans la bouche du nourrisson.

— Les rêves de ma sœur se réalisent toujours, repartit Femme du Ciel. Et elle a vu cela avant que tu ne viennes à nous. Ne t'a-t-elle pas dit que tu aurais deux bébés? Ne t'a-t-elle pas dit que ce seraient des fils?

Mais Kiin refusait de lever les yeux sur le visage brun et ridé pour affronter le regard de la femme.

Pendant un long moment, Femme du Ciel demeura assise sans un mot, puis, lorsque le fils de Samig pleura lui aussi et que Kiin se leva, elle se leva à son tour. Femme du Ciel prit le bébé dans son berceau avant Kiin. Elle resta là, debout, à le bercer, puis elle regarda Kiin, qui vit des larmes couler sur le visage de la vieille femme.

— Tous mes fils, à l'exception de Chasseur de Glace, sont morts bébés, murmura-t-elle. Kiin, Femme du Soleil n'a pas eu de rêve là-dessus, mais mon esprit à moi me dit que celui-ci est le mauvais fils, cet enfant aux cheveux noirs est celui qui apportera la destruction.

Kiin ne dit rien. Elle tendit seulement les bras et serra l'enfant tout nu contre les plumes douces de son suk.

— Je m'en vais, maintenant, annonça Femme du Ciel dans la langue Morse.

— V-va, si tu le désires, répondit Kiin, elle aussi dans la langue Morse.

Elle voulut ajouter « reviens me voir », mais sa gorge se bloqua.

Femme du Ciel referma le rabat derrière elle, mais Kiin sentait encore sa présence : elle était juste à l'extérieur de la hutte. Finalement, elle appela Kiin :

— Laisse parler ton esprit. Qu'il te dise ce qui est juste. Nous maudirais-tu, nous qui t'avons permis d'être l'une de nous ?

Kiin glissa le fils de Samig dans sa bandoulière. Non, je ne vous maudirais pas. Mais ne me demande pas de tuer un de mes fils. Ne me le demande pas.

— Femme, appela quelqu'un.

Dans ses rêves, Kiin crut que c'était la voix d'Amgigh et qu'elle se trouvait dans l'ulaq de

Kayugh. Puis elle ouvrit les yeux et, quand la voix retentit de nouveau, elle sut qu'il s'agissait du Corbeau.

— Époux, répondit-elle à voix basse pour ne pas réveiller les bébés. Je suis là.

— Sors.

Étonnée d'une telle demande, Kiin répondit :

— Prends soin de tes armes, je s-saigne encore.

Elle entendit un bruissement : il reculait. Alors elle se glissa au-dehors, surprise de voir que la nuit touchait à sa fin et que le soleil était déjà rouge à l'horizon.

— J'ai parlé aux vieilles femmes, grand-mère et tante.

Les paroles du Corbeau effrayèrent Kiin, qui eut envie de se réfugier au fond de la hutte.

— Ton p-pouvoir est plus f-fort que le leur, répliqua-t-elle, crachant les mots sous la colère.

La réponse du Corbeau la stupéfia :

— Oui, mon pouvoir est plus fort. Tu ne dois pas tuer tes fils. Ce sont aussi les miens, ne l'oublie pas. J'ai échangé une bonne épouse contre toi. Tu dois faire ce que je t'ordonne.

Kiin inclina la tête, se refusant à lire ce qu'il y avait dans les yeux de son mari. Si son époux lui demandait de ne pas tuer ses fils, pouvait-elle désobéir ? Elle était épouse. Elle devait obtempérer.

— D-dis à la grand-mère que je d-dois obéir à mon mari. Je suis épouse. Dis à tante que je d-dois faire ce qu'ordonne mon mari.

Ténu et doux au-dessus du vent, Kiin entendit le rire de son époux. Ténu et doux au-dessus du vent, elle entendit le bruit cependant que le Corbeau pivotait sur lui-même et s'éloignait de la hutte de naissance.

Regagnant l'abri, nulle voix de son esprit n'exprimant son accord ou son désaccord, un chant surgit, murmurant pour elle depuis le sommet des pieux de saule :

Je ne choisirai pas pour mes enfants
Ce qui est bien et ce qui est mal.
Quelle mère pourrait choisir entre ses deux fils ?
Quelle mère pourrait choisir ?

Chaque fils décidera pour lui-même.
Chacun doit choisir comme tout homme choisit.
Comme Amgigh et Samig ont choisi.

Elle entendit alors le murmure de son esprit. La voix, frêle, immobile, chantait de l'intérieur : « Comme le Corbeau a choisi. »

46

Au matin, les brouillards s'allongèrent, s'épaissirent. La neige devint pluie; les pluies s'amenuisèrent et devinrent brumes.

— Bientôt les baleines, remarqua Roc Dur.

Les hommes s'étaient rassemblés sur la plage. Le brouillard semblait les isoler du village, mais Samig savait qu'il portait leurs voix clairement jusqu'aux ulas.

— Il nous faut un guetteur, dit Phoque Mourant, poussant un bout de viande séchée dans sa bouche. Le fils de Macareux...

— Trop jeune, interrompit Roc Dur.

Samig regarda l'homme d'un air surpris. Le fils de Macareux était le neveu de Roc Dur. Mentionner son nom était un honneur pour le garçon, pourtant, le visage de Roc Dur affichait un rictus de mépris.

— Tueur de Baleines sera notre guetteur.

Phoque Mourant éclata de rire. Samig, lui, était persuadé que Roc Dur ne plaisantait pas.

— Tu es plus enfant qu'adulte, poursuivit Roc Dur, le regard planté sur Samig. Tu seras notre guetteur.

Les hommes commencèrent à murmurer, mais Samig intervint :

— Je n'ai jamais appris les enseignements d'un garçon. Roc Dur choisit avec sagesse. Je serai guetteur.

— C'est inutile, objecta Phoque Mourant à l'adresse de Samig.

Mais Samig rétorqua :

— Ce n'est pas un déshonneur. Ne pense pas que c'en soit un.

Puis il se tourna vers Roc Dur et enchaîna :

— Allons-y. Je serai guetteur, mais je dois d'abord parler à ma femme.

Voyant l'étonnement et la déception dans les yeux de Roc Dur, Samig sut qu'il avait cherché la bagarre. Samig avait souvent vu deux Chasseurs de Baleines se battre avec des paroles au lieu de couteaux. Pour cette peuplade, les blessures causées par des mots étaient aussi profondes que celles portées par une arme. Or, Samig ne se jugeait pas de taille à affronter Roc Dur; la lutte à coups de mots était encore nouvelle pour lui, ses reparties venaient trop lentement, et avec trop de maladresse.

— C'est mieux ainsi, dit-il à Phoque Mourant. Mais veille sur Épouse Dodue et Trois Poissons.

— Je te préparerai de la nourriture, promit Épouse Dodue en emballant le chigadax et les bottes de Samig dans un sac de peau de phoque. Le fils de Macareux te l'apportera.

— C'est lui qui devrait guetter, lança Trois Poissons.

— Ce ne sera pas long, femme, dit Samig en posant une main sur son épaule.

Roc Dur accompagna Samig au lieu de veille. Il se situait sur une saillie étroite à flanc de crête. Pour un garçon, c'était la liberté. Un endroit où les mères n'avaient pas accès. Un endroit où il pouvait tester ses armes. Sur la section la plus large du promontoire, se dressait une cabane protégée du vent par une grotte étroite.

Tandis que Samig rangeait sa nourriture et ses vêtements à l'intérieur, il remarqua que les murs de l'abri étaient tissés bien serré, mais que les tapis de sol avaient commencé à pourrir et emplissaient la hutte d'une odeur fétide. Dégoûté, il les arracha et, s'approchant du bord de la crête, il les balança dans le vide.

Il se retourna vers Roc Dur, s'attendant à une protestation, et vit qu'il tenait serrée au bout des doigts une pierre de la taille d'un poing. Les muscles de l'estomac de Samig se nouèrent et il glissa lentement la main vers la poignée du couteau d'obsidienne qu'Amgigh lui avait donné. Dans un combat avec Roc Dur, il aurait tout à perdre.

Mais Roc Dur lui tendit la pierre.

— C'est la pierre de signal. Trois coups sur le mur de la grotte pour une baleine, deux pour des phoques.

Samig relâcha sa main et écouta Roc Dur lui faire une démonstration. Les coups résonnèrent fortement, lançant vers la plage le son clair de la pierre.

— Trois coups, répéta Roc Dur en posant la pierre dans une niche au bord de la grotte. Ensuite, allume les feux.

Il n'en dit pas plus et ne se retourna pas quand il descendit le flanc de la crête, éboulant sur son passage terres et pierres.

Samig attendit que Roc Dur disparaisse dans le brouillard, puis força ses yeux à regarder au-delà de la brume, là où la mer s'étendait, noire comme le centre de l'œil.

Pendant trois jours et trois nuits, Samig guetta, ne dormant que lorsque le brouillard était trop épais pour distinguer la mer. Le quatrième jour, le fils de Macareux vint lui apporter de l'eau, de la viande et du pourpier. Il s'accroupit près de Samig et lui tendit le paquet de racines.

Les Premiers Hommes les mangeaient cuites.

Samig n'aimait pas le goût amer qu'elles avaient crues. Il grimaça, et l'enfant sourit en enfournant une poignée dans la bouche. Samig sentit sa gorge se serrer comme le garçon mâchait. Mais le petit éclata de rire et se resservit.

Contrairement à la plupart des Chasseurs de Baleines, le fils de Macareux était petit et mince, mais Samig l'avait entendu plus d'une fois l'emporter sur des garçons plus âgés dans les joutes oratoires.

— Je peux rester deux ou trois jours, proposa le garçon.

— Parfait. Peut-être finiras-tu tout ceci.

Il lança sur les genoux de l'enfant les racines de son panier.

— D'accord si tu les fais cuire, dit le garçon en riant.

— C'est toi, le cuisinier, repartit Samig en passant ses mains dans les cheveux de l'enfant.

Le garçon acquiesça d'un signe et entreprit de déballer les victuailles qu'il avait apportées. Il riait, parlait, parfois si vite que les mots se bousculaient en sortant de sa bouche comme un chant.

Bercé par le babil du garçonnet, Samig ne quittait pas la mer des yeux. Il distinguait au loin un ikyak, et se demandait si ce pouvait être Kayugh ou Amgigh. Mais le fils de Macareux, désignant la ligne frêle et sombre, déclara :

— Roc Dur. Il chasse, aujourd'hui.

Samig grogna, déçu :

— Ils ont vu des phoques ?

— Non, répondit le garçon avec un sourire. Tu manques à Épouse Dodue. Elle dit que c'est une honte que Roc Dur t'ait envoyé ici. Maintenant, toutes les femmes du village sont en colère. Même l'épouse de Roc Dur. C'est pour ça qu'il chasse aujourd'hui.

Le rire de Samig déferla en bas de la crête et l'enfant rit à son tour.

— Roc Dur reviendra avant la nuit, précisa-t-il. Pour la cérémonie. Les vieux sont tous morts maintenant, et seuls Roc Dur et Phoque Mourant savent faire le poison à baleine. Ce matin, Roc Dur a préparé le poison.

Samig se tourna vers le garçon.

— Comment le sais-tu ?

— Je l'ai suivi.

Samig réprima un cri, mais reporta son regard sur l'eau pour remarquer que le bateau de Roc Dur s'était rapproché du rivage.

— Tu l'as suivi ? demanda-t-il enfin.

L'enfant extirpa un éclat de pierre de la saillie. Il prit un morceau d'os de l'intérieur de son parka avec lequel il se mit à tailler la pierre.

— Tu vas te couper, remarqua Samig.

Il se pencha vers la hutte d'où il tira son panier à têtes de lance. Il en sortit une bande de cuir qu'il posa sur la paume du garçon.

— De plus, ce n'est pas une bonne pierre, ajouta Samig.

Voyant l'enfant rougir, il comprit que le petit ne s'affairait que pour éviter les questions de Samig qui, pourtant, insista :

— Tu l'as suivi ?

— Oui, lâcha le fils de Macareux sans quitter des yeux la pierre abandonnée à ses pieds.

Samig lui tendit un morceau d'andésite que l'enfant fit jouer entre ses doigts.

— Elle est prête, déclara Samig en désignant la base émincée, puis le haut qui se rétrécissait en pointe. Sauf le bord.

Il plaça la pierre dans sa paume et cala sa main sur sa cuisse, tapant les côtés avec un bout d'os.

— Sers-toi de ce morceau pour t'entraîner, reprit Samig en rendant la pierre au garçon. Mon frère fait les meilleures lames que je connaisse. Je te dis ce qu'il m'a dit. L'os va là, ajouta-t-il en plaçant le poinçon sur le bord de la lame. Maintenant, appuie de toutes tes forces en direction du centre. Penche-toi, et utilise tes épaules.

Samig attendit que les muscles des bras de l'enfant soient tendus.

— Maintenant, appuie.

Un copeau s'échappa, net, du bord de la pierre. Le garçon observait la lame, bougeait le poinçon.

Samig secoua la tête.

— Non, dit-il, place le poinçon ici, presque à plat sur ta pierre.

Il regardait et grommela son approbation quand un autre copeau sauta. Puis il posa la main sur le poignet de l'enfant, qui s'interrompit et leva les yeux sur lui.

— Nul n'est autorisé à regarder l'alananasika préparer le poison, remarqua Samig. Pourquoi l'as-tu fait ?

— Je voulais savoir, avoua le fils de Macareux. J'ai entendu mon père dire que seuls Roc Dur et Phoque Mourant savent le fabriquer. Et s'il leur arrivait malheur ? Les chasseurs, ça meurt. Le père de Baie Noire s'est noyé l'été dernier ; le père d'Oiseau Rouge a été tué par une baleine. Si cela arrivait à Roc Dur ? Si cela arrivait à Phoque Mourant ? Nous ne pourrions être chasseurs de baleines. Aucun de nous. J'ai regardé pour savoir. Je pense que tous les hommes devraient savoir.

Samig perçut l'honnêteté dans la voix du garçon et se rappela ce que son grand-père Nombreuses Baleines lui avait dit un jour.

— Je crois que j'aurais fait la même chose, reconnut Samig avec douceur.

Le garçon affronta le regard de Samig et ne détourna pas les yeux.

— Il y a une petite plante. Les femmes l'appellent la capuche du chasseur...

Samig hocha la tête.

— Oui, je la connais.

Les feux de cérémonie étaient allumés. Samig voyait les flammes depuis la crête.

— Je vais regarder, annonça-t-il au fils de Macareux, ignorant les yeux écarquillés de l'enfant, signe de son intérêt.

Seuls les chasseurs de baleines étaient autorisés à observer la cérémonie.

— Tu n'es pas obligé, remarqua Samig.

Mais le garçon s'accroupit à côté de lui.

— Je les ai bien regardés fabriquer le poison.

Samig sourit et, assuré que l'enfant ne distinguait pas son sourire dans le noir, il lui tapota le genou.

Les chants commencèrent. Samig reconnut les mots prononcés l'été dernier quand il était devenu Chasseur de Baleines, un air répétitif. Les hommes portaient les mêmes masques et Samig observait les danses, s'efforçant de mémoriser les figures que le fils de Macareux lui expliquait :

— C'est une danse qu'on enseigne à tous les garçons.

Samig se sentit soudain exalté. Qu'avait-il besoin de plus pour retourner chez son peuple, maintenant qu'en une journée il avait appris à la fois la danse et le poison ? Il posa une poignée de camarine tordue sur le feu, contemplant son ombre tremblotante sur le flanc de la grotte. Écho des foyers de cérémonie, songea-t-il. Chasseurs de Baleines et chasseur de baleines.

Il allait jeter une nouvelle brassée de bruyère sur la flambée, quand son regard fut attiré par une autre lumière rouge, au-delà de l'île, peut-être sur l'île des Premiers Hommes, une lumière où il ne devrait pas y avoir de lumière, une rougeur dans le ciel nocturne. Il se leva, imité par le garçon.

Soudain, Samig sentit la terre bouger sous ses pieds et il plongea prestement à quatre pattes, attirant le garçon à lui.

— Ce sont les esprits de la montagne, murmura

Samig, mais il lui semblait que l'enfant n'avait pas entendu.

Le bruit était assourdissant, les pierres et les cailloux s'entrechoquaient depuis le flanc de la crête.

Samig rampa dans la hutte tout en poussant le garçon devant lui. L'enfant ne soufflait mot, mais une fois à l'intérieur, il se blottit contre Samig qui le serra contre lui jusqu'à ce que le calme fût revenu.

Le rouge brûla dans le ciel toute la nuit. Samig était incapable de dormir, mais l'enfant s'assoupit un moment. Quand la brume grise du soleil levant illumina le ciel, Samig se glissa au-dehors. Le brouillard matinal se mêlait à la fumée et Samig ne voyait pas plus loin que le bout de ses doigts.

Soudain, il y eut une petite voix près de lui.

— Nous n'aurions pas dû regarder. Les esprits de la montagne nous ont punis.

— Non, affirma Samig, sans trouver la raison de son désaccord. Non.

L'enfant se tut, et Samig posa les yeux sur lui, ne distinguant qu'un visage sombre.

— Tu devrais repartir. Tu seras en sécurité au village.

— Non, dit l'enfant. Je vais rester encore une journée. Je vais guetter. Tu dois te reposer. J'ai dormi, moi. C'est à ton tour.

Samig leva la main pour ébouriffer les cheveux de l'enfant, mais il changea d'avis et lui demanda :

— Comment t'appelle-t-on ?

— Le fils de Macareux.

— Non. Ton vrai nom.

— Je m'appelle Petit Couteau.

Un bon nom, songea Samig. Un nom d'homme. Le couteau, la vie même.

— Je vais dormir, Petit Couteau.

47

Lorsque Samig s'éveilla, il trouva Trois Poissons à genoux près de lui, le visage sale et tailladé, les yeux rougis d'avoir trop pleuré. Il chercha Petit Couteau par-dessus l'épaule de son épouse, mais celle-ci approcha son visage si près qu'il ne voyait que sa grande bouche et ses dents cassées.

— Beaucoup sont morts, commença-t-elle d'une voix rauque entrecoupée de sanglots, et Roc Dur dit que c'est ta faute. Quelques chasseurs sont sortis dans la mer du Nord. Ils racontent que c'est Aka qui crache du feu. Roc Dur affirme qu'Aka fait la volonté des Traqueurs de Phoques et que tu nous as maudits en regardant la Danse de la Baleine.

La crête trembla de nouveau, envoyant de petites roches sur le promontoire. Trois Poissons hurla.

Petit Couteau se précipita dans l'abri, les yeux écarquillés.

— Elle a peur, expliqua Samig. Vois-tu quelque chose ? Le brouillard s'est-il levé ?

— Non. Il y a de la fumée et du brouillard. La cendre tombe du ciel et recouvre tout.

Il hocha la tête, faisant voleter du blanc qui s'échappa de sa chevelure.

Samig saisit Trois Poissons par les épaules.

— Trois Poissons, dit-il avec fermeté. Cesse de pleurer.

La femme ferma les yeux.

— Cesse de pleurer, répéta Samig. Raconte ce qui s'est passé.

Elle prit plusieurs inspirations courtes et s'essuya les yeux.

— Nous étions endormies, Épouse Dodue et moi. Le sol a commencé à trembler et soudain les rondins de l'ulaq se sont effondrés.

Ses yeux étaient tellement agrandis qu'on aurait cru qu'elle revoyait l'ulaq s'écrouler. Samig eut peur.

Quand elle l'avait réveillé, lui avait-elle dit combien étaient morts ?

— Épouse Dodue hurlait, poursuivit Trois Poissons, les joues perlées de larmes. Épouse Dodue était... il y avait du sang dans sa bouche et ses yeux étaient grands ouverts. Et puis le toit s'est effondré sur les lampes à huile et je n'y voyais plus rien, mais je l'ai tirée jusqu'à l'emplacement du trou et alors j'ai vu... Le sang...

Trois Poissons s'essuya le nez du revers de la main. Elle prit une respiration profonde et tremblante :

— Épouse Dodue est morte, annonça-t-elle. L'ulaq de Roc Dur est toujours debout, celui de Phoque Mourant aussi, mais dans l'ulaq de Macareux, tout le monde a été tué, même le bébé...

Trois Poissons se remit à pleurer mais Samig éprouvait davantage d'angoisse pour Petit Couteau, et il leva les yeux sur le garçon qui se tenait debout dans l'entrée de l'abri, le corps raide, les poings serrés.

— Petit Couteau, dit Samig avec tendresse.

Mais il n'y avait pas de mots pour consoler et, brusquement, Samig se sentit vidé, pensant à ce que devait éprouver Petit Couteau, qui venait de perdre son père, sa mère, ses frères et sœurs. C'est alors qu'il songea à son propre peuple, tellement plus proche d'Aka que les Chasseurs de Baleines. Peut-être sa mère et son père, ses sœurs et Amgigh étaient-ils morts eux aussi, enterrés sous les décombres de leur ulaq. Et Kiin ?

— Kiin, murmura-t-il en repoussant Trois Poissons.

La femme leva sur lui ses yeux rougis.

— Roc Dur t'accuse, répéta-t-elle. Il dit que tu as appelé Aka, que tu pouvais voir la Danse de la Baleine depuis cette crête et que tu l'as regardée pour nous porter malheur.

— Roc Dur est un imbécile, s'écria Samig,

furieux. Quel homme est capable de faire sortir le feu d'une montagne ?

— Il prétend que tu as appelé les baleines et que tu possèdes aussi le pouvoir d'appeler Aka.

Samig la dévisagea, vit l'interrogation dans ses yeux.

Aurais-je pu appeler les baleines sans le savoir ? se demanda Samig. Aurais-je pu souhaiter qu'Aka fasse une telle chose ? Mais, pensant à sa propre famille, il dit à Trois Poissons :

— Porterais-je volontairement préjudice à mon peuple ? Ils sont plus près d'Aka que les Chasseurs de Baleines. Roc Dur est un crétin.

Samig rampa hors de l'abri et s'arrêta, saisi par le spectacle de l'épaisseur de copeaux gris qui recouvraient la saillie. Il en prit une poignée et se retourna pour trouver Petit Couteau à son côté.

— Je n'aurais pas dû regarder la danse, sanglota Petit Couteau.

Samig jeta la cendre et protesta d'une voix forte :

— Quel chasseur ne regarde pas ? Quel chasseur ne voit pas ?

Mais la douleur ne quittait pas les yeux de l'enfant qui réitéra :

— Je n'aurais pas dû regarder. Je ne suis pas un chasseur. Je ne suis pas un guetteur.

— Tu aurais été un guetteur.

— Mais je ne le suis pas.

— Je suis un chasseur de baleines, rétorqua Samig.

Puis, au brouillard, à la cendre qui pleuvait, il cria :

— Je suis un chasseur de baleines. J'ai choisi Petit Couteau comme guetteur.

Voyant que Petit Couteau ne pipait mot, Samig le repoussa doucement pour entrer dans la hutte.

— Rassemble tes affaires, lui dit-il. Nous rentrons au village.

Quand il pénétra dans la hutte, Trois Poissons saisit son parka.

— Tu ne peux retourner. Roc Dur te tuera.

— Je n'ai pas peur de lui.

— Il n'y a pas que lui. Tous les hommes du village ont juré de te tuer.

— Phoque Mourant ?

— Tous. Et Roc Dur te tranchera la tête afin de détruire ton esprit. Tu ne peux rentrer.

— Je te dis qu'il ne me fait pas peur.

— Alors tu es un sot, lança brusquement Trois Poissons d'une voix forte et ferme qui n'était pas sans rappeler celle d'Épouse Dodue.

Ce qui mit Samig en rage.

— Tu as vécu trop longtemps avec ma grand-mère. Tu parles comme un homme.

Trois Poissons déglutit et ses narines tremblèrent, mais elle dit, doucement cette fois :

— Qui enseignera à ton peuple à chasser la baleine si tu es assassiné ? Comment veux-tu te rendre utile pour l'instant ?

Elle s'interrompit, regarda Petit Couteau, puis de nouveau son mari.

— Si tu as appelé Aka et causé tout cela, alors appelle-la de nouveau et arrête-la, puis rentre chez toi et laisse-nous tranquilles. Mais si tu n'as pas appelé Aka, comment aideras-tu quiconque si tu es tué ? Retourne à ton peuple et aide-le.

Samig dévisagea Trois Poissons, ahuri. Qui aurait pensé trouver tant de sagesse derrière ces dents cassées, derrière ce rire grossier ?

— Tu es ma femme, rétorqua Samig. Si tu retournes chez les Chasseurs de Baleines, Phoque Mourant veillera sur toi, mais si tu le désires, tu peux me suivre.

Elle demeura un moment immobile.

— Tu ne m'as pas encore donné de fils, dit-elle. Je pars avec toi.

Ils cheminèrent, alors que la fumée et le brouillard recouvraient encore la plage. La cendre rendait les prises traîtresses et les pieds glissants. Petit Couteau tomba une fois, s'entaillant le genou et s'arrachant la peau du bras, mais il ne broncha pas, et Samig ne dit rien tout le temps qu'il soutint l'enfant afin qu'il reprenne son souffle. Puis ils reprirent leur descente.

Une fois sur la plage, Samig se tourna vers les casiers d'ikyan.

— Non, dit Petit Couteau. J'y vais. Personne ne s'occupera de moi. Tu restes ici. Cache-toi dans l'herbe.

Samig étudia l'enfant du regard. Disait-il la vérité ou ramènerait-il Roc Dur ?

L'enfant attendit en silence.

— Je l'accompagne, proposa Trois Poissons.

Mais Samig l'attira dans l'herbe près de lui.

— Non.

Comment faire confiance à Trois Poissons ? Qui pourrait dire les sottises qui sortiraient de sa bouche, quand elle serait à nouveau la proie du chagrin ?

— Va vite, ajouta-t-il pour Petit Couteau.

Et il ramena les herbes hautes sur son épouse et sur lui.

Le temps parut long jusqu'au retour de Petit Couteau et, à cause de l'épaisseur du brouillard, Samig ne le vit que lorsqu'il fut presque au-dessus d'eux. Petit Couteau portait un ik. On aurait dit une immense coquille mal assemblée sur la tête et le dos de l'enfant.

Samig essayait de percer l'obscurité. Peut-être y avait-il d'autres chasseurs derrière le garçon, cachés dans la brume, cachés par la masse de l'ik. Il tira son couteau du fourreau et attendit, poussa Trois Poissons derrière lui, puis s'écarta légèrement d'elle. Si les Chasseurs de Baleines prévoyaient une attaque, Trois Poissons déciderait peut-être de se battre avec eux.

Petit Couteau posa l'ik mais Samig resta dans l'herbe.

S'il s'approche assez près pour me toucher, je saurai qu'il ne me veut aucun mal.

Petit Couteau s'accroupit le plus bas possible, rampa dans l'herbe, puis s'assit jambes croisées devant Samig, près de son bras droit. Il murmura :

— Je suis allé dans l'ulaq de mon père. C'est comme Trois Poissons a dit.

Samig sentit l'enfant trembler, mais il n'y avait nulle trace de pleurs dans sa voix.

— Quelqu'un t'a-t-il vu ? s'enquit Samig.

Le garçon hésita, puis affronta le regard de Samig :

— Phoque Mourant.

— Qu'as-tu dit ?

— Que tu étais mort et gisais au fond de la crête, tué par Aka.

— Qu'a-t-il ajouté ?

— Rien.

— Alors nous devons partir. Quand tu retourneras auprès de ta tribu, ne dis rien. Sauf que tu ne m'as pas vu. Ni moi, ni Trois Poissons.

— Je pars avec toi, supplia Petit Couteau.

— C'est impossible. Ta place est ici, au milieu de ton peuple.

— C'est toi, mon peuple.

Samig se leva et remit son couteau dans son fourreau.

Quelle serait la meilleure solution pour le petit ? Pour lui ?

C'est alors que retentit une voix d'homme :

— Laisse-le partir avec toi.

Samig agrippa son couteau.

Surgissant du brouillard gris, Phoque Mourant avançait lentement, mains tendues.

— Je suis un ami. Je n'ai pas de couteau, dit-il posément.

Samig plongea le regard dans celui de l'homme. Sa parole était-elle vérité ou d'autres attendaient-ils derrière lui, tapis dans l'ombre ? Samig jeta un rapide coup d'œil à Petit Couteau. L'avait-on suivi ?

Phoque Mourant demeurait immobile, les yeux rivés aux mains de Samig.

— As-tu appelé Aka ?

— Aka n'obéit pas aux hommes.

— Mais, es-tu homme ou esprit ?

— Je suis homme.

Un long moment, Phoque Mourant demeura silencieux, ses yeux s'attardant sur le visage de Samig. Il demanda enfin :

— Trois Poissons veut-elle partir avec toi ?

— Oui, répondit Samig.

Phoque Mourant se tourna vers la femme, mais Samig prit garde de ne pas le quitter des yeux.

— Oui, acquiesça Trois Poissons. Je veux le suivre.

— Laisse le garçon t'accompagner aussi. On pourrait l'accuser puisqu'il était avec toi. Et qui peut dire le sort qu'on lui réserverait alors ?

Samig regarda de nouveau Petit Couteau.

— Si tu veux partir avec nous, tu le peux.

— Alors, je viens.

Phoque Mourant hocha la tête et recommanda à l'enfant d'une voix ferme :

— Sois fort. Sois un bon chasseur.

Puis il plongea dans les yeux de Samig, et leur donna la bénédiction de l'alananasika :

— Puisses-tu toujours être fort. Puissent de nombreuses baleines s'offrir à ta lance. Puisses-tu faire de nombreux fils.

Sur quoi il pivota sur lui-même et s'éloigna.

48

La peur au ventre, Samig contourna la falaise.

— Ici ? demanda Petit Couteau.

— Oui, cette plage, répondit Samig dont la voix

résonna mince et haut perchée à ses propres oreilles.

Cela faisait deux jours qu'ils voyageaient et le brouillard ne s'était toujours pas levé ; la cendre continuait de tomber, fine comme de la suie. Le fond de l'ik en était couvert, et Trois Poissons éternuait souvent et bruyamment, faisant vaciller le bateau et soulevant un nuage de cendre qui brûlait la bouche et le nez de Samig et déchirait ses poumons.

— Ton peuple n'y sera pas, remarqua Trois Poissons. Ils seront partis. Ou peut-être sont-ils déjà morts.

Samig sortit la pagaie de l'eau et regarda Trois Poissons assise au milieu de l'esquif.

— Ne dis rien quand tu ne sais rien, répliqua-t-il d'un ton tranquille, retenant la colère qui montait.

Après quoi, Samig guida l'ik vers le centre de la plage où les cailloux plus fins causeraient moins de dégâts à la coque en peau de lion de mer.

Dès qu'ils eurent posé pied à terre, le sol trembla.

Trois Poissons tomba à genoux. Quand le calme revint, elle leva les yeux sur Samig.

— On devrait repartir. Il y a des esprits mauvais, ici.

Silencieux, Samig continua sa progression vers le haut de la plage, sans se soucier de savoir si sa femme ou Petit Couteau le suivaient.

La cendre s'agglutinait à l'herbe, ralentissant sa démarche. Il repoussa toute pensée de son esprit, espérant apaiser le rythme fou de son cœur, mais son estomac se noua au spectacle de l'ulaq de son père. Des chevrons de bois flotté saillaient du gazon du toit comme les os d'une carcasse pourrissante, de grosses pierres gisaient en de curieux angles.

Certains des siens avaient-ils réchappé ? Tous étaient-ils morts ? Debout sur une roche, il observa l'ulaq de Longues Dents. Son toit s'était écroulé et la demeure n'était plus qu'un trou béant à flanc de coteau.

L'île était calme ; Samig n'entendait ni voix, ni appels d'oiseaux, rien que le clapotis des vagues, courant l'une après l'autre, en un rythme trop rapide, comme si la mer elle-même avait peur.

La terre trembla de nouveau et Samig perçut la voix de Trois Poissons, portée par le vent depuis la plage, affolée, gémissante.

Il est triste que les femmes soient si nécessaires aux hommes, soupira Samig. Mais quel homme peut chasser et coudre à la fois ? Il réalisa soudain avec horreur qu'il avait emmené Trois Poissons pour assurer sa propre survie, une partie de lui-même sachant que son peuple avait disparu.

Il sentit alors une main sur son épaule et entendit ces paroles apaisantes :

— Ils se sont peut-être enfuis à temps.

Samig fit volte-face et vit que Petit Couteau l'avait suivi.

— Peut-être.

— Je vais voir.

Samig reconnut la compassion dans les yeux de l'enfant.

— Allons-y ensemble.

Hésitant, il pointa du doigt en direction de l'ulaq de Kayugh.

— Commençons par celui-ci.

Le plus difficile d'abord.

La cendre tombait plus dru et le jour s'assombrit de bonne heure, comme en plein hiver. Samig voyait des nuages noirs s'avancer vers le sommet de Tugix et il commença fébrilement à déplacer le gazon et les pierres dans l'ulaq.

— Il n'y a rien, constata enfin Petit Couteau. Personne de mort. Personne de vivant.

Samig ne souffla mot. Tirant un bout de rideau des débris, il reconnut le motif que sa mère dessinait sur tous ses tissages, carrés sombres sur fond clair. Peut-être, ainsi que l'avait suggéré Petit Couteau, avaient-ils fui, songea-t-il avec une étincelle d'espoir.

Ils se rendirent ensuite à l'ulaq de Longues Dents, déplaçant à nouveau les débris en priant de ne rien trouver.

— Rien, dit Petit Couteau après avoir débarrassé presque tout le gazon effondré.

Samig regarda l'enfant. Une pluie dure et froide s'était mise à tomber et les cheveux de Petit Couteau, sous l'effet de l'humidité, formaient comme un casque noir sur sa tête ; son parka répandait des rigoles d'eau sur ses pieds nus. Il avait l'air d'un petit garçon, trop jeune pour endosser les responsabilités et les chagrins d'un homme.

Je ne peux lui demander de m'aider maintenant, songea Samig. Aussi lui dit-il :

— Retourne auprès de Trois Poissons. Tire l'ik jusqu'aux falaises au côté sud. Tu y trouveras des grottes et vous serez hors de portée de l'eau. Va et attends. Je vous rejoins bientôt.

Samig observa le garçon s'éloigner. Quel chagrin vais-je rencontrer que cet enfant ne connaît déjà ? Peut-être mon peuple vit-il toujours. Mon père et ma mère. Amgigh et Kiin. Mais les parents de Petit Couteau.

Samig se rendit aux ulas des morts, d'abord à celui où était enterrée sa grand-mère, l'épouse de Shuganan. Le toit n'était pas aussi gravement endommagé que les autres. Samig grimpa avec précaution vers l'entrée du toit dont le trou était scellé par une porte en bois. Au moment où il dégagea l'accès, seule une partie du gazon s'écroula. Samig se hissa à l'intérieur. Une lumière grise filtrait à travers le toit brisé et Samig reconnut la momie de sa grand-mère, toujours intacte, au centre de l'ulaq. Il y avait deux autres silhouettes à côté d'elle, l'une déjà ancienne, de la taille d'un bébé. Mais l'autre s'apparentait à un enfant ou à une petite femme ; le cœur cogna dans la poitrine de Samig. Les nattes mortuaires étaient neuves, elles avaient la couleur de l'herbe séchée que le temps n'a pas encore noircie. Il s'agenouilla tout près, se retenant avec peine d'arracher les nattes.

Quels esprits vais-je offenser? se demanda-t-il. Quelle malédiction tombera sur ma chasse?

Mais si c'était Kiin...

Dégainant son couteau, il trancha la couverture au niveau de la tête. Les couvertures s'effeuillèrent une par une, et Samig vit les cheveux foncés. Un peu de chair s'arracha de l'os du visage, et l'estomac de Samig se souleva à l'odeur de chair pourrissante. Puis, un petit morceau de bois tomba des plis du tissage, sculpté en forme de phoque. La tête de Samig fut soudain légère de soulagement. Mais il pensa qu'un enfant de cet âge et de cette taille devait être le fils de Petit Canard. Comment une femme survivrait-elle à la perte de son unique enfant?

Samig renveloppa soigneusement le corps, grimpa sur le toit et remit la porte en place en essayant de ne pas faire tomber davantage de terre sur les tombes.

Il resta là un moment, debout, à regarder l'autre ulaq tumulaire. Son père, le fils de Shuganan, y était enterré. Samig entreprit de creuser à travers le toit brisé.

Lorsque Samig arriva au plancher de l'ulaq, il ne trouva rien qui ressemblât à un cadavre, personne de récemment tué par la colère d'Aka. Se pouvait-il que tout son peuple se soit échappé? Mais si personne n'était enterré là, pourquoi l'endroit était-il honoré comme ulaq des morts? Où était son père?

Samig s'apprêtait à regagner la sortie quand son pied glissa dans la boue. En tombant, il se cogna la main contre quelque chose de pointu. C'était un os, que Samig tira du gazon. Il examina sa main à la recherche d'échardes qui pourraient infecter sa chair. Mais il s'aperçut que ce n'était pas un os de baleine ou de lion de mer, quelque chose venant d'un chevron, mais un ossement humain. Il le tint contre son avant-bras, observant son épaisseur, les indentations où les muscles étaient attachés autrefois. L'os d'un homme puissant et costaud.

Il le reposa à ses pieds et entreprit de creuser à l'endroit où il l'avait trouvé. Il découvrit les os longs des jambes et les petits qui avaient été les mains et les pieds. Enfin, le crâne. Aucun n'était enveloppé. Pourquoi ? Qu'était-il donc arrivé ? Le silence de sa mère concernant son premier époux aurait-il non pas été un silence de respect, mais de haine ?

Samig étudia ses propres bras, ses jambes et ses mains. À vrai dire, ce n'étaient pas les membres longs et fins des Premiers Hommes. Pas même ceux, plus épais, des Chasseurs de Baleines. Qui était son père ? Qui étaient les siens ?

Samig regarda les ossements à ses pieds. Quels esprits offenserait-il en les enterrant de nouveau ? Quels esprits déchaîneraient leur colère s'il ne le faisait pas ?

Samig ferma les yeux, essuya la pluie de son visage avec la manche de son parka. Il était trop las pour s'en soucier. Étendant la couverture qu'il avait trouvée dans l'ulaq de Kayugh, il enveloppa les os avec soin puis prit des pierres sur ce qui avait été un mur. Il empila les pierres sur le paquet, pratiquant des funérailles à la manière des Chasseurs de Baleines.

49

Samig hocha la tête en signe d'approbation. La grotte choisie par Petit Couteau était bien au-dessus de la ligne de marée et son sol était de gravier et de sable sec.

Trois Poissons était accroupie dans l'entrée, les bras juste au-dessus d'un feu de cuisson. L'eau dégoulinait de son suk et grésillait sur la camarine incandescente.

— As-tu trouvé quelque chose ? demanda-t-elle.

— Un mort. Un garçon, fils de l'homme appelé Longues Dents et de sa seconde épouse, Petit Canard. Mais le garçon est mort depuis un certain temps. Pas à cause d'Aka.

La montagne les secoua et Trois Poissons bondit sur ses pieds, les mains sur la bouche.

— Ce n'est rien, dit Samig. Tugix ébranle souvent la terre.

Trois Poissons se rassit, mais Samig reconnut le doute dans ses yeux.

— Tu es en sécurité, ajouta-t-il avec quelque irritation.

Je devrais être seul, se dit-il. Ou seul avec Petit Couteau. Je ne voudrais pas que Trois Poissons se plaigne de nous à Phoque Mourant, mais j'aurais dû la laisser avec son peuple.

La nuit passa. Samig prenait garde de faire son lit près de Petit Couteau, s'assurant qu'ils étaient tous deux d'un côté du feu, Trois Poissons de l'autre. À plusieurs reprises, il entendit Trois Poissons remuer, mais il l'ignora. Il ne la voulait pas près de lui. Ce soir, l'imagination n'aurait pas le pouvoir d'en faire une Kiin.

Ils s'éveillèrent dans l'obscurité, le feu éteint, Samig furieux que Trois Poissons ne l'ait pas nourri. Elle qui restait là assise dans l'ik sans pagayer ne devrait pas attendre que les hommes entretiennent le feu. Pourtant, trop las, il s'abstint de toute réprimande. Il tâtonna dans le noir à la recherche de ses affaires et se dit qu'ils auraient dû apporter davantage de nourriture. Leurs réserves ne dureraient que quelques jours.

Le cercle gris de lumière provenant de l'entrée de la grotte annonçait la lourdeur du brouillard. Incapable de distinguer le soleil, Samig se sentit désorienté.

— C'est le matin, affirma Petit Couteau.

— Il n'y a aucun moyen d'en être certain, répliqua Samig.

— Les marées.

— Aka transforme les marées. Qui peut dire si c'est le matin ou si c'est Aka qui tire l'eau ?

Petit Couteau haussa les épaules et, par son sourire, Samig comprit que l'enfant n'avait pas voulu discuter.

— Mon peuple a une grotte pour les ikyan, observa-t-il dans le but de combler le silence qui s'était installé entre eux. Peut-être y ont-ils laissé des provisions.

— Et si on en trouve, on s'en va ?

— Je ne sais pas. Nous verrons.

Ils fabriquèrent un flambeau à l'aide de nattes trempées qu'ils enroulèrent sur un bâton de bois flotté. Pataugeant dans la gadoue de l'ulaq en ruine de Longues Dents, Trois Poissons trouva une outre d'huile dans laquelle Samig trempa sa torche. Trois Poissons les suivait à la trace tandis qu'ils se dirigeaient vers la grotte. La flamme brûlait la main de Samig. Il se retourna et ordonna à son épouse de rester dehors.

— Il est défendu aux femmes d'entrer.

Et il y pénétra avant que Trois Poissons n'ait le temps de protester.

La torche projetait des cercles de lumière dans la grotte, dévoilant le fond étroit — où sable et graviers avaient constitué un sol lisse — et les côtés plus larges qui se rétrécissaient de nouveau au sommet. Un jour, Kayugh avait raconté qu'il y avait bien longtemps Shuganan avait fixé des peaux dans le sol et dans les crevasses des murs. Quand Longues Dents, Oiseau Gris et Kayugh s'étaient établis sur l'île Tugix, ils avaient construit des plates-formes où remiser leurs ikyan chaque hiver.

Samig maintint la torche au-dessus des claies. Elles étaient vides. Le jeune homme avait espéré trouver quelques embarcations et peut-être une preuve du départ de son peuple. Mais rien.

— Regarde ! s'exclama soudain Petit Couteau en pointant un doigt en l'air.

Samig leva le flambeau, illuminant ainsi le sommet de la grotte. On avait fiché un pieu dans une crevasse haute du mur et suspendu au poteau un ikyak, cordes attachées à chaque bout, comme un berceau.

— Ils l'ont accroché pour le mettre hors de portée de la mer, remarqua Petit Couteau.

Samig tendit la torche au garçon et grimpa sur les plates-formes vides. Il se hissa sur la pointe des pieds, s'appuyant aux petites anfractuosités de la roche. Il tenta de faire basculer l'ikyak, mais le bateau s'éloigna de lui. Assurant la prise de ses pieds, il saisit le pieu et se balança pour l'enfourcher.

— Plante la torche dans le mur, dit-il à Petit Couteau, et viens m'aider.

Petit Couteau fut bientôt près de lui.

— Il y a quelque chose dans l'ikyak, expliqua Samig. Nous devons le vider pour le descendre.

Samig s'agrippa au poteau et enfonça la main à l'intérieur de l'embarcation. Il en extirpa un chigadax tout neuf. L'arrangement des plumes latérales indiquait qu'il était l'œuvre de Chagak. Souriant, Samig laissa tomber le vêtement par terre, puis replongea les mains dans l'ikyak. Il en tira un panier recouvert d'une peau de phoque ajustée avec une ficelle coulissante. Il l'ouvrit pour découvrir un nécessaire à couture : aiguilles, alêne, nerf. Il le tendit à Petit Couteau.

— Porte-le en bas.

Une fois Petit Couteau remonté, Samig fouilla de nouveau le bateau.

— Des bottes, des peaux de phoque.

Il lança le tout à terre. Deux poignées de lance et deux pagaies étaient fixées à l'ikyak. Samig les jeta à leur tour.

— Je n'arrive pas à atteindre le reste, dit-il. Il va falloir que je dénoue les lacets de couverture.

— Moi je peux, proposa Petit Couteau.

Samig observa le garçon s'agripper bras et jambes au poteau et se balancer au-dessus de l'ikyak, tête la première. Les mains libres, il pendait par les genoux. Il sortit un ventre de phoque plein qu'il tendit à Samig.

— Du poisson, s'exclama Samig.

— Ils savaient que tu aurais faim, remarqua Petit Couteau en souriant, avant de replonger.

Samig lança le ventre de phoque derrière lui sur le poteau et tendit une main tandis que Petit Couteau extirpait une vessie d'huile.

— Et ce n'est pas tout, ajouta le garçon d'une voix étouffée.

Il sortit un tas de nattes finement tissées, dont le bord représentait des carrés foncés. Petit Couteau lâcha le paquet et revint agripper le poteau. Il prit la vessie d'huile des mains de Samig et redescendit au sol. Samig passa ensuite le ventre de phoque au garçon, puis tira les cordes jusqu'à libérer l'ikyak. Il le pointa vers le bas pour que l'enfant puisse s'emparer de l'extrémité étroite puis redescendit à son tour. Il plaça les mains au-dessus de celles de Petit Couteau, bandant ses muscles pour recevoir le poids de l'ikyak, puis ils tirèrent ensemble et posèrent délicatement l'embarcation à terre.

Une fois l'ikyak à l'entrée de la grotte, ils y remirent le poisson et l'huile. Samig bourra le bateau avec le chigadax, la peau de phoque et les bottes. Enfin assis sur ses talons, il dénoua le paquet enveloppé dans les nattes de sa mère.

Au fur et à mesure, il déposa les affaires devant Petit Couteau : une corde tissée en fibres de varech, une petite lampe de pierre, des mèches tressées. Une pierre à gratter — un outil de femme, mais qui pourrait se révéler bien utile.

— Pour Trois Poissons, annonça-t-il, la pierre à la main.

Elle n'était pas ce que la plupart des hommes attendaient d'une épouse, mais c'était une femme, qui savait coudre et préparer les peaux.

Il trouva aussi de la graisse à repriser et un long tube à écoper, bouché aux deux extrémités. Croyant les nattes vides, Samig entreprit de tout renvelopper. Mais Petit Couteau fouilla entre les replis et en tira un petit objet blanc. Il était suspendu à une corde, comme l'amulette que Samig portait et, quand Samig le prit des mains de Petit Couteau, il vit que c'était de l'ivoire sculpté en forme de baleine.

Samig fit jouer la figurine entre ses doigts. D'où venait-elle ? Elle était trop belle pour avoir jailli des mains d'Oiseau Gris.

— Tu vas la porter ? s'enquit Petit Couteau.

— N'as-tu pas entendu parler de mon grand-père Shuganan ? répondit Samig en souriant devant les yeux écarquillés de Petit Couteau.

Ils portèrent l'ikyak au-dehors. Trois Poissons s'approcha, son regard fouillant à l'intérieur, ses doigts courant sur les coutures. Samig lui tendit la pierre à gratter.

— Pour toi, dit-il.

Il fut gêné de voir les yeux de son épouse briller de gratitude. Ce n'était qu'une petite lame. Pourquoi ne lui avait-il jamais rien donné auparavant ? Mais que possédait-il lorsqu'il vivait chez les Chasseurs de Baleines ?

50

Kiin retourna dans l'ulaq du Corbeau quinze jours après la naissance des bébés. Queue de Lemming, remarqua-t-elle tout de suite, avait nettoyé la grande pièce et épointé les mèches de lampe. Nulle nourriture ne pourrissait par terre. Deux estomacs de phoque étaient remplis de poisson fraîchement séché. Et le chigadax du Corbeau, récemment raccommodé et huilé, pendait à une patère dans le mur.

Queue de Lemming n'était pas dans l'ulaq. Voyant tout en ordre, Kiin ferma les yeux et respira profondément. Elle avait craint de travailler des jours durant pour compenser la paresse de la première épouse.

À l'opposé de la plate-forme du Corbeau, Kiin remarqua la présence de quatre anneaux de saule noués solidement aux chevrons. Des crochets pour les berceaux ? Ainsi, le Corbeau aurait peut-être tenu sa promesse que ses deux enfants vivraient en sécurité chez lui.

Kiin posa les berceaux sur sa plate-forme. Elle consistait en une pile de fourrures et de nattes d'herbe posées sur un cadre de saule et de bois flotté assemblé serré avec de la corde de babiche. Les fourrures n'avaient rien de comparable aux peaux épaisses et fines à la fois qui tapissaient le lit du Corbeau, mais elle n'était qu'une seconde épouse. On lui avait donné un lit, ce n'était déjà pas si mal.

Les bébés étaient accrochés à sa poitrine et elle portait son suk avec la fourrure à l'intérieur, plus douce à leur peau. Ses fils dormaient, même si Kiin sentait parfois le fils de Samig téter paresseusement son sein gauche.

Posant par terre le sac d'herbe contenant son nécessaire à couture, elle s'assit sur ses talons près de la plate-forme, la tête sur les fourrures de son nouveau lit. Elle avait fait peu de choses aujourd'hui, pourtant, elle était fatiguée et elle avait hâte que vienne la nuit pour se reposer.

Il était bon de retrouver l'ulaq vide et propre, de constater qu'elle n'avait qu'à préparer la nourriture et s'occuper des bébés. Elle devrait ôter son suk, accrocher les berceaux et faire dormir les petits.

Kiin se laissa aller à songer à ce qu'aurait été sa vie dans l'ulaq de Kayugh. En ce moment, Chagak serait en train de l'aider. Il y aurait de la nourriture à cuire et elle aurait sa propre chambre où elle pourrait tirer les rideaux et s'isoler si elle le désirait. Oui, Chagak était à nouveau grand-mère et Kayugh grand-père, même s'ils la croyaient morte. Et Amgigh et Samig étaient pères, même si les deux garçons étaient élevés par Amgigh puisqu'elle était sa femme. Cependant, Samig saurait, il saurait en regardant ; tout le monde saurait.

Kiin ne se retrouvait guère dans ses bébés. Peut-être, pensa-t-elle, la courbe des sourcils, la forme des oreilles. Mais qu'espérer d'autre ? Son esprit était sans vigueur. Jamais il ne pourrait se mesurer à celui de Samig ou d'Amgigh. Quelle importance ? Elle avait bien cru ne jamais quitter l'ulaq de son père, ne jamais être épouse, ne jamais être mère. Et voilà qu'elle avait deux fils.

Kiin bâilla et ferma les yeux. La nuit dernière, les enfants avaient été agités, peut-être parce qu'ils percevaient la peur de leur mère à l'idée de retourner dans l'ulaq du Corbeau. On ne leur avait pas encore donné de nom, ils n'avaient pas d'esprit en propre, rien pour les séparer de son esprit à elle, alors, naturellement, ils devaient sentir sa frayeur et son anxiété. En tant qu'épouse, elle devait demander à son mari de les nommer, bientôt, même si elle n'aimait pas l'idée que les bébés aient des noms d'Hommes Morses.

Mais, se dit-elle, mieux valait un nom Morse que pas de nom du tout.

Elle n'avait pas l'intention de s'endormir, mais les bébés étaient chauds contre sa poitrine et son ventre, et les fourrures douces contre son dos. Elle ne rêva pas et ne sut pas ce qui l'avait réveillée. Elle ouvrit lentement les yeux. Son cou était raide et elle courba les épaules, puis réprima un cri de frayeur. Femme du Ciel et Femme du Soleil étaient dans l'ulaq, assises sur la plate-forme du Corbeau, jambes étendues devant elles, adossées au mur.

Kiin entoura les enfants de ses bras, les sentant se tortiller sous la pression de son étreinte. Elle fut soudain heureuse de s'être endormie alors qu'ils étaient blottis contre son sein. S'ils avaient été dans leurs berceaux, peut-être Femme du Ciel et Femme du Soleil les auraient-elles volés pendant son sommeil.

— Nous avons apporté à manger, annonça Femme du Soleil en prenant une peau de phoque suspendue aux chevrons au-dessus de la lampe à huile.

— Nous ne savions pas si Queue de Lemming aurait préparé quoi que ce soit pour toi ou pour le Corbeau, ajouta Femme du Ciel.

Kiin dévisagea les deux sœurs. Quand elle était arrivée chez les Chasseurs de Morses, ces femmes étaient ses amies, celles en qui elle avait mis sa confiance; mais maintenant qu'elle savait que ses fils n'appartenaient pas à Qakan, elle ne voulait pas des deux vieillardes près d'elle.

— Merci, dit Kiin. Mes fils et moi vous sommes reconnaissants.

— Les bébés poussent-ils bien? s'enquit Femme du Ciel.

— Oui. Oui.

— Nous avons parlé au Corbeau, déclara Femme du Soleil. Il dit que son pouvoir est plus grand que la malédiction de tes fils.

Kiin releva le menton.

— Il m'a parlé, à moi aussi. Il veut les deux. Je n'en tuerai aucun.

— Tu n'as aucun signe — venu d'un esprit — qui t'indique lequel de tes deux fils est malfaisant?

Kiin se mit péniblement debout. Elle avait peur, mais son esprit murmurait : « Quel pouvoir ces deux vieilles femmes ont-elles sur toi? Le Corbeau est ton époux. Il protégera tes enfants. »

Elle voulait libérer les enfants de la bandoulière, exhiber leur visage, leurs membres forts et replets, leur petit ventre rond et lisse. Mais que savait-elle du pouvoir ? Que savait-elle des malédictions ? Peut-être les femmes étaient-elles venues dans l'espoir qu'elle leur montrerait les bébés, privés de la protection d'un suk ou d'un berceau. Peut-être contrôlaient-elles un esprit de mort. Qui pouvait dire ?

— Mes fils ne sont pas mal-malfaisants. Ils sont comme tous les ho-hommes, capables du bien et capables du mal. Le choix leur appartient, ils en décideront quand ils seront plus vieux. Ce n'est p-pas à moi de décider pour eux, pourtant j'aimerais en avoir le pouvoir.

Kiin se tenait jambes plantées au sol, pieds plats et fermes. C'est ainsi que se tenait Kayugh lorsqu'il relatait ses combats avec les Petits Hommes, les malfaisants qui avaient détruit tant de villages des Premiers Hommes voici bien des années. C'est ainsi que se tient un homme pour se battre, disait Kayugh. Jambes ouvertes pour l'équilibre, pieds tirant leur force de la terre.

Elle ne tuerait ni l'un ni l'autre, elle ne laisserait pas Femme du Ciel ou Femme du Soleil les supprimer.

— Le Corbeau ne vous laissera p-pas les tuer, affirma Kiin.

Et, pour la première fois depuis que Qakan l'avait vendue, elle fut heureuse que Chasseur de Glace n'ait pas emporté l'enchère. Que serait-il advenu ? Chasseur de Glace aurait sûrement écouté sa mère et choisi de donner un des bébés aux esprits du vent.

— Le Corbeau a tort, rétorqua Femme du Soleil.

Mais une voix surgit de l'autre côté du rideau de séparation, une voix d'homme.

— Parle la langue des Chasseurs de Morses, vieille femme.

C'était le Corbeau. Il pénétra dans la pièce, jeta un bref coup d'œil à Kiin, puis affronta les deux sœurs.

— Ma sœur dit que tu as tort, lança Femme du Ciel. L'un des enfants est maudit et apportera un grand malheur à son peuple.

— Crois-tu que je craigne le mal ? s'esclaffa le Corbeau. Kiin, appela-t-il sans la regarder, ne quittant pas les vieilles femmes des yeux. Apporte les bébés.

Le cœur de Kiin fit un bond et cogna dans sa poitrine. Le sang battit violemment contre ses tempes.

— N-non, dit-elle à voix douce.

Le Corbeau pivota comme si on l'avait frappé.

— Qui es-tu pour oser me dire non ! éructa-t-il.

Kiin s'avança d'un pas.

— Je suis... je suis Kiin, m-mère de mes fils. Ces femmes veulent les tuer.

— Seulement le mauvais, objecta Femme du Ciel.

Mais ses paroles furent effacées par la colère du Corbeau.

— Tu es épouse avant d'être mère ! hurla-t-il à l'adresse de Kiin. Je t'ai achetée, toi et tes fils. Ils sont à moi, maintenant.

— Non, insista Kiin, dont la rage repoussa la crainte et faisait jaillir les mots de sa bouche. Ce ne sont pas tes fils si tu les laisses tuer.

Le visage du Corbeau s'empourpra et ses mâchoires étaient si serrées que Kiin distinguait la ligne des muscles rouler contre la peau de ses joues.

— Personne ne tuera mes fils, siffla-t-il entre ses dents.

Lentement, Kiin marcha vers lui. Lentement, elle souleva son suk. Elle sortit d'abord le fils d'Amgigh, puis le fils de Samig, les lovant l'un et l'autre contre elle.

— Qui est né le premier ? s'enquit le Corbeau.

— Celui-ci, répondit Kiin en désignant du menton le fils d'Amgigh.

Le Corbeau lui prit l'enfant et le tint devant les vieilles femmes.

— Voici Shuku, déclara-t-il. Shuku, un homme

qui comprend le pouvoir de la pierre, qui détient ce pouvoir dans son cœur. Un chasseur aguerri, excellent avec les armes, un homme qui prendra de nombreux phoques et engendrera de nombreux fils.

Il tendit Shuku à Kiin et prit le fils de Samig.

— Voici Takha, dit-il. Takha, un homme qui se déplace sans crainte au-dessus de l'eau, qui détient dans son cœur le pouvoir des esprits de l'eau. Un homme sage, bon pour la parole, le commerce, un homme qui prendra aussi des morses et engendrera de nombreux fils.

Le Corbeau rendit Takha à Kiin, puis se tourna vers les vieillardes.

— Sortez de mon ulaq. Ne les maudissez pas, ni eux, ni ma femme. Aucune de mes femmes.

— Trop tard, laissa tomber Femme du Soleil. Ce n'est pas notre malédiction, et jamais nous ne maudirions un nourrisson sans défense. Mais je vais te dire ceci comme protection pour toi lorsque tu seras vieux. Ces bébés partagent un seul esprit. Ils doivent vivre comme un seul homme. Quand l'un chasse, l'autre doit rester dans son ulaq. Ils doivent partager une seule femme et un seul ikyak. Ne leur donne pas trop de pouvoir.

À ces mots, Kiin sentit sa colère monter. Elle attendait que le Corbeau réponde, mais elle s'aperçut que les deux femmes fixaient l'homme sans ciller, et que le Corbeau les toisait sans bouger.

« Il va les vaincre, lui murmura l'esprit de Kiin. Tu les as vaincues ; or tu es plus faible que le Corbeau. »

Mais le Corbeau secoua la tête et ferma les yeux. Kiin vit alors le triomphe sur le visage de Femme du Ciel, le sourire fendit les lèvres de Femme du Soleil.

— Peut-être mes fils partagent-ils un seul esprit, murmura le Corbeau.

Puis, sans la regarder, il dit à Kiin :

— Femme, j'ai faim.

Kiin tourna le dos aux trois personnes et posa les bébés sur sa plate-forme. Elle sortit des berceaux les peaux de renard de Qakan et en enveloppa ses fils. Quand elle revint au Corbeau, Femme du Ciel et Femme du Soleil étaient parties. L'odeur de viande en train de mijoter parvint de la peau de phoque pendue au-dessus de la lampe à huile. Kiin hésita un moment puis, à l'aide d'une omoplate de caribou, servit un peu du contenu dans un bol de bois qu'elle tendit au Corbeau. Il grommela un remerciement et Kiin retourna près des bébés.

Shuku et Takha, songea-t-elle. De bons noms, même s'ils étaient morses. Désormais, ils possédaient leur propre esprit, ils étaient séparés d'elle, plus forts, tout en étant moins aisément protégés. Mais qui était-elle pour les protéger, quand son esprit était à peine plus vieux que le leur?

Elle caressa la joue de Shuku et repoussa une mèche sur le front de Takha. Nous grandirons ensemble, décida-t-elle.

51

Debout sur son lit, Kiin décrocha les berceaux. Le Corbeau acheva sa viande et lui tendit son bol. Elle descendit de son perchoir pour servir son mari.

« Ce serait bien, murmura son esprit, si les hommes emplissaient parfois leur bol eux-mêmes. »

C'est si peu de chose quand une femme est occupée tandis qu'un homme est assis là à ne rien faire. Mais Kiin s'en voulut de nourrir pareille pensée. N'était-elle pas revenue pour trouver un ulaq propre, une mèche de lampe impeccable, des paniers de nuit vidés, et même de l'herbe fraîche au sol?

Le Corbeau s'empara de son bol et grogna. Kiin attendit en le regardant manger. Quand il eut fini, il lança le bol dans un coin et rampa sur sa couche où il s'assit, dos contre le mur. Il observa Kiin remplir son bol et se restaurer à son tour.

Kiin referma les mains sur le récipient en attendant que la viande refroidisse. Elle s'assit jambes croisées, tête penchée. Elle n'avait pas faim. La présence dans son ulaq de Femme du Soleil et Femme du Ciel réclamant la mort d'un de ses fils avait tordu son estomac au point qu'il paraissait trop petit pour retenir la moindre nourriture. Mais elle devait se sustenter, sinon elle n'aurait pas de lait pour les bébés. Elle trempa les mains dans le bol et porta une portion de viande à sa bouche. C'était bon. Les muscles de ses bras, de ses jambes et de sa nuque se détendaient peu à peu.

Le Corbeau se hissa sur sa plate-forme. Kiin s'attendait à ce qu'il l'interrompe par quelque demande d'eau ou de nourriture. Mais il se contenta de la regarder, disant soudain :

— Je ne suis pas un homme bon.

Kiin déglutit. Espérait-il une réponse ? Devait-elle approuver ? Protester ?

Mais il poursuivit en détournant les yeux, comme s'il ne s'adressait pas à elle, mais peut-être à ses fils, peut-être à un esprit que lui seul voyait :

— Mais je ne suis pas mauvais.

Il s'éclaircit la gorge.

— Je veux une chose. Devenir le chaman de ce village. Je veux que les hommes viennent me trouver afin d'obtenir du pouvoir pour leurs chasses. Je veux que les femmes m'apportent leurs enfants afin que je leur donne des noms puissants.

Kiin reposa le bol sur ses genoux et hocha la tête. Cet homme était son mari, celui qui protégeait ses fils. S'il l'honorait en lui parlant de ses rêves, elle écouterait. Elle essaierait de le comprendre.

Le Corbeau se leva et marcha vers le lit de Kiin. Il contempla longuement les enfants endormis. Puis il se tourna vers elle.

— Ils ne te ressemblent pas.

— N-non. M-mon esprit est faible, il n'a pas-pas même la force de toucher un bébé que je porte dans mon ventre.

— Mais tes sculptures ont du pouvoir, objecta le Corbeau.

Kiin songea aux piètres lignes de ses figurines dont les traits n'étaient que suggérés, obscurs, comme peints sur des nuages ; et elle se souvint des sculptures de Shuganan, si riches de détails, aux entailles nettes et justes. Les sculptures de Kiin n'étaient rien de plus qu'un petit moyen de contenter le Corbeau, une façon de l'amener à poser sur elle un regard bienveillant, peut-être à protéger ses fils. Pourtant, son esprit poussa des mots dans la bouche de Kiin, prit le contrôle de sa langue, dit ce que Kiin n'aurait pas dit :

— Oui, elles sont puissantes. Elles possèdent un grand pouvoir. Tout mon pouvoir passe dans mes sculptures, hormis ce que je garde pour mes chansons.

Le Corbeau hocha la tête et se tourna vers Kiin. Elle avala une autre bouchée.

— Tes fils ne ressemblent pas à leur père, constata-t-il.

— Qakan ? s'étonna Kiin. Ce ne sont pas s-ses fils. Ils appartiennent à mon mari, Amgigh, un homme de la tri-tribu des Premiers Hommes.

— Amgigh, répéta le Corbeau, et portant les yeux à nouveau sur les bébés. Lequel ressemble le plus à Amgigh ?

Mais il y avait dans sa question une étrangeté qui rendit Kiin méfiante.

— Ils ressemblent tous les deux à... à Amgigh.

Et, voyant que le Corbeau fronçait les sourcils, elle ajouta :

— L'un ressemble au père d'Amgigh, l'autre à sa mère.

Alors le Corbeau sourit.

— Bien. Qakan te manquera-t-il lorsqu'il quittera le village ? Il prévoit de partir bientôt. Il m'a dit qu'il retournerait chez son peuple.

— Qakan n-ne me man-manquera pas. Je serai contente quand il s'en ira.

Comme s'il n'avait pas entendu, le Corbeau poursuivit :

— Si tu veux rentrer avec lui chez ton peuple, je te laisserai partir. Tu devras me laisser des sculptures et tu devras me laisser tes fils. Un jour, tes fils m'apporteront le pouvoir. Alors, ces vieillardes seront mortes et le village aura besoin d'un chaman.

Kiin inspira profondément. Pourquoi le Corbeau se croyait-il assez fort pour être chaman, se croyait-il assez fort pour lutter contre la malédiction de ses fils, alors qu'il se montrait incapable de soutenir le regard de deux vieilles femmes ?

— Qakan ne v-veut pas de moi et je ne veux pas m'en aller. Qakan a Cheveux Jaunes. Elle peut pagayer et elle sera une bonne épouse pour son lit.

Le Corbeau arbora un sourire déplaisant qui lui ouvrait la bouche trop grand et montrait trop ses dents. Kiin dut redresser les épaules pour s'empêcher de frémir.

— Cheveux Jaunes restera ici, décida le Corbeau.

Il arpenta l'ulaq, se retourna et parla à Kiin comme s'il expliquait quelque chose à une gamine :

— Tu es mon épouse. Tu es une bonne épouse parce que tu tiens cet ulaq toujours propre et que tu m'as donné deux fils. Queue de Lemming est bonne épouse dans le lit d'un homme. Bonne pour rendre les nuits agréables. Peut-être vous garderai-je toutes les deux ; peut-être un jour vous troquerai-je avec un autre homme, mais pour l'instant, vous êtes mes épouses. Cheveux Jaunes, elle, qu'elle soit l'épouse d'un autre ou non, que j'aie d'autres épouses ou non, Cheveux Jaunes est ma femme. Elle m'appartient et je lui appartiens. Cheveux Jaunes n'est pas une bonne épouse. Elle est paresseuse et parfois elle est bonne dans mon lit, très bonne, même meilleure que Queue de Lemming. Mais parfois seulement. Elle ne sait ni coudre ni préparer la viande. Mais moi aussi je suis paresseux. Je ne chasse pas souvent et je n'aide pas quand quelqu'un du village creuse un ulaq. Je ne fabrique pas mes propres armes ni ne construis mon propre ikyak. Mais il existe un esprit qui me lie à Cheveux Jaunes. C'est pourquoi elle ne partira pas avec Qakan. Et c'est pourquoi je te dis, si tu es prête à laisser tes fils, toi aussi tu es libre de partir avec Qakan, pour voir s'il te ramènera à Amgigh. Peut-être Amgigh et toi êtes-vous comme Cheveux Jaunes et moi.

Kiin resta longtemps sans répondre. Ses pensées n'allaient pas à Amgigh mais à Samig. Oui, peut-être était-ce comme disait le Corbeau. Peu importait qui était l'époux de Kiin, peu importait le nombre d'épouses que prenait Samig, Kiin appartenait à Samig et Samig lui appartenait. Mais comment pouvait-elle retourner avec Qakan? Il ne pouvait prendre le risque de la ramener. Kayugh et Amgigh sauraient alors qu'il l'avait emmenée contre sa volonté et avait maudit les fils d'Amgigh en se servant d'elle comme d'une épouse.

Elle tourna donc ses pensées vers le Corbeau. Ce n'était pas un bon mari, même s'il ne l'avait jamais battue; et Queue de Lemming disait qu'il ne l'avait frappée qu'une seule fois. Cependant, Kiin avait vu Kayugh avec Chagak, Longues Dents avec Nez Crochu et Petit Canard, aussi savait-elle reconnaître un bon mari. Elle connaissait la différence entre un homme qui ne gardait une femme que pour son lit et son ulaq, et un homme qui se souciait de sa femme comme de lui-même. Non, le Corbeau n'était pas un bon mari, mais il n'était pas si terrible.

Si elle partait seule avec ses fils, il se lancerait à leur poursuite. Elle resterait donc tant qu'il protégerait Shuku et Takha. Peut-être devrait-elle partager son lit, mais elle avait connu pire. Elle guetterait l'occasion de quitter les Chasseurs de Morses quand le Corbeau serait en voyage de troc, quand ses fils seraient plus forts.

— N-non, répondit-elle au Corbeau, ce n'est pas ainsi entre Amgigh et moi. Je reste avec toi.

52

— Peut-être devrions-nous partir, suggéra Petit Couteau. Sept jours est une longue attente.

— Qui est le garçon et qui est l'homme ? rétorqua méchamment Samig en faisant les cent pas dans la grotte étroite.

Trois Poissons s'était blottie dans un coin. Craignant qu'elle ne soutienne Petit Couteau dans la discussion, Samig se garda de la prendre à partie.

— Ils vont peut-être revenir, ajouta-t-il en tournant le dos à Petit Couteau, sans penser qu'il lui répondrait.

— Ils ne reviendront pas, dit Petit Couteau d'une voix lasse et sans timbre, comme un père s'adressant à un enfant boudeur.

Samig se sentit soudain stupide. Le garçon avait raison. Sinon, pourquoi auraient-ils tout emporté sauf ses affaires ? Ne l'avait-il pas dit lui-même ? Quel esprit l'attachait donc à cette plage ?

Ses pensées furent interrompues par un grondement soudain. Le sol bougea. De la terre et de la poussière tombèrent du toit de la grotte.

Trois Poissons hurla.

— Trois Poissons, cria Samig pour se faire entendre au-dessus du grondement de la terre.

La femme saisit son suk et courut en direction de l'entrée de la grotte.

— Trois Poissons !

Elle s'arrêta et se retourna vers lui.

— Reste ici. Tu y es davantage en sécurité.

— Je ne peux pas. Je ne peux pas, sanglota-t-elle. Tu n'étais pas là. Tu ne sais pas. Les murs sont tombés sur Épouse Dodue. Je n'ai pas réussi à la faire sortir.

— Ceci n'est pas un ulaq, repartit Samig tout en constatant que Petit Couteau ne paniquait pas.

— Nous ferions peut-être mieux de partir, suggéra l'enfant d'une voix claire et calme. Ton épouse a trop peur pour rester.

Les yeux de Trois Poissons étaient tout ronds, ses lèvres ouvertes ressemblaient à la bouche d'un enfant en pleurs. Le peuple de Samig ne reviendrait pas tant qu'Aka brûlerait, alors quel intérêt à s'obstiner ? Tourmenter sa femme ?

— Allons-y, capitula Samig en s'emparant de ses lances. On emporte tout.

Ils fixèrent l'ikyak à l'ik pour former une embarcation plus stable, lestant les deux bateaux de vivres et de galets de la plage. Samig s'assit seul dans l'ikyak tandis que Trois Poissons et Petit Couteau s'installaient dans l'ik. Ils pagayèrent. Bientôt, la terre ne fut plus qu'une ligne obscurcie par la brume et la cendre qui grisonnait le ciel.

Le chigadax de Samig le maintenait au sec, mais Petit Couteau et Trois Poissons seraient bientôt trempés d'écume de mer.

— Nous allons accoster et faire une halte ! leur cria Samig.

Petit Couteau ne répondit pas. Voyant les cheveux tout mouillés de l'enfant, Samig trembla de froid. Pour la première fois depuis qu'ils avaient quitté le village des Chasseurs de Baleines, Samig pensa à son beau chapeau de baleinier. Où était-il, maintenant ? Écrasé sous les murs de l'ulaq de son grand-père ?

Fixé à l'ik, l'ikyak de Samig était peu maniable.

Quand Amgigh et lui chassaient le phoque, ils attachaient souvent leurs esquifs ensemble pour lutter contre une tempête soudaine. Ils ramaient alors uniquement pour se maintenir à flot, mais aujourd'hui Samig devait aussi faire avancer les bateaux au milieu des vagues qui obéissaient à Aka et non au vent, des vagues qu'un chasseur était incapable de juger et de connaître.

De plus, cet ikyak n'était pas le sien, il n'était pas fait à la mesure de ses bras, de ses jambes, de ses mains. Ses autres ikyan étaient restés chez les Chasseurs de Baleines : celui que Samig avait construit enfant, celui avec lequel il avait pris son premier phoque, l'ikyak qu'il avait fabriqué avec Nombreuses Baleines — léger, étroit, filant entre les vagues comme une loutre. Ton ikyak est un frère, lui avait enseigné Kayugh.

Oui, se dit Samig, il était prévu pour quelqu'un d'autre, mais c'était un bon ikyak. Il en caressa les flancs, frotta ses doigts sur la peau drue de lion de mer. Oui, c'était un bon ikyak, costaud, de bonne facture.

— Frère, dit-il dans l'espoir que le bateau l'entendrait, percevrait le lien.

Qui pouvait dire ce que l'ikyak ferait s'il savait que Samig ne songeait qu'à retrouver ses autres bateaux ?

— Frère.

L'eau passait par-dessus bord et Samig tendit son tube d'écopage à Petit Couteau. L'enfant pagayait d'une main et, de l'autre, récupérait l'eau qu'il rejetait à la mer.

Samig savait que les petites îles étaient non loin vers l'est, où il avait chassé le phoque, excellents endroits pour les œufs d'oiseaux.

— Il y a une petite île, hurla-t-il à Petit Couteau. Nous allons nous y rendre.

Mais le bruit de la mer noya ses paroles et il finit par indiquer d'un geste un endroit à l'est, songeant qu'il aurait dû confier l'ikyak à Petit Couteau car lui, Samig, était plus fort et plus à même de manier l'ik.

Le jour s'éternisait. Les vagues les repoussaient vers la terre et ils luttaient pour avancer contre le vent. Samig avait les épaules douloureuses et sa gorge le brûlait. L'écume salée lui piquait les lèvres et la langue. Pourtant, je suis un chasseur, songea-t-il. Que dire de Petit Couteau, qui n'est qu'un enfant, et de Trois Poissons, qui n'est qu'une femme ? Il ferma les yeux et tira encore sur sa pagaie. Nous aurions dû rester, pensa-t-il. Je leur avais bien dit. Aka se serait calmée. Nous aurions pu voyager facilement en des mers calmes.

— Je n'en peux plus ! fit la voix de Trois Poissons qui perça le grondement des vagues, faisant s'ouvrir les yeux de Samig.

La femme s'était écroulée dans l'ik et sa pagaie s'enfonçait dans l'eau.

— Ne perds pas ta pagaie ! s'écria-t-il, étonné de n'éprouver aucune colère, seulement du désespoir.

Mais Petit Couteau se retourna.

— Repose-toi. Je vais pagayer.

Samig eut honte de sa propre faiblesse.

— Une île, bientôt ! s'exclama-t-il, espérant que l'enfant l'avait entendu.

Samig avait perdu la faible lumière du soleil brillant derrière le gris du brouillard et il ne savait combien de temps s'était écoulé. Dangereux. Folie. Quel chasseur permet-il qu'une telle chose se produise ? Mais les marées et le soleil semblaient s'être ligués pour l'abandonner, chacun se comportant comme si lui aussi avait oublié sa place.

Samig continua de ramer, répétant le même geste tant et tant que ses bras semblaient agir de leur seule volonté. Il s'aperçut que Trois Poissons ne pagayait plus, sa force supérieure à celle du garçon faisant désormais virer les bateaux. Il leva donc les bras et plongea sa rame moins profond afin d'accorder ses gestes à ceux de Petit Couteau.

Il scrutait la surface de l'eau à la recherche d'un changement de nuance indiquant qu'ils approchaient de la terre, mais la cendre en suspension altérait toute couleur, et la première différence qu'il remarqua fut l'allure des vagues qui se chevauchaient à un rythme saccadé.

— L'eau change, s'écria Petit Couteau à Samig qui s'émerveilla devant son sens de l'observation.

— Nous approchons de l'île, confirma Samig. Trois Poissons doit pagayer.

La femme obéit, et Samig put à nouveau ramer plus efficacement.

Le versant sud de l'île comportait une plage de graviers et quelques rochers, aussi Samig fit-il signe à Petit Couteau de tourner l'embarcation de ce côté. Samig se reposa les quelques instants nécessaires à la manœuvre.

L'ikyak était suffisamment proche pour que Samig distingue le rivage. Ils pagayèrent plus doucement, Samig utilisant sa pagaie pour écumer la cendre à la surface de l'eau tandis que ses yeux scrutaient les rochers qui risqueraient de déchirer les peaux des coques des bateaux. Il aperçut du mouvement sur le rivage mais se concentrait trop sur sa manœuvre pour s'en inquiéter.

Des phoques, se dit-il. Nous aurons de la viande.

Les vagues portèrent les embarcations en direction de la pointe rocheuse qui protégeait la plage. Samig dénoua le couteau fixé au haut de l'ikyak et, immobilisant l'esquif à l'aide de sa pagaie, appela Petit Couteau.

— Je vais trancher les liens. Maintenant !

D'un bond, l'ik s'écarta de l'ikyak. Petit Couteau et Trois Poissons pagayaient à présent en symétrie. Samig demeura légèrement en arrière pendant que l'ik contournait la pointe de la crique. Il était pris par les vagues et glissait en douceur vers la plage. Samig poussa sa propre embarcation autour de l'avancée, évitant facilement les quelques rochers qui affleuraient de l'eau. Il y avait un peu de ressac, Samig utilisa donc sa pagaie pour freiner l'ikyak et s'écarter des rochers. Il regarda vers le rivage, ses yeux accrochèrent une fois de plus un mouvement.

Et si ce n'étaient pas des phoques ? Et si c'était un Chasseur de Baleines ? Et s'ils s'étaient lancés à sa poursuite ? Ils le tueraient, sans l'ombre d'un doute. Petit Couteau et Trois Poissons s'en sortiraient-ils indemnes ? Samig vit Petit Couteau tirer une lance du tas de provisions placé au centre de l'ik. Samig poussa sa pagaie profond dans l'eau, amenant son ikyak tout contre.

— Quelque chose, derrière ce rocher ! s'exclama Petit Couteau à l'adresse de Samig qui ne quittait pas le rivage des yeux.

Trop grand pour un phoque. Un homme ? Des Chasseurs de Baleines ?

L'homme portait une lance. Samig détacha son harpon fixé au côté droit de l'ikyak. Petit Couteau leva sa javeline à deux bras. Trois Poissons s'accroupit le plus bas possible. L'homme sur la plage leva aussi son arme, puis tira son bras en arrière, prêt à lancer, faisant de rapides pas de côté.

L'allure était familière. Samig avait souvent vu courir exactement comme ça.

— Non ! Noooonnn ! hurla Samig.

Petit Couteau hésita. L'homme sur la plage hésita aussi.

— Longues Dents ! C'est moi, Samig ! Samig !... C'est un ami, expliqua Samig à Petit Couteau. Range ton arme.

Puis d'autres surgirent sur la plage. Premier Flocon et Oiseau Gris et Amgigh.

Samig fouilla dans l'ombre au-delà des hommes. Kiin ? Sa mère ? Les femmes étaient-elles là aussi ?

Puis, éclaboussant tout autour de lui, son parka jeté de côté, Amgigh. Samig plongea sa pagaie dans l'eau pour amener l'ikyak près de son frère.

Dans les eaux claires, Samig dénoua la jupe et

sauta. Samig enserra son frère par les épaules et plissa les yeux pour cacher les larmes qui brûlaient ses paupières.

— Notre mère ? s'enquit Samig.

— Elle va bien.

— Kiin ?

Amgigh se détourna. Le cœur de Samig battit à tout rompre mais, avant qu'il ne puisse courir après son frère, Longues Dents l'avait saisi en une longue étreinte et Premier Flocon lui ébouriffait les cheveux.

— Ma sœur ? murmura Samig à Premier Flocon qui sourit.

— Elle va bien, et notre fils aussi.

— Nous nous demandions si tu nous trouverais, intervint Longues Dents. Et nous devons bientôt reprendre la mer. Avec ses secousses, Aka nous chasse de cette petite plage.

Samig hocha la tête, voyant que Longues Dents savait ce qu'il avait lui-même compris en chemin. Aka détruirait tout dans son voisinage.

Puis, Samig observa les autres hommes, et s'aperçut que son père ne figurait pas parmi eux.

— Notre père ? demanda-t-il, soudain affolé, à Amgigh.

Il avait tant à dire à Kayugh sur la façon de chasser la baleine.

— Avec notre mère. Il sera heureux de te voir.

Alors, Longues Dents s'avança vers lui, s'éclaircit la gorge et posa la main sur son épaule.

— Nous en avons perdu deux, déclara-t-il d'une voix tranquille. Aucun pour Aka. Et Qakan commerce avec les Chasseurs de Morses.

— Deux ? répéta Samig, sachant que l'un était le fils de Longues Dents, mais incapable de dire à Longues Dents qu'il savait.

Comment un homme pouvait-il avouer à un autre homme qu'il avait profané la tombe de son fils ?

— Mon fils, répondit Longues Dents en inclinant

la tête. Pour quelque esprit. Nous ne savons quoi. Il refusait de manger et il avait des grosseurs au cou. Son ventre était tout gonflé et il a fini par mourir.

— Longues Dents, je suis désolé.

Mais il ne parvint pas à affronter son regard ; il avait peur d'y voir du chagrin, peur aussi de ce que Longues Dents allait lui dire ensuite.

— Kiin est morte, Samig, murmura Longues Dents.

— Ma fille, si belle, s'écria Oiseau Gris d'une voix haut perchée et modulée comme le début d'un chant funèbre de pleureuse.

Samig ne pouvait respirer, ne pouvait parler. Kiin. Kiin. Comment pouvait-elle être morte ? Elle venait encore si souvent dans ses rêves. Les morts pouvaient-ils faire cela ?

— Non, dit Samig d'une voix aussi calme que s'il refusait un morceau de nourriture, comme s'il disait à sa petite sœur Mésange de ne pas s'approcher de ses armes. Non, Amgigh, ajouta-t-il en regardant son frère.

Amgigh ne se détourna pas, ne tenta pas de dissimuler ses yeux. Samig y vit l'angoisse, la tristesse d'un homme pour sa femme, et sut que Longues Dents avait dit vrai.

— Amgigh, je suis désolé.

— C'était pendant que j'étais avec toi chez les Chasseurs de Baleines, raconta Amgigh. Elle est partie pêcher...

Sa voix se brisa et il baissa les yeux.

— La mer l'a prise.

Pendant un moment, le silence, puis Samig sut que, s'il ne parlait pas, il pleurerait, pleurerait pour l'épouse d'un autre, pleurerait comme un enfant. Alors, il prononça les premiers mots qui lui vinrent, rien à propos de Kiin, rien à propos d'Aka :

— J'ai appris à chasser la baleine. Je suis revenu pour t'enseigner. Pour enseigner à tous les Premiers Hommes.

Amgigh leva les yeux, mais la tristesse était là. Puis Samig remarqua autre chose, une chose qu'il n'avait jamais vue avant. Le regard qu'Amgigh avait enfant, chaque fois que Samig le battait à la course, chaque fois que Samig avait lancé des pierres plus loin. La colère.

La tristesse, oui, mais pourquoi la colère ?

53

Alors Samig n'eut pas de mots, rien à dire. Son besoin de Kiin était si fort qu'il laissait dans son corps un vide profond. Chaque respiration, chaque battement de son cœur était une douleur.

Les hommes avaient commencé à poser des questions, mais leur voix n'était qu'un embrouillamini de sons, comme les coassements et les piailleries des guillemots.

Que serait la vie sans Kiin ? Autant être mort. Il pourrait alors être auprès d'elle dans les Lumières Dansantes, mais il n'avait pas ce choix. Il était père et mari. Sa vie appartenait à ceux qui dépendaient de lui. D'ailleurs, il avait promis d'enseigner à Kayugh à chasser la baleine. Il avait promis à Amgigh et à Longues Dents.

Il perçut la voix de Petit Couteau au-dessus du brouhaha, claire et haute au-dessus des voix d'hommes. Il se tenait près de l'ik, avec Trois Poissons, se dandinant d'un pied sur l'autre ; Trois Poissons, elle, tirait sur son suk.

— J'ai amené quelqu'un avec moi, déclara enfin Samig, interrompant les hommes. Approchez, tous les deux !

Ils avancèrent tranquillement, esquivant le groupe d'hommes rassemblés autour de Samig. Mais Samig attira Petit Couteau vers lui et dit d'une voix forte :

— Petit Couteau, mon fils.

Longues Dents sourit et Samig se réjouit d'avoir amené l'enfant. Il était toujours bon de donner un fils, et plus encore un fils qui était presque un homme, près d'être chasseur.

— Ce sera un homme bien, commenta Amgigh avec calme.

Samig approuva d'un signe de tête.

— C'est déjà un homme.

Samig se tourna ensuite vers Trois Poissons. Elle se tenait là, debout, tête inclinée. Il plaça la main sur son épaule et elle leva les yeux vers lui.

— Elle s'appelle Trois Poissons, expliqua Samig aux hommes. C'est ma femme.

Il nota le regard consterné d'Amgigh, le sourire narquois d'Oiseau Gris.

— C'est une bonne travailleuse, ajouta Samig, sur la défensive, se prenant à espérer qu'elle n'allait pas sourire et dévoiler ses dents cassées.

Nul ne pipa mot et Samig baissa les yeux, regrettant que Trois Poissons ne soit pas restée avec Phoque Mourant. Alors, Trois Poissons émit de petits rires aigus et Samig vit avec horreur qu'elle passait ses mains sur le devant de son suk, moulant le vêtement sur ses seins, les yeux plantés sur le visage de Longues Dents.

— Retourne à l'ik ! ordonna Samig.

Trois Poissons regarda son mari en s'esclaffant, puis se dirigea à pas lents vers le bateau, jetant des coups d'œil en arrière sur les hommes.

— C'est la mère de Petit Couteau ? s'enquit Amgigh.

— Non, répondit Samig avec colère. Ce n'est la mère de personne. Je ne l'ai pas amenée de mon plein gré.

— Peut-être devrait-elle repartir.

Samig regarda son frère ahuri.

— Impossible. Si Aka ne l'a pas tuée, la mer s'en chargerait.

— Elle est costaud, intervint Premier Flocon. Elle aidera les autres femmes à porter.

Oui, songea Samig, elle est costaud. C'est toujours ça.

— Je vais te montrer le lieu où se tiennent les femmes, dit Amgigh à Samig. Notre mère et notre père désireront te voir.

— Je vais rester avec Trois Poissons, proposa Longues Dents. Ne vous inquiétez pas pour elle.

Puis, se tournant vers Premier Flocon, il ajouta :

— Conduis Petit Couteau au ruisseau. Montre-lui l'ikyak que tu es en train de construire.

Enfin, il dit pour Samig :

— C'est bien que tu aies amené le garçon.

Le garçon, pas la femme, songea Samig, qui s'abstint de tout commentaire.

— Notre abri est en haut des rochers, expliqua Amgigh cependant qu'ils marchaient. Mon père craignait qu'un campement plus près de la mer ne soit balayé.

Samig hocha la tête sans un mot, l'esprit encore tourné vers Trois Poissons. Du moins notre mère n'aura-t-elle pas à coudre mon chigadax, pensa Samig, et elle aura une fille de plus pour dénicher des œufs, ramasser des baies, s'occuper des feux de cuisson et pour épointer les mèches des lampes à huile.

Il secoua la tête, désireux d'oublier sa gêne, d'oublier la pitié dans les yeux d'Amgigh. Son frère avait changé en bien des petites choses. Ses paroles étaient plus assurées et ses pieds semblaient mieux plantés dans le sol quand il marchait. Peut-être son temps d'époux de Kiin lui avait-il apporté la confiance dont il avait besoin; peut-être sa période de séparation d'avec Samig l'avait-elle rendu plus convaincu de ses propres talents.

Quand ils parvinrent en terrain plus élevé, Amgigh s'arrêta et se dirigea vers un affleurement rocheux. Des peaux de phoque pendaient à la roche et deux femmes se tenaient près d'un feu de cuisson.

L'une des femmes toussa. Même à distance, Samig reconnut Chagak. L'autre femme était Coquille Bleue. Chagak paraissait plus petite que dans le souvenir de Samig et il remarqua que ses cheveux étaient maintenant striés de gris.

Elle leva la tête vers eux tandis qu'ils approchaient et, soudain, ses yeux s'agrandirent. Elle serra ses mains sur sa poitrine et Samig courut à elle, se moquant de l'opinion des autres, l'étreignant comme l'avait fait Longues Dents avec lui, caressant ses cheveux, essuyant les larmes de ses joues.

Entre rire et larmes, Chagak indiqua du doigt une pile de peaux. Samig vit le petit visage rond d'une petite fille qui lui souriait.

— Mésange ? s'enquit Samig.

Chagak acquiesça d'un signe.

L'enfant le regardait, un doigt dans la bouche, et Samig la souleva de terre, reconnaissant les traits de sa mère et ceux de son père réunis sur ce minuscule visage.

— Petite sœur ! s'exclama-t-il en la lançant en l'air.

Mésange éclata de rire en s'accrochant à lui.

Il l'installa sur son épaule et se tourna pour faire face à Coquille Bleue, sans parvenir à affronter son regard.

— Je suis désolé pour ta fille..., commença-t-il.

Il ne put poursuivre ; les mots restaient bloqués au fond de sa gorge.

Coquille Bleue marmonna une réponse inaudible.

Samig hocha la tête comme s'il avait compris.

— Oiseau Gris dit que ton fils est en voyage de troc.

— Oui, confirma Coquille Bleue. Oui. C'est un commerçant, maintenant.

— As-tu trouvé ton ikyak ? demanda Chagak.

Samig reposa sa petite sœur sur son tas de peaux et répondit :

— Oui, nous ne serions pas là si nous ne l'avions pas trouvé.

— C'est ton père qui l'avait laissé là pour toi.

Son père. Non, pas son père. Kayugh. Samig se rappela les ossements qu'il avait trouvés dans l'ulaq des morts, les osselets des pieds et des mains éparpillés comme si un commerçant les avait rassemblés avant de les lancer dans un jeu de hasard.

Les rideaux de peau de phoque bougèrent. Nez Crochu rejoignit Chagak près du feu. A la vue de Samig, elle demeura bouche bée, puis murmura à Chagak :

— Ce n'est pas un fantôme ?

Samig éclata de rire et s'avança vers elle, posant une main vigoureuse sur chacune de ses épaules.

— Pas un fantôme, dit-il.

Nez Crochu rit à son tour mais, à travers son rire, Samig vit les larmes briller. Nez Crochu dut détourner la tête et s'essuyer les yeux du revers du bras.

Alors, Chagak s'écria :

— Baie Rouge, j'ai besoin de toi !

Samig porta son regard en direction des rideaux de peau de phoque et guetta sa sœur. Quand elle parut, Samig sourit. Elle était à nouveau enceinte, le renflement de son ventre commençant à incurver le mouvement de son tablier, son visage éclairé de ce rayonnement qu'était la beauté de la grossesse. Il y aurait des plaisanteries parmi les hommes, songea Samig. Deux bébés si rapprochés. Quand Premier Flocon trouvait-il le temps de chasser ?

Baie Rouge émit un petit cri puis, contrairement à Nez Crochu, ne tenta pas de dissimuler ses larmes. Et si, en tant que sœur, elle ne pouvait ni lui tendre les mains, ni le tenir dans ses bras, elle serra ses doigts sur son ventre arrondi et se berça. Une fois ses larmes taries, elle parvint à chuchoter :

— Je suis heureuse que tu sois de retour à la maison.

— Moi aussi, dit Samig.

Et il porta son regard sur les rochers et leur abri. A la maison. Oui, à la maison.

Alors, s'avançant, observant Chagak ôter une à une les nattes qui recouvraient le feu de cuisson, Amgigh demanda :

— Où est mon père ?

Chagak leva des yeux étonnés.

— Il n'était pas à la plage avec toi ? Sait-il que Samig est de retour ?

— Non, répondit Amgigh. Je le croyais ici, avec toi.

Nez Crochu plongea un long bâton fourchu dans le feu de cuisson d'où elle tira un morceau de viande.

A l'odeur, Samig reconnut du phoque veau marin, qu'on trouvait en abondance aux abords de l'île.

— De la viande de phoque, annonça Chagak d'une voix douce. Merci pour la baleine que tu nous as envoyée. Ton père a gardé ta tête de lance.

— Vous n'avez pas mangé le poison ? s'inquiéta Samig.

— Longues Dents savait. Il l'a tranché, répondit Nez Crochu. L'huile nous a duré presque tout l'hiver. Kayugh affirme que tu es un grand chasseur capable de fournir deux villages.

Le visage de Samig rosit sous le compliment et, désireux de détourner l'attention, demanda :

— Où est Petit Canard ?

Une tristesse soudaine assombrit les visages de tous.

— Le fils de Petit Canard est mort, expliqua Chagak, et depuis, elle ne parle pas et ne mange presque plus. Les premiers jours, elle marchait quand on lui disait de marcher, travaillait quand on lui disait de travailler, mais maintenant elle est si faible qu'elle attend la mort.

Samig ferma les yeux.

— Je vais lui parler, proposa-t-il.

— Cela ne servira à rien. Elle n'écoute personne. Nul ne peut l'aider, objecta Nez Crochu.

— Elle est dans l'abri ? demanda Samig.

— Oui.

— Va la voir tout de suite, Samig, suggéra Amgigh. Peut-être que te voir sera utile. Qui peut dire ? Je vais chercher mon père.

Samig regarda sa mère qui approuva d'un signe et dit à Baie Rouge :

— Accompagne-le.

Lorsqu'ils pénétrèrent dans l'abri, Baie Rouge avertit avec un petit sourire triste :

— Elle est très maigre.

Des nattes d'herbe recouvraient la totalité du surplomb et le sol grimpait légèrement en direction d'un petit abri ressemblant à une grotte. Des peaux de couchage étaient éparpillées sur les nattes que Samig contourna derrière Baie Rouge. Un mouvement attira l'attention de Samig.

— Petit Canard, appela doucement la jeune femme.

Une lampe à huile brûlait près d'une pile de nattes et, comme les yeux de Samig s'habituaient à l'obscurité, il aperçut Petit Canard. Il s'approcha et frémit d'incrédulité. Sa peau était tendue sur ses os comme la couverture d'un ikyak sur son squelette de bois.

— Petit Canard, répéta Baie Rouge.

Cette fois, la femme releva la tête et, dans le visage racorni, Samig reconnut les yeux. La peau tombait en plis de son menton à ses épaules, et ses mains tremblèrent quand elle les leva vers Samig.

— Samig ? souffla la femme. Tu n'es pas mort ?

Samig s'agenouilla près d'elle.

— Non, Petit Canard, je ne suis pas mort. Je suis là. Je suis revenu à mon peuple.

— Nous te pensions mort, bredouilla Petit Canard. Aka... quand Aka... Nous pensions que tu avais été tué.

— Je suis vivant, murmura Samig.

— Mon fils est mort, dit la femme d'une voix tremblante.

— Je suis désolé.

— Je serai bientôt morte, moi aussi. Alors je serai avec mon fils.

— Il faut que tu manges, dit Samig en se penchant sur la femme qui reposa sa tête sur la natte.

— Je n'ai aucune raison de manger.

— Longues Dents a besoin de toi.

— Il a Nez Crochu.

— Tu pourrais avoir un autre enfant.

— Non. Il n'y a plus d'enfants en moi.

— C'est inutile, intervint calmement Baie Rouge. Il n'y a rien à faire.

— Je vais rester avec elle un moment, proposa Samig.

— A quoi bon, insista Baie Rouge. Elle passe son temps à dormir. Elle ne saura même pas que tu es là.

— Moi, je le saurai.

Baie Rouge demeura debout près de lui tandis qu'il s'asseyait sur ses talons. Il prit la main de Petit Canard dans la sienne et veilla dans le calme.

Ce n'était pas à lui de pleurer. Ce n'était ni sa mère, ni sa grand-mère, ni sa femme, mais le chagrin de Petit Canard pour son fils s'installait profondément dans la poitrine de Samig, comme attiré par sa douleur pour Kiin.

Les rideaux s'écartèrent et Samig leva les yeux. Kayugh venait d'entrer. La joie se mêla au chagrin et Samig fut incapable de prononcer le moindre mot. Un rapide regard pour Petit Canard l'informa qu'elle dormait, et il reposa délicatement la main de la femme le long de son flanc et se redressa pour saluer son père.

Une année n'avait pas changé Kayugh. Son visage était le même et ses cheveux étaient toujours aussi noirs. Chagak avait dit un jour à Samig que Kayugh ne changeait pas, qu'il était exactement semblable à ce qu'il était lorsqu'elle l'avait épousé.

— Tu es sauf, soupira Kayugh.

— Tu aurais dû savoir que je le serais, répliqua Samig, qui regretta immédiatement ses paroles qui sonnaient comme celles d'un garçon qui veut passer pour un homme.

— Oui, j'aurais dû savoir, concéda Kayugh en souriant.

— Quand je suis arrivé sur notre plage, j'ai pensé que tu... qu'Aka avait...

— Tu aurais dû savoir que nous serions saufs, repartit Kayugh qui sourit en voyant Samig s'esclaffer.

Petit Canard remua sur sa natte mais n'ouvrit pas les yeux.

— Elle se meurt, souffla Kayugh.

— C'est son choix, répondit Samig.

Kayugh acquiesça d'un signe de tête et se dirigea vers le mur le plus reculé. Il s'assit et fit signe à Samig de prendre place près de lui. Après un long silence, Kayugh demanda :

— As-tu vu ta sœur ?

— Baie Rouge ?

— Mésange.

Samig sourit.

— Elle a grandi.

— Elle est aussi belle que sa mère.

De telles paroles surprirent Samig. Jamais il n'avait songé à sa mère en ces termes.

— J'ai fait connaissance avec ta recrue de chez les Chasseurs de Baleines, dit Kayugh.

— Petit Couteau ?

— Oui, j'ai vu le garçon, mais je parlais de la femme.

— Trois Poissons. Elle s'appelle Trois Poissons.

Kayugh hocha la tête.

— Je ne savais pas que tu prendrais une épouse.

— Ce n'était pas ma décision. Nombreuses Baleines pensait que j'avais besoin d'une femme.

— Nombreuses Baleines. Quel homme étrange, dit Kayugh en passant la main sur le menton de Samig. Ils t'ont marqué.

Samig toucha son menton. Il avait presque oublié les lignes sombres que Nombreux Bébés avait cousues dans sa peau.

Kayugh fronça les sourcils et détourna les yeux.

— Aka a-t-elle aussi secoué leur village ?

— Oui, répondit Samig d'une voix sombre.

Il s'éclaircit la gorge. Le son, dur, heurta le calme de l'abri, contre le souffle régulier de Petit Canard.

— Épouse Dodue est morte. Ainsi que les parents de Trois Poissons et son frère, Macareux, qui était le père de Petit Couteau.

— C'est bien que tu les aies amenés.

— Je ne voulais pas. Mais je suis heureux d'avoir pris Petit Couteau. Il est plus homme que garçon.

Kayugh approuva et s'enquit :

— Nombreuses Baleines ?

Samig détourna les yeux. Son père aimait bien Nombreuses Baleines.

— Il est mort.

Kayugh ferma les paupières et pressa le menton contre le col de son parka. Quand il releva la tête, il regarda vers Petit Canard et demanda :

— Aka ?

— Non. Une maladie qui l'a emporté rapidement et sans douleur. Il ne pouvait plus bouger et sa bouche était... elle était...

— J'ai déjà vu cette maladie, commenta Kayugh. Une vieille femme que j'ai connue quand j'étais encore enfant. Elle a vécu longtemps. Sois reconnaissant que Nombreuses Baleines soit mort rapidement.

Ils restèrent assis en silence, puis Samig raconta à Kayugh ce qui taraudait son esprit depuis qu'il s'était enfui de chez les Chasseurs de Baleines.

— Ils croient que j'ai appelé Aka. Que je lui ai dit de détruire leur village.

Kayugh ricana.

— Pourquoi ? Pourquoi auraient-ils pareille pensée ?

— Parce que de nombreuses baleines sont venues sur leur île l'été dernier. Plus qu'ils n'en avaient jamais vu. Mon grand-père affirmait que c'était mon pouvoir, et que certains chasseurs étaient furieux qu'un homme de chez les Traqueurs de Phoques en possède autant.

— Était-ce ton pouvoir ?

— Comment cela aurait-il été possible ? Je ne suis qu'un homme. J'ai appris ce qu'ils m'enseignaient. J'ai fait ce qu'ils me disaient. Voilà tout. Je n'ai pas cherché un grand pouvoir. Je n'ai pas appelé d'esprits.

— Alors, les Chasseurs de Baleines sont des imbéciles, dit Kayugh. Quel homme pourrait appeler Aka ? Qui possède un tel pouvoir ?

Samig entendit avec soulagement la réponse de Kayugh. Qu'un autre ait les mêmes convictions amenuisait les accusations portées par les Chasseurs de Baleines.

— Mais tu as appris à chasser la baleine, ajouta Kayugh dont les yeux trahissaient l'intérêt.

— Tu as trouvé ma baleine sur la plage, répondit Samig.

Kayugh rit.

— Lorsque Aka sera calmée, nous rentrerons et tu nous enseigneras. Tu as été un bon fils pour moi, s'exclama Kayugh en serrant l'épaule de Samig.

C'était plus que Samig avait jamais espéré entendre et il s'aperçut qu'il était incapable de parler. Dans la grotte, le silence n'était brisé que par le faible souffle de Petit Canard.

— Je suis désolé pour Kiin, dit soudain Kayugh.

— Oui.

Le chagrin de la mort resurgit dans la poitrine de Samig, dur et fort. Bientôt, chaque respiration lui devint pénible.

— Amgigh... ce doit être terrible pour Amgigh, poursuivit Samig.

Il se tourna et vit que les yeux de Kayugh étaient

fichés, tel un aimant sur les siens, les retenant si bien qu'il ne pouvait regarder ailleurs.

— C'est plus difficile pour toi, dit Kayugh. Je l'ai promise pour Amgigh parce que c'était mon enfant et pas toi, commença-t-il en serrant et desserrant les mains. Je ne savais pas alors que ta mère deviendrait ma femme et que tu deviendrais mon fils. Et j'ignorais combien profonds seraient tes sentiments pour Kiin.

Le visage de Samig s'empourpra.

— Amgigh fut un bon époux pour elle, bafouilla-t-il.

— C'est un homme bien. Un bon fils. Mais par certains côtés... Il est attentif, mais..., fit Kayugh en haussant les épaules... je ne t'ai jamais parlé de la mère d'Amgigh.

Samig était stupéfait. On parlait rarement de la mort, sauf pour annoncer un décès. Et même alors, on choisissait ses mots avec soin. Qui pouvait dire ce dont était capable l'esprit d'un défunt ?

— Elle s'appelait Blanche Rivière. C'était une femme bonne. Vigoureuse. Elle m'a donné Baie Rouge et Amgigh. Deux bons enfants. Quand elle est morte, je ne voulais plus vivre. Je ne croyais pas qu'un homme pouvait avoir plus de sentiments pour une femme que j'en avais pour Blanche Rivière. Puis j'ai rencontré ta mère. Et quand elle a pris Amgigh et l'a nourri afin qu'il vive... Je ne connais pas le moyen de dire à quel point je tiens à elle.

Sous le choc, Samig fixait Kayugh. Qui sait véritablement ce qu'il y a dans le cœur d'un homme ?

— Kiin était pour Amgigh ce que Blanche Rivière était pour moi. Mais pour toi, Kiin...

Il s'interrompit un moment avant de poursuivre :

— Tu vois, je comprends parce que j'ai ta mère.

Samig hocha la tête et Kayugh enchaîna :

— J'avais prévu de partir avec toi cet été pour t'aider à trouver une épouse, une femme des Premiers Hommes ou peut-être des Chasseurs de

Morses. J'ignorais que tu ramènerais une épouse Chasseur de Baleines.

Samig se mordit l'intérieur des joues. Une épouse — Trois Poissons avait toujours constitué une gêne et ici, au milieu de son peuple, c'était bien pis. Une épouse ! Autant vivre seul. Mais il sourit à son père, d'un sourire contraint.

— Oui, j'ai une épouse résistante et pleine de santé.

54

Avec un sourire dédaigneux, Cheveux Jaunes lança un morceau de poisson séché à Qakan. Le poisson atterrit avec un bruit sourd sur le rideau qui séparait leur partie de l'ulaq de celle de Chasseur de Glace.

Qakan regarda sa femme avec dégoût. Ses cheveux étaient emmêlés et sa peau marquée de suie. Hormis la première fois qu'il l'avait vue, quand elle dansait, aidant le Corbeau à tricher pour obtenir davantage de marchandises de Qakan, elle avait toujours été sale. Ses cheveux étaient crasseux et souillés de graisse rance, ses tabliers d'herbe effilochés. Leur chambre ne valait guère mieux. La mère de Chasseur de Glace, celle que les Chasseurs de Morses appelaient grand-mère, avait d'abord réprimandé Qakan de ne pas obliger son épouse à mieux tenir l'ulaq. Plus tard, peut-être quand elle s'aperçut que Qakan était impuissant à contrôler son épouse, elle parla à Cheveux Jaunes, lui faisant honte de jeter les restes de nourriture qui jonchaient le sol.

Aujourd'hui, grand-mère leur avait rendu visite et avait crié à Cheveux Jaunes :

— Ta crasse empuantit la moitié de l'ulaq qui est à mon fils.

Le cou de la vieille femme s'étirait, long et mince, sa voix montait en cri aigu tandis qu'elle évoquait la paresse de Cheveux Jaunes et Chasseur de Glace qui était assez bon pour permettre à un commerçant de passer l'hiver chez lui.

Elle n'avait pas un regard pour Qakan, ne lui offrait pas la courtoisie de reconnaître sa présence, et Qakan ne savait ce qui lui causait la plus grande honte : se montrer incapable de se faire obéir, ou que grand-mère ne lui attribue pas plus de valeur qu'à un panier oublié dans un coin.

Une fois la vieillarde partie, Qakan avait regardé sa femme avec mépris, sans pour autant se risquer à la moindre remarque, mais le sourire narquois avait suffi. Elle s'empara du peu de poisson qui restait dans leur réserve et le lui jeta dans le plus grand silence, les joues rouges de colère. On n'entendit que le son étouffé du poisson claquant sur les rideaux et sur les murs et le gargouillis rauque du rire de Cheveux Jaunes quand Qakan, trop lent, prit le poisson en pleine figure.

Qakan décida alors de partir, non sans ramasser un peu de poisson par terre. Du moins aurait-il quelque chose à se mettre sous la dent.

C'était le printemps ; il avait rassemblé pas mal de marchandises — qu'il avait dissimulées à Cheveux Jaunes quand il s'était aperçu qu'elle troquait ses fourrures, ses sculptures et ses colliers contre des estomacs de phoque de poisson séché, des baies et des racines, plutôt que de passer ses journées à chercher de la nourriture.

Oui, je vais partir, décida Qakan.

Il se rendit à la plage, observant les hommes qui guettaient les signes de la présence de phoques ou de poissons. Il n'avait jamais aimé la mer mais, au cours de ce long hiver, il s'était surpris à attendre avec impatience les eaux plus calmes de l'été, où un homme pouvait sortir pêcher, loin d'une femme paresseuse qui ne lui accordait jamais de place dans sa couche, l'aguichait en agitant son tablier et en ouvrant les cuisses, mais exigeait fourrures et colliers pour la moindre nuit d'épouse.

Après un hiver entier de sarcasmes, Qakan n'était plus seulement enragé contre Cheveux Jaunes, mais contre tous les Chasseurs de Morses. Pourquoi laissaient-ils leurs épouses se comporter de la sorte ? Pourquoi les mères ne s'occupaient-elles pas de leurs filles ? Pourquoi les pères n'avaient-ils aucune fierté ?

Et Kiin ? Elle était honorée parmi les Chasseurs de Morses. Avait-elle oublié sa honte chez les Premiers Hommes ? Avait-elle oublié qu'elle avait vécu sans nom et sans âme ? Désormais, elle était mère de deux fils qu'il lui avait donnés. Au lieu d'une malédiction, il lui avait apporté la vie et l'honneur — en tant qu'épouse d'un des hommes les plus puissants parmi les Chasseurs de Morses. Avait-elle oublié qu'elle devait tout à son frère ?

Eh bien, il ne resterait pas davantage chez eux. Il était commerçant. Oui, il avait pris une femme pour l'hiver. Pour réchauffer son lit, préparer ses repas, coudre son parka, mais il était maintenant prêt à voyager vers d'autres contrées, à jouir de l'hospitalité d'autres femmes. Il laisserait Kiin. Il prendrait Cheveux Jaunes avec lui, il la troquerait dans un des villages des Premiers Hommes éparpillés entre les Chasseurs de Morses et l'île Tugix. Il s'arrêterait dans cette zone qu'il avait évitée l'été dernier de peur qu'on n'aperçoive Kiin et qu'on ne la reconnaisse.

Propre et vêtue d'un suk neuf, Cheveux Jaunes rapporterait beaucoup. Dommage qu'il ne puisse la ramener dans son village à lui. Samig avait besoin d'une épouse. Que donnerait Samig ? Combien de fourrures pour une femme qui dansait comme Cheveux Jaunes ?

La glace de la baie avait fondu, et les chasseurs disaient que même la glace de la mer se rompait. Un commerçant prudent pouvait désormais entreprendre ses voyages de troc printaniers. Qakan ramassa un galet qu'il lança dans l'eau. Le vent était suffisamment fort pour contraindre la pierre à prendre un chemin courbe. Qakan éclata de rire. Il aimerait voir Samig avec Cheveux Jaunes comme épouse, il aimerait se régaler du déshonneur de Samig : un ulaq répugnant, des vêtements déchirés, de la mauvaise nourriture.

Avec Cheveux Jaunes pour femme, Samig n'aurait pas de fils. Comment Cheveux Jaunes, n'accordant à son mari que rarement l'autorisation de la rejoindre au lit, pouvait-elle donner des fils ? Même le Corbeau, avec tout son pouvoir, n'avait pas eu d'enfant d'elle.

Oui, Qakan allait rentrer immédiatement et exposerait ses plans à Cheveux Jaunes. Il lui parlerait avec sévérité, il lui ferait savoir qu'il était plus puissant qu'elle. Qui était-elle ? Rien qu'une femme. Pas même une femme Premiers Hommes, seulement une femme Chasseur de Morses. Elle n'avait aucun pouvoir.

Il retourna donc à l'ulaq. Chasseur de Glace n'était pas là, ses fils non plus. Qakan se raidit, et entra le dos bien droit dans sa partie de l'ulaq. Cheveux Jaunes n'avait pas lissé la mèche de la lampe à huile et l'éclairage était faible. Qakan ne distingua d'abord que le tas de fourrures sur le lit plate-forme. Il ferma les yeux pour les ajuster à l'obscurité. Puis il vit la couleur claire des cheveux de sa femme. Ainsi, elle dormait au milieu de la journée. Pas étonnant qu'il n'ait rien à manger. Pas étonnant que son parka soit en piteux état et que la fourrure en soit maculée de vieille graisse.

Il s'avança vers la plate-forme, tendit le bras et la saisit par les cheveux. Au même instant, une main sortit des fourrures, une main d'homme, qui s'empara de son poignet. Qakan réprima un cri, entendit le rire de Cheveux Jaunes et un rire plus grave — un rire d'homme. Puis Cheveux Jaunes fut debout à côté de lui, ses tabliers d'herbe en désordre. Allongé parmi les fourrures, le Corbeau, enserrant le poignet de Qakan qui commença à pleurnicher de douleur.

— Tu as une belle épouse, siffla le Corbeau.

Il lâcha Qakan et se leva à son tour. Fouillant sous les fourrures, il trouva ses jambières et son parka qu'il enfila. Il referma doucement la main sur un sein de Cheveux Jaunes.

— Elle est prête pour toi, ricana-t-il en repoussant Qakan qui trébucha sur le tas de fourrures.

Le Corbeau s'en alla.

Cheveux Jaunes se tenait debout au-dessus de Qakan. Elle riait. Elle lui caressa la jambe mais il se leva et repoussa sa main d'une claque.

— Tu n'es pas ma femme, dit-il, rageur. Sors de mon ulaq. Tu n'es la femme de personne. Tu n'appartiens à personne. Sors ! Sors ! Je n'ai pas besoin de toi. Un commerçant possède de nombreuses femmes. Autant qu'il en veut.

Cheveux Jaunes écarquilla les yeux. Qakan crut un instant qu'elle avait peur, mais elle hurla de rire. Pliée en deux, elle retenait son rire dans son ventre à deux mains. Mais aussi vite qu'elle avait commencé à rire, elle cessa, et entreprit de rassembler ses affaires, fourrures, paniers et nourriture.

Qakan l'observa un temps, puis brusquement, la colère l'envahit tout entier, de sa poitrine à ses bras et ses mains. Il courut à sa cache d'armes et tira une lance.

Cheveux Jaunes était à genoux, dos tourné, bourrant ses paniers de tout ce qui se trouvait pêle-mêle près de la réserve de nourriture. Qakan avança de deux pas. Cheveux Jaunes se retourna et cria. Qakan s'arrêta, lance à la main, prêt à frapper.

Les yeux de Cheveux Jaunes se rétrécirent. Elle rejeta la tête en arrière et éclata de rire.

— Tue-moi. Tu es incapable de lancer correctement. Tu n'es pas un chasseur. Tue-moi.

Elle se releva et tendit les mains. Qakan baissa son arme. Cheveux Jaunes sourit, puis se détourna de lui, revenant à sa pile de paniers. Elle travailla un moment à emballer ses affaires, puis avec un petit rire elle lui fit de nouveau face et lui cracha au visage, l'atteignant à l'œil.

Qakan s'essuya en frémissant. Le rire de Cheveux Jaunes emplissait l'ulaq. Qakan pivota sur lui-même. Mais ce faisant, vite, vite, aussi vite que se déplaçait Samig, il leva la lance. Il la projeta — aussi fort que lançait Longues Dents.

Le rire de Cheveux Jaunes s'arrêta net, comme s'il rentrait dans sa gorge.

En lançant son javelot, Qakan avait fermé les yeux. Maintenant, il les rouvrait. Cheveux Jaunes était debout, mais la lance saillait entre ses seins. Le sang formait déjà une mare à ses pieds. Elle s'écroula.

Qakan regarda les yeux de la femme rouler jusqu'à ce qu'il ne voie plus que le blanc sous les paupières. Elle émit un faible souffle, puis ne bougea plus.

Il s'avança jusqu'à son épouse, retira sa javeline puis se pencha et écarta les paniers pour qu'ils ne soient pas tachés de sang. Ils n'étaient pas aussi beaux que les paniers de Chagak ou même ceux de Kiin, mais ils pourraient toujours s'échanger contre quelque chose.

Il entreprit d'empaqueter les fourrures du lit, les nattes, le peu de nourriture restante. Quand il eut fini, il se tint à nouveau debout au-dessus de Cheveux Jaunes. Il attendit un long moment afin de s'assurer qu'elle ne respirait plus. Non, non. Il se pencha, prenant garde que son parka ne touche pas sa chair morte. Il dénoua les colliers de son cou. L'un était un collier de coquillages, l'autre une dent d'ours, le troisième une lanière de cuir contenant une des sculptures de morse de Kiin.

Il obtiendrait un bon prix de chaque.

Alors, il se leva et, s'adressant à Cheveux Jaunes, à son esprit, il marmonna :

— Cheveux Jaunes, sotte que tu es, qui va pagayer mon ik, maintenant ?

55

Qakan souriait aux hommes assemblés autour de lui. L'hiver avait été long et pénible, principalement à cause de Cheveux Jaunes. Mais il avait appris. Jamais plus il ne se laisserait piéger par un joli minois.

Et maintenant que les hommes Morses savaient qu'il s'apprêtait à partir, ils lui offraient volontiers des marchandises en échange de fourrures, de couteaux et même des sculptures de Kiin que Qakan avait rachetées au Corbeau. Le Corbeau avait exigé deux des couteaux d'Amgigh et trois peaux de phoque pour un panier de sculptures.

Qakan avait marchandé, roulant les yeux et dessinant une moue de ses lèvres, inclinant la tête sous le rire du Corbeau, mais uniquement pour dissimuler son propre sourire. Le Corbeau ne savait rien des autres couteaux que possédait Qakan, aux lames beaucoup plus fines et beaucoup plus longues, des couteaux façonnés eux aussi par Amgigh. Il ne savait pas que les sculptures de Kiin, avec leurs belles lignes lisses, la tête et la nageoire s'incurvant dans la courbe de la dent de baleine ou la défense de morse, lui rapporteraient bien davantage que les couteaux et les peaux de phoque qu'il avait fournis en échange.

Oui, ce soir il faisait de bonnes affaires, mais il évitait soigneusement de montrer ses yeux. Quelqu'un pourrait y lire ce qui y était, trouver la vérité dans les profondeurs, savoir qu'il pourrait obtenir bien plus. Il pourrait aussi découvrir le secret de la mort de Cheveux Jaunes, voir que Qakan l'avait laissée dans l'ulaq, sur le lit, recouverte des peaux les plus laides, de nattes moisies, de tout ce qui n'était plus négociable.

Ainsi, quand il eut rassemblé ce qui était marchandable, il leva les deux mains et, les yeux toujours dissimulés, il annonça :

— C'est tout. Je n'ai plus rien. Vous avez tout pris. Je dois vous quitter. Mais un jour je reviendrai et je vous apporterai de l'huile de baleine de l'île des Chasseurs de Baleines à l'extrémité ouest du monde, et je rapporterai des couteaux d'obsidienne de chez les Premiers Hommes et des nattes tissées avec les points les plus fins, des paniers pour vos femmes, des bottes en peau de phoque, des aiguilles en ivoire et des parkas en fourrure de loutre. Il faut maintenant me laisser car je dois charger mon ik. Je compte partir dans la matinée.

Quelques hommes protestèrent. Certains firent allusion à Cheveux Jaunes, mais Qakan leur tourna le dos à tous et entreprit de remplir son bateau, roulant les fourrures et triant les coquillages dans les paniers. C'est alors qu'il sentit une main sur son épaule.

Il se retourna et vit le Corbeau.

— Bon troc, dit le Corbeau en levant ses deux couteaux.

— Oui. Les couteaux d'Amgigh ont beaucoup de valeur.

— Amgigh ?

— Un jeune homme de mon village. Il est très habile à fabriquer des armes. C'est aussi un grand chasseur. Il y a deux étés, quand il était encore garçon, Amgigh a tué une baleine.

— Il a pris une baleine tout seul ? s'étonna le Corbeau en rejetant la tête en arrière et plissant les yeux.

— Lui et son frère, dit Qakan sans craindre de répondre par un sourire au sourire de l'homme.

Peu lui importait que le Corbeau sache qu'il mentait. Le Corbeau répéterait les paroles de Qakan. Cela ne rendrait-il pas les couteaux plus précieux ?

— Prévois-tu d'emmener Cheveux Jaunes ?

Qakan rentra ses joues, se détourna et cracha.

— Tu devrais le savoir, marmonna-t-il.

Le Corbeau haussa les épaules.

— Pourquoi cela ?

— Elle ne veut pas partir avec moi. Elle veut être à nouveau ta femme.

Qakan baissa les yeux. Il espérait que l'esprit de l'homme ne flairait pas la vérité.

Le Corbeau éclata de rire.

— J'aime bien Kiin, s'exclama-t-il. Elle tient l'ulaq très propre, elle fait de la bonne nourriture et des parkas bien chauds, mais Cheveux Jaunes, c'est une femme qui met de la joie au creux des reins d'un homme.

Qakan s'obligea à sourire. S'obligea à rire.

— Oui, ce fut un bon hiver, dit-il.

Puis il regarda le Corbeau faire demi-tour et s'éloigner.

Qakan se pencha sur son ik, emballa les derniers paniers, les arrimant avec des fils doubles de varech. Oui, songea-t-il. Ce fut un bon hiver. Mais j'ai troqué Cheveux Jaunes. Avec les esprits du vent. Maintenant, je vais voir ce qu'ils me donneront en échange. Peut-être une autre femme pour conduire mon ik. Il rit, et le vent porta son rire au-dessus de la mer. Peut-être lui donneraient-ils Kiin.

56

Kiin leva les yeux de son ouvrage. Qakan repoussa le rideau de séparation et se posta, bras croisés sur la poitrine, le regard balayant les murs de l'ulaq. Kiin tissait une natte à la manière des femmes Morses, sur les genoux, deux brins d'herbe tordus en travers d'une longue frange d'herbe de chaîne, les fils de trame se tordant sur chaque brin de chaîne pour constituer une natte bien serrée et bien solide.

Qakan avait perdu du poids au cours de l'hiver, les os de son visage étaient plus saillants, ses yeux plus profonds dans leur orbite.

— Je t'ai do-donné tout ce que j'ai à do-donner, déclara Kiin. Les autres pa-paniers et les autres na-nattes sont pour l'ulaq de mon mari et je n'ai pas fait de s-sculptures depuis la naissance des bébés.

— Je n'ai pas besoin de tes nattes, cracha Qakan avec dédain. Qu'est-ce qu'un commerçant peut attendre de bon d'un travail de femme ?

— Alors, tu-tu n'as pas besoin de mes sculptures ? repartit Kiin d'une voix monocorde sans quitter son tissage des yeux. Rends-les-moi. Peut-être que m-mon mari en a besoin.

Elle ne regarda pas son frère mais sut qu'il se renfrognait.

— Tu as faim ? s'enquit-elle.

Parfois, lorsque Cheveux Jaunes était fâchée plusieurs jours de suite, Qakan venait chercher du poisson ou passer la nuit.

— Non.

Kiin soupira.

— Pourquoi es-tu ici ?

— Tu devrais venir avec moi sur la plage, dit-il. J'ai à te parler.

Kiin le regarda cette fois, rétrécissant les yeux.

— Tu t'en vas b-bientôt. Pour co-commercer.

— Oui.

— Est-ce que Cheveux Jaunes va par-partir avec toi ?

— Non.

— Tu veux que je pa-pagaie ton ik ?

— Non.

— Ne ra-ramène pas Cheveux Jaunes chez notre peuple.

— Je t'ai dit qu'elle refuse de m'accompagner.

Kiin sentit le coin de sa bouche se contracter. Au village, tout le monde riait à propos de Qakan et Cheveux Jaunes ; tout le monde connaissait leurs querelles ; tout le monde savait que Cheveux Jaunes chassait souvent Qakan de son lit à coups de pied. A deux reprises, Kiin avait trouvé le Corbeau avec Cheveux Jaunes sur leur lit. Trois fois, Queue de Lemming les avait vus et, si Kiin était indifférente à ce que le Corbeau faisait avec d'autres femmes, Queue de Lemming réagissait très mal.

Ce serait ainsi quand le Corbeau finirait par prendre Kiin dans son lit, elle le savait. Chaque nuit, Queue de Lemming surveillait le Corbeau, et chaque fois qu'il regardait Kiin, Queue de Lemming allait à lui, le distrayait en le caressant, le taquinant et riant. Alors, le Corbeau n'avait pas encore pris Kiin.

— Viens avec moi à la plage..., supplia Qakan en retrouvant le ton plaintif et geignard de leur enfance.

Elle posa son ouvrage et se leva sur la pointe des pieds pour jeter un œil sur les berceaux de ses fils. Tous deux dormaient. Le fils de Samig suçait son poing, le fils d'Amgigh fermait les yeux très fort dans son sommeil, sa bouche agitée par un rêve.

Kiin enfila son suk et marcha d'un pas décidé vers le coin aux armes où elle prit un couteau de pierre à longue lame.

Elle se tourna vers Qakan et vit qu'il écarquillait les yeux.

— C'est à m-moi. M-mon mari me l'a do-donné pour protéger nos f-fils.

Elle suivit Qakan au-dehors dans la pluie grise et brumeuse du jour.

— A la plage, ordonna Qakan.

— N-non, ici, répliqua-t-elle. Tu ne-ne te rappelles pas que grand-mère et tante ont dit qu'un des bébés devrait mou-mourir ?

Qakan plissa les yeux.

— Pourquoi penses-tu que je veuille te parler ? J'ai eu vent de leurs plans. Le Corbeau a parlé à tous les hommes.

— Le Corbeau ?

— Tu crois qu'il veut protéger les bébés ?

— Il m'a donné ça, répondit Kiin en montrant son couteau.

Qakan se balança d'un pied sur l'autre.

— Je ne sais pas, mais quelque chose l'a fait changer d'avis. Il a décidé que grand-mère avait raison. Il pense qu'il faut tuer un des bébés. Il a conçu un plan.

— Alors, pour-pourquoi me le dire, Qakan ? Qu'y gagnes-tu ?

— Tu es ma sœur.

Kiin émit un rire.

Qakan rougit.

— Je suis le père des bébés, balbutia-t-il enfin. Ce sont mes fils.

Kiin vit la blancheur sur son visage, la vérité dans ses yeux. Kiin avait pris soin de ne pas lui laisser voir les bébés. Il ne savait pas combien ils ressemblaient à leurs véritables pères. Elle ferma les yeux un instant. Naturellement, Qakan était persuadé qu'il était père. Peut-être était-ce suffisant pour qu'il veuille les protéger. Peut-être. Ou peut-être voulait-il seulement que Kiin l'accompagne pour pouvoir l'échanger une fois de plus et troquer les bébés. Les bébés ne valaient pas grand-chose. Ils ne pouvaient ni chasser, ni pêcher, mais ils étaient ses fils, nés en même temps. Même le Corbeau reconnaissait leur pouvoir.

Ainsi, qu'il soit père ou commerçant, Qakan protégerait les bébés. Mais Qakan était Qakan. Qui pouvait lui faire confiance?

— Je ne-ne te... crois pas, insista Kiin. Le Corbeau protégera ses f-fils.

— Ce sont mes fils, siffla Qakan. Et bientôt ils seront morts si tu ne pars pas avec moi ce soir.

— Tu pars ce-ce soir?

— Oui. Viens avec moi. Apporte les bébés.

Kiin se détourna.

— Non, Qakan. Non.

— Si tu ne me crois pas, alors crois ceci. Le Corbeau dira à une des femmes de t'amener sur la plage. Il prétendra que Queue de Lemming est blessée. Quand tu quitteras l'ulaq, grand-mère entrera et tuera un des bébés.

« L'enfant de Samig, murmura l'esprit de Kiin. Elle tuera l'enfant de Samig. »

— Tu mens, dit-elle pourtant.

Elle rampa à l'intérieur de l'ulaq.

Qakan attendait, nerveux et inquiet. Le Corbeau pêchait et tant qu'il était éloigné... Il avait fallu deux colliers pour persuader Queue de Lemming de passer la soirée dans un autre ulaq, mais c'étaient de petits colliers. Si cela ne marchait pas, il lui faudrait attendre un jour supplémentaire, et chaque jour qu'il perdait augmentait les chances qu'on découvre le corps de Cheveux Jaunes. Certes, en tant que mari, il était propriétaire de sa femme. Un homme pouvait battre sa femme, mais la tuer? Et qui pouvait savoir comment réagirait le Corbeau quand il découvrirait tout?

Lanceuse d'Argile arriva, et Qakan sut que les esprits honoraient son plan. Cette jeune femme était crédule, et facile à berner. Qakan rejeta en arrière la capuche de son parka et s'ébouriffa les cheveux, puis fonçant entre les ulas, saisit le bras de la jeune femme.

— Vite, vite ! s'écria-t-il dans un souffle. Le Corbeau dit que tu dois amener Kiin. Dis-lui que le Corbeau la veut. Queue de Lemming est blessée. Ils sont là-bas, derrière le village. Il a peur que Queue de Lemming ne soit en train de mourir.

Lanceuse d'Argile resta un moment à dévisager Qakan, arrondissant la bouche, écarquillant les yeux. Qakan la poussa dans l'ulaq du Corbeau.

— Va, maintenant. Dis à Kiin que le Corbeau a besoin d'elle.

Qakan regarda la femme courir dans l'ulaq du Corbeau, puis se dirigea vers la plage. L'ik était prêt.

Kiin agrippa les épaules de Lanceuse d'Argile et la secoua.

— C'est le Corbeau qui me-me veut ? Le Corbeau ?

— Oui !

Kiin fixa un moment Lanceuse d'Argile du regard. Ainsi, Qakan disait la vérité.

— V-va et dis-lui que j'arrive. Va, maintenant.

Lanceuse d'Argile quitta l'ulaq et Kiin respira profondément. Elle sortit les bébés de leurs berceaux et les glissa dans leurs bandoulières.

— Ne pleurez pas, murmura-t-elle, surtout ne pleurez pas.

Elle leur parlait comme si elle leur chantait une berceuse. Elle poussa un sein contre le visage de chacun et attendit de les sentir téter l'un et l'autre. Puis elle jeta quelques affaires dans un panier — aiguilles, bobines de fils de varech, le long couteau que le Corbeau lui avait donné, un couteau de femme à lame courte. Un bâton de marche, un sac de poisson séché.

Sa poitrine était douloureuse de savoir que Femme du Ciel et Femme du Soleil ne reculaient pas devant pareil méfait. Mais elle entendit la voix de son esprit murmurer : « C'est pour protéger leur peuple. Leur village. Même le Corbeau veut protéger son village. »

Prestement, Kiin rampa hors de l'ulaq et se glissa en hâte jusqu'à la plage. La nuit tombait ; le soleil était sombre derrière les nuages, la mer était noire. Qakan lui avait dit qu'il ne partirait pas avant le matin. Elle savait où il rangeait son ik. Il avait dit qu'il y passerait la nuit. Mais elle remarqua soudain l'ik, déjà hors de la baie et Qakan qui pagayait seul.

La peur se fit lourde et épaisse dans sa poitrine, bloquant sa gorge d'où aucun son ne sortait. Une fois, deux fois, elle fit des gestes de la main et, retrouvant enfin sa voix, appela son frère.

« Il ne peut t'entendre », murmura son esprit, faible.

A nouveau, elle appela, sentit le vent froid sur ses joues, le froid de l'humidité de ses larmes. Elle s'accroupit. Que le Corbeau la trouve ; elle avait un couteau. Elle se battrait pour ses fils.

Elle entendit alors un appel qui venait de la mer. Léger. Elle leva les yeux. Qakan avait fait demi-tour. Il venait la chercher.

57

— Trois nuits, je t'ai attendu ! hurla Trois Poissons. Trois jours j'ai vécu ici et tu agis comme si je n'étais plus ta femme. Comme si tu ne me connaissais pas.

— Tu es mon épouse, répliqua Samig. Mais cela ne te donne pas le droit de décider où je dors. Tu es mon épouse et tu feras comme bon me semble.

— Je vais rentrer chez mon peuple ! menaça Trois Poissons.

— Va. Je ne t'en empêcherai pas.

— Petit Couteau partira avec moi.

— C'est à lui d'en décider. Pose-lui la question.

— Il refusera si tu ne le lui ordonnes pas, marmonna-t-elle, penaude.

Samig haussa les épaules. Petit Couteau était déjà devenu un des Premiers Hommes. Bien que leur séjour sur l'île soit très récent, Petit Couteau apprenait leurs manières. Il était souvent en compagnie de Premier Flocon, chacun enseignant à l'autre différentes techniques, chacun tirant bénéfice des connaissances de l'autre. Même la mère de Samig avait remarqué que Petit Couteau semblait leur appartenir depuis toujours.

— Je ne le forcerai pas à partir, dit Samig à Trois Poissons.

— Si je pars seule, je mourrai.

— C'est ton choix. Tu peux essayer de rentrer chez toi ou tu peux appartenir à mon peuple. Les épouses des Premiers Hommes obéissent à leur mari et c'est un honneur d'être une bonne épouse.

Trois Poissons plissa les yeux mais Samig poursuivit :

— Les qualités d'une bonne épouse sont comme celles d'un bon chasseur. Le chasseur dit-il au lion de mer « Viens sur ma plage ce jour-ci ou ce jour-là. Viens et facilite ma chasse » ? Un chasseur obtient-il de la viande en donnant des ordres à la baleine ? Non. Le chasseur doit aller à l'animal. Et il en est de même pour l'épouse. Qui apporte les peaux pour ses vêtements, l'huile pour son feu ?

— Qui coud la couverture de l'ikyak d'un homme ? rétorqua Trois Poissons. Qui fait son chigadax ? Qui fait son parka ?

Samig ne répondit pas mais planta ses yeux sur Trois Poissons, furieux après Nombreuses Baleines, qui l'avait obligé à prendre pour épouse cette femme braillarde et stupide. Ce serait une bonne chose d'en être débarrassé, mais Samig ne voulait pas demander à Petit Couteau de la ramener chez les Chasseurs de Baleines. Il ne sacrifierait pas un fils pour une épouse sans valeur. Alors, Samig cracha par terre, assez près des pieds de Trois Poissons pour marquer son dégoût.

— Peut-être que cette année une autre femme coudra mon chigadax.

Et il s'éloigna.

Samig dormait. Le grondement sourd l'éveilla. Il saisit son harpon et se rendit à la couche de son père. Sa mère était lovée contre lui. Ils étaient blottis l'un contre l'autre. Samig hésita un moment mais finit par s'agenouiller. Puis, s'emparant de l'épaule de son père, il le secoua avec douceur.

Kayugh s'assit immédiatement, et voulut attraper sa lance. Mais Samig retint son bras.

— C'est Samig. Écoute.

Chagak s'éveilla, s'assit à son tour et tira une peau de phoque autour de ses épaules.

— Ce ne peut être Aka, dit-elle. Nous sommes trop loin.

— Au contraire, repartit Samig, tandis qu'un autre tremblement ébranlait la grotte.

— Nous sommes en sécurité, ici, affirma Kayugh. Une petite secousse ne nous fera pas de mal. Retourne dormir.

Samig sentit la colère brûler au centre de sa poitrine. Il n'était pas un enfant que l'on envoyait se coucher. Il s'éloigna et gagna l'entrée de la grotte. Ainsi, le grondement avait atteint cette petite île. Et si cela empirait ? Au matin, il parlerait à son père. Il devait lui faire comprendre.

Mais au matin, Kayugh avait le même sentiment.

— Il est inutile de partir. Nous pouvons attendre ici. Il y a peu de baleines, mais de nombreux phoques. Nous pourrons sûrement retourner à notre plage avant l'hiver. Alors, tu nous enseigneras la chasse à la baleine et nous troquerons de nouveau avec les Chasseurs de Baleines.

— Ils sont persuadés que j'ai attiré sur eux la

colère d'Aka, objecta Samig. Ils ne commerceront pas avec nous. Ils nous tueront.

Kayugh fronça les sourcils.

— Peut-être Aka les prendra-t-elle. Nous n'aurons alors plus rien à craindre. Sinon, nous trouverons un autre lieu, plus près des routes des baleines.

— Nous devons partir maintenant, insista Samig. Cette île est trop petite. Aka pourrait la faire sombrer dans la mer. Il n'y aurait aucune échappatoire.

Kayugh resta assis tranquillement un long moment.

— Tu es un homme, dit-il enfin sans regarder Samig. Mais tu es mon fils. Nous restons.

Samig se leva lentement et quitta l'abri. Oui, il était le fils de Kayugh. Le fils de Kayugh et le fils de celui qu'on avait coupé en morceaux et enterré sans honneur. Qui pouvait dire quelle faiblesse avait été transmise à Samig à travers le sang de celui-là? Peut-être existait-il quelque vérité dans ce qu'affirmaient les Chasseurs de Baleines. Peut-être Samig portait-il un mal qu'il ne comprenait pas, ne contrôlait pas. Si tel était le cas, qui était-il pour désapprouver Kayugh? Si tel était le cas, il ferait mieux d'apprendre de lui.

Qui était meilleur père que Kayugh? Samig revendiquait Petit Couteau pour fils et il goûtait déjà la fierté devant toutes ses qualités. Mais, en apprenant à être père, Samig devait garder à l'esprit l'exemple de Kayugh.

Tôt, la veille, Petit Couteau avait attrapé un phoque aux abords de la plage.

— Tu nous as apporté la chance! avait dit Oiseau Gris à Samig.

Et Samig avait éprouvé la joie d'un père lorsque Petit Couteau avait pris sa part de chasseur, graisse et ailerons.

Petit Couteau avait commencé à travailler à son propre ikyak. Il était jeune, plus jeune que Samig lorsqu'il avait tué son premier animal; mais bien des choses avaient changé. Ils vivaient en un nouveau lieu. Ils devaient accepter les nouvelles coutumes. Ici, il y avait beaucoup moins de buissons de baies, et la plage n'était pas une longue étendue de sable et de graviers descendant doucement vers la mer ; elle y chutait brusquement, laissant peu de place pour trouver des clams ou des chitons, même à marée basse. Il y avait moins de nourriture à ramasser pour les femmes, aussi les garçons devaient-ils devenir chasseurs.

Mais ce matin-là, tandis que Samig observait l'eau, il ne voyait guère que du gris. Des femmes travaillaient coiffées de cendre. Samig entendit Nez Crochu s'exclamer :

— Dans nos yeux, dans nos cheveux, entre nos dents !

Samig sourit. Nez Crochu. Qui était plus laide ? Qui était plus belle ?

Le regard de Samig se posa sur Chagak. Elle s'occupait à la fois du feu et de Mésange, qui courait au milieu des femmes et s'approchait souvent trop près des feux de cuisson.

Samig se leva et s'étira, puis s'avança vers Mésange. Sa mère prit l'enfant dans ses bras et Samig s'amusa au cri de protestation de la petite fille.

Chagak étreignit Mésange, puis l'amena à Samig. Mésange tendit les bras à son frère, babillant, émettant de petits rires comme il s'amusait à la lancer en l'air.

— Tu ne chasses pas ? s'enquit Chagak.

Samig regarda sa mère avec étonnement. Depuis qu'il était rentré de chez les Chasseurs de Baleines, elle avait rarement entamé la conversation. Samig était désormais un homme à part entière, un chasseur avec une épouse.

— Trop de cendres, répondit-il.

Mais il savait que Chagak comprenait pourquoi les hommes ne chassaient pas.

Elle hocha la tête.

— Oui, pour nous aussi, dit-elle.

Samig sourit.

— J'ai entendu Nez Crochu.

Chagak rit, sans un mot.

Elle le suivit quand il se dirigea vers la plage. Samig comprit que sa mère avait parlé la première parce qu'elle avait quelque chose à lui dire. Voyant qu'elle ne soufflait mot, Samig s'élança vers l'eau, s'amusant à balancer Mésange dans ses bras. Peut-être sa mère avait-elle seulement besoin qu'il surveille sa petite sœur.

— Je vais la garder pendant que tu travailles, s'écria-t-il.

Mais Chagak le rattrapa.

— Je fais quelques pas avec toi.

Samig hissa Mésange sur ses épaules. La petite fille s'accrochait aux cheveux de son frère et enroulait ses jambes autour de son cou.

— Quand je suis parti, c'était encore un bébé, remarqua Samig. Regarde comme elle est grande, maintenant. Plus grande que sa mère.

Chagak leva les yeux sur sa fille et éclata de rire.

— Oui, mais elle marche avant de parler, et ce n'est pas bon. Elle se cogne partout et ne comprend rien.

— Peut-être est-ce un avantage pour elle de ne rien comprendre, repartit Samig.

— Comme Trois Poissons.

Samig eut un rapide coup d'œil pour sa mère. Toute trace de rire avait disparu de ses yeux. Samig attendit.

Chagak baissa la tête et demanda d'une voix posée :

— Si je te parle d'elle, seras-tu fâché ?

— Non.

— Elle rit aux plaisanteries de Nez Crochu, mais elle part toujours avant que nous n'entamions les tâches pénibles. Elle sourit et prend son sac à cueillette comme si elle n'avait rien à faire qu'à marcher sur la plage. Coquille Bleue affirme qu'elle est toujours après Waxtal, qu'elle agite son tablier...

— Je ne l'ai pas choisie, interrompit Samig. Je ne la voulais pas.

— Tu crois que Trois Poissons ne le comprend pas ? Elle ne peut pas retourner à son propre peuple, et elle a l'impression qu'elle n'a pas sa place ici. Pourquoi travaillerait-elle pour nous ? Pourquoi ferait-elle autre chose que ce qui lui plaît ?

Chagak sourit à Samig et posa la main sur son épaule.

— En bien des façons, il est très difficile d'être épouse, dit-elle avec douceur. Presque aussi difficile que d'être chasseur.

Alors que la fin du jour approchait, le tremblement cessa. Les vagues roulèrent plus lisses sur la plage, sans tressautements, sans éclaboussures. Kayugh a raison, songea Samig. Je me prétends homme, mais à plus d'un titre je suis encore un garçon. Je laisse la peur guider mes pensées. Kayugh m'affirme que nous sommes assez loin d'Aka. Il a raison.

Samig prit sa place près du feu à l'entrée de la grotte. Longues Dents racontait une histoire, que Samig avait déjà entendue auparavant, mais Oiseau Gris — Waxtal, désormais, avait expliqué Amgigh — l'interrompit :

— Ils mangeaient des baies de mousse, rectifia-t-il.

— Soit, des baies de mousse, concéda Longues Dents. Les deux chasseurs mangeaient donc des baies de mousse quand les hommes bleus vinrent à eux.

— Il y avait trois chasseurs, précisa Oiseau Gris.

— Trois, d'accord, concéda de nouveau Longues Dents. Oiseau Gris, tu ferais mieux de raconter. Tu l'as déjà fait. D'ailleurs, je suis fatigué.

— Waxtal, protesta Oiseau Gris. Je suis Waxtal. Oui, je vais raconter.

Alors, Oiseau Gris commença. Mais, bientôt, Longues Dents se leva en bâillant et quitta le cercle. Puis ce fut le tour de Kayugh et de Premier Flocon. Samig essaya de suivre le récit, mais Oiseau Gris s'embrouillait, relatant d'abord une partie de l'histoire, l'interrompant pour raconter une autre partie, puis revenant au début, jusqu'à perdre le fil. Samig se sentait comme un enfant qui aurait passé la journée à suivre le chemin étrange et tortueux d'un macareux. Alors il s'éloigna, suivi de Petit Couteau. Ne restaient plus autour du feu qu'Oiseau Gris et Amgigh, têtes appuyées l'une contre l'autre, Oiseau Gris murmurait, Amgigh hochait la tête.

Samig redressa les épaules et s'approcha de Trois Poissons. Les autres femmes œuvraient à des parkas ou à des paniers, mais Trois Poissons paressait, ses mains étaient inactives sur ses genoux.

Samig se pencha sur elle et murmura :

— Accompagne-moi dans mon lit.

Saisie, Trois Poissons bondit sur ses pieds. Elle passa ses doigts dans ses cheveux et redressa son tablier. Comme une femme Premiers Hommes, elle le laissa entrer d'abord puis, refermant les rideaux d'herbe tissée, elle tomba à genoux pour lisser la robe de nuit.

Samig s'assit à côté d'elle et caressa ses épaules larges et fortes. Quand il glissa une main sous son tablier, elle émit un petit rire et ouvrit les jambes. Alors Samig s'allongea près d'elle, songeant un moment à Kiin, à l'esprit de Kiin qui observait Trois Poissons agripper ses fesses et l'attirer plus près encore.

— Attends, murmura-t-il dans le noir, s'écartant et saisissant ses mains pour la contrôler. Je dois d'abord te parler.

Trois Poissons rit encore et tenta de se libérer.

— Trois Poissons, tu es mon épouse. Tu es une

femme forte et bonne et j'attends avec orgueil le jour où tu me donneras un fils. Mais je veux que tu fasses partie de mon peuple, car alors tu seras mon épouse en tous points.

Les mains de Trois Poissons étaient glissantes d'huile de phoque et de sueur, et Samig craignit qu'elle ne s'éloigne avant qu'il n'ait fini.

— Trois Poissons, écoute, reprit-il, dans l'espoir que son murmure dominerait le rire de son épouse. Je veux que tu deviennes une des Premiers Hommes comme je suis devenu un des Chasseurs de Baleines. Tu dois apprendre les façons de mon peuple.

Trois Poissons partit d'un grand rire.

— Je les connais ! Mais Nombreuses Baleines disait que les nôtres étaient meilleures que les vôtres.

— C'est possible, répondit Samig. Mais les choses évoluent lentement et les gens n'écouteront pas tes idées si tu les insultes par ta grossièreté.

Trois Poissons glissa les mains le long de la poitrine de Samig. Elle resta un long moment silencieuse. Samig retint ses yeux dans les siens, l'empêchant de détourner le regard.

— Oui, murmura-t-elle soudain. Tu as raison. Je n'ai pas été une bonne épouse. Je pleure mon peuple et mon deuil rend mes mains inactives.

— Pleure dans ton cœur, comme je le fais, car moi aussi je faisais partie des Chasseurs de Baleines. Mais nous ne pouvons laisser nos mains pleurer. Il y a trop à faire.

— Tu as raison, souffla Trois Poissons. Tu as raison.

Et, attirant son épouse contre lui, Samig se dit que Chagak, sa mère, était sage.

58

Samig s'accroupit, mains entre les genoux, tête penchée. La cendre tombait dru depuis les cieux gris. Si le tremblement du sol avait cessé pendant une nuit, il avait repris le lendemain sans discontinuer. Samig ne voulait pas déshonorer son père, mais Kayugh se trompait. Ils devaient quitter l'île. Sinon, tous mourraient.

« Tu es encore un garçon, lui dit sa voix intérieure. Tu n'es pas prêt à prendre des décisions d'homme. Ton père a raison ; tu as tort. »

Mais une fois encore, Samig revit avec horreur le regard de Petit Couteau quand il était revenu de son ulaq en ruine. Le chagrin sur le visage de Phoque Mourant. Devait-il laisser se produire chez son peuple ce qui était arrivé au village des Chasseurs de Baleines ? Et si son père n'était pas d'accord avec Samig, du moins Samig était-il responsable de Petit Couteau et de Trois Poissons. Si Kiin était vivante, il ferait tout pour la sauver. Pourrait-il faire moins pour le garçon qui était son fils, la femme qui était son épouse ?

Samig s'était glissé hors de sa couche, laissant son épouse ronfler bruyamment, bouche grande ouverte. La nuit précédente, Samig avait prié Petit Couteau et Trois Poissons de le retrouver devant l'abri tôt le matin, quand tous dormaient encore.

Mais maintenant, il se demandait si cela était bien raisonnable. « Tu n'as pas le choix, se dit-il, lançant ces paroles au brouillard du matin. Tu n'as pas le choix. »

Samig avait passé les deux dernières nuits avec Trois Poissons qui prenait maintenant sa part du travail, et se montrait moins prompte à le déshonorer en agitant son tablier. Il espérait qu'elle se proposerait de l'aider une fois qu'il lui aurait exposé son plan.

Quand sa femme et son fils surgirent de la grotte, le garçon s'accroupit à côté de Samig ; Trois Poissons resta debout devant eux, bras croisés sur la poitrine, une robe de nuit jetée sur les épaules.

Le sol trembla et un grondement monta des rochers. Trois Poissons porta ses mains à sa bouche. Posant une main au sol pour garder l'équilibre, Samig dit :

— Vous savez tous deux que nous devons quitter cette île.

Le grondement cessa et Trois Poissons s'emmitoufla dans sa robe de nuit.

— Oui, approuva-t-elle. Il le faut.

Sans un mot, Petit Couteau se rapprocha de Samig ; leurs bras se touchaient presque.

— Nous ne pouvons retourner sur l'île des Premiers Hommes, reprit Samig. Et chaque jour, la colère d'Aka est plus forte. Peut-être Aka enverra-t-elle encore plus de vagues, encore plus de feu. La dernière fois, beaucoup sont morts. Peut-être cela se produira-t-il encore.

Samig se tourna vers son fils et vit qu'il était pâle avec des yeux agrandis.

— Petit Couteau, dit Samig, Trois Poissons et toi avez le plus donné à Aka. Ceux de mon peuple ont seulement perdu leurs maisons. Et ils sont persuadés de pouvoir rentrer chez eux dans quelque temps.

— Nous allons tous mourir, souffla Trois Poissons.

— Non, nous ne mourrons pas, repartit Petit Couteau. Samig l'empêchera. As-tu parlé à ton père ? ajouta-t-il pour Samig.

— J'ai essayé, répondit Samig, surpris mais ravi de la confiance que le garçon lui témoignait.

— Nous devrions partir. Tous les trois, intervint Trois Poissons. Nous avons l'ikyak de Samig et nous avons l'ik. Et Petit Couteau possède sa propre embarcation, maintenant.

Ces paroles emplirent Samig de colère. Aimait-elle si peu le peuple de son époux qu'elle le quitte si facilement ? Puis il réfléchit. Pourquoi s'en inquiéterait-elle, après tout ? Elle ne les connaît pas. Il lâcha enfin :

— Peut-être pouvons-nous amener les autres à comprendre.

— Nous n'avons pas beaucoup de temps, objecta Petit Couteau.

— C'est vrai, concéda Samig. Mais il faut essayer. Trois Poissons, tu dois parler aux femmes. Exprime-toi posément. La première fois, évoque peut-être en riant tes propres peurs. Raconte-leur encore ce qui est arrivé à ton village et à ton peuple. Puis, tu dois faire la chose la plus difficile.

Trois Poissons se redressa et coula un regard en coin à Petit Couteau.

— Ce soir, reprit Samig pour son épouse, quand les hommes se réuniront près du feu, tu viendras me trouver. Fais semblant d'avoir peur et supplie-moi de t'emmener.

Trois Poissons cligna ses petits yeux.

— Ça, je peux le faire.

— Je parlerai un moment à mon père et aux autres, poursuivit Samig. Ne viens pas avant que je ne t'aie fait signe.

— Quel signe ?

— Je me mettrai debout pour m'étirer, puis je me rassiérai. Pendant la soirée, agis comme si tu étais triste. Garde les yeux baissés lorsque tu serviras la nourriture. Cache ton visage quand tu coudras. Fais semblant de pleurer.

Trois Poissons éclata de rire.

— Et moi, que dois-je faire ? s'enquit Petit Couteau.

— Parle à Premier Flocon et à Longues Dents de tes craintes au sujet d'Aka. Puis, ce soir, si tu en trouves l'occasion, et si tu te sens suffisamment fort, raconte les morts dans les ulas des Chasseurs de Baleines.

— Je suis assez fort.

Amgigh observait dans l'ombre de la grotte tandis que Petit Couteau et Trois Poissons quittaient Samig. Samig resta un moment dehors, les yeux sur la mer. Il avait grandi pendant son année chez les Chasseurs de Baleines, mais il n'était pas aussi grand qu'Amgigh, malgré ses épaules plus larges.

Amgigh avait entendu Samig répéter à leur père, une fois, deux fois, trois fois qu'il fallait quitter l'île, suivre la terre à l'est, s'éloigner d'Aka.

Loin des baleines, songeait Amgigh. Loin de toute chance que mon père et moi apprenions à chasser la baleine.

La colère d'Amgigh était comme un morceau de lave bouillonnant dans sa poitrine. Samig revient avec une épouse et un fils déjà grand, se dit-il. Il revient en sachant chasser la baleine. Moi, je n'ai rien : ni femme, ni fils. Et voilà qu'il veut guider notre père dans ses actes.

Alors, les paroles de Waxtal lui revinrent : Samig se moquait de Kayugh, il ne respectait pas le pouvoir de Kayugh. Samig essaierait d'être chef.

Peut-être était-il temps de parler aux autres hommes du vrai père de Samig. Les craintes de Waxtal semblaient justifiées. Le mal qui était dans le vrai père de Samig était venu en Samig, il s'était frayé un chemin dans son esprit et lui dictait sa conduite. Sinon, pourquoi Samig, plus garçon qu'homme, chercherait-il à supplanter son père comme chef du village ?

Une fois allumés les feux de nuit, Petit Couteau s'approcha de Samig.

— Je n'ai pas eu à les convaincre, chuchota-t-il. Longues Dents et Premier Flocon pensent comme nous. Et Trois Poissons dit que, parmi les femmes, seule Chagak refuse de partir. Petit Canard ne répond rien. Elle est trop proche de la mort pour s'inquiéter.

Ce soir-là, Samig fut le dernier à venir près du feu. Il s'assit face à la grotte afin de voir quand Trois Poissons serait prête. Petit Couteau s'installa à côté de lui, à l'opposé se trouvaient Oiseau Gris et Longues Dents.

Samig avait songé à de nombreuses façons d'aborder le sujet du départ et il décida finalement de parler directement dès que serait passé le temps rituel du silence.

Samig attendit, assis sur ses talons, mains serrées sur ses genoux. Craignant soudain que sa voix ne résonne comme celle d'un garçon, haut perchée et cassée, il agrippa son amulette. Là résidait le pouvoir de deux tribus.

Puis, pour se donner du courage, il murmura dans l'air humide et nocturne :

— Je suis Samig, père de Petit Couteau, appeleur de phoques, chasseur de baleines, alananasika parmi mon propre peuple. Quel autre homme possède autant ?

Samig ferma les paupières un moment, se concentrant sur les pouvoirs qui étaient siens et, quand il les rouvrit, il était prêt, sa force profonde et assurée dans sa poitrine.

— Je veux parler.

Il vit le regard de son père posé sur lui. Rarement un autre que Kayugh brisait le silence de l'assemblée nocturne. Mais Samig refusa de songer au pouvoir de Kayugh. Toujours, de quelque infime façon, un homme restait un enfant aux yeux de son père. Cependant maintenant, pour tous, Samig devait être un homme.

— Parle, dit Kayugh.

Avant que Samig ne puisse ouvrir la bouche, il y eut un grondement sourd et l'île trembla, des roches jaillirent des murs de l'abri. Dominant le tumulte, le long gémissement de Trois Poissons fut entendu par Samig.

La secousse s'apaisa et la poussière se posa.

— Y a-t-il des blessés ? s'écria Kayugh.

Samig se leva et scruta l'obscurité.

— Nous ne nommes pas touchées, annonça Chagak.

Trois Poissons s'élança alors hors de la grotte. Son visage était strié de larmes et de terre. Elle courut jusqu'à Samig et s'agenouilla à ses pieds.

— Rentre, fit-il entre ses dents.

Mais Trois Poissons enroula ses bras autour des jambes de Samig ; ses épaules étaient secouées de sanglots.

— Ramène-moi chez mon peuple, supplia-t-elle. Aka va nous tuer. Il faut partir. Ne m'oblige pas à rester ! Nous allons tous mourir !

Chagak sortit à son tour et s'agenouilla près de la jeune femme.

— Viens avec moi, Trois Poissons. Tu es en sécurité.

— Non ! hurla-t-elle d'une voix stridente tout en s'accrochant avec plus de vigueur à Samig.

— Calme-toi, dit ce dernier. Reste tranquille. Va avec ma mère.

Mais Trois Poissons refusait de lâcher prise.

— Tu le dois.

Puis, élevant la voix, il appela Nez Crochu.

Celle-ci parut et aida à relever Trois Poissons. Les trois femmes réintégrèrent l'abri. Samig reprit sa place et vit le regard de Petit Couteau posé sur lui. Pourtant il ne souffla mot.

Il ferma les yeux tout en essuyant la poussière de son visage. Les hommes chuchotaient, quand, soudain, la voix de Kayugh retentit :

— Tu voulais parler, Samig ?

Samig affronta le regard de son père.

— Oui. Je veux dire ce qui n'aurait pas dû être dit.

Il marqua une pause, étudiant les visages autour de lui.

— Nous devons partir ou nous mourrons.

Dans le murmure qui s'éleva, Premier Flocon se tourna vers Kayugh :

— Il dit vrai. Moi, ma femme et mon fils allons partir, même si nous devons le faire seuls.

— Tu es un imbécile, répliqua Kayugh. Bientôt, nous retournerons à notre plage. Nous chasserons la baleine. Nous n'aurons jamais faim. Si tu pars maintenant, où iras-tu ?

Premier Flocon porta son regard vers Samig, qui répondit :

— Nous devons nous éloigner de la mer. Le tremblement d'Aka provoque des vagues assez hautes pour tout recouvrir sauf les montagnes.

— Loin de la mer, il n'y a que de la glace, objecta Kayugh.

Alors, Amgigh se leva et Samig fut soulagé, croyant que son frère le soutiendrait contre leur père.

Mais Amgigh gronda :

— Qui es-tu pour discuter avec mon père ?

Les mots, froids et durs, s'arrêtèrent dans la poitrine de Samig qui ouvrit la bouche pour répondre mais ne put sortir aucun son.

— Ta mère Chagak nous a dit que ton père était un des Premiers Hommes, poursuivit Amgigh, qu'il avait été tué par les Petits Hommes, mais certains parmi nous connaissent la vérité.

Les yeux de Samig errèrent sur les visages des hommes. Chacun avait l'air surpris. Longues Dents secouait même la tête en signe de désapprobation ; mais les yeux de Samig tombèrent sur Oiseau Gris. L'homme souriait.

Samig perçut un bref mouvement à l'entrée de la grotte. Sa mère était là, livide.

— Le père de Samig était un Petit Homme, cracha Amgigh, les lèvres retroussées.

Samig regarda Kayugh, vit que ses yeux étaient agrandis, sa bouche ouverte. Samig comprit que, si ce qu'Amgigh disait était vrai, Kayugh l'ignorait.

Puis Samig pivota vers sa mère. Chagak tenait un bola dans une main, un couteau d'obsidienne dans l'autre. Il se rappela les os éparpillés dans l'ulaq funéraire et sut que sa mère était assez forte, assez violente, pour avoir tué l'homme qui était son père.

Samig était là, debout, le regard planté dans celui d'Amgigh. Refusant de laisser la colère des yeux d'Amgigh lui faire baisser la tête, Samig dit :

— Nous avons toujours été frères.

— Je ne suis pas ton frère, répliqua Amgigh.

— Tu n'as perdu personne pour les Petits Hommes, Amgigh. Ma mère a perdu son village entier et il y a eu de nombreuses pertes au village de Petit Couteau. Ce sont eux qui devraient chercher vengeance. Ce sont eux qui devraient chercher ma mort.

Il se tourna à nouveau vers Chagak, qui s'était rapprochée du cercle des hommes.

— Tu es mon fils, déclara-t-elle. Je ne suis ni chasseur ni guerrier, mais si quiconque ici cherche à prendre ta vie, je le tuerai comme j'ai tué le Petit Homme sur l'île des Chasseurs de Baleines. Comme j'ai tué le Petit Homme pendant que Oiseau Gris se cachait de peur derrière moi.

Oiseau Gris la toisa en ricanant, puis éclata de rire, puis se tut.

Petit Couteau se leva et fit le tour du cercle jusqu'à Samig.

— Je suis ton fils, dit-il avec calme. Si un de ces hommes veut se battre contre toi, il lui faudra aussi se battre contre moi.

Samig regarda Kayugh dans l'espoir de lire un peu d'affection sur le visage de son père, mais les yeux de Kayugh étaient rivés sur Chagak.

— Je pars demain, annonça Samig. Moi, mon fils et ma femme. Ce soir, nous prendrons nos affaires et resterons au-dehors.

Il pivota vers la grotte, vit Chagak debout, les mains toujours sur les armes. Samig était un homme maintenant, il n'avait pas le droit de toucher sa mère, mais il tendit la main vers elle, la prit dans ses bras, sentit la chaleur de ses larmes sur ses joues. Il n'éprouva nulle honte.

59

Samig alluma un feu de bois flotté et d'os de phoque et ferma ses oreilles aux plaintes de Trois Poissons.

— Je serais bien restée dans la grotte une nuit de plus, ronchonna-t-elle en fourrant ses cheveux noués dans le col de son suk et en tournant le dos au vent. Il fait trop froid, ici.

— Tu voulais partir, rétorqua Samig. Nous partons. Dors, maintenant. Demain, tu dois pagayer l'ik, et seule.

Ils avaient déjà empaqueté leurs quelques possessions. Chagak leur avait fourni trois estomacs de phoque de poisson séché et un conteneur d'huile. Longues Dents leur avait donné plusieurs peaux de phoque.

Ils s'en iraient dès que Samig et Petit Couteau auraient pu trouver un peu de sommeil. Pour le moment, Samig assurait le guet, les yeux sur les chemins qui menaient à la grotte; Petit Couteau dormait. Les pensées de Samig étaient concentrées sur Amgigh. Pourquoi son frère en était-il venu à le haïr? Ce n'étaient pas eux qui avaient choisi lequel irait chez les Chasseurs de Baleines, lequel resterait au village pour épouser Kiin.

Kiin, songea Samig. Kiin, morte. Ces jours passés au milieu de son peuple avaient aussi été des jours de deuil, deuil qu'il ne pouvait partager avec personne. Il n'était pas le mari de Kiin; il n'avait pas souffert de la perte qu'avait soufferte Amgigh. Mais combien de fois au cours de son séjour chez les

Chasseurs de Baleines s'était-il imaginé racontant à Kiin des épisodes de sa vie là-bas ? Les sottes manières des femmes Chasseurs de Baleines, toujours à se quereller, toujours en colère. La façon paresseuse dont elles se procuraient de l'huile : elles fourraient des bandes de graisse dans une peau de phoque retournée, poils au-dedans, puis elles laissaient la graisse fondre toute seule. Un homme, désireux de faire un bon repas de poisson et de graisse de phoque, se retrouvait les dents pleines de poils. Il voulait lui raconter que ces femmes étaient si fainéantes qu'elles pouvaient mettre jusqu'à quatre jours pour dépecer une baleine. Il voulait lui raconter les plaisanteries des Chasseurs de Baleines, leurs histoires. Désormais, il ne partagerait rien de tout cela.

Il se rappelait combien il avait été affolé à l'idée de trouver le corps de Kiin dans les ulas détruits, mais quand Amgigh lui avait annoncé la mort de Kiin, c'était comme si les mots n'étaient que des mots en rêve, comme si Amgigh ne disait pas la vérité.

Maintenant, il allait perdre non seulement Kiin, mais tout son peuple. Mais, se dit-il, je ne souffre pas plus que Petit Couteau ou Trois Poissons. Il leur était arrivé le même malheur.

Samig dormit pendant que Petit Couteau veillait, il rêva, les songes s'empilant l'un au-dessus de l'autre, se cognant l'un à l'autre comme des morceaux de glace brisée au bord d'une rivière. Les rêves étaient si forts que, lorsque Petit Couteau secoua Samig pour le réveiller, il fut aussi secoué dans son rêve, comme par les secousses d'Aka ; Samig s'éveilla en rage contre les esprits de la montagne, qui avaient tant pris à un peuple qui les honorait.

— Ton père, ton père, murmura Petit Couteau.

La première réaction de Samig fut de joie. Mais, au souvenir de la veille au soir, il s'empara de sa lance. Il était un Petit Homme. Tout Premier Homme pourrait décider de le tuer.

Il se leva et son père s'approcha lentement, mains ouvertes.

— Je suis un ami. Je n'ai pas de couteau.

Samig vit la tristesse dans les yeux de l'homme.

Samig rangea son arme.

— Viens avec moi. J'ai à te parler, dit Kayugh.

Méfiant, Samig balaya la plage du regard, les rochers, les herbes en bordure du chemin qui quittait la plage. Puis il se retourna et ordonna :

— Petit Couteau, aide Trois Poissons à charger l'ik.

Il suivit ensuite son père au milieu des rochers à l'abri du vent.

Kayugh ne parla pas tout de suite. Samig dévisagea son père, voyant en cet homme ce qu'il n'avait jamais vu avant — des changements : des mèches grises se mêlaient aux mèches noires, des lignes autour des yeux, une nouvelle cicatrice en travers de sa main gauche.

— J'ai parlé à ta mère hier soir, déclara enfin Kayugh. Ce qu'Amgigh a dit est vrai. Shuganan n'avait pas de fils. Ton père était un Petit Homme. Il a forcé ta mère à être épouse pour lui. Seulement une nuit. Cette nuit-là, elle et Shuganan l'ont tué et ont laissé son corps dans l'ulaq.

Kayugh s'éclaircit la gorge et passa ses mains dans ses cheveux.

Samig se tut longuement. Le vent gémissait en s'engouffrant entre les rochers, et les vagues s'écrasaient sur la plage. Samig se sentait vieux, plus vieux que son père, plus vieux que tout homme ne l'avait jamais été.

— Ainsi, je suis le petit-fils seulement de Nombreuses Baleines et fils d'un Petit Homme, commenta-t-il enfin.

Soudain il eut l'impression que son esprit était impur.

— Samig, dit Kayugh en posant sa main sur son bras. Quitte-nous si tu crois que cette île n'est pas sûre. Ne nous quitte pas à cause de ce que ton frère a dit hier soir. Depuis la mort de Kiin, son chagrin déforme ses propos et obscurcit son esprit. Un homme n'est pas ce qu'étaient son père ou son grand-père. Un homme est ce qu'il fait, ce qu'il pense, ce qu'il apprend. C'est l'ensemble de ses qualités. Tu es un chasseur de baleines. Tu es bon pour ta mère. Tu es patient avec ton épouse, bon pour ton nouveau fils Petit Couteau.

Kayugh prit une poignée de sable qu'il laissa couler lentement entre ses doigts.

— Samig, ajouta-t-il, tu seras toujours mon fils.

Samig sentit la voix de Kayugh laver son esprit, en faire quelque chose de bon, repoussant les cendres de sa colère, la noirceur des paroles d'Amgigh.

— Je suis heureux que ma mère t'ait choisi pour être mon père, souffla Samig.

Puis il détourna la tête, de peur que son père ne remarque les larmes qui lui brûlaient les yeux.

Ils reprirent ensemble le chemin de la plage, la main de Kayugh sur l'épaule de Samig. Samig entendit appeler son père. C'était la voix de Longues Dents. Kayugh se retourna et attendit que l'homme les ait rejoints.

— Petit Canard, haleta Longues Dents, inclinant la tête et fermant les yeux. Elle se meurt. Elle réclame Samig.

— Samig ? s'étonna Kayugh.

Il regarda son fils.

Petit Couteau s'approcha de Samig. Il portait un couteau dans une main dont il frappait la lame contre sa paume.

— J'y vais, décida Samig. Oiseau Gris n'est pas assez fort pour me tuer et Amgigh...

— Amgigh ne te tuera pas, coupa Longues Dents.

— Je t'accompagne, dit Petit Couteau, tapant toujours la lame dans sa main.

Tous quatre se rendirent dans la grotte ; Samig et Petit Couteau marchaient entre Longues Dents et Kayugh. Une fois à côté du lit, Samig s'accroupit. Le visage de Petit Canard était ridé, ses mains racornies et recourbées comme les serres d'un aigle. Elle ouvrit les yeux ; ils se posèrent sur Longues Dents. Elle murmura d'une voix quasi inaudible :

— Je suis désolée de te laisser sans fils.

Elle ferma les yeux de nouveau et Longues Dents s'agenouilla près d'elle, serrant la main de sa femme contre sa poitrine.

— Tu as été une bonne épouse.

Tous se turent, cependant que Petit Canard marchait sur la fine ligne qui sépare les deux mondes. Peut-être y aura-t-il un petit signe, pensa Samig, un signe qu'elle verra et nous confiera avant de devenir un esprit. Il existe toujours cet espoir avec les mourants.

Elle rouvrit les yeux et Samig crut que peut-être elle était morte, les paupières s'ouvrant pour libérer l'âme. Mais elle le regarda ; elle était vivante, elle voyait encore comme une femme.

— Tu n'es pas mort, Samig. Nous avons cru qu'Aka t'avait tué.

Elle toussa. Une goutte de salive s'échappa de sa bouche et se posa sur la joue de Samig.

— Tu es trop fort. Tu es plus fort qu'Aka...

Soudain, elle réprima un cri et Samig s'aperçut que ses yeux étaient maintenant posés sur Petit Couteau qui se tenait debout près de lui.

— Mon fils, dit Petit Canard avec douceur, des larmes plein les yeux. Mon propre fils. Samig t'a ramené à moi.

Elle voulut s'asseoir en s'aidant des mains de Longues Dents.

— Samig, Samig, pressa-t-elle. Tu dois l'emmener d'ici. Ce lieu est un lieu de mort. Emmène-le dans un bon endroit. Un endroit sûr. Tu dois partir. Je t'en prie, Samig, tu es plus fort qu'Aka. Tu es plus fort...

Ses mots s'achevèrent en un râle et elle retomba sur le lit. Elle ferma les yeux et, quand ils se rouvrirent, ce fut pour libérer son esprit.

Nez Crochu poussa un gémissement et Chagak regarda Samig.

— Tu as raison. Nous devons quitter cette île.

Kayugh se tourna et s'éloigna.

60

Chagak ne tenta pas de suivre son mari. Elle devait d'abord aider à laver et préparer le corps de Petit Canard. Alors seulement, si Kayugh la répudiait, s'il déclarait qu'elle n'était plus son épouse, alors seulement elle déciderait que faire. Alors seulement elle pleurerait sur tout ce qu'elle avait perdu.

Chagak fouilla dans ses affaires et trouva une vessie de phoque d'huile raffinée provenant de la baleine de Samig. Elle l'avait tamisée et mise de côté pour les cérémonies, pour les funérailles et les attributions de nom. Elle trouva le morceau de bois flotté que Kayugh avait taillé en peigne pour ses cheveux, et emporta le tout dans l'abri.

Déjà, Nez Crochu s'affairait à enduire le visage de Petit Canard d'huile et d'ocre rouge; Baie Rouge et Coquille Bleue lavaient les pieds et les mains de la femme. Chagak s'assit et posa la tête de Petit Canard sur ses genoux. Elle entreprit alors de peigner ses cheveux, défaisant chaque nœud avant de faire pénétrer l'huile. Les cheveux de Petit Canard étaient devenus minces et ternes depuis la mort de son fils, depuis qu'elle avait cessé de manger. Chagak devait procéder avec douceur afin que les mèches ne cèdent pas sous ses doigts.

Nez Crochu avait déjà coupé ses cheveux très

court. Toutes les épouses ne portaient pas le deuil de la deuxième épouse de leur mari, mais Petit Canard avait été comme une petite sœur pour Nez Crochu, non une rivale.

Tandis que ses mains travaillaient, les pensées de Chagak allèrent à Kayugh. Elle avait toujours su qu'Oiseau Gris lâcherait un jour la vérité concernant le père de Samig. Pauvre Shuganan, comme il avait pris soin de raconter l'histoire de la naissance de Samig de telle sorte que Kayugh et son peuple croient que l'enfant était fils des Premiers Hommes. Puis, au moment de mourir, dans ses visions du monde des esprits, Shuganan avait tout dévoilé à Oiseau Gris — l'homme qui utilisait toujours ce qu'il savait pour son propre bénéfice, qui se réjouissait de causer du chagrin à autrui. Si Oiseau Gris ne s'était pas caché derrière elle tremblant de peur tandis qu'elle tuait le Petit Homme, il aurait tout dit depuis longtemps.

Du moins Samig était-il assez grand pour se défendre. Et il s'était montré l'égal de tous, en envoyant une baleine à son peuple, puis leur amenant un autre chasseur, un garçon près d'être un homme. A part Oiseau Gris et peut-être son fils Qakan, nul ne souhaiterait la mort de Samig. Et Oiseau Gris devrait savoir qu'il ne possédait pas assez de pouvoir pour tuer Samig, et Qakan... Qui pouvait dire où était Qakan ou s'il reviendrait jamais ?

Ayant achevé de préparer les cheveux de Petit Canard, elle se releva.

— Je vais chercher Kayugh, annonça-t-elle.

Elle passa près des deux femmes et s'arrêta quand Baie Rouge lui prit la main.

— Sois sage, mère, dit la fille.

Chagak sourit, heureuse de constater que la fille la plus âgée de Kayugh la considérait toujours comme sa propre mère.

Ainsi qu'elle s'y attendait, Chagak trouva Kayugh

sur la plage, comme si son seul désir était de quitter cet endroit, de se pousser dans la mer comme un phoque s'arrache au rivage pour faire corps avec les vagues.

Chagak demeura immobile, attendant que Kayugh la remarque et s'avance vers elle. Elle baissa la tête tout en gardant les yeux sur son époux.

— Tu aurais dû me dire, fit Kayugh.

Chagak reconnut à sa voix qu'il était blessé.

— Pensais-tu que j'allais tuer Samig ? ajouta-t-il.

— Comment aurais-je pu savoir ce que tu allais faire ou pas ? Quand tu es venu à nous, je ne te connaissais pas. Tu n'étais pas mon époux.

— Pas encore, repartit Kayugh qui se détourna et reprit sa marche. Une fois devenue ma femme, pensais-tu que je tuerais ton fils ?

— Non, car alors je te connaissais. Je savais que tu ne ferais pas de mal à Samig.

— Alors pourquoi n'avoir rien dit ?

— J'avais peur que tu ne me veuilles plus comme épouse.

Kayugh s'arrêta net et se retourna. Il s'avança lentement vers elle et lui tendit la main. Il lui releva le menton afin qu'elle puisse le regarder en face et lire ce qu'il y avait dans ses yeux.

— Chagak, tu seras toujours ma femme. Toujours.

— Petit Canard est prête, dit Chagak.

Samig était quasi endormi et il sursauta au son de sa voix. Puis il secoua la tête.

— Kayugh n'est pas rentré.

— Il ne reviendra qu'après les funérailles.

— Comment le sais-tu ?

Elle sourit à son fils d'un sourire qui lui donna l'impression d'être encore un enfant.

— Je lui ai parlé, expliqua Chagak. C'est sa façon de te céder la place. Il sait que celui qui conduit le peuple doit être le premier à entonner le chant funèbre. S'il n'est pas là, personne parmi nous ne se posera de questions. Samig, il est très difficile pour un homme de redescendre de ce qu'il a été, de donner sa place à un autre, même si cet autre est son fils. Mais il m'a demandé de te dire que désormais, tu es alananasika, donc chef chasseur et véritable chef de notre village. Mais n'oublie pas que tu es jeune et que la sagesse vient seulement avec les années. N'oublie pas de t'appuyer sur le discernement de ton père, de faire appel à son jugement quand tu n'es pas sûr du tien.

Une colère brusque et inattendue monta dans la poitrine de Samig. Pourquoi suis-je soudain chef? Un homme doit-il être le chef pour que les autres écoutent le bien-fondé de sa parole?

Il se mordit les joues et ferma un moment les yeux.

— Je ne veux pas cela, dit-il enfin. Je ne veux pas être chef.

Chagak ouvrit la bouche, mais à cet instant, la terre se mit à trembler, soulevant les cendres des rochers autour d'eux. Chagak plongea à quatre pattes pour plus de sécurité.

La secousse cessa. Chagak se releva, brossa ses genoux et la paume de ses mains.

— Un homme ne choisit pas d'être le chef ou non, objecta-t-elle. C'est le peuple qui choisit. Les membres d'une tribu suivent la sagesse d'un homme; ils suivent un chasseur aguerri. Ils sont prêts à te suivre.

— Ils veulent quitter cette île, voilà tout, rétorqua Samig.

— C'est la première chose.

— Et toi et mon père? demanda Samig. Resterez-vous ou viendrez-vous?

— Je ne veux pas quitter Aka, dit Chagak. Cette montagne est sacrée pour mon village, pour mon peuple; mais ceux de ma tribu sont dans les Lumières Dansantes et je dois faire selon le désir de Kayugh.

— Crois-tu que Kayugh voudra partir ?

— Je ne sais pas.

— Viens avec nous.

Mais Chagak se contenta de secouer la tête, puis pivota sur elle-même et reprit le chemin de la grotte. Elle se retourna une fois pour s'écrier :

— La cérémonie funèbre, Kayugh dit qu'elle est tienne.

La colère resurgit en Samig et, avec elle, le désespoir.

— Que sais-je des funérailles ? clama-t-il avec force, mais sa mère ne parut pas entendre.

Puis le sol trembla de nouveau. Si c'est le seul moyen de conduire mon peuple à l'abri, je serai le chef, décida Samig. Chez les Premiers Hommes, je suis alananasika. Je vais me préparer comme un alananasika.

Il balaya la colline du regard et, repérant enfin une petite tache sombre, une roche dans l'herbe, il y grimpa. Il s'appuya contre la pierre et tenta de trouver les mots qui guideraient le mieux l'esprit de Petit Canard à sa place dans l'autre monde.

Kayugh demeura à distance mais ne manqua rien de la cérémonie funèbre. Oui, se dit-il, Samig a raison. Il faut quitter cette île, trouver un autre lieu où bâtir un village. Qui sait si nous pourrons jamais retourner à la plage de Tugix ? Mais plus loin à l'est nous irons, moins il y aura de baleines. A quel immense pouvoir renoncerons-nous si Samig ne peut nous enseigner à chasser la baleine ?

Kayugh soupira et se frotta les yeux. Quand les feux d'Aka avaient commencé, il avait d'abord songé à se rendre sur l'île des Chasseurs de Baleines, mais il avait craint qu'une fois les Premiers Hommes sur place ils ne décident que Samig ne chasserait plus.

Mais même leur île n'était pas sûre. Celle-ci non plus. Jusqu'où devraient-ils aller pour échapper à la fureur d'Aka, à la colère des montagnes voisines d'Aka ?

Samig avait donc raison. Ils devaient quitter cette île. Même le centre était assez bas pour que les vagues y parviennent et les engloutissent. Comment Kayugh pouvait-il oublier ce qui était arrivé à sa famille voici des années ? Comment Longues Dents et Oiseau Gris pouvaient-ils oublier ? Samig et Amgigh avaient entendu les récits de leur père sur cette époque des vagues géantes.

Et pourquoi Kayugh devrait-il trouver Samig trop jeune pour mener ? Lorsque lui-même avait conduit Longues Dents et Oiseau Gris et leurs épouses à la plage de Tugix, il n'avait que dix-huit étés, peut-être dix-neuf.

Non, Kayugh ne pouvait oublier ce qui était arrivé à son peuple, mais il ne pouvait non plus oublier ce que la place de chef lui avait coûté. Deux épouses : la vieille Jambe Rouge, la belle Blanche Rivière. Et il avait failli perdre aussi Amgigh.

Les esprits mettent toujours à l'épreuve celui qui mène son peuple. Samig était alananasika. Un jeune homme fort, très avisé malgré son petit nombre d'étés. Qu'il conduise, songea Kayugh. Il a déjà perdu Kiin. Cette perte devrait être suffisante. Les esprits ne lui en demanderont pas plus. Mais moi... comment pourrais-je prendre le risque de perdre Chagak ?

L'air était humide d'une bruine qui porta avec clarté les paroles des funérailles de Petit Canard jusqu'aux oreilles de Kayugh.

Samig évoquait la nécessité pour un peuple de travailler ensemble, la force du nombre comparée à la force d'un seul. Il se pencha et tira un brin d'herbe du sol, qu'il brisa aisément entre ses doigts. Puis il arracha une pleine poignée d'herbe, la tordit et essaya de casser la mèche tordue.

La mèche refusait de céder. Samig l'exhiba. Il posa les yeux sur chaque membre de la tribu, même Amgigh, même Oiseau Gris.

— Je ne veux pas partir seul, déclara Samig. Je suis faible lorsque je suis seul. Mais tous ensemble, nous sommes forts.

Puis il entonna un chant funèbre et expliqua que les femmes avaient décidé de faire des funérailles à la manière des Chasseurs de Baleines puisqu'il n'y avait pas d'ulaq des morts et pas le temps d'en creuser un. Samig ramassa une pierre qu'il déposa sur l'étroite tombe de Petit Canard.

Kayugh rejoignit alors son peuple. Il prit une pierre et cueillit trois brins d'herbe. Il posa la pierre contre les pieds de Petit Canard, puis se tourna vers Samig à qui il tendit les trois brins d'herbe.

— Je pars avec toi. Moi, ma femme et ma fille Mésange.

Longues Dents en fit autant, pour lui, pour Nez Crochu. Puis Premier Flocon, et enfin Oiseau Gris l'imitèrent. Pendant un moment, Amgigh resta debout, seul à l'écart des autres. Puis, à son tour, il tira un brin d'herbe, posa sa pierre sur la tombe, et se tourna non vers Samig, mais vers Kayugh à qui il tendit son brin d'herbe.

— Je vais où tu vas.

61

Pendant de nombreux jours, Qakan pagaya aussi dur que Kiin. Ils se reposaient sur des rives rocheuses, délaissant les criques et les bonnes plages pour accoster à marée basse sur d'étroites crêtes dangereusement proches de la mer, des endroits où Qakan pensait que le Corbeau n'irait pas les chercher.

Mais un après-midi, le soleil était encore haut dans le ciel, Kiin repéra une grande plage protégée par des bras de terre et traversée par un courant étroit qui se jetait dans l'eau.

— Nous de-devrions nous arrêter là.

Qakan refusa d'un signe de tête.

— C'est un lieu où le Corbeau descendrait. Les hommes de nombreux villages viennent y commercer au milieu de l'été.

Pourtant, voyant la courbe de la plage, Kiin se rappela que les femmes Morses en évoquaient l'eau si bonne, les myriades d'oiseaux.

— Notre ik est l-l-lent, objecta-t-elle. Si le Cor-Corbeau nous suivait, il nous aurait dé-déjà rattrapés. Que quelle... quelle importance pour lui ? Il ne me v-veut pas. Il veut mes fils, et si grand-mère et tante ont réussi à le convaincre d'en tu-tuer un, il est peut-être content que je sois par-partie.

— Il ne te veut pas ? s'étonna Qakan. Comment le sais-tu ?

— Il me l'a d-dit. Il veut le pouvoir d'un ch-chaman. Il croit que mes f-fils ont le p-pouvoir. Mais grand-mère et tante l'ont peut-être convaincu...

— Ce sont mes fils, coupa Qakan. Pas question qu'on me les prenne.

Kiin haussa les épaules. Qakan et elle se disputaient à ce sujet depuis qu'ils avaient quitté le village. Le premier jour, Kiin avait expliqué que les bébés appartenaient à Amgigh et à Samig. Elle avait montré les enfants à Qakan, certaine que même lui remarquerait que Takha avait le nez et les yeux de Samig et ses cheveux noirs et épais ; que Shuku avait la bouche d'Amgigh, ses longs doigts et ses longs orteils. Mais Qakan avait désigné les oreilles des bébés, bien collées sur le crâne comme celles de Qakan, comme celles de Kiin, et il avait revendiqué les bébés pour siens.

Maintenant, l'esprit de Kiin l'avertissait : « Pourquoi discuter ? Peut-être les enfants sont-ils plus en sécurité, si Qakan croit qu'ils lui appartiennent ? »

Kiin se contenta de plaider :

— Qakan, nous avons be-besoin d'eau et je vais peut-être trouver des clams à marée basse. Tu vois les falaises... là-bas ? Je vais peut-être trouver des-des œufs de gui-guillemots.

Qakan releva sa pagaie et contempla un moment le rivage.

— Oui, dit-il enfin. C'est une bonne plage. Nous pouvons passer un ou deux jours à ramasser de la nourriture.

Il posa sa rame au fond de l'ik et fit signe à Kiin de les tirer à terre.

Dégoûtée de tant de paresse, Kiin ouvrit la bouche pour protester mais se ravisa. Qui savait de quoi Qakan était capable lorsqu'elle l'irritait ? Elle avait deux bébés à protéger. Il avait autorisé cette étape, c'était déjà bien.

Ensemble, ils glissèrent l'ik sur la plage, puis Qakan prit ses marchandises et attendit pendant que Kiin hissait le bateau sur les collines herbeuses. Kiin avait commencé à y empiler nattes et peaux de phoque quand Qakan arriva en tirant deux de ses paquets avec lui.

— Dresse deux abris, ordonna-t-il. Je dormirai dans l'ik avec les marchandises. Installe-toi suffisamment loin pour que je n'entende pas les bébés pleurer. Si nous devons rester plusieurs jours, je tiens à dormir au calme.

Kiin grinça des dents. Ils ne possédaient pas suffisamment de peaux de phoque pour deux bons abris. Mais son esprit lui souffla : « C'est une plage de sable ; il y en a même sur certaines collines. Achève l'abri de Qakan, puis creuse au dos d'une colline, croise les pagaies au-dessus du trou et empiles-y des nattes. Ce sera suffisant pour tes bébés et toi. Du moins ne seras-tu pas obligée de dormir à côté de ton frère. »

Qakan regarda un moment Kiin travailler, puis s'éloigna pour ne revenir qu'une fois son abri achevé.

— L'ik est bien caché, reconnut-il.

Kiin hocha la tête. Oui, il était bien caché. A deux collines de la plage. Si le Corbeau accostait à cet endroit, il pourrait même ne pas remarquer leur présence, surtout s'ils prenaient soin d'effacer leurs traces dans le sable. Et l'abri de Kiin était encore plus éloigné de la plage. Bien à l'écart de l'ik. Encore plus difficile à trouver que celui de Qakan.

— La rivière est de l'eau douce, dit Qakan.

Kiin s'arrêta de creuser et alla prendre le petit baluchon qu'elle avait préparé dans l'ulaq du Corbeau. Elle tendit à Qakan plusieurs vessies de morse. Comme il protestait, elle s'insurgea :

— Je veux dresser des pièges à oiseaux dans les collines dès que j'aurai fini ici. Tu peux bien m'aider. Chercher de l'eau n'est pas si difficile.

Qakan se dirigea vers la plage et Kiin appela :

— Fais attention ; guette les ikyan sur la mer.

— Je ne suis pas un enfant, répliqua Qakan de sa voix plaintive.

Kiin s'assit sur ses talons. Le trou était assez profond, même s'il était juste assez large pour étirer ses bras et assez grand pour s'étendre de tout son long. Elle devait le recouvrir de peaux et de nattes. Autant éviter qu'il se remplisse d'eau s'il se mettait à pleuvoir. Elle plaça des pagaies en travers, déroula des peaux de phoque au fond, les releva sur les côtés, les cousit à grands points aux nattes et peaux qu'elle avait disposées sur les rames. Elle laissa un orifice pour l'entrée. Puis elle se rendit à l'ik de Qakan. Il était allongé à l'intérieur de l'abri, paupières closes.

— Je-je suis venue chercher de l'eau et mes nattes de couchage, dit-elle.

Sans ouvrir les yeux, Qakan désigna l'endroit où il avait posé les vessies. Il n'en avait rempli que deux, que Kiin prit. Elle s'empara également du panier contenant ses nattes de couchage et s'en alla.

Une fois arrivée à son abri, elle accrocha les outres aux pagaies, étendit ses nattes sur les peaux de phoque, puis les fourrures. Elle sortit les bébés de son suk, les emmaillota et leur chanta des berceuses. Puis elle déballa une bobine de fil de varech et s'enroula de longs brins à chaque poignet. Une fois assurée que les bébés dormaient, elle se mit en route.

L'escalade jusqu'à la base des falaises était pénible. Le sable noir s'effaçait sous ses pas et à deux reprises elle se coupa l'orteil aux bords tranchants des roseaux des sables. Elle avait une canne, pas une bonne canne taillée à la dimension de la main, mais un gros bout de bois flotté qu'elle avait trouvé sur la plage. Il l'aidait à garder l'équilibre pendant son ascension. Elle s'arrêta lorsqu'elle eut repéré un endroit d'où guetter l'entrée des terriers d'alques. Elle fabriqua des pièges, laissant un nœud coulant au centre; les brins se resserreraient autour du cou de l'oiseau quand il sortirait. Puis elle fixa les rets à chaque orifice. Elle avait de quoi en poser cinq. Ce soir, quand les oiseaux quitteraient leur terrier, ses filets en prendraient deux ou trois.

Elle repartit en longeant la colline où des guillemots noir et blanc nichaient, droits et raides comme des piquets. D'ordinaire, ils choisissaient des crêtes difficiles d'accès, mais celle-ci jaillissait d'une petite colline herbeuse.

Kiin savait que les œufs de guillemots — un ou deux par nid — se trouvaient sur la pierre nue, avec parfois autour un peu de terre ou quelques brins d'herbe. Kiin fit claquer sa canne contre l'herbe au-dessus de la crête; bientôt, avec des gémissements coassants, les guillemots quittèrent leurs nids. Kiin ramassa six œufs.

C'est bien, se dit-elle. Ce soir, nous les mangerons et demain matin, je cuirai des oiseaux. Alors Qakan se décidera peut-être à rester un jour de plus pour renouveler les provisions.

Cette nuit-là, Kiin s'éveilla souvent. Depuis qu'ils

avaient quitté le village des Hommes Morses, elle s'était refusée à dormir trop profondément. Pourquoi courir le risque que Qakan se glisse en douce dans son abri ? Pourquoi courir le risque qu'il s'en prenne de nouveau à elle et s'en serve comme d'une épouse ? Pourtant, jusque-là, il n'avait pas esquissé le moindre geste, la traitant plutôt en homme, lui laissant une juste part de nourriture et accomplissant au moins quelques tâches.

Cela n'empêchait pas son malaise. Qakan restait Qakan, paresseux, égoïste, souvent irréfléchi, faisant souvent passer ses désirs avant sa sécurité, incapable, semblait-il, de voir que ce qu'il faisait dans l'instant pouvait lui nuire par la suite. Il allait tenter de la négocier, sans doute lorsqu'ils atteindraient les villages des Premiers Hommes ; et maintenant qu'ils étaient loin du village du Corbeau, le mieux serait peut-être de le quitter. Il ne fallait guère de temps à Kiin pour lancer l'ik et pagayer hors d'atteinte de Qakan.

A cette seule pensée, son cœur battait la chamade : rentrer dans son village avec ses fils et un ik plein de marchandises d'échange. Elle souriait dans l'obscurité. Son père serait furieux, et Qakan la détesterait pour toujours.

« Il t'a toujours détestée, murmura l'esprit de Kiin. Samig et Amgigh te protégeraient. Tu es suffisamment forte pour t'échapper. Ce ne serait pas facile, mais tu le pourrais. Il y a des moyens, des moyens pour réussir. Tu as un couteau. Tu n'es pas attachée... »

Oui, songea Kiin. Oui. Il y a des moyens. Et elle dressa des plans jusqu'à ce que le ciel trace une fine ligne claire pour marquer l'aube.

Qakan dormit comme une masse. Ses rêves étaient de bons rêves, des rêves de Cheveux Jaunes, une Cheveux Jaunes bonne, aussi gentille que sa danse l'avait laissé promettre. Ses fils et d'autres fils vivaient dans un ulaq si grand qu'il fallait une rangée entière de lampes pour l'éclairer. Qakan rêva que ses mains caressaient les seins doux et ronds de Cheveux Jaunes, les muscles longs et fermes de ses cuisses. Et Kiin aussi était là, souriant, souriant tandis que Qakan prenait Cheveux Jaunes, Kiin souriant et chantant, tandis que Cheveux Jaunes gémissait et se tordait sous lui.

Quand les bébés se réveillèrent, Kiin les nourrit, les lava, passa de l'huile de phoque sur leur peau si fine, si tendre. Quand ils se rendormirent, elle partit relever les pièges.

Trois sur cinq contenaient des alques morts, étranglés par les ficelles. Elle démantela les rets et utilisa une des cordelettes pour ficeler ensemble les oiseaux qu'elle rapporta à l'abri.

Elle trouva les deux bébés en pleurs. Se débarrassant en hâte de son butin, elle les attira contre elle, ôta l'herbe souillée de leurs langes en peau de phoque et la remplaça par de l'herbe fraîche. Elle souleva son suk et plaça chaque bébé dans sa bandoulière, pressant son sein droit contre la bouche de Takha, le gauche contre celle de Shuku. Puis elle sortit et nettoya les oiseaux.

Qakan s'étira dans un bâillement. Il avait faim. Kiin devrait avoir préparé à manger. Elle ferait bien, après avoir laissé les bébés de si bonne heure. Ils s'étaient mis à pleurer, le premier, puis l'autre, faisant un tel charivari qu'à deux collines de là il avait été tiré de ses rêves. Il n'était pas allé les voir. Il avait dépassé l'abri de Kiin puis avait avancé dans les collines, s'était soulagé, et était resté là jusqu'à ce que les pleurs aient cessé. Puis il avait ramassé quelques poignées de bruyère camarine, bonne pour démarrer un feu.

Quand il revint à l'abri de Kiin, elle était dehors et préparait les oiseaux. Il lui jeta la bruyère.

— J'ai faim. Fais un feu.

Et il poursuivit son chemin vers son propre abri, pour se protéger du vent tandis qu'elle cuisinait. Elle était lente, toujours si lente, et s'il restait avec elle, lui ordonnant de s'activer, elle trouverait quelque chose à lui faire faire. Apporter de l'eau, tenir les bébés.

Oui, les bébés étaient ses fils, mais quel homme prenait soin d'un nourrisson ? Et puis, il était toujours inquiet et gêné quand il voyait l'épaisse chevelure sur celui qu'on appelait Takha. Ces cheveux ressemblaient trop à ceux de Samig. Mais, naturellement, l'enfant ne pouvait appartenir à Samig. Samig n'avait jamais eu Kiin dans son lit.

Qakan repensa aux oreilles des bébés, à leur visage rond. C'étaient ses fils. Comment Kiin pouvait-elle en douter ? Il avait prouvé sa virilité, prouvé qu'il était un homme autant qu'Amgigh, même s'il n'avait jamais attrapé de phoque. Il avait deux fils. Si seulement son père le savait !

Jamais, dans tous les récits qu'avait entendus Qakan enfant, il n'avait été question d'un homme ayant engendré deux fils en même temps. Et Qakan avait pris d'autres femmes, pas seulement Kiin, des femmes des villages Premiers Hommes. Puis il avait eu Cheveux Jaunes. Mais quel homme pouvait créer un fils en elle ? Elle ne venait jamais dans le lit d'un homme sans exiger un cadeau.

Parfois, il fallait choisir. Qu'est-ce qui avait plus de prix, une épouse qui ne savait pas tenir son ulaq en ordre, qui ne cuisinait jamais, ne cousait jamais, ne venait jamais dans son lit — ou ses marchandises d'échange ? Il n'était pas si bête.

Il ne voulait pas la tuer, mais quel homme ne l'aurait tuée en voyant ce qu'elle avait fait ?

Qakan s'agenouilla près de ses paquets. Celui du milieu contenait un ventre de phoque de poisson séché. Il prit plusieurs poissons dans l'espoir que Kiin ne remarquerait rien. Elle l'avait toujours morigéné de trop manger. Qu'espérait-elle ? Il était un homme, pas une de ces femmes minuscules et faibles qui n'avaient pas besoin de grand-chose. Il remit le sac en place et disposa la peau de phoque contenant les couteaux d'Amgigh sur le dessus. Soudain, il se figea.

Il avait noué différemment chaque paquet contenant des marchandises différentes, un certain nombre de nœuds pour les couteaux, un autre pour les pierres à trancher, pour l'ivoire... Il avait fait trois nœuds pour le paquet de couteaux. Il n'y en avait plus que deux. Qakan ouvrit le sac et compta. Au lieu de cinq couteaux, il en restait quatre.

Kiin en avait pris un. Pas un simple couteau en pierre verte, mais celui à la belle lame d'obsidienne que Qakan avait volé dans la cache d'armes d'Amgigh.

Pourquoi s'étonner ? Kiin avait toujours été rapace. Elle n'avait aucune raison de changer.

Peut-être était-il temps de lui montrer à quoi servait un couteau. Il déballa le plus grand, une pierre verte d'Amgigh. La lame était parfaite, le tranchant si pointu que Qakan s'était coupé en l'enveloppant. Il est vrai que, s'il faisait des cicatrices à Kiin, il ne pourrait plus la vendre comme épouse, seulement comme esclave, mais même les esclaves rapportaient un bon prix, et il négocierait les bébés séparément, s'assurant que ses fils seraient confiés à d'excellents chasseurs, élevés à honorer leur père. Et chaque année, il leur rendrait visite, leur apporterait des cadeaux, ferait savoir aux autres que c'étaient ses fils.

Qakan entendit un bruissement de pas dans le sable, derrière lui. Kiin. Qakan saisit le couteau et se leva. Oui, il allait lui apprendre !

Il se retourna. Ce n'était pas Kiin.

Le cœur de Qakan cogna si brusquement qu'il se bloqua dans sa gorge. Pendant un moment il ne put penser, ne put réagir, mais il finit par sourire et, le couteau dans la main, il dit en riant :

— Corbeau, tu m'as fait peur. Tu veux négocier autre chose avant que j'atteigne les villages des Premiers Hommes ?

Le Corbeau eut un rictus. Son souffle sifflait entre ses dents. Il tenait le couteau manquant dans la main droite.

— Tu as amené Cheveux Jaunes ? s'enquit Qakan. La frayeur poussait les mots hors de sa bouche avant qu'il n'ait le temps de penser à ce qu'il disait.

— Moi, je ne l'ai pas amenée parce qu'elle refusait de partir, ajouta-t-il.

— Où sont mes fils ? demanda le Corbeau d'une voix plus puissante que le grondement du vent ou des vagues, plus puissante même que les battements du cœur de Qakan.

— Je n'ai pas tes fils, dit Qakan en désignant le tas de paquets derrière lui. Regarde, je n'ai que les marchandises dont j'ai besoin pour troquer.

— Tu as pris Kiin, tu as pris mes fils, tu les as échangés. Où sont-ils ? Quel village ? Quels chasseurs ?

Les yeux du Corbeau s'attardèrent un moment sur les sacs.

— Tu as tué Cheveux Jaunes, gronda-t-il enfin.

Les mains de Qakan se mirent à trembler, puis ses bras, sa poitrine vacillèrent.

— Je n'ai tué personne, martela-t-il d'une voix perçante, celle d'un petit garçon. Je n'ai tué personne. Peut-être Kiin, ta femme, a-t-elle tué Cheveux Jaunes. Peut-être est-elle partie de son côté. Pourquoi me faire des reproches alors que tu es incapable de dominer ton épouse ?

Le Corbeau donna un coup de pied dans les paquets de Qakan, éparpillant les couteaux d'Amgigh.

Qakan ne tourna pas la tête, mais observa le Corbeau du coin de l'œil. Le Corbeau, songea Qakan, n'était pas un chasseur. Il se prétendait chaman, mais au cours des mois que Qakan avait vécus chez les Hommes Morses, il n'avait jamais vu le Corbeau parler avec les esprits, ni guérir la moindre maladie.

Le Corbeau n'est rien, se dit Qakan. Il n'a aucun pouvoir. Et Qakan répéta ces paroles dans son esprit jusqu'à ce que le tremblement de ses mains cesse, jusqu'à ce que ses genoux se tiennent tranquilles.

Le Corbeau s'agenouilla et sortit d'autres sacs de l'ik. Maintenant, se dit Qakan. Maintenant, avant qu'il ne puisse me rendre les coups. Avec une rapidité dont il savait que Samig l'aurait enviée, Qakan pivota et plongea son couteau à travers le parka du Corbeau, là où la capuche rejoignait l'épaule, et dans le cou du Corbeau.

Mais le Corbeau fit volte-face et frappa Qakan à terre.

L'estomac de Qakan remonta dans sa bouche. Il vit que son couteau s'était pris dans la capuche du parka du Corbeau, ne provoquant qu'une simple estafilade.

Bientôt, le Corbeau fut à genoux sur la poitrine de Qakan, la lame d'obsidienne pointée sous son menton.

— Tu as tué Cheveux Jaunes.

Puis il éleva soudain la voix pour hurler au vent :

— Tu as tué Cheveux Jaunes. Où sont mes fils ?

— Je n'ai tué personne, répéta Qakan.

Le couteau appuyait si fort sur sa peau qu'il devait chuchoter pour que la lame ne pénétrât pas sa chair.

— Tu as vendu mes fils.

— Kiin... c'est Kiin. Elle a tué Cheveux Jaunes. Elle a pris tes fils. C'est Kiin...

Accroupie au sommet de la colline la plus proche, Kiin tenait ses bébés serrés dans son suk. Elle avait entendu les supplications de Qakan, sa voix se muant en cris aigus, et elle avait accouru. Reconnaissant le Corbeau, elle avait plongé à quatre pattes et se tapissait dans l'ivraie.

Elle vit le Corbeau pousser la lame dans la gorge

de Qakan, entendit le gargouillis des dernières paroles de son frère. Elle observa le Corbeau fouiller dans les paquets de Qakan, prendre les couteaux d'Amgigh, les fourrures, un ventre de poisson séché, un panier à couvercle plein d'hameçons.

Elle attendit pendant que le Corbeau tranchait la tête de Qakan, découpait chaque articulation afin que l'esprit de Qakan ne puisse se venger. Elle attendit pendant qu'il fracassait l'ik de Qakan, en déchiquetait la couverture de lion de mer et éparpillait les morceaux au vent. Même après que le Corbeau eut fixé les paquets de Qakan à son propre ikyak, après que le Corbeau eut pagayé si loin que Kiin ne percevait plus sur l'eau que la ligne foncée de son bateau, elle attendit.

Enfin, quand le soleil décida de se coucher, elle remporta ses bébés à l'abri puis descendit vers Qakan. Elle s'obligea à ne pas regarder ce qu'il restait de lui et creusa à l'aide d'une roche plate une tombe peu profonde dans le sable, tout près, avant de le pousser dedans avec la même pierre, prenant garde que ses mains ne soient pas marquées de son sang.

Elle le couvrit de cailloux et alla sur la plage se frotter les mains de sable avant de les rincer à grande eau.

Puis elle revint au monticule qui était maintenant Qakan. Sachant que son esprit était là avec son corps, incapable de se rendre dans les Lumières Dansantes puisque le Corbeau l'avait découpé, elle dit :

— Toute ta vie, Qakan, tu m'as reproché tes propres choix. Ainsi, tu as tué Cheveux Jaunes. Pour quelle raison ? Sous l'effet de la colère ? Pour montrer ton pouvoir ? Tu n'as aucun pouvoir, Qakan. Tu n'en as jamais eu. Tu as utilisé toute la force de ton esprit pour haïr les autres au lieu de devenir ce que tu aurais dû être.

Elle se retourna et grimpa vers les collines, où

l'attendaient ses bébés. Mais, une fois au pied des collines, elle pivota sur elle-même et s'écria :

— Je reviendrai dans notre village, Qakan. Mes fils appartiennent à Amgigh et Samig. Ils ne sont pas maudits. Tu n'as jamais été assez fort pour porter la moindre malédiction.

Ce n'est que lorsqu'elle eut ses deux bébés dans les bras qu'elle s'aperçut qu'elle avait parlé sans bégayer, que ses mots étaient venus aussi facilement que ses chants, qu'ils avaient coulé aussi lisses que l'eau sur le sable.

62

La voix vint. Quelque chose qui faisait partie de ses rêves, une voix plaintive. Kiin se réveilla, s'assit sur son séant, écouta. Non, rien. Seulement les vagues sur le rivage, seulement le bruit du vent filant sur les nattes de son abri, s'infiltrant dans la pile de bois cassé et les peaux déchirées, restes de l'ik de Qakan.

Kiin avait rapporté à l'abri les débris de l'ik et les rares marchandises laissées par le Corbeau. Autant les avoir ici, invisibles de la plage. Il y avait de l'ivoire, quelques brisures de dents de baleine et un fragment d'os de mâchoire. Ainsi qu'une peau de poisson séché ; en l'ouvrant, elle s'aperçut avec dégoût que le sac était rempli moitié de poignées d'herbe et moitié seulement de poisson. Qakan. Toujours à chaparder.

Kiin avait creusé un trou près de son abri, engrangé le poisson et les morceaux de couverture d'ik assez grands pour être utiles ; puis elle avait recouvert le tout de nattes d'herbe.

Ayant achevé avant la nuit, elle se reposa, fredonnant pour ses bébés et, tandis que son esprit était pris dans les mots de la chanson, ses mains agitées cherchaient à s'occuper. Elle sortit de son fourreau le couteau que le Corbeau lui avait donné et ramassa un bout de bois cassé d'un des bancs de nage de l'ik. D'abord, elle se contenta de tailler, tranchant dans la peinture ocre et le jaune pâle du montant.

Bientôt, elle s'aperçut que ses mains fabriquaient un ikyak, faisaient jaillir un bateau d'un morceau de bois comme un homme sortait ses pieds d'une paire de bottes en peau de phoque.

— Un ikyak, dit-elle.

Puis elle laissa la sculpture participer à la mélopée.

Elle chanta pour Shuku, pour Takha.

Vous aurez un ikyak
Ce sera un autre frère.
Ensemble vous le construirez;
Ensemble vous irez en mer;
Vous chasserez; vous chasserez;
Tous trois, ensemble, frères.

Elle chanta et sculpta jusqu'à ce que la seule lumière vienne de la lune montante. Puis elle s'endormit. Puis la voix de Qakan... La voix de Qakan...

« Qakan est mort. Son âme est prisonnière dans sa tombe, lui dit son esprit. C'était un rêve. »

Kiin posa la main sur le dos de Shuku, puis sur celui de Takha. Les deux bébés dormaient, le souffle lent et doux.

Allongée, arrachant de son esprit toute pensée de Qakan, elle réfléchissait à ce qu'elle ferait le lendemain, les pièges à oiseaux qu'elle disposerait. Elle devait attraper autant d'oiseaux que possible. Sécher leur viande. Garder leur graisse pour l'huile de l'hiver. Si les Premiers Hommes ne venaient pas sur cette île ou si les Hommes Morses accostaient et qu'elle dût se cacher pendant les jours de négoce, elle serait peut-être obligée de passer l'hiver ici. Comment ses bébés et elle vivraient-ils sans huile, sans viande ?

Le Corbeau avait réduit l'ik de Qakan en morceaux si petits qu'il était irréparable, et même en pêchant sur la plage, elle n'attraperait pas autant de poissons qu'avec un bateau.

« Il y aura des baies de camarine à manger et de la bruyère de camarine à brûler, murmura son esprit. Tu n'as pas besoin d'ik pour ramasser des chitons. Tu trouveras des oursins et des clams. Il y a de l'ugyuun et du varech. Tu as repéré des fleurs de canneberge... Et qui sait, un lion de mer peut venir ; cela leur arrive. »

Ces mots de réconfort coulaient comme un chant et transformèrent les pensées de Kiin en rêves. Des rêves de phoques et de lions de mer, de nourriture suffisante pour elle et pour ses fils...

Puis la voix geignarde de Qakan revint, réveillant de nouveau Kiin. La voix de Qakan, la voix de Qakan.

Kiin réveilla ses fils, apaisant leurs petits pleurs d'une berceuse. Elle les mit dans leur bandoulière et les laissa téter. Puis elle quitta son abri, emportant un œuf d'oiseau qui restait de sa cueillette de la veille.

Elle se rendit au monticule où était enterré Qakan et se tint à légère distance de la pile de pierres. Elle prêta l'oreille mais n'entendit rien. Le vent surgit, cinglant, de la plage. Et elle entendit la plainte de Qakan.

— Qakan ! dit Kiin. Tu t'es conduit toi-même en ce lieu. Toi et ton avidité. Je ne peux rien pour toi.

Elle jeta l'œuf sur les pierres de la tombe de son frère, le vit dans le clair de lune atterrir et se briser pour s'épandre à l'intérieur de la tombe.

— Voilà, dit-elle. Mange et tiens-toi tranquille.

63

Au cours du voyage, hommes dans les ikyan, femmes dans les iks, Samig perdit le compte des jours. Suffisamment pour voir la lune passer de pleine à pleine et davantage encore. Assez longtemps pour épuiser presque toute leur nourriture. Après quatre jours, peut-être cinq, ils ne sentaient que les secousses les plus violentes d'Aka, mais même alors, les vagues obéissaient à une force autre que les vents ou les marées.

La cendre se réduisait désormais à une fine brume, une poussière qui colorait le ciel de roses et de bruns et, la nuit, semblait se poser autour de la lune en un halo vibrant.

La terre était maintenant inconnue de tous sauf d'Oiseau Gris. L'herbe était entremêlée de saules plus costauds et plus grands que les touffes qui croissaient près des courants de l'île de Tugix. Oiseau Gris indiquait les plages où il avait commercé avec diverses peuplades. À deux reprises, ils s'étaient arrêtés pour demeurer dans des villages Premiers Hommes, mais chaque fois, Samig avait perçu un malaise chez les habitants. De nouveaux chasseurs — cela signifierait-il de nouveaux chefs pour le village, des femmes qui s'attendaient à recevoir une part de la nourriture déjà rangée pour l'hiver ? Alors, ils restaient assez longtemps pour attraper du poisson, pour expliquer aux villageois pourquoi la mer agissait étrangement, pour leur parler des esprits puissants qui commandaient à la montagne Aka. Puis ils poursuivaient leur route.

Une nuit, leurs petits abris de peaux dressés derrière des collines surplombant une plage rocheuse, le vent soufflant d'abord de la mer puis des montagnes vers le centre de l'île avec une froide violence, ils s'assirent côte à côte, leurs corps protégeant les trois petites lampes à huile qui brûlaient au milieu.

Baie Rouge avec son fils et Chagak avec Mésange étaient installées à l'endroit le plus abrité au centre du cercle. Oiseau Gris, le visage pincé et maussade, les joues râpeuses après des jours de vent et d'embruns, se mit à parler d'une plage où les Chasseurs de Morses et parfois même le Peuple des Caribous venaient troquer avec les Premiers Hommes.

Samig se pencha pour entendre Oiseau Gris malgré le sifflement du vent. Samig sourit, se moquant de lui-même pour l'intérêt qu'il montrait aux paroles d'Oiseau Gris ; son sourire fit craqueler la peau de ses lèvres, amenant dans sa bouche le goût sucré de son sang. Combien de fois avait-il voulu écouter ce qu'Oiseau Gris aurait à dire ? Combien de fois l'homme formulait-il autre chose que des fanfaronnades ou des récriminations ? Et pourtant, il s'exprimait maintenant avec une assurance qui attira l'attention de Samig. Celui-ci capta le regard de son père et fit un signe vers Oiseau Gris afin que Kayugh l'écoute, lui aussi.

— C'est une bonne plage, disait Oiseau Gris. Un lieu ouvert à tous, où les femmes viennent ramasser des œufs au printemps. Mais personne n'y vit.

— Quand y as-tu séjourné pour la dernière fois ? s'enquit Longues Dents.

Samig remarqua que Premier Flocon et Nez Crochu tendaient aussi l'oreille.

Un petit frémissement parcourut le corps de Samig. Le voyage a-t-il fatigué leurs esprits au point qu'ils écoutent même Oiseau Gris ? Mais après tout, qui d'autre que lui s'est rendu en cet endroit ? Qui d'autre pouvons-nous écouter ? Kayugh avait habité près de cet orient lointain, mais c'était il y a bien des années, et le peuple de Kayugh avait vécu sur la mer du Sud et ceci était la mer du Nord, chacune avait des poissons différents, des animaux différents, même des couleurs différentes, la mer du Sud, bleue, la mer du Nord, verte.

Lentement, Samig balaya le cercle du regard. Sa

sœur, Baie Rouge, le ventre gros d'un deuxième enfant, berçait son fils Petit Galet. Mésange dormait sur les genoux de Chagak qui observait Oiseau Gris, mais dont le regard passait sans cesse de Samig à Amgigh. Amgigh était assis à côté de Petit Couteau et, s'il s'adressait occasionnellement au garçon, il n'avait pas un regard pour Samig. D'ailleurs, il lui avait à peine adressé la parole depuis le début du voyage. Pour l'instant, ses yeux fixaient Oiseau Gris.

Il éprouve le même espoir que moi, se dit Samig. Peut-être, cette fois, Oiseau Gris sait-il de quoi il parle. Peut-être existe-t-il non loin d'ici un lieu où nous pouvons construire un nouveau village. Près d'une plage face à la mer du Nord, car il semblait que la plupart des vagues de cette mer qui s'élevaient à cause des secousses d'Aka, à cause des autres montagnes dont les esprits s'étaient joints aux esprits d'Aka dans leur colère contre tous les hommes, ces vagues étaient plus petites que celles en provenance de la mer du Sud. Que lui avait donc dit son père ? Qu'ils avaient trouvé l'île de Tugix alors que Samig était encore bébé parce que les vagues de la mer du Sud les avaient contraints à quitter leurs propres plages.

Samig ramena ses pensées aux paroles d'Oiseau Gris. Ayant noté l'attention de tous, ce dernier avait redressé le dos, sa bouche était tendue d'orgueil et le mince fil de barbe de son menton dansait à chaque mot.

— Les Chasseurs de Morses disent que, près de la plage dont je parle, la mer du Nord se transforme en glace à chaque hiver. Si nous choisissons d'y demeurer, nos femmes devront nous préparer des vêtements chauds.

— Si tu prends suffisamment de phoques, intervint Nez Crochu, nous ferons assez de vêtements.

Oiseau Gris poursuivit comme si de rien n'était :

— Alors il faut nous arrêter sans tarder. Il reste encore une bonne partie de l'été, le temps de chasser, pêcher, construire des ulas avant l'hiver.

Oui, songea Samig, c'est juste. Même si les femmes ont lancé leurs lignes pendant le voyage, même si elles ont attrapé de la morue qu'elles ont ouverte et suspendue aux flancs de leurs bateaux, elles ne pouvaient préparer la nourriture qu'au jour le jour. En outre, le poisson était insuffisant. Qui passait un hiver entier sans huile, sans graisse épaisse de phoque ou de baleine ?

De surcroît, leurs habits aussi s'usaient. Samig avait besoin d'un nouveau chigadax, en dépit des reprises quotidiennes de Trois Poissons.

— Parmi le Peuple des Caribous, certains fabriquent leur chigadax avec du boyau d'ours, leur avait expliqué Oiseau Gris.

Samig n'étant pas sûr qu'un tel vêtement soit acceptable pour les animaux marins, il avait continué d'encourager Trois Poissons à ravauder, remarquant qu'il n'était pas le seul à souffrir. L'eau froide et salée leur brûlait les joues et les mains. Même Mésange avait des crevasses au visage, pourtant, elle était souvent blottie à l'intérieur du suk de Chagak.

Sans chigadax imperméable, les femmes souffraient davantage encore. L'humidité constante faisait pourrir leurs habits. Or Trois Poissons ne possédait qu'un suk. Les autres femmes en avaient deux qu'elles portaient l'un sur l'autre, le premier couvrant les trous du second.

Pris dans ses propres pensées, Samig ne s'aperçut pas qu'Oiseau Gris avait fini de parler ni que tous les regards étaient tournés vers lui, guettant sa réaction. Finalement, Amgigh, la bouche tordue en un méchant rictus, lança :

— Frère, tu n'as rien à dire sur la proposition de Waxtal ?

Ramené brusquement au cercle de son peuple, Samig sourit à Amgigh d'un sourire ouvert, sans colère, sans gêne. Quel homme ne trouvait jamais ses pensées plus fortes que les mots des autres ?

— Mon père, déclara Samig, tu es plus vieux et plus sage que moi. Que penses-tu ?

La tête inclinée, les yeux sur la baguette de bois flotté qu'il utilisait pour marquer le gravier nu sur le sol, Kayugh répondit :

— Oiseau Gris parle avec sagesse. Nous devons interrompre notre course, construire des ulas, chasser avant l'hiver.

Il releva la tête.

— Oiseau Gris, cette plage est-elle encore loin ?

— Deux jours, trois tout au plus.

Kayugh regarda Samig sans rien ajouter.

Du coin de l'œil, Samig vit le ricanement sur le visage d'Amgigh.

— Si la plage est telle que tu nous la décris, Oiseau Gris, dit Samig, nous y construirons notre village. Et puisque c'est un endroit où les commerçants viennent chaque été, Qakan nous y trouvera peut-être et nous aidera à négocier ce qu'il nous faut pour l'hiver.

Longues Dents sourit et Premier Flocon pouffa. Bientôt, chacun parlait et même Coquille Bleue avait l'air heureuse. Seul Amgigh ne pipait mot, ne riait pas, et ses yeux, croisant ceux de Samig à la lumière des lampes à huile, portaient toujours un éclair de colère.

Le troisième jour, comme le soleil approchait de son plus haut point dans le ciel, Samig remarqua un changement dans la mer, une nuance subtile de couleur.

Il guida son ikyak le long de la pente herbeuse d'une colline qui piquait dans la mer, sans plage ni falaise pour séparer l'herbe de l'eau et aperçut le cercle gris d'une plage de sable dans une grande crique. Il s'assura que les autres hommes le suivaient, les iks des femmes dans leur sillage.

Trois Poissons était debout dans son bateau et Samig resta bouche bée devant tant de bêtise. Il finit par hurler :

— Assieds-toi !

Sa colère s'apaisa vite quand il vit son épouse se rasseoir en hâte, mais elle continua de jacasser et il tourna son ikyak pour faire face à sa femme. Trois Poissons se cachait timidement le visage dans les mains, ne dévoilant que ses yeux entre ses doigts bruns et épais.

— Femme ! lança-t-il avec sévérité. Es-tu une enfant pour te mettre debout dans ton ik ?

Il n'attendait pas de réponse, et fut surpris d'entendre Trois Poissons expliquer :

— Oiseau Gris dit que c'est la plage.

Oiseau Gris approcha son ikyak de celui de Samig.

— Oui, confirma-t-il en désignant l'île du doigt. Là. Tu vois où les saules sont plus grands ? Nous avons campé juste un peu plus haut en remontant le courant.

Samig tourna son ikyak et pagaya vers Kayugh.

— J'ai entendu, dit Kayugh, le sourire aux lèvres. Alors, nous arrêtons-nous ici ?

— C'est une bonne plage, concéda Samig.

Amgigh avança son ikyak entre l'embarcation de Samig et celle de son père.

— Quand Waxtal a-t-il jamais eu raison ? Tu crois ce qu'il te dit ?

Soudain furieux après son frère, lassé des jours de silence, des airs renfrognés, des réponses agressives chaque fois qu'il essayait de faire participer Amgigh aux décisions ou aux conversations, Samig rétorqua :

— Tu l'as cru lorsqu'il t'a parlé de l'homme qui était mon père.

Amgigh, la bouche mince comme une lame de couteau, les narines dilatées, siffla :

— Fais ce que tu veux. Si Aka ou une autre montagne veut nous tuer, nous mourrons de toute façon.

Sur quoi, il pagaya en direction du rivage. Samig le regarda s'éloigner, regarda ses longs coups de rame qui le conduisirent bientôt sur le sable. Puis lui et Kayugh le suivirent.

Samig tirait son ikyak hors de l'eau lorsqu'il entendit Kayugh réprimer un cri et Amgigh hurler. Samig pivota sur lui-même tout en arrachant son harpon à ses liens. Mais, bientôt, lui aussi criait.

Debout en haut de la plage, se tenait Kiin.

64

Un esprit, c'est sûrement un esprit, songea Samig.

« Ne t'approche pas trop », chuchota quelque esprit. Mais ce fut plus fort que lui. Abandonnant son ikyak, ignorant les autres, il grimpa comme un fou la petite pente qui menait jusqu'à Kiin.

Alors, il vit qu'elle pleurait. Elle se tenait droite, une lance dans la main, mais elle pleurait. Les esprits pleuraient-ils ? Elle passa une main sur son visage et il s'aperçut que son poignet était zébré de cicatrices. Les esprits avaient-ils des cicatrices ?

— Dis-moi que tu es réel, murmura Kiin.

Samig s'aperçut que sa voix était pleine, sans interruption, sans bégaiements. Kiin ne parlait jamais aussi clairement. Peut-être était-ce quand même un esprit.

— Je suis réel, répondit Samig. Nous sommes réels. Mais ton père a dit qu'il avait trouvé ton ik, que tu t'étais noyée.

— Je suis vivante. Je ne suis pas un esprit. Qakan m'a prise et m'a vendue aux Chasseurs de Morses. J'essayais de revenir à toi... à Amgigh.

Samig était tout près, maintenant, assez près pour voir qu'elle portait un nouveau suk, fait de fourrures de loutre et de phoque. Il remarqua une fine cicatrice pâle à son front, presque dissimulée sous ses cheveux noirs.

— Nous sommes tous là, reprit Samig.

Et il lui tendit la main.

— Amgigh, ta mère et ton père, Kayugh et Chagak, Nez Crochu... nous tous.

Elle tendit la main à son tour, ferme et chaude dans celle de Samig. Elle était bien réelle. Puis Amgigh fut à côté d'eux, et Kayugh, et les femmes. Samig lâcha la main qu'il n'avait nul droit de revendiquer et se détourna.

« C'est un rêve », murmura un esprit.

Alors je ne veux pas me réveiller, songea Samig.

65

Waxtal repoussa son ikyak loin du rivage, loin du ressac. Kiin. Comment était-ce possible ? Qakan manquait-il de bon sens pour penser qu'il la vendrait à une tribu visitant cette plage ? Et comment Qakan pouvait-il savoir qu'Aka se changerait en feu, que les esprits de la montagne enverraient de la cendre et des tremblements qui chasseraient les Premiers Hommes de chez eux ?

D'ailleurs, il pouvait prétendre ne rien connaître du plan de Qakan. C'était un plan insensé. Il le lui avait dit.

Il laissa les vagues le conduire au bord, glissa l'ikyak sur le sable, puis dénoua la jupe et descendit. Les femmes étaient sur la plage, toutes agglutinées autour de Kiin. Les hommes se tenaient en arrière ; Amgigh et Samig l'un à côté de l'autre — c'était la première fois que Waxtal les voyait se parler depuis le début du voyage.

Coquille Bleue était affalée sur le sol, comme un tas de fourrures en loques, Kiin était penchée sur elle. Coquille Bleue était une sotte. Kiin n'était qu'une fille. C'était pour Qakan qu'elle devrait réagir ainsi. Qui pouvait dire où il était, s'il était sain et sauf? Pourquoi les pensées de Coquille Bleue n'étaient-elles pas pour son fils?

Waxtal se dirigea vers son épouse et se posta derrière elle.

— Femme, relève-toi, dit-il en prenant garde de ne regarder aucune femme sauf Coquille Bleue, prenant garde aussi que ses yeux ne croisent pas ceux de Kiin. Nous devons dresser un campement. Il y a du bois flotté sur cette plage. Nous pouvons faire un feu.

Il tendit la main et hissa violemment Coquille Bleue sur ses pieds. Mais Kiin s'approcha de lui et le repoussa.

— Laisse-la tranquille, grogna-t-elle. Tu as bien de la chance que je t'autorise à rester sur cette plage. Si tu touches à ma mère, je te tue.

Waxtal ouvrit la bouche pour répliquer, mais ne trouva rien à dire. Il remarqua soudain que sa fille tenait une lance, pointe dressée, dans une main, comme un homme porte un bâton de marche; il remarqua aussi que son suk bougeait, comme un suk bouge quand une femme porte un bébé.

Il jeta un regard aux hommes derrière lui et vit que les yeux d'Amgigh étaient plantés dans les siens, que Samig se tenait à côté de son frère; tous deux l'observaient. Le visage d'Amgigh était sombre de rage.

Ainsi, Kiin pensait avoir plus de pouvoir que Waxtal, son père, un sculpteur de bois et d'ivoire, un chasseur qui avait pris de nombreux phoques, un guerrier qui avait combattu les Petits Hommes. Ce n'était qu'une sotte.

— Est-ce ainsi que tu me parles, à moi, ton père? cria Waxtal d'une voix aussi forte qu'il put, tremblant de colère. Que dis-tu à ton mari, alors? ajouta-t-il en se tournant vers Amgigh. Tu as abandonné ton mari et maintenant tu portes un enfant. L'enfant de qui ? Voici plus d'un an que tu n'es plus avec nous. Tu trahis ton propre époux et tu portes l'enfant d'un autre homme.

Il s'attendait à voir Kiin reculer, baisser la tête, tomber à genoux comme au temps où elle vivait dans son ulaq. Mais elle s'avança, passa à côté de lui et se planta entre Samig et Amgigh. Puis elle releva son suk et Waxtal vit dans un sursaut qu'elle portait deux bébés.

— Mon mari est Amgigh, déclara Kiin. Mes fils sont les fils d'Amgigh.

Kiin extirpa les bébés de leurs bandoulières. Aucun doute, songea Waxtal en voyant le premier enfant. C'est le fils d'Amgigh. Le bébé avait les yeux d'Amgigh, son menton, son nez droit et aplati. Elle tendit l'enfant à Amgigh. Amgigh entoura le bébé de ses bras afin que le vent n'attrape pas le souffle du petit. Puis Kiin sortit le second bébé.

— Deuxième né, annonça-t-elle, deux ou trois respirations après son frère.

Elle tendit l'enfant, à Samig, cette fois, et Waxtal lut la joie sur le visage de Samig, l'incrédulité. C'était l'enfant de Samig. Kiin n'avait-elle donc aucune honte ? Même Amgigh verrait que le deuxième fils appartenait à Samig.

— Il est à Samig, s'offusqua Waxtal.

Il se tourna vers Kayugh et Longues Dents, et même vers sa femme.

— Le fils de Samig, répéta-t-il.

C'est alors qu'Amgigh fit un pas en avant.

— Parfait, dit-il en plongeant ses yeux dans ceux de Waxtal. Samig est mon frère. J'ai partagé ma femme avec lui, comme il se doit entre frères.

Kiin reprit les bébés. Elle les emmitoufla dans son suk et aucun ne pleura, aucun ne lutta contre le froid ou le vent.

— Ils sont forts, s'exclama Kayugh. Je suis fier de mes petits-fils.

Kiin lui sourit mais se tourna vers Waxtal.

— Tu ne me demandes pas comment je suis arrivée sur cette plage ?

Son insolence le rendit furieux. Une fille ne devait pas poser des questions, ne devait pas s'adresser à lui sans politesse.

Il détourna les yeux sans répondre. Quel chasseur le ferait ?

— Qakan m'a amenée, dit-elle.

Waxtal vit que les autres, même l'horrible Trois Poissons, l'épouse si laide de Samig, son nouveau fils Petit Couteau, s'approchaient pour l'entendre clairement au-dessus du vent.

— Qakan m'a prise le jour où Samig est parti avec Amgigh et Kayugh pour le village des Chasseurs de Baleines. Il a percé mon ik pour faire croire que je m'étais noyée. Nous avons voyagé de nombreux jours jusqu'à un village Morse.

— Tu n'as pas essayé de te sauver ? ricana Waxtal.

— Si, répondit Kiin, les yeux fixés sur son père, la force de son esprit visible en son centre. De nombreuses fois. Mais Qakan m'attachait pour que je ne puisse m'échapper.

Elle tendit les mains, retroussa les manches de son suk. Tous découvrirent les cicatrices sur ses poignets.

— Il m'a vendue à un chasseur nommé le Corbeau. Il m'a vendue contre une épouse pour lui et de nombreuses fourrures.

— Qui donnerait autant pour toi ? lança Waxtal avant de cracher dans le sable.

Le silence s'installa un moment puis Samig déclara :

— Moi, je donnerais autant pour elle.

— Moi aussi, dit Amgigh.

— Ainsi, tu es la femme de cet homme le Corbeau, commenta Waxtal faisant fi de Samig et Amgigh.

— Il ne m'a jamais prise comme épouse, rétorqua Kiin. Le Corbeau espère devenir chaman. Il ne voulait pas que ma grossesse porte malheur à ses pouvoirs et je me suis échappée peu après la naissance des bébés.

— Tu t'es sauvée seule ? s'enquit Kayugh.

— Avec Qakan.

— Avec Qakan ? s'étonna Longues Dents.

— Il a tué une femme Morse et devait s'enfuir. Je l'ai accompagné pour sauver les fils d'Amgigh.

— Les Chasseurs de Morses feraient du mal à tes fils ? demanda Chagak d'une voix tendre.

— Ils les croient maudits.

— Tous les bébés nés ensemble, intervint Nez Crochu, deux au lieu d'un, ont quelque chose de différent qui attire l'attention des esprits. Ils doivent être élevés comme un seul homme, partager une seule femme et un seul ikyak.

Kiin acquiesça d'un signe de tête.

— Il en est de même chez les Chasseurs de Morses. Mais il y a une autre malédiction.

Et, regardant Amgigh, elle ajouta :

— Qakan m'a prise de force, comme un homme se sert d'une femme. Seulement une fois, après m'avoir assommée avec sa pagaie. Je ne pouvais lutter contre lui.

Amgigh pâlit et serra les poings :

— Je le tuerai.

— Non, dit Kiin. Mais, tu dois décider si tu veux me reprendre pour épouse et si je puis faire partie de votre village. Je ne veux pas vous porter malheur.

— Renvoie-la, gronda Waxtal.

Amgigh avança sur lui et le saisit violemment par le devant de son parka, le tordant avec vigueur autour du cou de Waxtal.

— Tu savais que Qakan l'avait emmenée et tu ne m'as rien dit ! J'aurais pu partir à leur poursuite et la ramener. Je devrais te tuer, mais je vais d'abord tuer Qakan.

Il relâcha Waxtal si brusquement que l'homme tomba par terre.

Amgigh se tourna vers Kiin.

— Tu es ma femme et il y a mes fils. Si Kayugh ou Samig refusent de t'accueillir dans ce village, alors nous partirons ensemble et installerons un nouveau village.

— Trois Poissons et moi et notre fils irons avec vous, dit Samig.

Waxtal vit que Samig fixait le suk de Kiin, sur le renflement qui était son fils. Alors, les yeux de Kiin se posèrent pour la première fois sur Trois Poissons, son gros visage rond, ses petits yeux, ses lèvres épaisses et ses dents cassées. Waxtal vit sa surprise et l'ombre de quelque chose qui pourrait être de la tristesse. Maintenant, elle savait que Samig avait une épouse.

Waxtal se releva. Qu'ils se maudissent eux-mêmes. Ils sauraient alors qu'il avait raison à propos de Kiin, il avait toujours eu raison.

— Tu peux rester au village, dit Kayugh à Kiin.

Coquille Bleue se précipita au côté de sa fille, caressant la manche de son suk. Kiin prit la main de sa mère dans la sienne.

— Où est Qakan? demanda soudain Amgigh, plein de colère.

— Mort, répondit Kiin.

Les yeux d'Amgigh s'agrandirent.

— Tu l'as tué?

— Non. Le Corbeau nous a suivis. La femme que Qakan a tuée avait été l'épouse du Corbeau. Il nous a suivis sur la plage et tué Qakan.

— Pourquoi le Corbeau t'a-t-il laissée ici? s'étonna Amgigh, d'un ton apaisé.

— Je me suis cachée. Il ne me veut pas. Il a déjà une épouse, mais j'ai peur qu'il ne prenne nos fils.

— Non, protesta Amgigh. Il n'aura pas les bébés. Il ne t'aura pas.

Waxtal avait entendu les paroles de Kiin, entendu que Qakan était mort, mais tout cela lui semblait accompli dans un rêve. Amgigh n'avait pas esquissé le moindre geste de chagrin, le moindre geste de deuil. Il continuait à poser des questions comme si Kiin n'avait pas fait la moindre allusion à Qakan.

Mort ! Qakan était mort ! Dans les entrailles de Waxtal, quelque chose se mit à cogner. Son fils unique était mort. Et même si Kiin disait la vérité, même si ce n'était pas elle qui l'avait tué, c'était sa faute.

— Qakan est mort ? répéta-t-il d'une voix rauque.

Son fils. Qakan, son fils. Qakan le commerçant. Qui sait ce qu'il aurait pu devenir ? Peut-être un grand marchand. Peut-être un chef de village. Même un chaman.

Waxtal entendit les femmes entonner leur chant funèbre, dont la mélopée tremblante paraissait apportée par le vent, comme la voix d'un esprit.

Il regarda sa femme. Elle était debout près de Kiin et, s'il y avait des larmes sur les joues de Coquille Bleue, sa bouche était fermée.

66

Kiin conduisit les femmes à son campement. Elle avait trouvé un site propice, à quelque distance de la plage mais pas dans la toundra marécageuse. C'était près d'une source d'eau douce et à courte distance d'une fissure dans la terre qui laissait échapper de la vapeur chaude.

— Vous voyez, dit-elle en désignant la pierre à feu qu'elle avait posée au-dessus. On peut facilement cuisiner sans huile ni bois.

Mais elle ne regarda pas le visage des femmes quand elles découvrirent l'abri rudimentaire de peaux et de nattes tissées. Qu'elles pensent ce qu'elles veulent ; on l'avait abandonnée là sans provisions, et avec moins de bois flotté sur la plage qu'on en trouvait sur l'île de Tugix.

Nez Crochu, Chagak, Baie Rouge et Coquille Bleue entreprirent d'ouvrir des paniers de graisse d'oie et d'estomacs de lion de mer remplis de poisson séché.

Elles parlèrent peu et travaillèrent rapidement. Kiin, dont les interrogations se bousculaient dans sa poitrine, ne demanda rien, craignant sans savoir pourquoi les réponses qu'on lui ferait. Mésange les rejoignit en courant depuis la plage. Elle s'arrêta près de sa mère et fixa longuement Kiin du regard.

— Veux-tu voir les bébés ? proposa Kiin.

Elle souleva son suk. Soudain, les femmes furent autour d'elle, passant les bébés de l'une à l'autre, chacune plongeant ses yeux dans ceux des nourrissons, caressant leurs cheveux, comptant leurs doigts et leurs orteils.

— Tes fils sont beaux, dit enfin Chagak. Nous sommes si heureuses que tu sois de nouveau parmi nous, ajouta-t-elle en souriant.

La gorge emplie de larmes, incapable de répondre, Kiin hocha la tête.

Puis Mésange dit :

— Kiin, Kiin ?

Kiin prit l'enfant dans ses bras, enfouit son visage dans l'épaisse chevelure de Mésange et murmura pour la petite :

— Je suis Kiin, ta sœur.

Alors, toutes les femmes parlèrent en même temps. Nez Crochu posait des questions sur les Chasseurs de Morses, Chagak demandait où Kiin avait trouvé de la nourriture, sa mère lui demandait si elle se sentait assez forte, si elle allait bien. Après avoir répondu à toutes, Kiin s'enquit de Petit Canard et de son fils.

— Ils sont morts, dit Nez Crochu. Le garçon est mort de maladie et après, Petit Canard n'a plus voulu vivre. Elle a cessé de se nourrir et maintenant ils sont réunis dans les Lumières Dansantes.

Kiin regarda ses deux fils, celui d'Amgigh dans les bras de Nez Crochu et celui de Samig lové dans le giron de Trois Poissons. Oui, elle pouvait comprendre ce qu'avait éprouvé Petit Canard. Elle ne voudrait pas vivre si ses fils étaient morts. Mais quelque chose en elle murmura : « Non, Kiin, tu vivrais. Tu choisirais de vivre. »

Levant les yeux sur Chagak, elle demanda :

— Pourquoi êtes-vous venus ici ? Ceci est une plage de commerçants. Je pensais qu'il y avait peut-être une chance que mon père y vienne dans les années futures pour faire du troc. Mais pas vous tous.

— C'est Aka, dit Chagak posément, le chagrin à chaque mot.

Alors, Kiin se souvint qu'Aka était la montagne sacrée du village de Chagak, le village que les Petits Hommes avaient saccagé. Chagak, lorsqu'elle priait, priait d'ordinaire Aka.

— Les esprits d'Aka sont en colère ; ils ont envoyé le feu dans le ciel et fait trembler la terre. Ils ont envoyé de la cendre qui recouvre tout. Même l'herbe ne peut pousser et les vagues viennent balayer toute chose sur les plages.

Chagak posa la main sur le bras de Trois Poissons et poursuivit, ses yeux retenant ceux de Kiin :

— Trois Poissons est l'épouse de Samig. Elle est de la tribu des Chasseurs de Baleines. Son village a été détruit par les secousses d'Aka. De nombreuses personnes sont mortes. Le garçon Petit Couteau a perdu sa famille, alors Samig et Trois Poissons l'ont pris comme fils.

— Le père de Petit Couteau était mon frère, expliqua Trois Poissons d'une voix tranquille. Ma mère et mon père sont morts, eux aussi.

— Je suis désolée, dit Kiin.

Et elle sentit son cœur attiré vers cette femme qui avait perdu son peuple. Pourtant, Kiin se demandait pourquoi Samig avait choisi cette femme comme épouse. Elle n'était pas belle et plusieurs de ses dents étaient cassées. Même ses gestes étaient rudes, si bien qu'elle faisait davantage penser à un homme qu'à une femme. Mais maintenant que Trois Poissons portait le fils de Samig, Kiin percevait une douceur en elle, peut-être ce qui avait attiré Samig.

Puis toutes s'affairèrent de nouveau, et Kiin eut l'impression de ne jamais les avoir quittées. Elle se rappela comment Chagak tenait son couteau de femme différemment de Coquille Bleue ou de Nez Crochu, comment Nez Crochu coupait à petits gestes vifs et durs tandis que Coquille Bleue coupait lentement et soigneusement. Et elle vit que Trois Poissons n'avait pas encore trouvé sa place. Si elle tranchait le poisson et l'empilait sur des peaux pour l'apporter aux hommes, son travail était laborieux et ralentissait celui des autres femmes. Alors Kiin s'installa près d'elle et l'aida, laissant le rire se montrer dans ses yeux si par hasard leurs mains se touchaient, si elles prenaient le même poisson.

— Ton père nous a expliqué que c'est la plage où les Hommes Morses viennent commercer, dit Chagak.

— Oui, répondit Kiin. Je l'ai entendu aussi.

— Waxtal affirme qu'ils viendront bientôt.

— Waxtal ? s'étonna Kiin.

— Ton père a pris un nouveau nom quand il t'a crue morte, intervint Coquille Bleue. Il a dit qu'il était plus fort dans la peine.

— Il savait que Qakan m'avait emmenée, répliqua Kiin sans regarder sa mère.

— Il est Waxtal, désormais, répondit cette dernière.

Kiin plongea son grand couteau plat dans la graisse d'oie, mélangea de la graisse au poisson coupé.

— Les Chasseurs de Morses viennent ici parfois au printemps ramasser des œufs, mais cette année ils ne sont pas venus. Peut-être les commerçants ne viendront-ils pas non plus.

Amgigh écouta Waxtal parler. Il repensa à ces mois que Waxtal avait passés avec lui, aux nombreuses fois où Waxtal lui avait parlé du sang malfaisant qui coulait en Samig, le sang des Petits Hommes. Waxtal disait que Kayugh avait lésé Amgigh, favorisé Samig, et le chagrin d'Amgigh pour Kiin avait nourri sa colère, jusqu'à ce que, peu à peu, au fil des jours, sa colère ait grandi en une chose proche de la haine. Mais maintenant qu'il était assis à côté de Samig, la rage quittait son corps, laissant un grand vide dans sa poitrine qui sembla soudain s'emplir de honte.

Samig avait agi comme lui, rien de plus; il n'avait fait qu'obéir aux ordres de son père. Samig était le petit-fils de Nombreuses Baleines. Amgigh ne l'était pas. Amgigh, en tant que fils de Kayugh, avait été promis à Kiin, Samig ne l'avait pas été. Il n'y avait là aucun motif de haine. Amgigh observait Waxtal, certain qu'il était au courant que Qakan avait pris Kiin. Il l'observait maintenant, tandis que Kayugh interrogeait Waxtal au sujet des Chasseurs de Morses. Seraient-ils en colère si le peuple de Kayugh choisissait de rester ici, de revendiquer cet endroit pour y bâtir leur village?

Waxtal haussa les épaules en soupirant :

— Qui peut dire? Vous espérez que je vais répondre à toutes vos questions. Mon fils est mort; je porte le deuil.

Il baissa la tête et Kayugh commença à exprimer ses excuses, mais Waxtal l'interrompit :

— Il serait peut-être bon que nous ayons un village où les commerçants peuvent rester. Peut-être que si nous dressions un ulaq spécial, réservé aux commerçants, ils trouveraient que c'est une bonne chose.

— Et si nous laissons leurs femmes venir ramasser des œufs à chaque printemps.

La voix — une voix de femme — surprit Amgigh qui se retourna et vit Kiin debout derrière lui, les autres femmes derrière elle.

— C'est ma plage, déclara-t-elle.

Amgigh sentit son visage devenir chaud aux paroles de Kiin. Quelle femme pouvait revendiquer une plage ?

— Vous êtes les bienvenus, enchaîna-t-elle, y compris Oiseau Gris. Je n'aimerais pas voir ma mère sans chasseur dans son ulaq.

Waxtal releva la tête, plissa les yeux et pointa du menton vers Amgigh :

— Permettras-tu à ta femme de parler ainsi ?

L'embarras d'Amgigh céda brusquement place à une colère fougueuse. Il se leva et traversa le cercle pour faire face à Waxtal :

— Toi, toi qui donnerais ta propre fille à vendre, tu me parlerais ainsi ? Mon épouse a raison. Elle est arrivée la première sur cette plage ; elle l'a proclamée sa demeure. Elle a déjà deux fils robustes. Ton fils était un faible. Nul ne psalmodiera de chants en souvenir de ses hauts faits. Qui es-tu pour condamner ma femme !

Alors, Samig vint se placer à côté d'Amgigh et lui posa la main sur l'épaule :

— Amgigh parle pour moi. Lui et moi et nos épouses sommes un.

Amgigh se tourna pour constater que Trois Poissons s'était approchée de Kiin et qu'elles étaient comme deux sœurs.

Oiseau Gris se mit debout. Il s'éloigna puis s'arrêta, se retourna et lança :

— Nous ne connaissons pas le Corbeau, le mari de Kiin. Vous croyez qu'il ne se battra pas pour Kiin et ses fils quand il viendra commercer et la trouvera avec nous ? Toi, Amgigh, tu te crois suffisamment fort pour affronter un chaman ?

Mais Amgigh se tourna vers sa femme et dit :

— Merci de nous permettre de demeurer sur cette plage.

Sur quoi, Nez Crochu annonça :

— La nourriture est prête.

Amgigh constata sans surprise qu'Oiseau Gris, pourtant en deuil, fut le premier à suivre les femmes, le premier à se servir.

Kiin aida les autres femmes à construire quatre abris. Longues Dents et Nez Crochu en choisirent un ; Chagak, Kayugh, Mésange, Samig, Petit Couteau et Trois Poissons s'installèrent dans le plus grand ; Baie Rouge et Premier Flocon prirent le troisième ; Oiseau Gris et Coquille Bleue le dernier. Kiin invita Amgigh dans son abri, si minuscule que sa tête et ses pieds touchaient les murs quand il s'allongeait.

Kiin nourrit les bébés et Amgigh lui raconta leur voyage, les plages où ils s'étaient arrêtés, la cendre et le feu d'Aka. Mais même tandis qu'Amgigh parlait, les pensées de Kiin étaient pour Samig. Quand les hommes s'étaient assis pour manger, elle n'avait pu s'empêcher de le contempler, comme si ses yeux essayaient de l'attirer tout entier — les lignes de son visage, la forme de ses mains, la façon dont il souriait — dans son âme.

Les jours de solitude sur la plage avaient été pénibles et, tout ce temps, elle avait espéré ardemment Samig, sa sagesse, sa force. Parfois, elle pensait entendre la voix gémissante de Qakan qui la suppliait, mais que pouvait-elle pour lui ? Elle n'avait aucun pouvoir spécial. Enfin, quand elle lui avait porté l'œuf, les plaintes avaient paru cesser, mais seulement pour quelques jours.

Alors, chaque fois que Kiin dénichait des œufs, piégeait des oiseaux, trouvait des clams ou ramassait des oursins, elle laissait quelque chose pour son frère. Elle était sur le chemin de sa tombe, ramassant un morceau de poisson séché, quand elle avait aperçu les ikyan de Kayugh dans la crique. Elle s'était tapie dans l'herbe, serrant sa lance contre son flanc. Elle l'avait fabriquée à l'aide d'un long bout de bois flotté qu'elle avait lissé avec de la roche de lave, puis avait taillé une extrémité en pointe durcie au feu. Ce n'était qu'une javeline de garçon, à peine plus solide qu'un jouet, mais elle avait harponné du poisson avec. Peut-être offrirait-elle quelque protection si ceux qui venaient étaient des ennemis.

Elle avait attendu, heureuse que ses fils soient sous son suk, ainsi, s'il le fallait, elle pourrait courir dans les collines, courir jusqu'à la toundra moussue derrière les collines, et grimper dans les roches des montagnes.

Mais elle avait reconnu Samig, et Kayugh, et Amgigh, et s'était avancée à leur rencontre. Puis elle fut de nouveau avec Samig, elle le voyait, entendait sa voix, le dévisageait. Mais Samig avait Trois Poissons, et Kiin avait Amgigh. Alors, chaque fois que les pensées de Kiin dérivaient vers Samig, elle obligeait son esprit à avoir des pensées pour Amgigh, de bonnes choses à son propos. Et quand les autres hommes achevèrent de manger et gagnèrent leurs abris, Kiin invita Amgigh dans le sien.

Quand elle eut fini de nourrir ses fils, elle les coucha dans leurs berceaux. Elle était épouse ; elle savait se préparer pour Amgigh.

Elle huila son visage et lissa ses cheveux avec un peigne fait d'une coquille de clam. Amgigh l'observait et elle y trouva du plaisir, remarquant qu'il lui était plus facile alors de chasser Samig de ses pensées. Kiin ôta son suk, frotta de l'huile sur ses jambes, bougeant comme elle se rappelait avoir vu faire Queue de Lemming, pour qu'Amgigh la désire. Puis elle s'allongea à sa place sur les nattes et attendit qu'Amgigh s'étende près d'elle. Mais s'il lova son corps contre celui de Kiin, il n'ôta pas son tablier, ni celui de Kiin.

Allongée, le regard fixe dans l'obscurité, Kiin se demandant si, au cours de cette année qu'elle avait passée loin de son peuple, elle était devenue laide, ou si son audace vis-à-vis des hommes avait contrarié Amgigh. Peut-être avait-il remarqué qu'elle parlait aisément désormais, que les mots ne se bloquaient plus dans sa gorge. Peut-être, maintenant qu'elle parlait normalement, la trouvait-il trop bavarde. Percevant le souffle régulier d'Amgigh, le rythme du sommeil, une pensée lui vint qui la fit trembler.

Peut-être Amgigh voyait-il ce qu'elle ne pouvait voir : les marques des mains de Qakan sur son corps, la malédiction de son acte comme des cicatrices sur la peau lisse de ses seins, de ses cuisses, de son ventre.

67

Pendant les neuf jours qui suivirent, les femmes pêchèrent et ramassèrent des oursins. Elles allèrent dans les collines cueillir de l'ivraie pour leurs paniers et chercher de la camarine et de la canneberge. Les hommes chassaient les phoques veaux marins qui nageaient près du rivage ou aidaient les femmes à construire des ulas.

Le premier ulaq fut pour Oiseau Gris et Coquille Bleue. Oiseau Gris demanda que son ulaq soit achevé rapidement afin que Qakan, dont le corps avait été découpé et dont l'esprit sans pouvoir était prisonnier sur la plage, puisse avoir un endroit où se réfugier. Quand l'ulaq d'Oiseau Gris fut fini, ils en bâtirent un grand où tous pourraient rester en attendant qu'un troisième soit prêt.

Puis les commerçants arrivèrent. Hommes et femmes, bébés, jeunes chasseurs, marchandises empilées dans leurs iks ou arrimées à leurs ikyan. Il y avait des Premiers Hommes et des Hommes Morses, et d'autres encore avec des peaux d'ours en guise de couvertures, avec des chigadax en boyau d'ours. Ils ne semblaient pas troublés par la présence du peuple de Kayugh. Ils accueillirent les deux nouveaux ulas avec des sourires et des hochements de tête.

— Un bon endroit pour vivre, entendit Kiin prononcer par une femme dans la langue Morse.

Des feux de bois flotté et d'os de phoque bordaient le grand cercle de la plage, et les lampes de chasseurs brûlaient toute la nuit.

Chagak et Nez Crochu, Baie Rouge et Kiin suspendaient des peaux de poissons et du bouillon au-dessus des feux extérieurs. Des commerçants venaient, donnant de petites choses — une dent d'ours, un éclat de silex noir, quelques perles de coquillages — contre un bol de bouillon.

À chaque bateau qui accostait, Trois Poissons courait leur demander s'ils avaient des nouvelles des Chasseurs de Baleines. Chaque fois, elle revenait aux ulas des Premiers Hommes, de la tristesse plein les yeux, et elle rapportait à Kiin que les commerçants ne savaient rien, qu'ils parlaient de cendre, de feu, de vagues qui les tenaient à l'écart de l'île des Chasseurs de Baleines. Alors Kiin éprouvait dans la poitrine la douleur qu'elle avait connue quand elle était avec les Hommes Morses, quand elle pensait qu'elle ne pourrait jamais rentrer chez les Premiers Hommes.

Durant la deuxième journée de troc, Kiin se glissa loin des feux de cuisson pour observer. La plupart des commerçants déployaient leurs marchandises sur des nattes d'herbe ou des peaux de phoque teintées d'ocre rouge. Même après son périple avec Qakan, il lui était difficile de croire qu'il existait tant de choses au monde. Un chasseur montrait des plats de bois remplis de griffes d'ours, un autre un panier de dents de baleines presque aussi longues et épaisses que la main de Kiin. Un homme offrait des torsades de corde en poils épais brun-rouge. Un autre avait des paniers, certains finement tissés de fibres d'ivraie, d'autres rudimentaires, faits de tiges d'herbe et de racines, de saule ou de boyau de phoque. Deux commerçants étalaient de gros morceaux de silex noir, de jaspe rouge sang et de roche verte, un autre des têtes de harpon en os de mâchoire de baleine munie de pointes d'obsidienne. Il y avait des piles de pourpier, percuteurs, bolas dont les poids étaient en pierre et non en défenses de morse, estomacs de lion de mer remplis de flétan séché, rouleaux d'intestins de phoque séchés pour faire des chigadax, paquets de fourrures et de peaux. D'autres déployaient des nattes d'herbe, des parkas en fourrure et des bottes en peau de phoque. Un autre encore des paniers pleins de plumes de roselin rose, des boucles de plumes de macareux orange et jaunes et de fragiles disques de perles taillés dans des coquillages.

Et tout ce que Kiin vit, elle en eut envie. Ses yeux s'emplirent de désir et, quand le désir fut trop grand pour ses yeux, il prit toute la place dans son cœur, lui causant une douleur qui ne partirait qu'avec l'oubli. Si bien qu'elle regrimpa les collines, pensa à la bruyère, aux oiseaux de mer et à l'étendue grise du ciel.

Oiseau Gris fut le premier des hommes de Kayugh à négocier. Il apporta aux marchands quelques fourrures et quelques figurines et revint aux ulas avec des griffes d'ours et une dent de baleine.

— Pour sculpter, dit-il à Coquille Bleue qui s'empressa de baisser la tête.

Mais Nez Crochu parla assez fort pour être entendue de lui :

— Alors, il va passer l'hiver à sculpter, même si nous n'avons pas assez de fourrures pour les parkas ni suffisamment à manger. Il est bon de savoir qu'Oiseau Gris va sculpter !

Kiin était stupéfaite. Elle possédait un plein panier de statuettes qu'elle avait faites depuis la mort de Qakan. Elle avait sculpté des guillemots et des cormorans, des aigles et sternes, des phoques veaux marins avec leurs grands yeux ronds. Elle avait représenté les choses qui étaient importantes pour elle : des figurines des ulas de son peuple sur l'île de Tugix, des objets pour l'aider à se souvenir de ce qu'elle avait perdu, pour montrer à Shuku et Takha ce qu'ils devaient savoir sur leurs pères et leur vrai peuple.

Kiin ouvrit la bouche pour parler à Nez Crochu et Chagak, leur parler des statuettes qu'elle pourrait peut-être troquer, mais son esprit lui dit : « Croiront-elles que tu te vantes ? Tu penses que tes sculptures valent mieux que celles de ton père, mais ce n'est peut-être pas le cas. Tu sais qu'elles ne sont pas aussi bonnes que celles de Shuganan, qui sont incomparables. Si tu les emportes pour les échanger, les commerçants se moqueront sans doute de toi, une femme, qui essaie de troquer de petits animaux difformes contre de la nourriture, de l'huile et des fourrures. Attends, attends, réfléchis, attends. »

Kiin continua donc à couper du poisson et à remuer la soupe, à servir la nourriture aux commerçants contre des perles et des petits morceaux de silex. Et elle s'obligea à rester près des ulas pour s'habituer davantage à l'idée de troquer elle-même tout en offrant un regard terne. Alors, elle se redressa, s'étira et abandonna les peaux de cuisson. Elle passa près de son père qui, assis en haut de son ulaq, gloussait de plaisir devant ses trésors. Kiin demeura un moment à regarder Longues Dents et Kayugh qui travaillaient au troisième ulaq, destiné à Longues Dents et Premier Flocon et leurs familles. Puis elle se rendit dans le grand ulaq où elle vivait avec Amgigh.

Elle secoua les fourrures et lissa les nattes de la chambre d'Amgigh. Il n'était pas encore venu dans son lit et Kiin se sentait à nouveau attirée vers Samig ; aussi savait-elle qu'elle devait garder ses yeux et ses pensées loin de lui, de peur qu'on ne sache ce qu'elle ressentait, de peur d'attirer la honte sur son époux. Mais elle tenait aussi ses pensées loin d'Amgigh, de son inquiétude devant son indifférence. Elle voulait oublier qu'il ne la revendiquait plus comme véritable épouse. Ses fils étaient en sécurité. C'était l'essentiel.

Elle se rendit à sa chambre et, sortant Shuku et Takha de leurs bandoulières, elle les installa dans leurs berceaux.

— Je reviens bientôt, murmura-t-elle en posant la main sur chaque petite tête. Dormez, dormez.

Puis, s'emparant d'un panier de figurines, elle le fourra sous son suk et quitta l'ulaq.

Les commerçants faisaient du bruit, certains racontant des histoires, d'autres discutant âprement. Longtemps, Kiin regarda et écouta. Un homme prêt à négocier parlait d'abord du ciel, de la mer ou du soleil, puis faisait quelques politesses sur la pluie et le brouillard, peut-être quelques plaisanteries sur les autres commerçants. Les femmes ne troquaient pas, demeurant silencieuses près de leur époux, étalant des peaux, passant la main sur le duvet de la fourrure tandis qu'il évoquait les nombreux jours passés à chasser l'animal, la couleur inhabituelle de la fourrure, sa rare épaisseur. Kiin réalisa que, si Chagak avait des fourrures en trop, elle pourrait aisément les troquer contre de nombreuses choses. Les peaux de Chagak étaient bien plus belles que toutes celles-là. Les têtes de lance d'Amgigh étaient de loin supérieures à celles proposées ici, et l'huile de baleine était extrêmement précieuse, puisque les commerçants vivaient loin des plages des Chasseurs de Baleines.

Kiin eut d'abord envie de retourner dans son ulaq pour y cacher ses sculptures. « Qui en voudra ? murmura quelque esprit. Les hommes se gausseront d'une femme qui tente de commercer. »

Et elle eut l'impression que le paquet sous son suk dirait à tous combien elle était sotte. Puis elle songea au long hiver qui les attendait, à Shuku et Takha privés de nourriture, à son lait qui se tarirait parce qu'elle n'avait rien à manger, à Mésange allongée, pâle et immobile, à Kayugh et Chagak n'ayant rien pour l'alimenter. Alors, elle s'obligea à rester pour observer les marchands, pour décider de ce dont son peuple avait besoin, repérer qui avait de l'huile, qui du poisson, qui des peaux.

Soudain, tirant le plus d'air possible de ses poumons, Kiin se dirigea vers un couple qui proposait des paniers de bobines de varech et des estomacs de phoque de flétan séché. Kiin s'adressa d'abord à la femme :

— Veux-tu négocier avec moi ? demanda-t-elle, oubliant, dans son inquiétude, de parler du temps, de la mer et du ciel.

La femme écarquilla les yeux et tira son mari par la manche, s'adressant à lui en langue Morse, avec des mots tranquilles, sans cesser de montrer Kiin du doigt.

L'homme la fixa du regard et Kiin, s'exprimant dans la langue Morse, lui dit :

— Je veux échanger contre du poisson.

Il faillit éclater de rire. Kiin voyait ce rire coincé derrière ses dents, caché dans ses joues, qui s'échappait par les rides au coin de ses yeux et le tremblement de son menton. Sachant de quoi elle avait l'air, d'une femme, rien qu'une femme, sans rien dans les mains, Kiin comprit la raison de son rire et lui sourit, car elle se voyait à travers ses yeux à lui comme quelque chose de drôle, qu'un commerçant rencontrait rarement, une femme qui voulait troquer sans rien à échanger.

— Que m'offres-tu ? demanda-t-il enfin. J'ai une bonne épouse. Je n'ai nul besoin de ton hospitalité pour la nuit.

Kiin sentit soudain son visage la brûler. Confuse, elle s'empressa de fouiller tête baissée sous son suk.

Elle sortit du panier un petit morse gris, presque grand comme la main, sculpté en lignes régulières dans un morceau de bois flotté. Ses défenses étaient de petits points blancs taillés dans un os d'oiseau.

Kiin plaça la figurine sur la paume de sa main et remarqua les défauts de son travail. Les lignes n'étaient pas exactement ce qu'elle aurait voulu, pas tout à fait ce qu'elle avait vu avant d'entreprendre la sculpture. Levant alors les yeux sur le commerçant, puis sur sa femme, elle les vit qui fixaient la statuette du regard, ébahis.

— Où l'as-tu eue ? s'enquit l'homme.

— Je l'ai faite.

Cette fois, l'homme partit d'un grand rire sonore.

— Les femmes ne sculptent pas, s'esclaffa-t-il.

Mais Kiin retint sa colère et haussa les épaules. Qu'il croie ce qu'il veut. Elle connaissait la vérité.

— C'est à moi, pour que je puisse l'échanger.

Il plongea ses yeux dans ceux de Kiin, se tut longuement, puis chuchota à l'oreille de son épouse qui se leva, alla jusqu'à leur ik d'où elle extirpa deux estomacs de poisson.

— Deux, dit le marchand.

Le cœur de Kiin cogna violemment dans sa poitrine. Deux ventres de phoque de poisson contre une statuette sans valeur. Pourtant, quelque chose en elle la fit secouer la tête en signe de refus, la fit remettre la figurine dans son panier. Peut-être parce que le commerçant ne croyait pas que c'était elle qui l'avait sculptée. Après tout, ils n'étaient pas les seuls à proposer du poisson.

— Trois, dit l'homme.

Son panier serré sous son bras, Kiin fit le tour de l'homme et ouvrit un des récipients. Elle en sortit un morceau de poisson qu'elle mordit. Il était ferme et sec, de saveur agréable, sans le moindre arrière-goût de moisi.

— Trois, accepta Kiin.

Elle tendit le morse au commerçant qui aida sa femme à sortir les estomacs de phoque de l'ik.

— Acceptes-tu de me les garder ? demanda Kiin. Je ne peux en porter qu'un à la fois.

— Ils seront en sécurité, assura le marchand.

Samig se trouva soudain à côté de Kiin, les mains sur les siennes. Il hissa deux estomacs de phoque, un sur chaque épaule.

— J'ai tout vu.

Kiin leva les yeux sur lui, lut l'approbation dans ses yeux.

— Laisse l'autre. Je reviendrai le chercher.

Kiin l'accompagna aux ulas, baissa la tête lorsqu'ils dépassèrent les femmes, lorsque Samig héla Coquille Bleue :

— Ta fille est une bonne commerçante.

Oiseau Gris, le visage tiré, clignant les yeux, grogna :

— Alors, ce soir elle ramènera des commerçants dans l'ulaq de son mari. Il y a de la place dans sa chambre ?

D'une voix posée, Samig demanda à Kiin :

— As-tu d'autres statuettes ?

— Beaucoup. Mais elles ne sont pas bonnes.

— Tu ne vois pas ce que les autres voient. Il y a un esprit en chaque figurine, quelque chose de plus que ce qui est sculpté. Retourne. Fais encore du troc. Nous n'avons pas pu chasser beaucoup cet été. Tu dois compenser et être notre chasseur.

68

L'homme était grand, sa peau était foncée. Ses cheveux, retenus en arrière par un ornement d'ivoire, étaient comme ceux d'une femme — noirs, raides, lui arrivant à la taille. Une couverture noire de plumes de macareux était jetée sur ses épaules et, comme il marchait, la couverture ondulait, allongeant encore sa foulée, obligeant les autres à s'effacer sur son chemin. L'homme s'arrêta devant l'ik d'un commerçant et Amgigh s'approcha. Oui, pas de doute. C'était le Corbeau.

Sa peau n'était pas aussi sombre qu'il paraissait. Des bandes de tatouages en travers de ses joues noircissaient son visage et on aurait dit qu'il avait enduit ses paupières de suie.

Un tremblement ébranla le ventre d'Amgigh, engourdit ses mains et ralentit ses pieds et ses jambes, rendant sa démarche malaisée.

Le Corbeau s'arrêta soudain et Amgigh entendit les mots de l'homme, les sons à la fois ronds et cliquetants de la langue Morse. Le Corbeau prit quelque chose sur une peau de phoque ocre d'un marchand. Le marchand plongea et agrippa ses mains. Amgigh vit que le Corbeau tenait le morse en bois flotté que Kiin avait échangé contre trois estomacs de phoque de poisson. Le Corbeau lâcha la figurine, recula en souriant, paumes ouvertes. Il posa une question, toujours en langue Morse, à laquelle le commerçant répondit, serrant la statuette contre sa poitrine.

Amgigh avait été époustouflé de ce qu'avait reçu Kiin en échange de sa sculpture. Après ce premier troc, Samig était venu le trouver et tous deux avaient accompagné la jeune femme pour l'aider à troquer d'autres sculptures contre de l'huile, du poisson, des fourrures et des peaux de phoque.

Il avait constaté avec fierté que les figurines de sa femme valaient beaucoup aux yeux des autres et s'était étonné que les commerçants y voient au-delà des lignes régulières d'un couteau sur du bois, du pouvoir. Chacun connaissait le pouvoir des statuettes de Shuganan, mais Shuganan était chaman, plus esprit qu'homme, même Oiseau Gris l'admettait. Et qu'était Kiin sinon une femme, une épouse? Quel pouvoir pouvait-elle donner?

Elle était une bonne épouse, oui, et à cette pensée Amgigh leva de nouveau les yeux sur le Corbeau, vit pour la première fois qu'un morse était sculpté sur l'ornement d'ivoire dans ses cheveux. L'œuvre de Kiin, sans l'ombre d'un doute. L'œuvre de Kiin. Un chaman tel que le Corbeau portait donc les figurines de Kiin. Même un chaman discernait le pouvoir dans son travail.

Amgigh remonta les mains sur son visage, pressant le bout de ses doigts contre ses paupières. Pourquoi ne voyait-il pas ce que les autres voyaient ? Ses sculptures étaient bonnes, oui, mais... Peut-être ses yeux étaient-ils aveuglés par ses propres blessures, ses propres doutes. La première nuit de leur arrivée sur cette plage, il était allé dans l'abri de Kiin. Il l'avait observée lisser ses jambes d'huile, s'était allongé près d'elle. Il avait voulu la prendre mais, quand il l'avait regardée, il avait vu non seulement Kiin, mais le visage de Qakan flottant au-dessus d'elle comme un fantôme, et même une image de Samig, forte, vivante.

Et près d'eux, endormis dans leurs berceaux, les bébés. L'un son fils, oui, mais l'autre le fils de Samig. Tous deux grandiraient ensemble comme Samig et lui — rivaux en toutes choses. Son fils Shuku serait-il toujours le perdant, prendrait-il toujours moins de poisson, le phoque le plus petit, ne courrait-il jamais aussi vite, ne serait-il jamais le meilleur en aucune chose ?

Si tel était le cas, lui, Amgigh avait fait cela à Shuku ; il avait permis à Samig de prendre Kiin, de mettre Takha en elle.

Et même avec Kiin près de lui, avec ses cheveux qui fleuraient bon l'huile de phoque et le vent, avec son souffle léger comme le duvet de l'épilobe, Amgigh avait éprouvé peu de désir pour son corps. Aujourd'hui, cependant, à la vue du Corbeau, Amgigh ressentait le besoin urgent de Kiin. Il avait envie de la sentir serrée contre lui, cette nuit, de savoir que, lorsqu'il s'éveillerait au matin, elle serait déjà en train de préparer à manger et, le soir, elle coudrait ou tisserait dans son ulaq.

Il s'éloigna de la plage d'un pas rapide. Il se dirigea vers les ulas. Sa mère et Nez Crochu étaient dehors à gratter des peaux de phoque.

— Où est Kiin ?

Nez Crochu pointa le menton derrière elle. Amgigh dépassa les deux ulas terminés jusqu'à l'endroit où se situerait l'ulaq de Longues Dents. Baie Rouge, Trois Poissons et Kiin jetaient sur le sol des graviers et des coquilles écrasées. Des chevrons de bois flotté jaillissaient de murs de pierre à hauteur de poitrine. Amgigh observa Kiin lisser le gravier dans le sol de glaise à l'aide d'une lame d'argile plate.

Ses cheveux emmêlés lui retombaient dans les yeux et sur le visage. Trois Poissons et elle étaient accroupies, têtes penchées ensemble. Trois Poissons parlait, Kiin riait.

Amgigh dut appeler deux fois avant de se faire entendre. Kiin arriva enfin, franchissant prestement le mur de pierre, se glissant entre les chevrons.

Elle dégagea son visage et leva les yeux sur Amgigh. Il tendit la main et ses doigts parurent agir de leur propre gré pour toucher le visage de Kiin. Puis il se rappela son rôle d'époux et laissa retomber son bras, refusant de s'étonner de la douleur fulgurante qu'il éprouvait, comme si, en reculant, il avait arraché de son corps une partie de son esprit.

— Kiin, viens avec moi, dit-il.

Elle le suivit sans poser de questions.

Une fois à courte distance des ulas, hors de vue de Nez Crochu et suffisamment loin pour que le vent couvre leurs voix, il s'arrêta, fit volte-face et, cette fois, à l'abri des regards, s'autorisa à caresser le visage de Kiin. A repousser de ses joues ses mèches de cheveux.

Kiin ne souffla mot, mais Amgigh voyait que ses yeux s'arrondissaient d'inquiétude.

— Amgigh ? murmura-t-elle enfin, comme une interrogation.

Amgigh s'accroupit et l'attira près de lui.

— Le Corbeau, dit Amgigh. Parle-moi de lui.

Les yeux toujours écarquillés, Kiin tourna son visage vers celui de son époux.

— Il est là ? s'inquiéta-t-elle.

— Non, répliqua Amgigh, si vite qu'il eut peur que Kiin ne sache qu'il ne disait pas la vérité.

Il prit une profonde inspiration pour obliger ses mots à sortir lentement :

— Non. Il n'est pas là. J'ai seulement besoin d'en savoir plus à son sujet. Tu étais ma femme, Kiin. J'ai besoin que tu sois de nouveau ma femme.

Il crut percevoir l'esquisse d'un sourire sur le visage de Kiin, pourtant elle détourna les yeux et, voyant qu'elle ne disait rien, Amgigh eut peur que les esprits n'aient récupéré ses mots, qu'elle ne se remette à bégayer et à hésiter comme du temps qu'elle vivait sur l'île de Tugix.

Mais elle répondit enfin :

— Il n'est pas mauvais, il n'est pas bon. Il est quelque chose comme...

Elle s'interrompit, passant ses mains dans sa chevelure avant de poursuivre :

— Il est lui-même, il fait ce qu'il veut, il ne pense pas aux autres, à ce qu'ils ressentent ou si ce qu'il fait pourrait blesser quiconque.

Elle se tourna pour affronter le regard d'Amgigh.

— Je ne peux pas expliquer. Il est... il est comme le vent. Le vent souffle et apporte des vagues qui détruisent un village, ou bien le vent souffle et apporte le corps d'une baleine pour que chacun ait de l'huile. Bienfaisant et malfaisant, les deux, tu vois, et peu lui importe que ce soit l'un ou l'autre.

— Tu as été sa femme, lâcha Amgigh d'une voix plate et dure.

— Pas dans son lit, objecta Kiin avec douceur. Mais j'ai tenu son ulaq en ordre, j'ai fait des vêtements pour lui, et j'ai sculpté quand il m'a dit de sculpter. J'ai fabriqué pour lui une couverture en plumes de macareux noir. Elle était belle. J'aurais bien voulu pouvoir te la rapporter.

Ses paroles arrivèrent dans la poitrine d'Amgigh et serrèrent son cœur dont les battements semblèrent courts et faibles.

— Tu lui as fait une couverture ?

— J'étais sa femme. Il a ordonné, j'ai obéi.

— Non.

Le mot chassait la frayeur de son cœur qui se remit à battre. Il était de nouveau un homme, un homme prêt à lutter pour sa femme, pas un garçon affolé devant l'inconnu.

— Tu es ma femme. Tu as toujours été ma femme.

— Oui, assura Kiin, détournant le visage pour qu'il ne voie pas ce qu'il y avait dans ses yeux. Je suis ta femme, mais le Corbeau m'a donné de la nourriture et un endroit où vivre. J'ai pris soin de son ulaq et je lui ai fait des vêtements.

— Et réchauffé son lit, ajouta Amgigh.

— Non, tu sais bien que non.

Amgigh arracha un brin d'herbe qu'il tordit entre ses doigts.

— Si le Corbeau te trouve, il va vouloir te reprendre.

Kiin se tourna vers Amgigh. Son visage était blanc et ses yeux soudain creusés, comme si son esprit se refermait sur lui-même.

— Kiin, il va vouloir te reprendre, répéta Amgigh. Il va te vouloir et aussi mes fils.

— Oui, concéda-t-elle dans un souffle. Du moins Shuku.

Amgigh se leva et aida Kiin à se relever. Sans vérifier si les autres voyaient, si quelqu'un pourrait s'offenser, homme, femme ou esprit, animal marin ou oiseau, il l'attira dans ses bras et enfouit sa tête dans ses cheveux.

— Il ne t'aura pas. Tu es ma femme.

Alors Amgigh sut qu'il aurait dû l'appeler dans son

lit dès cette première nuit. Sinon, comment repousser les souvenirs et les esprits des autres ?

— Tant que durera le troc, je veux que tu restes à l'écart de la plage, décida Amgigh. Je vais demander à Trois Poissons de t'apporter les bébés. Conduis-les dans les collines et n'en sors pas. De cette façon, si le Corbeau vient, il ne saura pas que tu es là. Dès que les commerçants seront repartis, je viendrai te chercher.

Sur ces mots, il s'éloigna sans se retourner. Elle ne devait pas voir ce qu'il y avait dans ses yeux. Il savait ce qu'il avait à faire.

Kiin essaya de repérer dans le regard de Trois Poissons si elle savait quelque chose, mais le gros visage rond de la femme était plat, sans trace de tristesse, de colère ou de frayeur. Elle était assise, portant dans ses bras le bébé de Samig qui dormait en enroulant ses petits doigts autour des siens, des bulles de lait à la commissure des lèvres.

Amgigh était venu avec Trois Poissons, avait emmené les deux femmes loin de la plage, contourné les bords marécageux d'un lac, franchi des roseaux jusqu'à un haut monticule bordé de saules rabougris. Là, à l'abri du vent, Amgigh aida Kiin à dresser un toit de peaux, de bois flotté et de nattes, cependant que Trois Poissons s'occupait des bébés.

Quand ils eurent fini, Amgigh s'en alla, toujours sans un regard en arrière, ne s'arrêtant que pour caresser le visage des petits et presser sa joue contre celle de Shuku.

Trois Poissons et Kiin étaient seules, désormais, chacune berçant un bébé ; Kiin aurait voulu redescendre avec Amgigh, ou être seule et faire monter ses chants à l'esprit qui pourrait empêcher le Corbeau d'accoster sur leur plage. S'il venait et voyait ses sculptures ? Il saurait qu'elle était venue ici. Elle aurait dû y réfléchir plus tôt, mais qu'est-ce qui était pire — retourner avec le Corbeau chez les Chasseurs de Morses, ou voir les Premiers Hommes mourir de faim l'hiver prochain ?

Kiin enfouit le fils d'Amgigh sous son suk puis, dans le but de calmer son esprit, sortit son couteau courbe et le morceau de défense de morse sur lequel elle travaillait. Elle avait troqué une partie de ses sculptures contre de l'ivoire — dents d'ours et de baleine, défense de morse, et un étrange morceau d'ivoire jaune, plus rond qu'une défense de morse et sans le jaspe cassant en son centre ; il y avait un vague motif de carreaux sur l'arête tranchante, clair et foncé comme les motifs que Chagak dessinait au bord de ses nattes d'herbe.

Kiin fit jouer entre ses doigts la défense de morse partiellement sculptée, l'imprégnant de la chaleur de ses mains, lissant ses doigts sur les crevasses. Le morceau était long comme sa main et, à l'extrémité cassée, aussi large que son poignet. La première fois qu'elle avait vu la défense, elle avait aussi vu ce qui était à l'intérieur : un ikyak, long et lisse, une extrémité relevée grâce à la courbe de la défense, l'autre épointée. Déjà, sous son couteau, l'ikyak avait commencé d'émerger.

Elle leva les yeux sur Trois Poissons, mais celle-ci chuchotait à l'oreille de Takha. Alors Kiin sculpta, s'aidant de son couteau pour gratter de longues boucles d'ivoire. Ce faisant, un chant monta, qu'elle ne pouvait garder en elle. Les yeux sur son ouvrage, elle fredonna, la sculpture et la mélopée se rejoignant en un chant unique, mains et voix.

Amgigh se rendit à la plage. La plupart des commerçants avaient remballé leurs marchandises pour la nuit. Il ne restait que quatre ikyan des Hommes Morses — celui du Corbeau, celui d'un homme appelé Chasseur de Glace et ceux des deux fils de Chasseur de Glace. Chasseur de Glace parlait la langue des Premiers Hommes et passa le plus clair de la soirée à deviser avec Amgigh.

— Kiin est une bonne épouse, oui, dit Chasseur de Glace. Mais elle ne vaut pas un combat qui te tuera, et le Corbeau en a tué d'autres. Il n'a pas peur de se battre. Laisse-lui la femme.

— Et mes fils ? s'enquit Amgigh.

— Non, ne lui donne pas tes fils, répondit Chasseur de Glace. Les femmes de notre village pensent qu'il existe une malédiction et qu'un de tes fils doit mourir. Si tu le laisses emporter tes fils, l'un d'eux sera tué.

— Le Corbeau le tuera ?

— Non, le Corbeau les veut tous les deux vivants, mais songe combien il est facile qu'un bébé tombe d'un ik ou qu'un harnais de jeune garçon cède quand il ramasse des œufs.

Amgigh hocha la tête. Oui, il serait commode de tuer un fils ou l'autre, et s'il se souciait davantage de Shuku, il aurait aussi une immense peine si Takha était tué. Et Kiin ? Comment supporterait-il de la perdre à nouveau ?

— Je me battrai pour elle, dit Amgigh à Chasseur de Glace.

— Alors je te verrai quand j'arriverai dans les Lumières Dansantes.

Tous deux allèrent trouver le Corbeau et Amgigh attendit que Chasseur de Glace ait parlé à l'homme. Amgigh observa les yeux du Corbeau se rétrécir, ses sourcils se froncer en une seule ligne sous son front.

— Il la veut, elle et les deux fils, annonça Chasseur de Glace à Amgigh.

Amgigh écouta sans détacher ses yeux du visage du Corbeau. Peut-être l'homme était-il sans honneur ; peut-être le tuerait-il s'il détournait les yeux, fût-ce un instant.

La main d'Amgigh erra au-dessus de son couteau à longue lame. Le Corbeau était peut-être un meilleur lutteur. Que savait Amgigh du combat entre hommes ? Mais le Corbeau n'aurait pas de meilleure arme que la sienne. Combien connaissaient le secret de la taille de l'obsidienne ? Combien connaissaient le lieu secret sur Okmok où l'on trouvait la pierre sacrée ?

— C'est ma femme et ce sont mes fils, déclara Amgigh.

Il essaya de saisir les yeux du Corbeau, de les retenir avec les siens. Existe-t-il une autre façon pour un homme de raisonner avec d'autres hommes ? Mais le Corbeau regardait droit devant lui, comme s'il ne voyait pas Amgigh, comme si Amgigh n'était même pas sur la plage. Alors, Amgigh s'adressa à Chasseur de Glace :

— Qakan n'avait aucun droit de vendre Kiin, mais quel que soit le prix payé par le Corbeau, je le rembourserai.

Amgigh attendit pendant que Chasseur de Glace, utilisant ses mains et de nombreux mots, parlait de nouveau au Corbeau. Mais le Corbeau jeta à terre sa couverture de plumes noires et, avec colère, regagna son abri.

Alors, Chasseur de Glace se tourna lentement pour faire face à Amgigh :

— Il refuse de négocier pour elle, mais il se battra contre toi pour elle et pour les fils. Lance ou couteau, il s'en moque.

— Couteau, décida Amgigh en pressant la main contre l'étui recouvrant sa lame d'obsidienne.

Okmok était plus fort que le Corbeau.

La plage était déserte. Les commerçants dormaient encore, certains dans le grand ulaq des Premiers Hommes, d'autres dans des abris de fortune. Amgigh n'avait rien raconté à Samig de ce qui se passait. Quand son frère s'était assis à côté de lui la nuit dernière pour lui demander où étaient Kiin et Trois Poissons, Amgigh avait répondu qu'elles étaient dans les collines, loin des commerçants, loin du bruit qui faisait pleurer les bébés. Elles reviendraient le lendemain, avait affirmé Chagak. Samig avait haussé les épaules. Mais Amgigh savait son frère soucieux et comprenait sans colère que son inquiétude était autant pour Kiin que pour Trois Poissons.

Pourtant, Amgigh ne pouvait dire la vérité à son frère, qui l'avait toujours aidé, qui lui avait tout appris. Enfin venait le tour d'Amgigh de se battre, d'être l'homme.

Amgigh se dirigea vers la plage dont le sable était constellé de traces de pas au-dessus de la ligne de marée, mais lisse au-dessous, ses propres pas formant des empreintes neuves sur le sable vierge. Il remarqua du mouvement dans l'abri des deux Hommes Morses et marcha alors jusqu'à eux, et attendit debout devant le rabat de la porte que le Corbeau paraisse.

Le Corbeau ne portait que ses tabliers. C'était un homme grand, plus grand que Kayugh et plus large que Samig. Il resta un moment sans parler, puis appela quelqu'un dans l'abri. Chasseur de Glace émergea.

— Amgigh, dit Chasseur de Glace, solennel. Il veut savoir si tu désires toujours te battre.

— Demande-lui s'il compte quitter cette plage et laisser ma femme et mes fils.

Chasseur de Glace traduisit. Le Corbeau hurla de rire, marmonna quelque chose, et se tourna vers Amgigh, sourcil levé.

— Il demande si tu veux te battre ici ou ailleurs, dit Chasseur de Glace.

— Sur la plage, là où c'est plat, répondit Amgigh.

Sans se détourner, il désigna un endroit derrière lui où l'eau avait laissé le sable immaculé.

Le Corbeau acquiesça d'un signe de tête et les deux hommes se dirigèrent lentement jusqu'au replat. Amgigh, la main gauche sur son amulette, tira lentement son couteau de son fourreau, faisant bouger la lame pour que la lumière se prenne dans ses faces translucides.

Le Corbeau devait savoir contre quoi il luttait. Il devait savoir qu'il y avait là davantage que l'esprit d'un seul homme.

Amgigh vit la surprise sur le visage du Corbeau, puis un lent sourire, et Amgigh vit le Corbeau tirer son propre couteau, dont la lame était plus longue que celle du couteau d'Amgigh. Les doigts de quelque esprit enserrèrent sa poitrine. La pression ralentit le rythme de son cœur, arracha le courage d'Amgigh de ses mains et de ses pieds, au point que ses bras et ses jambes furent soudain lents et faibles.

C'était le couteau d'obsidienne d'Amgigh, le frère du couteau de Samig. Qakan avait dû le voler quand il avait emmené Kiin, puis le troquer.

Le Corbeau tenait le couteau et riait. Peut-être l'esprit du couteau se souviendra-t-il que c'est moi le véritable propriétaire, songea pourtant Amgigh.

Lentement, Amgigh leva son couteau, lentement, il commença à marcher en cercle.

Une légère brume s'était mise à tomber, trempant les peaux et les nattes de leur abri. Kiin avait froid et faim. Au cours de la nuit, Trois Poissons avait mangé toute la nourriture qu'Amgigh leur avait apportée, et maintenant, elle ne cessait de jacasser. Les mots s'écoulaient de sa bouche comme de l'eau de source, bouillonnant, écumant, jusqu'à ce que l'abri soit tellement rempli de bruit que Kiin se demanda comment il restait encore de la place pour les rigoles d'eau qui se frayaient un chemin entre les peaux et les nattes pour goutter sur les cheveux et lui dégouliner dans le cou.

Elle sortit Takha de son suk. Peut-être que si Trois Poissons le prenait dans ses bras, elle se calmerait. Kiin l'enveloppa dans une des fourrures sèches de son lit et le tendit à la femme. Le bébé ouvrit les yeux, regarda Kiin d'un air solennel, puis tourna la tête vers Trois Poissons et sourit. Trois Poissons éclata de rire et se remit à babiller, pour l'enfant, cette fois.

Kiin soupira et posa les yeux sur Shuku, toujours dans son suk. Soudain, elle entendit.

— Ton père se battra et tu seras en sécurité. Tu comprends ? En sécurité. Ne t'inquiète pas. Il est fort.

Kiin saisit Trois Poissons des deux bras.

— Qu'as-tu dit ?

— Seulement ce qu'Amgigh m'a expliqué, que nous devions rester ici parce qu'il y a des hommes sur la plage qui veulent faire du troc pour des femmes.

— Et Amgigh va se battre contre eux ?

Trois Poissons se libéra de l'emprise de Kiin et se recroquevilla contre le mur humide de leur abri.

— Il a dit peut-être. Tout ce que je sais, c'est qu'il en a vu un avec une couverture noire sur les épaules. Même son visage était noir. Je crois que Samig et Amgigh avaient peur qu'ils ne nous veuillent.

— Le Corbeau, murmura Kiin.

Prononcer ce nom réduisit son esprit en miettes ; ses bords pointus tailladaient les parois externes de son cœur.

Trois Poissons avait repris son babillage, le visage contre celui de Takha, mais Kiin rampa jusqu'à elle et attendit qu'elle lève les yeux. Le sourire de Trois Poissons s'évanouit. Alors, Kiin prit sa main.

— Nos maris sont frères, dit Kiin en obligeant ses paroles à être douces, afin que Trois Poissons comprenne. Nos maris sont frères, alors nous sommes sœurs.

— Oui.

— Je dois aller sur la plage maintenant, Trois Poissons, mais il vaut mieux que tu restes ici avec Takha. Empêche-le de pleurer aussi longtemps que possible. S'il dort, c'est bien. Mais s'il pleure trop fort pour que tu puisses le calmer, emmène-le chez Baie Rouge. Elle a du lait. Elle le nourrira.

Alors, Kiin dénoua la ficelle de babiche au bout de laquelle pendait la sculpture que Chagak lui avait donnée, et la tendit à Trois Poissons.

— C'est pour toi, c'est un cadeau.

Trois Poissons ouvrit sa main sur la figurine représentant un homme, une femme et un enfant.

— Samig m'en a parlé. C'est Shuganan qui l'a faite. Je ne peux pas l'accepter.

Mais Kiin referma ses mains sur celle de Trois Poissons.

— Il le faut. Nous sommes sœurs. Tu ne peux refuser mon cadeau.

Puis elle déballa ce qu'elle avait achevé la nuit précédente, au cours de cette longue nuit où le sommeil refusait de venir. C'était l'ikyak en défense de morse. Après avoir achevé de sculpter l'ikyak en ivoire, Kiin l'avait coupé en deux. Afin de protéger ses fils, Kiin agit selon les préceptes de Femme du Ciel. Ses fils partageraient un seul ikyak. Elle prit deux cordelettes de nerf tressé et en noua une autour de la moitié avant de l'ikyak, noua l'autre autour de la moitié arrière de l'ikyak, suspendit une cordelette autour du cou de Takha, l'autre autour du cou de Shuku.

— Quand je ne suis pas là, tu es la mère de Takha, dit Kiin à Trois Poissons. Il est le fils d'Amgigh mais aussi de Samig. Tu vois, il a les larges mains de Samig, et ses cheveux épais. Tu es mère. Assure-toi que Baie Rouge le nourrit.

Kiin empaqueta ses outils à sculpter et ses fourrures de couchage et se les noua dans le dos. Trois Poissons leva les yeux quand Kiin ouvrit le rabat de la porte.

— Où vas-tu ? s'inquiéta-t-elle.

— Aider Amgigh.

Puis, comme si elle pensait ne jamais revenir, Kiin ouvrit les bras à Takha.

Trois Poissons lui tendit le bébé et Kiin le souleva hors des couvertures de fourrure. Elle caressa ses bras et ses jambes dodues, son ventre doux. Puis elle le rendit à Trois Poissons et se glissa hors de l'abri, sous la pluie.

— Je le reverrai ce soir, dit Kiin au vent.

Elle attendit une réponse, mais il n'y eut rien. Pas

de réponse, pas de murmure pour arracher ses doutes.

Kiin serra Shuku dans ses bras, seul dans sa bandoulière, et entreprit sa marche vers la plage.

69

Samig ne sut trop ce qui le réveilla. Il ne se rappelait aucun rêve, aucun murmure des esprits, aucun son parvenant de la grande pièce de l'ulaq. Évidemment, Trois Poissons et Kiin passaient la nuit dans les collines. Qui pouvait le leur reprocher ? Il n'était pas facile, surtout aux femmes, de s'accommoder du bruit et des tracasseries des commerçants. Même Trois Poissons était poursuivie par des marchands qui demandaient pour une nuit l'hospitalité de sa chambre. Et que dire de Kiin, une femme si belle connue pour son habileté à sculpter ? Qui avait jamais entendu parler d'une femme possédant un tel don ? Tous les hommes la désiraient, tous voulaient une chance d'augmenter leur pouvoir en menant Kiin à leur couche.

Samig se glissa hors de sa robe de nuit et alla dans la pièce principale. Toutes les lampes à huile étaient éteintes sauf une, mais une lumière grise filtrait du trou du toit. Samig ouvrit le rideau d'Amgigh et appela son frère.

— Je pars à la pêche, espèce de paresseux. Viens avec moi.

Voyant qu'Amgigh ne répondait pas, Samig repoussa le rideau. Personne. Haussant les épaules, il se rendit à la cache de nourriture mais, tirant une peau de viande de phoque séchée que Kiin leur avait procurée avec ses figurines, il s'interrompit au milieu de son geste.

Son cœur se mit à battre la chamade, sa poitrine se gonfla de sang. Ses mains tremblaient et, quand il serra les poings, il sentit le tressaillement remonter le long de ses bras. Que se passait-il ? Il était là, dans son propre ulaq. Tout allait bien. Amgigh l'aurait appelé, autrement. Pourtant, le tremblement le reprit et son cœur cogna de nouveau trop fort. Peut-être était-il arrivé quelque chose à Kiin, à un de ses fils. Ou peut-être à Trois Poissons.

Il enfila son parka et sortit. Un vent froid soufflait en provenance de la mer et le ciel était gris d'une pluie brumeuse. Samig leva les yeux en direction des collines où Kiin et Trois Poissons avaient passé la nuit, mais il ne vit personne, alors il porta son regard vers la mer. L'ulaq était haut placé et offrait une bonne vue sur le rivage. Il n'y avait aucun ikyak dans l'eau.

Il est tôt, songea Samig. Les commerçants sont devenus paresseux. Il se tourna alors vers l'étendue de sable plat près de la ligne de marée. Le souffle coupé, il comprit pourquoi son cœur s'était emballé. L'esprit d'Amgigh avait appelé son esprit, l'avait invoqué de douleur, d'effroi.

Samig se précipita vers la plage, vers son frère, vers le cercle des marchands rassemblés. Samig s'infiltra à l'intérieur du cercle. Un Homme Morse se battait avec Amgigh. Sa poitrine nue luisait de sueur. Amgigh se tenait devant lui, une main agrippée à son amulette. L'autre était vide et saignait abondamment. L'Homme Morse avait tranché un doigt d'Amgigh ; le couteau et le doigt gisaient ensemble sur le sable.

L'Homme Morse leva une main, paume ouverte.

Il parla en langue Morse. A son souffle court, Samig sut que le combat durait depuis longtemps. L'homme désigna Samig.

Un des spectateurs leva les mains vers Samig.

— Je suis Chasseur de Glace. Celui qui lutte est le Corbeau. Il demande si tu es Samig, le frère d'Amgigh.

— Oui. Mais comment sait-il qui je suis ?

— Sa femme, Kiin, lui a parlé de toi.

— Le Corbeau ? dit Samig.

Chasseur de Glace hocha la tête. Celui qui avait acheté Kiin à Qakan. Ainsi, il était là pour revendiquer Kiin, peut-être pour réclamer ses fils.

« Tu aurais dû parler à Kiin, murmura l'esprit de Samig. Tu aurais pu l'aider ; tu aurais organisé la surveillance de cet homme ; empêché le combat. » Mais il lui avait semblé suffisant que Kiin soit vivante et lui ait donné un fils. S'il s'était autorisé à lui parler, aurait-il pu s'empêcher de la prendre dans ses bras, aurait-il pu s'empêcher de la revendiquer comme épouse ? Elle était sienne. L'appartenance était dans les yeux de Kiin chaque fois qu'il la regardait. S'il avait pris le temps de lui poser les questions qui lui brûlaient les lèvres, de lui parler, d'homme à femme, comment aurait-il pu s'empêcher de trahir Amgigh, de trahir Trois Poissons ?

L'homme près de Samig attendait, mains ouvertes.

— Dis à ton ami que, s'il tue mon frère Amgigh, il doit être prêt à se battre contre moi, car je le tuerai.

Samig regarda Amgigh du coin de l'œil et vit son frère baisser les bras, vit ses yeux quitter le Corbeau pour se poser sur Samig.

— Ne lutte pas contre lui, clama Amgigh. Il a tué de nombreux hommes. Que sais-tu des combats ?

Samig faillit lui retourner sa question, mais se ravisa. Pourquoi lui ôter toute confiance ?

Alors, Samig sortit son propre couteau, celui qu'Amgigh avait fait pour lui. Il le lança à son frère qui le rattrapa de sa main indemne. Il sourit à Samig avec une tristesse teintée d'amertume.

Soudain, le Corbeau plongea en avant, attrapant Amgigh avant qu'il n'ait le temps d'esquisser le moindre geste. La lame fit une profonde estafilade dans le bras gauche d'Amgigh. Samig grogna et son couteau de manche se retrouva dans sa main. Au même instant, Chasseur de Glace surgit à côté de Samig et lui emprisonna le poignet.

— Ce qui est juste est juste, martela Chasseur de Glace. Qui es-tu pour dire lequel des deux hommes a raison ? Que les esprits décident.

Amgigh serra les dents pour empêcher les esprits qui apportent la douleur d'entrer par sa bouche. Puis Amgigh se rua en avant et entailla la poitrine nue du Corbeau. Une ligne de sang perla et goutta sur le sable.

Une fois encore, les couteaux furent projetés avec force, et encore. Le couteau du Corbeau fit jaillir du sang, puis celui d'Amgigh. Les deux hommes reculèrent, se tinrent un moment debout, mains sur les genoux, respirations profondes, longues et dures. Puis le Corbeau fonça en avant. Cette fois, son couteau heurta le couteau d'Amgigh. La lame d'Amgigh se cassa et la pointe s'envola en un grand arc de cercle, d'abord vers le haut comme un oiseau prenant son essor, puis vers le bas, pour se ficher dans le sable.

Alors Samig vit la peur dans le visage d'Amgigh et, avec une nausée qui souleva son estomac, Samig comprit ce qu'Amgigh savait quand il lui avait lancé le couteau, savait en le lui offrant. Pourtant, Samig laissa ses yeux retenir ceux de son frère, laissa son frère voir que la peur d'Amgigh était sa propre peur, qu'esprit à esprit, ils étaient toujours frères.

Alors, là aussi pour la première fois, Samig vit la ligne des sculptures de Kiin qui se tenaient du côté du cercle où était le Corbeau. Les figurines étaient celles que Samig et Amgigh l'avaient aidée à négocier contre de la nourriture et des peaux, contre la vie de leur peuple cet hiver.

Le Corbeau recula, posa les mains sur ses genoux pliés, et respira profondément. Amgigh fit de même, le sang ruisselant de son doigt tranché.

— Les animaux, murmura Samig à l'Homme Morse à son côté, ils appartiennent au Corbeau ?

— Il les a achetés. Tous.

Dix et encore dix, compta Samig. Les animaux de Kiin. Maintenant, ils donnaient le pouvoir à l'homme qui allait tuer son mari. Alors, Samig sentit une main sur son épaule, se retourna et vit Kiin.

— Qu'ai-je fait ? chuchota-t-elle. Qu'ai-je fait à mon époux ?

Et Samig vit que les yeux de Kiin étaient eux aussi plantés sur les animaux, sur le cercle de sculptures qui observaient : le gris doux du bois, le jaune dur de l'ivoire, le scintillement de multiples yeux, de multiples esprits sur le sol qui donnaient le pouvoir au Corbeau.

Puis, soudain, Amgigh regarda Kiin, et Samig sentit leurs esprits attirés l'un vers l'autre, et la tristesse de Kiin était si forte que Samig la sentit s'écraser contre lui comme le pouvoir de la mer, vague après vague.

Une fois de plus, Samig sortit son couteau de manche. Il le tint bien haut, visible pour les Hommes Morses. C'était un couteau petit, mais très pointu, avec une lame d'andésite. Il le lança à Amgigh, mais au moment où Amgigh tendait la main pour s'en saisir, le Corbeau bondit en avant et enfonça son couteau dans le ventre d'Amgigh. Amgigh recula en titubant, et le couteau de manche tomba. Amgigh s'écroula sur les mains et les genoux; son sang tachait le sable. Il s'empara du couteau de manche mais le Corbeau lui décocha un coup de pied dans le flanc, puis un deuxième, puis un autre. Amgigh planta la courte lame dans la jambe du Corbeau, qui frappa de nouveau du pied, cette fois dans le visage d'Amgigh.

La tête d'Amgigh fut projetée en arrière et Samig entendit le claquement de l'os. Amgigh s'évanouit et le Corbeau fut sur lui, le retourna et lui ficha son couteau dans la poitrine. Samig se précipita. Le Corbeau se releva, recula pour laisser place à Samig qui s'agenouilla près de son frère.

Samig comprima les blessures, mais ses mains étaient incapables de retenir le sang, d'en interrompre le flot.

Alors, Kiin vint à leur côté. Elle posa les bras sur la poitrine d'Amgigh. Ses cheveux étaient rouges du sang de son époux. Elle serra son amulette, la frotta sur le menton d'Amgigh, sur ses joues.

Amgigh inspira profondément, essaya de parler, mais ses mots se perdaient dans le sang qui sortait en bulles de sa bouche. Il respira de nouveau et s'étouffa. Puis ses yeux roulèrent en arrière et s'agrandirent pour libérer son esprit.

Kiin prit la tête d'Amgigh dans ses bras et, doucement, très doucement, Samig entendit les mots d'un chant, pas une ode funèbre, mais un des chants de Kiin — des mots qui demandaient aux esprits d'agir, des mots qui suppliaient le pardon d'Amgigh, qui maudissaient les animaux que Kiin avait sculptés.

Enfin, Kiin se releva et s'essuya les yeux du revers de la main.

— Il est parti. J'aurais dû venir plus tôt. J'aurais dû savoir qu'il combattrait le Corbeau. C'est ma faute, je...

Mais Samig pressa ses doigts contre les lèvres de Kiin.

— Tu n'aurais pas réussi à l'arrêter, protesta-t-il.

Et il posa sa main sur la tête de Kiin.

— Tu es ma femme, maintenant. Je ne laisserai pas le Corbeau te prendre.

— Non, Samig. Tu n'es pas assez fort pour le tuer.

Mais la colère brûlait dans la poitrine de Samig, dans sa gorge, dans ses yeux.

— Un couteau, cria-t-il en se tournant vers les hommes rassemblés autour de lui.

Quelqu'un lui tendit un couteau, de piètre facture, le tranchant émoussé, dont Samig s'empara pourtant, sa rage lui montrant l'arme pour meilleure qu'elle ne l'était réellement.

Le Corbeau serra les dents et lui hurla quelque chose en langue Morse.

— Il ne veut pas se battre avec toi, expliqua Kiin entre deux sanglots. Samig, je t'en prie. Tu n'es pas assez fort. Il te tuera.

N'écoutant personne, Samig plongea en avant, le poignet tordu pour diriger vers le Corbeau le tranchant le plus long de la lame. Le Corbeau s'accroupit et marmonna des mots de fureur, des mots qui se glissaient entre ses dents serrées. Samig s'approcha, assez près pour saisir le revers de la main du Corbeau, arracher la peau, faire jaillir du sang, mais le Corbeau ne bougeait toujours pas.

L'homme appelait Kiin d'une voix forte, avec des paroles Morses incompréhensibles pour Samig. Kiin répondit dans la même langue, sa voix montant du cercle de ses animaux sculptés. Samig regarda un moment dans sa direction. Kiin poussait les animaux dans le sol et les enfouissait dans le sable.

À ce moment, Samig sentit le couteau du Corbeau taillader le haut de son poignet droit, la lame d'obsidienne mordre à travers sa peau jusqu'aux tendons et aux muscles. Samig sentit la force quitter sa main, comme si le couteau du Corbeau arrachait le pouvoir par la blessure. Samig essaya d'ouvrir les doigts, de libérer son propre petit couteau dans sa main gauche, mais en vain.

Kiin se planta entre les deux hommes.

— Non, dit-elle. Je vous en prie, non.

Petit Couteau était là aussi, ses mains agrippant celles de Samig.

— Tu ne peux pas gagner. Regarde ta main.

Samig baissa les yeux et vit le sang, les doigts qui refusaient de lui obéir.

— Je dois combattre, répéta-t-il, rageur. Je ne peux le laisser prendre Kiin.

Mais Petit Couteau détourna les yeux pour qu'ils ne rencontrent pas ceux de Samig.

— Ne te bats pas, supplia Kiin. Tu as Petit Couteau. C'est ton fils, maintenant. Tu as Trois Poissons. C'est une bonne épouse. Un jour, tu seras assez fort pour combattre le Corbeau et gagner. Jusqu'à ce moment, je resterai avec lui. Je ne suis pas assez forte pour lui tenir tête, mais je le suis assez pour t'attendre.

Alors, Chasseur de Glace s'approcha de Kiin, prit le bras de Samig et mit une lanière de cuir de phoque autour de son poignet ensanglanté afin de comprimer la blessure.

— Tu n'as aucune raison de te battre, déclara Chasseur de Glace. Le premier combat fut juste. Les esprits ont décidé. Sinon, pourquoi le couteau de ton frère se serait-il brisé ?

Samig eut alors l'impression que la force de sa main et tout le pouvoir qui lui restait s'échappaient de lui avec le sang de son poignet. Il n'eut pas de mots à opposer à Petit Couteau ou à Chasseur de Glace. Il n'eut pas de promesses à offrir à Kiin.

Kiin ôta le collier que Samig lui avait donné la nuit de son attribution de nom et le passa lentement au-dessus de sa tête.

— Un jour, tu le combattras, dit-elle, et ce jour-là tu me rendras ce collier.

Elle se tourna vers le Corbeau :

— Si je dois partir avec toi, que ce soit maintenant.

Elle s'était exprimée d'abord dans la langue des Premiers Hommes puis elle répéta ses paroles dans la langue des Hommes Morses.

Le Corbeau posa une question et Kiin répondit, d'abord dans la langue de son peuple puis dans celle du Corbeau.

— J'ai donné Takha à l'esprit du vent ainsi que grand-mère l'avait prescrit.

L'esprit de Samig, lourd de la mort d'Amgigh, fut ébranlé par ces mots. Elle avait donné Takha au vent ? Son fils, sans lui en parler, sans...

Alors, Kiin releva son suk et prit Shuku. Elle s'adressa au Corbeau dans la langue Morse, puis, comme si elle continuait de lui parler, s'exprima dans celle des Premiers Hommes :

— C'est ton fils, mais ce n'est plus Shuku. C'est Amgigh.

Et Samig vit la colère sur le visage du Corbeau, ses yeux s'obscurcir, devenir aussi noirs que l'obsidienne la plus noire. Kiin ne cilla pas, ne frémit pas, même lorsque l'homme leva une main pour la frapper.

— Frappe donc, dit Kiin au Corbeau. Montre-leur qu'un chaman ne possède que le pouvoir de la colère contre sa femme, le pouvoir de ses mains, le pouvoir de son couteau.

Puis elle ajouta dans un quasi-murmure :

— Un homme n'a pas besoin d'un esprit puissant quand il a le plus gros couteau, un couteau volé.

Alors, le Corbeau jeta à terre le couteau d'obsidienne. Kiin le ramassa, se dirigea vers Samig et plaça le couteau dans sa main gauche. Ses yeux se plantèrent dans ceux de Samig et il lut la douleur.

— Toujours, murmure-t-elle, toujours je serai ta femme.

Le Corbeau fit signe aux hommes qui l'accompagnaient. L'un ramassa les sculptures de Kiin ; un autre mit l'ik du Corbeau à l'eau.

— Nous ne reviendrons pas sur cette plage, marmonna le Corbeau.

Mais Kiin se pencha et ramassa une poignée de petits galets. Une fois encore, elle regarda Samig, puis elle se détourna, suivit le Corbeau dans l'ik et y grimpa tandis qu'il le poussait dans la mer.

Samig porta sa main blessée au collier que Kiin lui avait donné. Les perles de coquillages étaient encore chaudes de la chaleur de son cou. Il regarda l'ik du Corbeau rapetisser sur l'eau, regarda dans l'espoir que Kiin se retournerait une dernière fois, mais une part de son esprit savait qu'elle n'en ferait rien.

Il baissa sa main blessée. Du sang s'échappait de la peau de phoque et ses doigts étaient toujours refermés sur le couteau du chasseur Morse à la lame émoussée. Dans sa main gauche, le couteau d'obsidienne d'Amgigh, marqué du sang d'Amgigh.

Chagak et Nez Crochu étaient sur la plage, sa mère agenouillée près d'Amgigh, berçant la tête d'Amgigh sur ses genoux, son chant s'élevant en signe de deuil. Trois Poissons était là, elle aussi, le visage strié de larmes.

— Il a pris Kiin ? demanda-t-elle.

Elle essuya ses yeux au revers de sa manche et entama elle aussi un chant funèbre, venu des Chasseurs de Baleines, différent de la mélopée de Chagak.

Samig s'éloigna. Il avait besoin d'être seul, loin des bruits du deuil, loin du spectacle de son frère, du chagrin de sa mère. Mais Trois Poissons le suivit, sans cesser de chanter de sa voix rauque.

Elle tendit brusquement les mains et Samig baissa les yeux. Dans les bras de Trois Poissons, se lovait le fils qu'il avait eu avec Kiin. Le bébé regardait dans les yeux de Samig qui ressentit soudain un pouvoir semblable au pouvoir des vagues, esprit à esprit.

Il lâcha le couteau d'Amgigh et tendit les bras. La main du bébé se referma sur les doigts de Samig, d'une prise bien ferme. Les chants funèbres s'élevaient autour d'eux. Mais n'étaient pas assez puissants pour couvrir le grondement de la mer.

REMERCIEMENTS

Ma sœur la lune est fondé sur des recherches approfondies mais, comme toute œuvre de fiction, elle repose sur mon interprétation des faits et ne reflète pas nécessairement l'opinion des experts qui m'ont si généreusement accordé de leur temps et de leur savoir dans ce projet.

Ma gratitude s'adresse tout particulièrement à ceux qui ont lu *Ma sœur la lune* dans ses diverses versions manuscrites : mon mari, Neil; mes parents, Pat et Bob McHaney; mon grand-père, Bob McHaney, Sr.; mon amie Linda Hudson. Je remercie également Neil pour son travail informatique sur les cartes et la généalogie de l'ouvrage.

Un sincère remerciement à mon agent Rhoda Weyr, femme d'affaires sagace et, de surcroît, lectrice attentive et avisée; à mes éditeurs, Shaye Areheart et Maggie Lichota pour leur travail méticuleux.

Je ne pourrai exprimer à sa juste mesure ma gratitude envers le Dr William Laughlin, qui continue de soutenir mon travail par le matériau et les encouragements qu'il me procure.

Un remerciement tout spécial à Mike Livingston qui a mis à ma disposition sa bibliothèque complète sur son peuple, les Aleut. Sans lui, je n'aurais jamais pu me procurer la plupart de ces ouvrages, épuisés depuis longtemps. Je suis très touchée qu'il partage volontiers ses connaissances sur son peuple, ses îles et le maniement d'un kayak.

Je ne saurais oublier ceux qui m'ont fourni mille sources de renseignements, écrites ou orales : Mark McDonald, The American Speech-Language-Hearing Association, Gary Kiracofe, le Dr Greg Van Dussen, Abi Dickson, Ann Fox Chandonnet, Rayna Livingston, Linda Little, le Dr Ragan Callaway, Dorthea Callaway et Laura Rowland. Merci aussi à Sherry Ledy pour la patience et la bonne humeur dont elle a fait preuve en m'enseignant l'art de la vannerie, et à Russell Bawks pour les longues heures qu'il a passées à taper mes notes de recherche.

Neil et moi tenons à remercier Dorthea, Ragan et Karen Callaway, ainsi que Rayna et Mike Livingston, qui nous ont ouvert leur maison lors de nos récents voyages en Alaska et dans les îles Aléoutiennes.

Merci également au Dr Richard Ganzhorn et aux membres de son équipe, Sharon Bennett et David Stricklan, CST, qui ont répondu à mes questions d'ordre médical concernant les blessures au couteau ; et à Cathie Greenough qui a bien voulu me faire partager ses grandes connaissances acquises après des années à s'occuper de femmes et d'enfants battus.

Ma profonde admiration et mon profond respect vont à ces quatre femmes qui, battues dans leur enfance, m'ont ouvert leur cœur et raconté l'histoire de leurs douleurs, de leurs peurs, de leur résistance et de leur victoire.

Juillet 1991
Pickford, Michigan

GLOSSAIRE DES MOTS INDIGENES

Aka : (aleut) en haut, qui se dresse.

Alananasika : (aleut) chef chasseur de baleines.

Amgigh : (aleut) (se prononce avec une voyelle non définie entre le *m* et le *g* et une terminaison muette) sang.

Atal : (aleut) brûlure, flamme.

Babiche : lanière faite de cuir brut. Vient probablement du mot indien cree *assababish,* diminutif de *assabab,* fil.

Chagak : (aleut) également Chagagh — obsidienne (dans le dialecte aleut atkan, cèdre rouge).

Chigadax : (aleut) (terminaison muette) parka, imperméable fabriqué avec des intestins de lion de mer, d'ours ou d'œsophage de lion de mer, ou de la peau de langue de baleine. Le capuchon porte un cordon et les manches sont nouées au poignet pour voyager en mer. Ce vêtement arrivant à longueur de genou était souvent décoré avec des plumes et des morceaux d'œsophage coloré.

Ik : (aleut) embarcation en peau, ouverte sur le haut.

Ikyak : (pl. ikyan) (aleut) également iqwas (pl. iqyuas) embarcation en forme de canoë faite en peaux tirées sur une structure de bois avec une ouverture sur le haut pour l'occupant. Un kayak.

Kayugh : (aleut) également kayux. Force du muscle. Pouvoir.

Kiin : (aleut) qui ?

Qakan : (aleut) celui là-bas.

Samig : (vieux aleut) poignard en pierre ou couteau.

Shuganan : (origine et signification obscures) se réfère à un peuple ancien.

Shuku : (vieux tlingit) (se prononce *choukou*) premier.

Suk : (aleut) (également sugh, terminaison muette) parka avec un col droit. Ce vêtement était souvent confectionné en peaux d'oiseaux et pouvait être porté à l'envers ou à l'endroit (les plumes à l'intérieur pour leur chaleur).

Takha : (vieux tlingit) (se prononce *tauque-haut*) second.

Tugidaq : (aleut) lune.

Tugix : (aleut) grand vaisseau sanguin.

Ugyuun : (aleut) panais ou céleri sauvage (pouchki, russe). Plante utile pour la nourriture, la teinture ou la médecine. Une fois cuites, les tiges pelées ont un peu le goût du rutabaga. La couche externe de la tige contient une substance chimique pouvant provoquer une irritation de la peau.

Ulakidaq : (aleut) une multitude d'habitations, un groupe de maisons.

Ulaq : (pl. ulas) également ulax. Habitation creusée sur le flanc d'une colline, renforcée par des chevrons en bois ou en mâchoire de baleine et couverte de chaume ou d'herbe.

Waxtal : (aleut) désir, pitié.

Les mots indigènes cités ici sont définis selon leur utilisation dans *Ma sœur la lune*. Comme de nombreuses langues indigènes rapportées par les Européens, il existe différentes orthographes pour presque chaque mot et souvent des nuances selon les dialectes.

TABLE

Composition réalisée par EURONUMÉRIQUE

IMPRIMÉ EN FRANCE PAR BRODARD ET TAUPIN
La Flèche (Sarthe).
LIBRAIRIE GÉNÉRALE FRANÇAISE - 43, quai de Grenelle - 75015 Paris.
ISBN : 2 - 253 - 14637 - 4

31/4637/0